Ökonomische Analyse des Öffentlichen Rechts

Michael Rodi

Ökonomische Analyse des Öffentlichen Rechts

 Springer Gabler

Michael Rodi
Rechts- und Staatswissenschaftliche Fakultät
Universität Greifswald
Greifswald
Deutschland

ISBN 978-3-662-43593-9   ISBN 978-3-662-43594-6 (eBook)
DOI 10.1007/978-3-662-43594-6

Die Deutsche Nationalbibliothek verzeichnet diese Publikation in der Deutschen Nationalbibliografie; detaillierte bibliografische Daten sind im Internet über http://dnb.d-nb.de abrufbar.

Springer Gabler
© Springer-Verlag Berlin Heidelberg 2014

Lektorat: Stefanie Brich

Gedruckt auf säurefreiem und chlorfrei gebleichtem Papier

Springer Gabler ist eine Marke von Springer DE. Springer DE ist Teil der Fachverlagsgruppe Springer Science+Business Media
www.springer-gabler.de

Inhaltsverzeichnis

Teil II Inhaltliche Referenzgebiete

Abkürzungsverzeichnis

a. a. O.	am angegebenen Ort
Abl.	Amtsblatt
Abs.	Absatz
a. F.	alte Fassung
allg.	allgemein
Art.	Artikel
bzw.	beziehungsweise
ch.	chapter
ders.	derselbe
d. h.	das heißt
dies.	dieselbe/n
etc.	et cetera
f.	folgende
ff.	fortfolgende
Fn.	Fußnote
ggf.	gegebenenfalls
grdl.	grundlegend
grds.	grundsätzlich
Hs.	Halbsatz
insbes.	insbesondere
i. V. m.	in Verbindung mit
Kap.	Kapitel
m. Nachw.	mit Nachweisen
m. w. Nachw.	mit weiteren Nachweisen
n. F.	neue Fassung
RL	Richtlinie
Rn.	Randnummer
S.	Satz
Slg.	Sammlung
sog.	sogenannt
u. a.	unter anderem

usw.	und so weiter
v. a.	vor allem
vgl.	vergleiche
vs.	versus
z. B.	zum Beispiel

Teil I
Grundlagen

Grundfragen der ökonomischen Analyse des Öffentlichen Rechts

Dieses Buch eröffnet eine kritische Perspektive auf das Öffentliche Recht, das die Beziehungen des Einzelnen zum Staat und staatlichen Einrichtungen zueinander regelt. Der Standpunkt, von dem aus diese Perspektive eingenommen wird, liegt außerhalb des Öffentlichen Rechts, ja des Rechts überhaupt. Die Analyse bedient sich wirtschaftswissenschaftlicher Methoden, es geht daher um eine ökonomische Analyse des Öffentlichen Rechts; im angloamerikanischen Sprachraum spricht man von „law and economics".[1]

Die modernen Lehren der ökonomischen Analyse des Rechts entfalteten sich in den USA, insbesondere im Rahmen der Chicago School of Law and Economics [2] und wurden seitdem durch angloamerikanische Forscher dominiert.[3] Ihren geistesgeschichtlichen Ursprung haben sie jedoch in einer europäischen Denktradition, die schon früh staatsphilosophisches und staatsrechtliches mit ökonomischem Denken verband; sie reicht insbesondere auf *Jeremy Bentham*[4], aber auch *David Hume, Adam Ferguson, Adam Smith* und *John Stuart Mill*[5] zurück.[6] Es wird viel darüber spekuliert, warum diese stark vom Utilitarismus ge-

---

[1] Mit guten Gründen legt Kirchner (1997) dar, dass die Bezeichnung „Ökonomische Theorie des Rechts" die bessere Übersetzung wäre; es ist allerdings fraglich, ob ein entsprechender Begriffsstreit angesichts der herrschenden Praxis lohnt.

[2] Rowley (2005), 12 ff.; Grembi (2007), 139 ff. (vor dem Hintergrund der Frage nach einem „ökonomischen Imperialismus"); vgl. dazu und zu späteren Gegenentwürfen („Yale School", „Virginia School") Parisi (2004), 264 ff.

[3] Allen voran Guido Calabresi, Ronald Coase, Richard Posner; vgl. hierzu Cohen/Wright (2009), Kap. 1, 11 und 13.

[4] Zur Utilitarismus-Theorie von Jeremy Bentham vgl. Mathis (2009), § 6.

[5] Zu den rechtsökonomischen Wurzeln im Denken von Adam Smith vgl. grdl. Holler (2006), 467 ff.; zur Moralphilosophie von Adam Smith vgl. Mathis (2009), § 5.

[6] Vgl. dazu etwa Rowley (2005), 3 ff.

© Springer-Verlag Berlin Heidelberg 2014
M. Rodi, *Ökonomische Analyse des Öffentlichen Rechts*,
DOI 10.1007/978-3-662-43594-6_1

prägte Denkschule in den USA, zunächst aber nicht in Europa, so wirkungsmächtig wurde, obwohl auf beiden Seiten des Atlantiks in den 20er und 30er Jahren des 20. Jahrhunderts mit der Freirechtsschule bzw. dem „legal realism" parallel eine Abwendung von starrem begriffsjuristischem Denken erfolgt war.[7] In den USA hatte *Bentham* persönlich großen Einfluss auf die öffentliche Meinung; zudem ging die Law-and-Economics-Bewegung hier ab den 1940er und 1950er Jahren eine wirkkräftige Allianz mit einer vorherrschenden wirtschaftsliberalen und antietatistischen Grundströmung ein. In Europa wurde dagegen die durch die Freirechtsschule eingeleitete Öffnung der Rechtswissenschaft für die Sozial- und Wirtschaftswissenschaften durch fortwirkende Einflüsse der historischen Rechtsschule, des Idealismus und materialer Wertethiken sowie schließlich eines auf die soziale Bewegung zurückgehenden etatistisch geprägten Steuerungsdenkens („social engeneering") gebremst. So ist der Wissenschaftszweig „law and economics" oder Ökonomische Analyse des Rechts bis heute stark durch das angloamerikanische Rechtsdenken geprägt. Das führte unter anderem dazu, dass neben verfassungsrechtlichen Problemen vor allem solche Fragestellungen im Mittelpunkt standen, die sich aus kontinentaleuropäischer Sicht als Zivilrecht darstellen (zum Beispiel Haftungsfragen, Vertragsrecht, Versicherungsrecht). Nicht zuletzt deshalb haben sich auch im kontinentaleuropäischen Bereich die ersten grundlegenden Studien zur ökonomischen Analyse des Rechts mit dem Zivilrecht beschäftigt.[8] Sowohl in Europa als auch in den USA wird heute zunehmend erkannt, welche Bedeutung und welchen Nachholbedarf die rechtsökonomische Analyse auf klassischen öffentlich-rechtlichen Feldern wie Fragen staatlicher Regulierung oder des Steuerrechts hat.[9]

Nicht zuletzt deshalb soll nun die ökonomische Analyse am Beispiel des in Europa eigenständigen und bedeutsamen Öffentlichen Rechts dargestellt werden.[10] Dabei geht es natürlich zunächst um eine ökonomische Perspektive auf Staat, Verfassung und Verwaltung. Es sollen aber auch einzelne Gebiete des Verwaltungsrechts thematisiert werden. Dafür kommen so viele und so heterogene Materien in Betracht, dass eine Auswahl notwendig ist. Die Wahl fiel auf Gebiete, für die die ökonomische Analyse besonders wirkkräftig wurde: das Finanz- und Steuerrecht, das Wirtschaftsrecht sowie das Umweltrecht. Andere interessante Beobachtungsgegenstände, wie etwa das Sozialrecht, bleiben gesonderten Darstellungen vorbehalten.

---

[7] Überzeugend etwa Grechenig/Gelter (2008), 513 ff.

[8] Vgl. für den deutschsprachigen Raum insbes. Schäfer/Ott (2012); Adams (2004); Noll (2005).

[9] Vgl. etwa Ulen (2007), 31 f.

[10] Vgl. zu weiteren Gründen Weigel (2006), 195 ff.

1.1 Ansätze für eine außerrechtliche Betrachtung von Recht: Stellung und Aufgaben der Ökonomischen Analyse des Rechts

Zunächst soll eine genauere Vorstellung davon geschaffen werden, was die ökonomische Analyse des Rechts ist, welche Aufgaben sie erfüllen kann, und wie sie sich von anderen außerrechtlichen Betrachtungen des Öffentlichen Rechts abhebt.

1.1.1 Ökonomische Analyse des Rechts – eine erste Annäherung

Mit ökonomischer Analyse wird im Folgenden eine sozialwissenschaftliche Methode bezeichnet. Das unterscheidet sich grundlegend von dem, was traditionell unter Ökonomie verstanden wird. Damit wird, auch in diesem Buch, die Wissenschaft bezeichnet, die sich mit wirtschaftlichen Zusammenhängen auseinandersetzt, basierend auf den traditionellen Gegenstandsbereichen der Wirtschaftswissenschaften, der Mikro- und der Makroökonomie.[11] Mit der ökonomischen Analyse wird das methodische Instrumentarium der Wirtschaftswissenschaften auf die Untersuchung von Gegenständen jenseits der Wirtschaft, also eben die Politik oder eben das Recht übertragen. Zur Verdeutlichung dieses Unterschieds wird dann häufig von Ökonomik gesprochen.[12] Ökonomik in diesem Sinne ist nicht gegenstandsbezogen die Wissenschaft von der Wirtschaft, sondern methodenbezogen eine Lehre menschlicher Interaktion. Zwingend ist diese Begriffsverwendung natürlich nicht.[13]

Durch Kombination lassen sich damit vier Forschungsansätze unterscheiden:[14]

1. die ökonomische Analyse wirtschaftlicher Beziehungen – das Feld der traditionellen Ökonomie;
2. die nicht-ökonomische Analyse wirtschaftlicher Beziehungen, zum Beispiel das Wirtschaftsrecht, die Wirtschaftssoziologie, die Wirtschaftspsychologie etc.;
3. die nicht-ökonomische Analyse nicht-wirtschaftlicher Beziehungen – die traditionellen Sozialwissenschaften wie Soziologie, Rechts- und Politikwissenschaft;
4. die ökonomische Analyse nicht-wirtschaftlicher Beziehungen, zum Beispiel die Umweltökonomik, die ökonomische Theorie der Politik oder eben die ökonomische Analyse des Rechts (wie sie von Ökonomen und den einschlägigen Fachwissenschaftlern entwickelt wurden).

---

[11] So etwa auch die Verwendung des Begriffs bei van Aaken (2003b), 18 Fn. 9.

[12] Towfigh/Petersen (2010), 3; van Aaken (2003b), a. a. O.; Kirchgässner (2013), Kap. 1; Eidenmüller (2005), 3; vgl. zur Sprach- und Begriffsbildung auch Dylla (2008), 3.1.

[13] Vgl. etwa den Titel des bekannten Buches von Bruno S. Frey: „Ökonomie ist Sozialwissenschaft. Die Anwendung der Ökonomie auf neue Gebiete".

[14] Kirchgässner (2013), Kap. 1; vgl. dazu auch die Darstellung in Matrixform bei Dehling/Schubert (2011), 11 f.

Erstmals wurde, noch der traditionellen Wohlfahrtsökonomie verhaftet, die Begriffsbildung Ökonomik in dem hier zugrunde gelegten Sinne in den 1930er Jahren von *Lionel Robbins*[15] (1898–1984) so gefasst: „Ökonomik ist die Wissenschaft, die menschliches Verhalten untersucht als eine Beziehung zwischen Zielen und knappen Mitteln, die unterschiedliche Verwendung finden können". Heute wird die Bedeutung der knappen Ressourcen zunehmend relativiert; in den Mittelpunkt treten stattdessen die individuelle Vor- und Nachteilskalkulation sowie darauf basierend der Gesichtspunkt einer Kooperation zum gegenseitigen Vorteil. Mit dem Sozialphilosophen *John Rawls* wird die Gesellschaft als ein „Unternehmen zum gegenseitigen Vorteil"[16] gesehen. Die Ökonomik befasst sich unter den Bedingungen von Knappheit und Wettbewerb mit den Möglichkeiten und Problemen der gesellschaftlichen Zusammenarbeit zum gegenseitigen Vorteil.[17] Sie zielt auf die Erklärung und Gestaltung der Bedingungen und Folgen von Interaktionen auf der Basis von individuellen Vor- und Nachteilskalkulationen.[18]

Was in der frühen Definition von Ökonomik von Robbins schon angelegt war, setzten Vertreter der Chicago School, allen voran *Gary Becker* und *Richard Posner*, nach dem Zweiten Weltkrieg konsequent um. Sie wendeten die mikroökonomisch basierte ökonomische Analyse auf alle denkbaren Formen menschlichen Verhaltens in den unterschiedlichsten Zusammenhängen (von der Politik bis hin zu Ehe, Sex, Prostitution oder Revolutionen) an[19] und machten so die Ökonomik zu einer umfassenden Sozialwissenschaft. Das brachte der Ökonomik den Vorwurf ein, eine „imperialistische" Wissenschaft zu sein.[20] Dies mag für die Beiträge gelten, die normativ mit einem gewissen Absolutheitsanspruch auftreten; das vorliegende Buch begegnet solchen Ansätzen jedoch mit einer gewissen Skepsis[21] und legt vielmehr Wert auf die Integration der Ökonomik in einen situationsgerechten Methodenpluralismus.[22]

1.1.2 Ökonomische Analyse des Öffentlichen Rechts und Nachbarwissenschaften

Eine Ökonomik des Rechts in diesem weiten Verständnis hat natürlich viele Berührungspunkte mit anderen rechts- und sozialwissenschaftlichen Disziplinen. Davon sollen einige besonders hervorgehoben werden: die Rechtssoziologie, die Rechtsanthropolo-

---

[15] Robbins (1932/1935), 16.

[16] Rawls (1972), 105.

[17] In diesem Sinne etwa Homann/Suchanek (2005), I.1.4.

[18] Homann/Suchanek (2005), 347.

[19] Vgl. etwa Becker (1968/1976), Posner (2011), Kap. 5 „Family Law and Sexual Regulation" zu Ehe und Sex, Reynolds (1985) zu Fragen der Prostitution oder Apolte (2012) zu Revolutionen.

[20] Zu dieser Auseinandersetzung Grembi (2007); dazu im Überblick Hansen (2008), 195 ff.

[21] Vgl. dazu unten 1.2.1.3.

[22] Dazu unten 1.2.2.1.

gie, die Rechtspsychologie, die Rechtsvergleichung und schließlich die Rechtsdogmatik (einschließlich der Rechtstheorie) als Rechtswissenschaft im engeren Sinne.

1.1.2.1 Rechtssoziologie

Die Rechtssoziologie beschäftigt sich mit den Wechselwirkungen von Recht und Gesellschaft.[23] Dabei können die Wirkungen zwei verschiedene Richtungen einnehmen – es geht einerseits um die gesellschaftliche Bedingtheit von Recht und andererseits um die Steuerung der Gesellschaft durch Recht. Die Rechtssoziologie stellt damit im Grunde dieselben Fragen wie die positive ökonomische Analyse des Rechts.[24]

Zu Unrecht wird die Rechtssoziologie gelegentlich auf ihre empirischen Elemente und die Methoden der empirischen Sozialforschung reduziert.[25] Denn auch empirische Ansätze müssen, wollen sie ernst genommen werden, auf theoretischen Modellen beruhen. In der Rechtssoziologie, wie auch in der Soziologie insgesamt, werden dazu in der Regel Makrotheorien herangezogen, die von einer Gesamtsicht auf die Gesellschaft ausgehen und die Personen in ein System von Gruppen, Rollen, Werten und Institutionen eingebunden sehen; ein prominentes Beispiel hierfür ist die Systemtheorie.[26] Zunehmend wird jedoch auch die ökonomische Theorie als eine legitime soziologische Methode anerkannt; spiegelbildlich gibt es seit *Max Weber*[27] eine soziologische Ökonomie.[28] Zutreffend wird darauf hingewiesen, dass Soziologie und Ökonomik einen gemeinsamen Ausgangspunkt (Gesellschaftslehren des 17. und 18. Jahrhunderts), eine gemeinsame Fragestellung (Handlungskoordination in sozialen Ordnungen) und zunehmend auch einen gemeinsamen neuen Schwerpunkt in der Frage nach Institutionen[29] haben. Konsequenter Endpunkt dieser Entwicklung ist die Begründung einer Rational-Choice-Soziologie, für die allen voran *James Coleman* steht.[30] Im Mittelpunkt ihres Interesses stehen der Einfluss sozialer Normen auf individuelles Verhalten, die Bedeutung der Sozialisierung oder das Streben der Individuen nach sozialem Status.[31]

Auch im Bereich soziologischer Handlungstheorien ist somit eine Tendenz zu erkennen, Mikro- und Makrotheorien zu kombinieren.[32] Die Frage, ob man auf dieser Grundlage nicht eine gemeinsame integrierte sozialwissenschaftliche Handlungstheorie entwickeln sollte, liegt daher nahe.[33]

---

[23] Grdl. zur Rechtssoziologie etwa Raiser (2013) und Rehbinder (2009).

[24] Vgl. van Aaken (2004), 14 ff.

[25] Zum Zusammenhang von Theorie und Empirie vgl. näher unten 1.2.2.1.

[26] Die Systemtheorie ist eng mit dem Namen Niklas Luhmann verbunden, der diese als Soziologe und Jurist von Anfang an auch auf das Recht als gesellschaftliches Subsystem angewendet hat, vgl. etwa Luhmann (2008) und ders. (1993); zur Rechtstheorie von Niklas Luhmann vgl. Huber (2007).

[27] Vgl. insbes. Weber (1921).

[28] Vgl. dazu etwa Swedberg (2003).

[29] Vgl. etwa Voigt (2009), sowie unten 1.2.2.3.

[30] Coleman (1992).

[31] Vgl. dazu im Überblick etwa Ellickson (2007), 7 ff.

[32] Eindrücklich Maurer (2007), 180 ff.

[33] Vgl. dazu etwa Schmid/Maurer (2003), 9 ff.

1.1.2.2 Rechtsanthropologie

Die Anthropologie versucht unter anderem menschliches Verhalten aus biologischer Determinierung zu erklären. Natürlich sind diese Erkenntnisse sowohl für die (Rechts-) Soziologie als auch für die (Rechts-)Ökonomik interessant, soweit sich diese als Lehren von Wahlhandlungen verstehen.

Recht wird von Menschen für Menschen gemacht; deshalb haben biologische und psychologische Grundmuster Einfluss auf das Recht – das Recht kann somit auch anthropologisch erklärt werden, etwa durch das Streben nach Freiheit oder Sicherheit. Anthropologisch lässt sich damit erklären, warum und wie Menschen Recht schaffen bzw. wie sie auf Rechtsregeln reagieren.[34]

Um ersten Ansätzen einer systematischen Erkundung der Wechselbezüglichkeit von Recht und Wirklichkeit nachzuspüren, muss man in die Mitte des 18. Jh. zurückgehen, zu *Louis de Secondat, Baron de la Brède et de Montesquieu* (1689–1755), bekannt als einer der Väter der Gewaltenteilung. In seinem zentralen Werk „Vom Geist der Gesetze"[35] beschäftigt er sich – gegen den vernunft- und naturrechtlichen Zeitgeist – mit Fragen der Determinierung des Rechts durch außerrechtliche Tatsachen – seien es Sozialphänomene (Religion, Handel, Sitten und Gebräuche), demographische Daten wie etwa Bevölkerungszahl oder physikalische Gegebenheiten (wie Bodenbeschaffenheit oder Klima): „Die Gesetze stehen in sehr enger Beziehung zu der Art und Weise, wie die verschiedenen Völker ihren Unterhalt erschaffen. Ein Volk, das sich mit Handel und mit Schiffahrt befasst, braucht ein viel umfassenderes Gesetzbuch als ein Volk, das sich damit begnügt, den Boden zu bestellen; und diese wiederum ein größeres als ein Volk, das von seinen Herden lebt, und endlich dieses ein größeres als ein Jägervolk".[36]

Der anthropologische Ansatz hat in unterschiedlichem Ausmaß Eingang in die theoretischen Konzeptionen der Rechtssoziologie gefunden. Besonders markant ist das in den Arbeiten von *Helmut Schelsky* (1912–1984) zu erkennen, der eine philosophisch und anthropologisch fundierte Gegenposition zur herrschenden Systemtheorie aufbaute: der Mensch als Individuum, nicht die Gesellschaft als Ganzes und das soziale System wurde zum Ausgangs- und Bezugspunkt seiner Theorie (so wie heute auch in der Rechtsökonomik). Seinen Hypothesen legt er dabei folgendes Menschenbild zugrunde (wie die Ökonomik das Rationalverhaltensmodell): Der Mensch werde wie das Tier von Trieben (unbewusst) gesteuert (*Freud*), er sei aber im Gegensatz zum Tier ein „Mängelwesen" (*Gehlen*), das nicht nur instinktgeleitet sei, sondern sich Ziele setzen könne (*Konrad Lorenz* nennt das „Appetenzverhalten"). Im Bewusstsein seiner Defizite und zur Verwirklichung seiner Ziele bilde der Mensch Institutionen; zwischen den Individuen mit ihren subjektiven Motiven, Vorstellungen, Trieben und Zielen und den Institutionen mit ihren Zwängen und Begrenzungen entstehe eine Wechselwirkung, die Schelsky interessiert: „Die gleichsam

---

[34] Grdl. zu Fragen der Rechtsanthropologie Fikentscher (2009), Lampe (1999), Hof (1996), Höffe (1994).

[35] Montesquieu (Charles-Louis de Secondat, Baron de la Brède et de Montesquieu) (1748).

[36] A. a. O., XVIII, 8, 386.

überpersönliche Institution der Rechtsordnung lebt davon, dass sie ständig vom Willen, den Motivationen, ja vor allem von den Emotionen (Rechtsgefühlen) der Recht handelnden, suchenden, wahrenden Personen erfüllt oder verlebendigt wird, während umgekehrt die objektivierte institutionelle Rechtsordnung, die Verfassungen, Gesetze, Anordnungen und ihre Durchsetzungs- und Verwaltungseinrichtungen, ständig eben die sogenannten Bewußtseinszustände der Personen, ihre Zielvorstellungen und Wertungen, Entscheidungen und Verzichte, ihrerseits bestimmt und beeinflußt".[37]

Es ist daher nicht überraschend, dass die Rechtsanthropologie heute auch zunehmend in der Rechtsökonomik wahrgenommen wird, insbesondere wenn es darum geht, typische Abweichungen von einem vermeintlichen „Rationalverhalten" zu erklären.[38]

1.1.2.3 Rechtspsychologie

Es ist evident, dass psychologische Zusammenhänge im Recht eine große Rolle spielen. Man denke nur an die Interaktionen vor Gericht und den Vorgang der richterlichen Überzeugungsbildung. Daher ist es fast erstaunlich, wie spät und langsam sich die Rechtspsychologie als eigenständiges Forschungsgebiet herausgebildet hat.[39]

Psychologische Erkenntnisse spielen gerade in der Ökonomik eine zunehmende Rolle.[40] Dies liegt auch nahe, setzt die Ökonomik doch im Kern an menschliches Verhalten und entsprechende Verhaltensannahmen an. So hat sich heute ein eigenständiger Ansatz der Ökonomik herausgebildet, die im angloamerikanischen Raum als „Behavioral Law and Economics" bezeichnet wird.[41] Darauf wird zurückzukommen sein, wenn es um die Rationalverhaltensannahme der Ökonomik, deren Kritik und Fortentwicklung gehen wird.[42]

1.1.2.4 Rechtsvergleichung

Die Rechtsvergleichung wird heute zunehmend funktional betrieben und nicht mehr nur deskriptiv beziehungsweise erklärend.[43] Sie zielt auf eine wertende Aussage vor dem Hintergrund der sozialen Funktion von Recht; damit wird das konkrete Sachproblem zum logischen Ausgangspunkt der Untersuchung. Rechtsvergleichung erfordert deshalb für die Analyse des Sachproblems ein tertium comperationis; dieses kann durch sozialwissenschaftliche Methoden, aber auch durch ökonomische Analyse entfaltet werden.

---

[37] Schelsky (1980), 1, 78 f.

[38] Zur sog. „bounded rationality" vgl. unten 1.2.2.2.3.2.

[39] Vgl. dazu etwa Fabian/Nowara (2006).

[40] Vgl. etwa Homann/Suchanek (2005), 6.4.3.

[41] Vgl. dazu etwa Sunstein (2000); Schmid (2004).

[42] Vgl. dazu unten 1.2.2.2.3.2.

[43] Van Aaken (2004), 21 ff.; einführend zur Rechtsvergleichung, insbes. mit Bezug auf das Öffentliche Recht vgl. Karpen (2000).

Eine vergleichende Betrachtung spielt sowohl in der Rechtswissenschaft als auch in der Ökonomik (vor allem in der Neuen Institutionenökonomie) eine zunehmende Rolle.[44] Dementsprechend nimmt auch die Bedeutung der Vergleichenden Ökonomischen Rechtsanalyse (Comparative Law and Economics Approach) zu.[45] Auch im Folgenden sollen ökonomische Aussagen in der Regel nicht isoliert auf eine bestimmte Rechtsordnung bezogen werden, sondern auf übergreifende beziehungsweise gemeinsame Rechtsinstitute; das liegt gerade mit Blick auf die sich herausbildende europäische Rechtsordnung nahe. In diesem Sinne versteht sich das Buch als ein Beitrag zur rechtsvergleichenden ökonomischen Analyse des Rechts.

Die unterschiedlichen fachlichen Einflüsse, die in den Gebieten der Verhaltensökonomik oder der Vergleichenden Ökonomischen Rechtsanalyse deutlich werden, sind kein Zufall. Verallgemeinernd lässt sich sagen, dass die Ökonomik im Allgemeinen und die Rechtsökonomik im Besonderen in hohem Maße auf interdisziplinäres Zusammenwirken gerichtet sind.[46] Die „Vor- und Nachteilsgrammatik" (*Christoph Engel*) als formales Instrumentarium zur Analyse menschlicher Interaktion wird auf verschiedene Problembereiche projiziert, ohne die Erkenntnisse der je fachlich einschlägigen Disziplinen ausblenden zu wollen oder zu können.

1.1.2.5 Rechtsdogmatik

Die Praxis der Rechtsanwendung und in der Folge auch die juristische Ausbildung werden durch eine rechtsdogmatische Vorgehensweise geprägt.[47] Die Rechtsdogmatik ordnet den Rechtsstoff einer bestimmten Rechtsordnung und bereitet ihn für die Anwendung auf bestimmte Fallkonstellationen vor. Mit ihr soll der normative Sinngehalt des Rechts – das „Sollen im Recht" – erfasst werden. Mit der Frage nach der Normativität des Rechts wird festgestellt, was in einer bestimmten Situation als Recht „gilt". Dies ist insofern wissenschaftlich, als die Beantwortung auf der Grundlage allgemein anerkannter Methoden erfolgt, die ihren Niederschlag in den verschiedenen juristischen Methodenlehren findet.

Recht erhebt den Anspruch, in sich konsistent, also widerspruchsfrei und logisch zu sein. Da es ausschließlich mit Sprache arbeitet, verwendet es dazu Begriffe und Aussagen, die zu einem solchen gedanklichen Gebäude zusammengefügt werden. Mit diesen Strukturelementen beschäftigt sich die (analytische) Rechtstheorie, die mehr ist als bloße

---

[44] Vgl. dazu grdl. van Aaken (2003b), 2.3.3.

[45] Vgl. dazu allg. Mattei (1997), Kap. 1 und bezogen auf den Bereich des environmental law and economics Faure/Skogh (2003).

[46] Vgl. zur notwendigen Interdisziplinarität von Ökonomik und zur Relativierung des Imperialismusvorwurfes Homann/Suchanek (2005), 6.4.1.; grdl. zu Fragen der Interdisziplinarität Hampicke u. a. (2006), 5 ff. Zutreffend weist Lüdemann (2007), 35 ff., darauf hin, dass überzeugendes interdisziplinäres Arbeiten eine „Ausgangstheorie" zugrunde legen muss, um nicht einer Methodenbeliebigkeit anheim zu fallen; dies kann eben gerade auch die Ökonomik sein.

[47] Zur Rechtsdogmatik vgl. etwa Schuhr (2006).

Methodenlehre. Wegen der zentralen Bedeutung von Sprache ist die Rechtstheorie heute stark sprachanalytisch geprägt.[48]

1.2 Theoretische Konzepte

Vor diesem Hintergrund erhellt bereits, dass die Rechtsökonomik eng mit Nachbardisziplinen verbunden ist. Gleichwohl ist zunächst nach ihrem eigenen theoretischen Ansatz zu fragen. Dieser „disziplinäre Kern", der im Bereich der Ökonomie liegt, soll im Folgenden – in Abgrenzung von anderen, insbesondere sozialwissenschaftlichen Herangehensweisen – skizziert werden.

1.2.1 Methodische Grundfragen

1.2.1.1 Die Bedeutung der Rechtswissenschaft im engeren Sinne (Rechtsdogmatik) für die Ökonomik

Allerdings ist bereits an dieser Stelle darauf hinzuweisen, dass die ökonomische Analyse des Rechts mehr ist als die bloße, gleichsam mechanische Übertragung ökonomischer Methoden auf die gesellschaftliche Erscheinung des Rechts. Denn der Untersuchungsgegenstand des Rechts hat seinerseits Rückwirkungen auf die anzuwendende Methode. So sind etwa die Fragen, was Recht überhaupt ist oder welchen Zweck eine Rechtsregel im Einzelfall hat, originär rechtswissenschaftliche Fragen.[49] Beispielsweise kann die rechtsökonomische Analyse, ob die ökologische Steuerreform wirksam ist, sinnvollerweise nicht durchgeführt werden, ohne das Gesetzeswerk auf seinen Zweck im Sinne von normativ zu bewirkenden Wirkungen zu befragen, es also mit juristischen Methoden auszulegen. Natürlich kann man darüber hinaus mit einer ökonomischen Analyse auch den Gesetzeszweck seinerseits kritisieren, etwa als zu wenig ambitioniert. Etwas grundsätzlicher formuliert zielt eine anspruchsvolle ökonomische Analyse des Rechts letztlich auf eine Integration ökonomischer und rechtswissenschaftlicher Methoden.

1.2.1.2 Rechtswissenschaft und Ökonomik als Wirklichkeits- und Normwissenschaft

In der Rechtswissenschaft und der Ökonomie kann man – wie in anderen Wissenschaften auch – zwei Vorgehensweisen unterscheiden: auf der einen Seite die Untersuchung des jeweiligen Gegenstandes im Sinne einer Real- oder Wirklichkeitswissenschaft und auf

---

[48] Etwa durch die Sprachphilosophie von H. L. A. Hart (1907–1992).

[49] Engel (2007), 391 ff., der in diesem Zusammenhang von einer „Rekonstruktion" des Zwecks spricht; zutreffend weist Engel darauf hin, dass bei dieser Rekonstruktion auch verhaltenswissenschaftliche Annahmen eine Rolle spielen können.

der anderen Seite seine normative Bewertung beziehungsweise die Entwicklung idealer Alternativen im Sinne einer Normwissenschaft. Die traditionelle Rechtswissenschaft ist im Kern eine Normwissenschaft, die ihre Wertungen aus Rechtsnormen – allen voran der Verfassung und den Gesetzen – ableitet; die Anwendung wirklichkeitswissenschaftlicher Vorgehensweisen spielt in der Rechtssetzung und Rechtsanwendung eine untergeordnete, wenn auch nicht zu vernachlässigende Rolle.[50] In der Ökonomik stehen sich dagegen wesentlich grundsätzlicher zwei Konzepte gegenüber: So können gerade auch in Bezug auf das Recht tatsächliche Aussagen (positive Analyse) oder wertende Aussagen (normative Analyse) getroffen werden.[51]

1.2.1.3 Normative Analyse des Rechts

Mit Hilfe der normativen Analyse[52] werden staatliche Maßnahmen und so auch das Recht bewertet und einer (wertenden) ökonomischen Kritik unterzogen. Die normative ökonomische Theorie zielt darauf ab, „gutes" beziehungsweise „richtiges" Recht zu begründen. Als zentraler Beurteilungsmaßstab dient dabei das Kriterium der Effizienz; es bezeichnet den aggregierten Gesamtnutzen einer Situation oder Maßnahme im Verhältnis zu den gesamten Kosten.[53] Es ist reizvoll, dieses dem zentralen normativen Kriterium der Rechtswissenschaft, der Gerechtigkeit, gegenüberzustellen und nach Gemeinsamkeiten oder gar gemeinsamen (philosophischen) Wurzeln zu fragen.[54] Gerechtigkeit bemisst sich an der Verteilung zwischen bestimmten Individuen. In einer ersten Näherung kann man sagen, dass Effizienz die Größe eines Kuchens, Gerechtigkeit die Verteilung der Stücke auf die einzelnen Individuen bezeichnet.[55] Kein Widerspruch bestünde zwischen beiden nur dann, wenn der größere Kuchen ohne Kosten auf die Individuen umverteilt werden könnte; in der Regel ist dies aber kompliziert und kostspielig.[56]

Die normative ökonomische Bewertung gesellschaftlicher Zustände und des Rechts hat ihre Wurzeln in der klassischen Wohlfahrtsökonomik. Vor dem Hintergrund grundsätzlich knapper Ressourcen bewertet sie deren Allokation auf der Grundlage eines größtmöglichen gesellschaftlichen Nutzens; zentraler Bewertungsmaßstab ist damit die gesellschaftliche Wohlfahrt. Die Allokationseffizienz wird im Wesentlich durch zwei wirkkräftige Konzepte operationalisiert, das Pareto-Kriterium und das Kaldor-Hicks-Kriterium.[57] Nach dem nach *Vilfredo Pareto* (1896) benannten Pareto-Kriterium ist eine staatliche Maßnahme dann gerechtfertigt, wenn sie mindestens einen Menschen besser, aber keinen anderen schlechter

---

[50] Vgl. dazu näher Petersen (2010), 435.

[51] Zu dieser Dichotomie grdl. Posner (2011), part 1 § 2.2; van Aaken (2003b), 38 ff., 45 ff.; McAdams/Rasmusen (2007), 1588 ff.

[52] Dazu grdl. van Aaken (2003b), 181 ff.; Kurzfassung in van Aaken (2004), 22 ff.

[53] Polinsky (2011), 7.

[54] Dazu grdl. Mathis (2009).

[55] Polinsky (2011), 7 ff.

[56] Polinsky (2011), 13 ff., 157 ff.

[57] Vgl. dazu etwa van Aaken (2003b), 212 ff.

stellt. Das mag zwar unmittelbar einleuchten, dürfte aber in der Praxis der seltene Ausnahmefall sein. Deshalb haben die Ökonomen *Nicholas Kaldor* und *John Hicks* (1939) ein Prinzip entwickelt, wonach alle Maßnahmen gerechtfertigt sind, wenn diejenigen, die dadurch eine Nachteil erleiden, zumindest theoretisch von denjenigen, die Vorteile aus dieser Maßnahme haben, kompensiert werden können. Der Saldo aus positiven und negativen Wirkungen der Maßnahme muss also insgesamt positiv sein.[58] Erfüllen mehrere Maßnahmen diese Voraussetzung, ist natürlich diejenige mit dem besten Kosten-Nutzen-Verhältnis vorzugswürdig.[59]

Seine theoretische Grundlage findet dieser Ansatz im *Utilitarismus* (von lat. utilis = nützlich), der im Wesentlichen auf die Arbeiten von *Jeremy Bentham*[60] zurückgeht[61] und sich vor allem im angelsächsischen Raum und hier vor allem in den USA wirkkräftig entfaltet hat.[62] Der Utilitarismus bewertet die Handlungen oder Regeln als „gut" (moralisch), die den Nutzen des Einzelnen oder den Gesamtnutzen der Gesellschaft maximieren. Gesamtgesellschaftlich verdienen damit diejenigen Regeln den Vorzug, die den (Gesamt-) oder Durchschnittsnutzen der Gesellschaft erhöhen. Bei der Frage, ob es gesamtgesellschaftlich sinnvoll ist, vom sozialen Zustand x zum Zustand y überzugehen, braucht man nur vom Nutzenzuwachs der Begünstigten den Nutzenentgang der Benachteiligten abziehen. *Schäfer/Ott* verwenden für die Erklärung des Kerngedankens des Utilitarismus anschaulich das Bild eines „Wohlstandsthermometers": „Man stelle sich vor, alle Gesellschaftsmitglieder trügen ein Thermometer in der Tasche, das ihr Wohl auf einer Skala anzeigt. Die Summe der Werte aller Thermometer gibt das Gesamtwohl an. Ein Gesetz oder eine sonstige staatliche Entscheidung ist dann utilitaristisch gerechtfertigt, wenn sie den so ermittelten Thermometerstand des Gesamtwohls erhöht."[63] Dieses Abstellen auf einen Nutzenvergleich (abweichend von dem Abstellen auf die Zahlungsbereitschaft nach dem Kaldor-Hicks-Effizienzkriterium) impliziert, dass Geld- und Nutzeneinheiten nicht gleichgesetzt werden können; nach dem Gesetz vom abnehmenden Grenznutzen des Einkommens nimmt der Einkommensnutzen einer Person bei steigendem Einkommen zwar zu, allerdings nur unterproportional.[64]

Seit der bahnbrechenden Schrift von *Lionel Robbins* aus dem Jahre 1932 mit dem Titel „An Essay on the Nature and Signicance of Economic Science" wurde der Utilitarismus nach einer fast 100-jährigen Periode der Dominanz fundamentaler Kritik unterzogen.[65] Diese bezog sich insbesondere auf die Möglichkeit einer kardinalen Nutzeneinschätzung

---

[58] Vgl. dazu Towfigh/Petersen (2010), § 2 II.; Mathis (2009), § 3.

[59] Revesz/Stavins (2007), 505 ff.

[60] Bentham (2007); zu der Utilitarismuskonzeption von Bentham vgl. grdl. Mathis (2009), § 6.

[61] Zu den weiteren Wurzeln des Utilitarismus vgl. etwa Lieth (2007), 35 ff.

[62] Vgl. dazu zutreffend Grechenig/Gelter (2008), 513 ff.

[63] Schäfer/Ott (2012), Kap. 2.7.

[64] Schäfer/Ott (2012), a. a. O.

[65] Schäfer/Ott (2012), Kap. 2.8.

sowie die Möglichkeit eines interpersonellen Nutzenvergleichs.[66] Wie will man etwa Nutzenveränderungen angemessen erfassen, die mit Stolz und Schamgefühlen oder dem Empfinden von gerechter beziehungsweise ungerechter Behandlung einhergehen?[67] Konsequent weitergedacht müsste man hier letztlich auf die Ergebnisse der Glücksforschung zurückgreifen.[68] Wie will man mit dem Umstand umgehen, dass ja Normen ihrerseits Rückwirkungen auf die Präferenzen der Individuen haben und so der durch sie erzeugte Wohlfahrtseffekt rückgekoppelt ist?[69] Spezifisch gegen das Kaldor-Hicks-Kriterium lässt sich einwenden, dass dieses nur von der Möglichkeit einer Kompensation ausgeht und dabei ausblendet, ob diese auch tatsächlich durchgeführt wird.[70] Bedeutender sind im vorliegenden Zusammenhang die Einwände, die einer direkten Übertragung auf die Bewertung von Recht entgegenstehen; sie wurden von *Horst Eidenmüller* in seiner Habilitationsschrift „Effizienz als Rechtsprinzip" grundlegend herausgearbeitet. Hier sind neben einer gerechten Güterverteilung andere wesentliche normative Grundprinzipien, allen voran die Menschenrechte und das Demokratieprinzip zu beachten.[71] So darf der demokratisch legitimierte Gesetzgeber bei der Bestimmung dessen, was im Einzelfall als gerecht anzusehen ist, nicht übergangen werden. Zudem lässt eine auf den Menschenrechten und insbesondere der Würde des Menschen beruhende Verfassungstradition einen kardinalen, interpersonalen Nutzenvergleich nicht zu. In diesem Sinne kann mit *Peter Häberle*[72] gesagt werden, dass die Grenzen für eine Ökonomisierung von Rechtsverhältnissen in den Wertsetzungen der Verfassung liegen. Der fortdauernde Streit, ob Effizienz ein Rechtsprinzip darstellt,[73] ist wenig ertragreich. Die Protagonisten leiten ein solches aus der Gesamtschau einzelner Verfassungsbestimmungen ab (etwa dem haushaltsrechtlichen Wirtschaftlichkeitsprinzip); soweit daraus in der Gesamtschau ein eigenständiges Rechtsprinzip konstruiert wird, kann dieses jedenfalls nicht weiter gehen als seine positiven Teilelemente.

Die Tatsache, dass eine auf das Effizienzprinzip und den Utilitarismus gestützte normative Rechtsökonomik – sogar in den USA – nie unumstritten war, spiegelt sich in den schwankenden Einstellungen des „Übervaters" der ökonomischen Analyse, *Richard Allen Posner*, eindrucksvoll wider.[74] In der Anfangsphase[75] ging er zwar davon aus, dass die normativen Grundlagen der ökonomischen Analyse des Rechts auf dem Utilitarismus beruhen, arbeitete dies aber nicht näher aus und zog daraus auch kaum Konsequenzen. Dies änderte

---

[66] Von Mathis (2009), § 3 III. 2, als „Messproblem" dargestellt.

[67] Vgl. dazu spezifisch McAdams/Rasmusen (2007, 1593 f. m. Nachw.

[68] Vgl. dazu grdl. Frey/Stutzer (2002).

[69] Vgl. dazu spezifisch McAdams/Rasmusen (2007), 1594 f. m. Nachw.

[70] Vgl. etwa Mathis (2009), § 3 III. 3.

[71] Vgl. dazu etwa Lindner (2008), 962 ff.

[72] Häberle (1984), 45.

[73] Einen guten kritischen Überblick über den Diskussionsstand gibt Lieth (2007), 122 ff.

[74] Schön dargestellt bei Mathis (2009), § 8.

[75] Vgl. etwa die erste Auflage seines Lehrbuches „Economic Analysis of Law" von 1972.

sich mit seinem Aufsatz „Utilitarianism, Economics, and Legal Theory" von 1979[76], in dem er das Konzept der Reichtumsmaximierung entwickelte (in einer vermeintlichen, im Grunde aber gekünstelten Abgrenzung vom Utilitarismus). Anfang der 80er Jahre unternahm er es, diesen Ansatz auch konsenstheoretisch abzusichern.[77] Seit den 90er Jahren vertritt er jedoch einen pragmatischen Ansatz, dem eher ein positives Verständnis des Effizienzkriteriums zugrunde liegt und der dieses lediglich als eines unter mehreren Rechtsprinzipien verortet.[78]

Die Kritik am Kriterium der (Allokations-)Effizienz als zentralem Maßstab einer normativen Ökonomik bedeutet jedoch nicht, dass es keine Bedeutung oder Anwendungsfelder hat. Ansonsten würde „das Kind mit dem Bade ausgeschüttet". Vielmehr gibt es auch eine – weniger kontroverse – positive Variante des Prinzips: Diese fragt nach dem Ausmaß, in dem Recht eine effiziente Allokation gesellschaftlich knapper Ressourcen *tatsächlich* herstellt.[79] Dies lässt sich für die Rechtspolitik fruchtbar machen, wenn neue rechtliche Gestaltungsoptionen gesucht werden.[80] Das Effizienzkriterium bildet hier einen wichtigen Bestandteil der normativen Entscheidungstheorie als interdisziplinärer Forschungsrichtung.[81] Große Bedeutung hat die positive Variante des Effizienzprinzips in der Vergangenheit bei der Kritik des Umweltordnungsrechts und der Entwicklung neuer, insbesondere ökonomischer Instrumente der Umweltpolitik gehabt.[82] So konnte die Kritik am Umweltordnungsrecht aus ökonomischer Perspektive wirkungskräftig um den Aspekt der (mangelnden) Allokationseffizienz ergänzt werden. Es wurde gezeigt, dass bestimmte umweltpolitische Zielsetzungen mit anderen Instrumenten zu deutlich geringeren gesamtwirtschaftlichen Kosten erreicht werden können. Da Umweltschutzmaßnahmen in aller Regel (viel) Geld kosten (nicht unbedingt dem Staat, sondern den gesellschaftlichen Akteuren), kann mit einem effizienteren Instrumentarium für das gleiche Geld mehr für die Umwelt getan werden. Als zweites Beispiel soll auf die ökonomischen Erkenntnisse zur Umwelthaftung verwiesen werden. Sie haben deutlich gemacht, dass Haftungsverschärfungen nicht per se richtig sind. Denn je weiter Haftung ausgedehnt wird, desto umfangreicher werden die kumulierten Vermeidungskosten der betroffenen Unternehmen, bei einem sehr strikten Haftungsregime können diese unter Umständen wesentlich höher als die vermiedenen Schäden sein.[83]

---

[76] Posner (1979), 103 ff.

[77] Vgl. etwa Posner (1985), 85 ff.; zu vertrags- und konsenstheoretischen Ansätzen siehe näher unten 2.2.1.1.

[78] Lesenswert insoweit Kap. 3 „Normative Law and Economics: From Utilitarianism to Pragmatism" in Posner (2001), 95 ff.

[79] Zutreffend van Aaken (2003b), 181 Fn. 824 m. Nachw.; van Aaken (a. a. O., 190 ff.), arbeitet dies als Gegensatz von einem materialen Effizienzbegriff (Effizienz erster Ordnung) und einem formalen Effizienzbegriff (Effizienz zweiter Ordnung) heraus.

[80] Vgl. hierzu Engel (2007), 383 ff.

[81] Van Aaken (2004), 28 ff.

[82] Vgl. dazu grdl. unten 7.2.1.2.

[83] Vgl. dazu näher unten 7.2.2.3.

1.2.1.4 Positive Analyse des Rechts

Auch die positive Analyse des Rechts nimmt ihren Ausgangspunkt in den USA,[84] steht aber gerade in Europa von Anfang an im Mittelpunkt des Interesses. Auf ihrer Grundlage werden Aussagen über Elemente des bestehenden Rechts getroffen, etwa seine Entstehungsgründe, Struktur oder Wirkungsweisen.[85] Sie versteht sich als verhaltens- und handlungsbezogene Theorie menschlicher Wahlakte; im Kern geht es damit um empirisch überprüfbare Aussagen über das Verhalten von Akteuren. Weiteren Auftrieb hat die positive Analyse des Rechts mit dem Erstarken der Institutionenökonomik[86] und den Bemühungen mehrerer Disziplinen um die Erarbeitung einer übergreifenden Handlungstheorie[87] erhalten.

Auf diese Weise kann man etwa das Zustandekommen von Recht erklären und fragen, warum Gesetze so bestehen wie sie bestehen. Dazu kann man dann Theorien über den Gesetzgeber, die Bürokratie oder aber Interessengruppen entwickeln.[88] Auf dieser Grundlage kann die Rechtsökonomik wichtige Beiträge zu einer rationaleren Rechtspolitik leisten;[89] dies gilt insbesondere für die zentrale Frage, mit welchen Mitteln das gesetzgeberische Ziel optimal – bei möglichst geringen Nebenwirkungen – erreicht werden kann.[90] Damit trägt die Rechtsökonomik zu einer Disziplinen übergreifenden Gesetzgebungslehre bei.

Ein bedeutender Forschungsbereich der positiven Analyse[91] ist die Rechtswirkungsforschung, also die Abschätzung der Folgen von Recht beziehungsweise Rechtsnormen.[92] Dazu ist die ökonomische Theorie prädestiniert, denn sie beschäftigt sich im Kern mit Aussagen über menschliches Verhalten. Die Wirksamkeit von Recht ist jedoch regelmäßig eine Funktion des Verhaltens der Rechtsadressaten. Natürlich kann man die Wirksamkeit von Rechtsnormen ex post auch empirisch analysieren, wie es insbesondere die Rechtssoziologie tut. Die ökonomische Analyse hat demgegenüber den Vorteil, dass sie dies auch ex ante kann,[93] und zudem, dass sie modelltheoretisch arbeitet und so der oft große Aufwand des Einsatzes von empirischer Sozialforschung vermieden werden kann. Natürlich spricht überhaupt nichts dagegen, die so gefundenen Ergebnisse empirisch zu überprüfen, und sei es nur stichprobenartig – ganz im Gegenteil!

---

[84] Einer ihrer Gründungsväter kann in Friedman gesehen werden; in seinem Essay „The Methodology of Positive Economics" von 1953 zieht er einen Vergleich mit den Naturwissenschaften, die insoweit als Vorbild dienen könnten.

[85] Für eine Übersicht vgl. van Aaken (2003b), 45 ff.; McAdams/Rasmusen (2007), 1588 ff.

[86] Vgl. dazu näher unten 1.2.2.3.2.

[87] Vgl. dazu bereits oben 1.1.2.1.

[88] Vgl. dazu näher unten 3.3.2.

[89] Vgl. dazu grdl. Engel (2005), 581 ff.

[90] Towfigh/Petersen (2010), 15; grdl. van Aaken (2003b), 156 ff.

[91] Dazu grdl. Van Aaken (2003b), 45 ff.; Kurzfassung in van Aaken (2004), 4 ff.

[92] Vgl. zur Rechtswirkungsforschung etwa Rodi (2002); speziell zum interdisziplinären Charakter der Gesetzesfolgenforschung Bizer/Führ (2002), 1 ff.

[93] Es geht hier um „Prävention" von Steuerungsversagen, so Stober (1990), 86, 97.

Folgenorientierung kann auch im Rahmen der Rechtsanwendung bedeutsam sein.[94] Bei der Ermittlung der Bedeutung von Zwecknormen, die ja auf die Bewirkung bestimmter Folgen angelegt sind, ist die folgenorientierte Auslegung Teil der teleologischen Interpretation.[95] So ist etwa die effiziente Allokation von Emissionszertifikaten ein wesentlicher Zweck des Emissionshandelsrechts, auf den etwa bei der Auslegung von Zuteilungsregeln zurückgegriffen werden kann beziehungsweise muss.[96] Große Bedeutung erlangt eine folgenorientierte Rechtsanwendung bei den Grundrechten. So kann die Frage, ob ein Gesetz in den Schutzbereich von Grundrechten eingreift, nur beantwortet werden, wenn man sich zuvor über die (voraussichtlichen oder potenziellen) Auswirkungen des Gesetzes Klarheit verschafft hat.[97] So stand etwa im Apothekenurteil des Bundesverfassungsgerichts[98] die Frage im Mittelpunkt, ob und inwieweit sich die Beschränkung der Niederlassungsfreiheit von Apothekern tatsächlich positiv auf die Volksgesundheit auswirkt.[99] Noch deutlicher wird dies bei der Beschränkung der Niederlassungsfreiheit von Notaren, die unmittelbar ökonomisch begründet wird: Durch sie wird die Unparteilichkeit der Notare gesichert, wodurch Informationsasymmetrien vorgebeugt und positive externe Effekte internalisiert werden (die dem Notariatswesen zukommende Beweisfunktion schützt letztlich auch Dritte und damit den Rechtsverkehr).[100] Insoweit kann somit Empirie auch im Rahmen der Rechtsdogmatik sinnvollen Einsatz finden.[101]

1.2.2 Methodische Grundlegungen der Rechtsökonomik

Wie jede wissenschaftliche Disziplin muss die Rechtsökonomik methodengeleitet sein. In diesem Abschnitt soll der Kernbestand ihres wissenschaftlichen Ansatzes in Grundzügen dargestellt werden.

1.2.2.1 Theorie und Empirie

Wie in anderen Bereichen der Gesellschafts- und Sozialwissenschaften besteht dabei ein notwendiger Zusammenhang zwischen Theorie und Empirie: Eine bloße Betrachtung der Realität ohne Theorie führt zu einer Anhäufung von Fakten, nicht aber zu einer erkenntnisgeleiteten Fortentwicklung von Wissen. Bloße Beschäftigung mit Theorien als „l'art

---

[94] Vgl. dazu van Aaken (2004), 18 ff., sowie diess. (2007), 74 ff.; grdl. zur Rolle der Ökonomik in der dogmatischen Jurisprudenz Tontrup (1998), 41 ff.

[95] Zur folgenorientierten Auslegung vgl. grdl. van Aaken (2003b), 150 ff.; Deckert (1995).

[96] Towfigh/Petersen (2010), 9 f.

[97] Vgl. dazu etwa Towfigh/Petersen (2010), 10 ff.; Lindner (2008), 261 f.

[98] BVerfGE 7, 377.

[99] Zu diesem Beispiel ausführlich Towfigh/Petersen (2010), 10 ff.

[100] Vgl. zu diesem Beispiel näher Towfigh, Towfigh/Petersen (2010), 12.

[101] Zur Bedeutung der Empirie im Rahmen der Rechtsdogmatik vgl. Petersen (2010), 435.

pour l'art" gleicht einem Glasperlenspiel, das seinen Erkenntnisgegenstand, die Realität, verfehlen muss.[102]

Für eine wissenschaftliche Betrachtung von Realität ist eine theoretische Grundlage und damit Modellbildung notwendig. Eine 1:1-Abbildung der Realität ist keine Wissenschaft. Wissenschaft ist nur durch systematische Reduktion von Komplexität möglich. Dazu ist eine (wertende) Auswahl notwendig. Dem liegt die von *Hans Albert* formulierte Einsicht zugrunde: „Wer Alles sehen will, sieht gar nichts"[103], oder volkstümlich mit *Karl Kraus* gesprochen: Je näher man ein Problem betrachtet, desto ferner sieht es zurück.[104] Je weiter man in den Modellen jedoch von der Realität abstrahiert, desto mehr liefert man mit den dadurch jeweils erfolgenden Vereinfachungen Angriffsflächen. Die Kunst wissenschaftlichen Arbeitens liegt nicht zuletzt darin, dieses Dilemma von Nähe und Ferne auszubalancieren, in gewisser Weise die Realität so nah wie möglich und so fern wie nötig zu betrachten. Man kann Theorien insofern mit Brillen unterschiedlicher Stärke vergleichen.[105]

Wesen und Funktion wissenschaftlicher Theorien hat *Guy Kirsch* mit einem anderen anschaulichen Bild umschrieben, indem er sie mit Fangnetzen verglich:

> So wie das, was man aus dem Meer an Land zieht, nicht nur davon abhängt, was im Wasser schwimmt, sondern auch von der Beschaffenheit des Netzes, so hängt das Wissen über die Wirklichkeit auch von der Art der Theorie ab, die man angewandt hat. Wer ein grobmaschiges Netz benutzt, wird keine kleinen Fische fangen, und es wäre unklug zu behaupten, es gäbe nur große. Wer eine bestimmte Theorie benutzt, wird nur bestimmte Aspekte der Realität erfassen; er kann nicht sagen, andere Aspekte existierten nicht. Wer möglichst umfassend über die im Meer lebenden Tiere informiert sein will, muss vielfältige Netze auswerfen.[106]

Das Bild des Fischernetzes veranschaulicht zudem, dass es nicht eine „richtige" Theorie geben kann. Wissenschaftliche Theorien müssen letztendlich problemadäquat sein.[107] Dies kann auch die Anwendung mehrerer theoretischer Ansätze nebeneinander im Sinne eines Methodenpluralismus erfordern.[108] Insofern gibt es kein „wissenschaftstheoretisches Reinheitsgebot".[109] Ein „Theorie-Monismus" ist abzulehnen.[110]

---

[102] Dieser Vergleich soll nicht das „Glasperlenspiel" von Hermann Hesse – eine Pflichtlektüre für jeden Studierenden – diskreditieren; nirgendwo sonst in der Literatur findet sich ein so leidenschaftliches Plädoyer für eine Integration einzelner wissenschaftlicher Disziplinen und also für Interdisziplinarität.

[103] Albert (1978).

[104] Kraus, Aphorismen (1911); im Original ist statt „Problem" von „Wort" die Rede.

[105] Dehling/Schubert (2011), 23 ff.

[106] Kirsch (2004), 2.

[107] Zutreffend Friedman (1953), 36: „Everything depends on the problem".

[108] Vgl. zum Methodenpluralismus, insbes. zur Kombination von Ökonomik und Systemtheorie: Kirsch (2004), 49–53.

[109] So Lüdemann (2007), 34.

[110] Insofern kritisch zur Tendenz der Ökonomik hin zu einem Theorie-Monismus: Hansen (2008), 195 ff.

Es ist natürlich, dass die Ökonomik als neuer wissenschaftlicher Ansatz erst einmal stark mit der Erarbeitung ihrer theoretischen Grundlagen beschäftigt war. Sie hat dabei, wie noch zu zeigen sein wird, gerade in den letzten Jahrzehnten beachtliche Fortschritte machen können. Theorie und Modellannahmen ermöglichen Aussagen zu Problemstellungen in Form von Hypothesen. Es sollte dabei nicht vergessen werden, dass diese idealerweise empirisch getestet werden sollten. Dies ist nicht immer möglich, denn empirische Sozialforschung ist typischerweise zeit- und geldaufwändig. Es gibt jedoch Anzeichen dafür, dass *Ulen* mit seiner Prognose für den Bereich der Rechtsökonomik, es werde dort in der Zukunft wesentlich mehr empirische Arbeiten geben,[111] Recht behalten könnte.[112]

1.2.2.2 Das ökonomische Paradigma und das Konzept des Homo Oeconomicus

Bei aller Diversität und Verästelung des methodischen Vorgehens in der Rechtsökonomik (man denke nur an die Darstellungen der normativen und positiven Analyse) lässt sich doch deutlich ein mikroökonomischer Theoriekern erkennen, der in der klassischen Wohlfahrtsökonomie wurzelt.[113] Es geht um eine Entscheidungstheorie oder Theorie der Wahlhandlungen.

Dieser Ansatz lässt sich mit folgender heuristischen Grundannahme umschreiben: Individuen entscheiden auf der Grundlage ihrer Präferenzen mit dem Ziel einer Maximierung ihres Nutzens unter Berücksichtigung gegebener Restriktionen, kurz: sie maximieren ihren Nutzen unter Restriktionen. Damit werden zwei Prämissen sowie zwei Grundsätze mikroökonomischer Theorie auch auf die Analyse des Rechts übertragen: die Prämissen des methodischen Individualismus (1.) und der Ressourcenknappheit (2.) sowie das Verhaltensmodell des homo oeconomicus (Eigennutzannahme und Rationalverhaltensmodell) (3.). Diese liegen auch den fortentwickelten Ansätzen zugrunde, die für die ökonomische Analyse des Öffentlichen Rechts besonders geeignet sind, wie etwa der Neuen Politischen Ökonomie (Public Choice) oder der Institutionenökonomik..[114]

1.2.2.2.1 Methodischer Individualismus

Die erste methodische Grundlegung jeder ökonomischen Analyse liegt darin, dass alle gesellschaftlichen und wirtschaftlichen Interaktionen konsequent auf die Entscheidungen von Individuen zurückgeführt werden. In Anlehnung an *Joseph Schumpeter* wird diese Vorgehensweise als methodischer Individualismus bezeichnet.[115] Zutreffend wird hierin das

---

[111] Ulen (2007), 21 ff.

[112] Mustergültig etwa Eschbach (2011), 22 ff., zu den Gründen wachsender Staatsausgaben; hier werden aus verschiedenen ökonomischen und politikwissenschaftlichen Theorien Hypothesen abgeleitet und anschließend empirisch getestet.

[113] Vgl. dazu grdl. Fritsch (2014), Kap. 2 und 3.

[114] Vgl. dazu unten 1.2.2.3. und 1.2.3.7.

[115] Schumpeter (1946), Das Wesen und der Hauptinhalt der theoretischen Nationalökonomie, 88 ff. Mit diesem Begriff zielte Schumpeter darauf, die werturteilsfreie Analyse wirtschaftlicher Vorgänge durch ihre Rückführung auf individuelle Entscheidungen von einem politischen Individualismus

Fundament nicht nur der Wohlfahrtsökonomie, sondern gerade auch der modernen Ökonomik gesehen.[116] Gesellschaftliche Makrophänomene wie Kooperation, Solidarität oder
Vertrauen werden auf der Basis individuellen Verhaltens, Organisationen und Gesellschaften durch die Gesamtheit der in ihnen handelnden Personen erklärt. Das bedeutet nicht,
dass Organisationen nicht als eigenständige Akteure begriffen werden können; ihr Handeln wird dann aber seinerseits auf das Verhalten der in ihrem Rahmen tätigen Individuen
zurückgeführt.[117]

Selbstverständlich kann und will die ökonomische Theorie – anders etwa als die (Sozial-)
Psychologie – nicht für sich beanspruchen, dass sie das Verhalten konkreter Individuen
beurteilen oder voraussagen könnte. Sie gründet vielmehr auf im Aggregat identifizierbare
Verhaltensmuster; dabei wird auf eine Art durchschnittliches Verhalten einer größeren Zahl
von Akteuren abgestellt, die sich in der gleichen Entscheidungssituation befinden, also auf
einen „vertypten Normmenschen".[118] Es geht also um das dominante oder repräsentative
Verhalten, um Erklärungen „im Prinzip", nicht im Einzelfall.[119]

Um Missverständnisse zu vermeiden ist an dieser Stelle darauf hinzuweisen, dass der
methodische Individualismus eine formale und wertfreie Vorgehensweise zur Gewinnung
wissenschaftlicher Erkenntnisse beschreibt. Er ist streng vom *normativen Individualismus* zu unterscheiden, der aus der gedanklichen Rückführung auf die Interessen Einzelner
Werturteile ableitet, wie das etwa die Vertragstheorien machen.[120] Der normative Individualismus spielt für das Recht und gerade auch die deutsche Rechts- und Verfassungsordnung
eine wichtige Rolle, etwa durch den dort verankerten Ausgangspunkt der Grundrechte
und der Menschenwürde.[121] Gegenspieler des methodischen Individualismus ist der Kollektivismus, der ebenfalls in einer positiven Variante (etwa als Systemtheorie) und einer
normativen Variante[122] auftritt.[123]

1.2.2.2.2 Prämisse der Ressourcenknappheit

Eine weitere grundlegende Prämisse der Wirtschaftswissenschaften insgesamt und der
Ökonomik im Besonderen liegt in der Annahme knapper Güter (Ressourcenknappheit).
Grundsätzlich unbegrenzten menschlichen Bedürfnissen stehen zur Befriedigung grund-
sätzlich begrenzte Mittel zur Verfügung. Dabei geht es nicht nur um materielle Güter,

---

abzugrenzen, der mehr Freiheit für die Bürger fordert (a. a. O., 90). Ideengeschichtlich lässt sich
dieser Ansatz auf Hobbes zurückführen, vgl. Homann/Suchanek (2005), 367.

[116] Kirchner (1997), 18 ff.

[117] Vgl. dazu näher unten 3.1.

[118] Kirchner (1997), 19 m. Nachw.; Towfigh/Petersen (2010), 24.

[119] Leschke (2012), 23 ff.

[120] Vgl. hierzu etwa Pfordten (2005), sowie unten 2.2.1.

[121] Vgl. dazu Pfordten (2005).

[122] Zur Abgrenzung von (normativen) Individualismus und (normativen) Kollektivismus Pfordten
(2005), 1069 f.

[123] Vgl. Dehling/Schubert (2011), 29, zum „methodischen Kollektivismus".

sondern auch um immaterielle Güter wie Sicherheit, Wissen oder die Rechtsordnung.[124] Aber auch Zeit oder die zur Verfügung stehenden Informationen können in dieser Beziehung knapp sein. Die Wahlhandlungen der Individuen erfolgen unter Knappheitsbedingungen, also vor dem Hintergrund begrenzter Ressourcen. Allerdings hat diese Grundannahme in der modernen Ökonomik an Bedeutung verloren – die Begrenztheit der bei der Nutzenmaximierung zur Verfügung stehenden Ressourcen ist als eine der Restriktionen bei der Entscheidungsfindung anzusehen.[125]

1.2.2.2.3 Das Verhaltensmodell des Homo Oeconomicus

Im Kern der ökonomischen Methodik steht das Verhaltens- oder Handlungsmodell des Homo Oeconomicus. Ihm liegt die Annahme zugrunde, dass Individuen (Akteure) ihre Handlungen so ausrichten, dass sie rational und eigeninteressiert ihren Nutzen maximieren.

Bei diesem Verhaltensmodell handelt es sich um eine Annahme und nicht etwa um eine Hypothese.[126] Es geht also nicht um eine empirisch überprüfbare Behauptung, sondern um eine prä-empirische Erklärungsfigur.[127] Sie stellt ein heuristisches Mittel zur Erklärung von Verhalten dar und dient insoweit als „Interpretationsschablone". Als solche ist sie empirisch nicht widerlegbar.

Als Modell ist die Verhaltensannahme des Homo Oeconomicus ein theoretisches Konstrukt. Ihm liegt gerade kein bestimmtes Menschenbild zugrunde.[128] Die Kritik am Menschenbild des Homo Oeconomicus[129] unterscheidet nicht ausreichend zwischen (normativen) Menschenbildern und (empirischen) Verhaltensmodellen.[130] Deshalb geht etwa auch der Vorwurf, dieses Verhaltensmodell sei mit dem Menschenbild des Rechts, etwa des Grundgesetzes, unvereinbar,[131] von Vornherein ins Leere. Es werden lediglich einige sehr schwache Grundcharakteristika des Menschseins vorausgesetzt, die sich im Wesentlichen auf seine Fähigkeit zu strategischem Handeln beziehen; Menschen können sich die möglichen Folgen unterschiedlicher Verhaltensweisen in Interaktionen vorstellen und ihr Handeln, mit Bezug auf ihre jeweiligen Intentionen, an diesen Vorstellungen orientieren.[132] Die Tatsache, dass sie sich dabei am eigenen Nutzen orientieren, verbindet sie im Grunde mit allen Lebewesen und ist fast schon eine biologische Grundannahme. Schließlich ist es eine Binsenweisheit, dass der Mensch als „zoon politikon" gemeinschaftsbezogen ist; er entfaltet seine Grundanlagen erst im sozialen Bezug und ist damit interaktionstheore-

---

[124] Towfigh/Petersen (2010), § 2 I. 2.

[125] Vgl. dazu unten 1.2.2.2.3.3.

[126] Stober (1990), 95, unter Verweis auf Friedman und Hohmann; Dylla (2008), 3.2.2. m. w. Nachw.

[127] Vgl. dazu auch Engel/Morlok (1998), und Lepsius (1999).

[128] Homann/Suchanek (2005), 371, 374 f. (6.3.4.3.); Towfigh/Petersen (2010), 166 f.

[129] Vgl. jüngst Niemann (2011), der die Ökonomik aus ethisch-moralischer Perspektive zu kritisieren versucht.

[130] Zu dieser Unterscheidung vgl. etwa Führ/Bizer/Feindt (2007), insbes. 13 ff.

[131] Vgl. insbes. Fezer (1986), 817 ff., 821.

[132] Homann/Suchanek (2005), 6.3.4.3.

tisch zu konzipieren. Der „Homo Sociologicus" ist so weniger Gegenstück[133] als vielmehr Ergänzung des Homo Oeconomicus.

1.2.2.2.3.1 Nutzenmaximierung als Grundannahme des Rationalverhaltensmodells

Das Rationalverhaltensmodell beruht auf zwei grundlegenden Annahmen: erstens, dass Individuen ihre Entscheidungsoptionen nach deren Nutzen beurteilen („Eigennutztheorem")[134] und zweitens, dass Individuen versuchen, ihren Nutzen zu maximieren („Rationalitätsannahme").[135] Sie setzen sich dazu Ziele und versuchen diese im Rahmen der zur Verfügung stehenden Möglichkeiten optimal zu verwirklichen; rationales Handeln ist damit notwendig zweckrationales Handeln.[136] Impliziert wird dabei vorausgesetzt, dass die Entscheidungen des Homo Oeconomicus auf der Grundlage aller verfügbaren Informationen getroffen werden (Grundsatz der vollen Informiertheit).

Der *Begriff des Nutzens* wird in der modernen Ökonomik völlig offen und keineswegs nur monetär verstanden. Der Nutzen hängt von den persönlichen Präferenzen ab; auch hier ist die ökonomische Analyse neutral und akzeptiert Präferenzen aller Art: So kann ein Manager den Umsatz seines Unternehmens im Auge haben, ein Politiker seine Wiederwahl betreiben, ein Dritter sieht seinen Nutzen „altruistisch" im Wohlbefinden anderer (Konzept der persönlichen Nutzenfunktionen – „personal utility functions"); Eigennützigkeit ist also von Egoismus zu unterscheiden.[137] Die Verhaltensannahme der Nutzenmaximierung bedeutet, dass ein Entscheidungsträger diejenige Möglichkeit wählt, die den größten Nutzen stiftet.

1.2.2.2.3.2 Einwände gegen die Rationalverhaltensannahme und Modifikationen

Die Rationalverhaltensannahme sah und sieht sich immer wieder grundlegenden Einwänden ausgesetzt. Die Annahme, dass Individuen immer voll informiert entscheiden, gehe ebenso an der Realität vorbei wie die Annahme, dass sie grundsätzlich rational entscheiden. Diese Feststellungen treffen die ökonomische Analyse jedoch nur bedingt, hat die Ökonomik doch ihr Instrumentarium so fortentwickelt und verfeinert, dass sich diesen Einwänden Rechnung tragen lässt.

Relativierung der Annahme voller Informiertheit Die moderne Ökonomik hat – im Gegensatz zu klassischen wohlfahrtsökonomischen Theorien – die Annahme voller Informiertheit der Akteure aufgegeben.[138] Es entspricht schlicht der Realität, dass sich der

---

[133] So aber Dehling/Schubert (2011), 30 ff.

[134] Das bezieht sich naturgemäß auf den erwarteten Nutzen, vgl. Dehling/Schubert (2011), 33.

[135] Sog. REMM-Hypothese als Hypothese vom rationalen egoistischen Menschen, vgl. Schäfer/Ott (2012), Kap. 4.1.

[136] Zutreffend Schäfer/Ott (2012), Kap. 4.1.

[137] Schäfer/Ott (2012), Kap. 4.1.4.

[138] Vgl. dazu etwa Towfigh/Petersen (2010), § 4 IV. 3. und 4.

Einzelne nicht permanent als ausschließlicher Nutzenmaximierer verhält beziehungsweise verhalten kann; vielmehr verfolgt er aufgrund seines begrenzten Wissens „nur" eine vernünftige Handlungsstruktur mit dem Ziel eines gewissen Grades an Zufriedenheit zur Befriedigung eines bestimmten individuellen Anspruchsniveaus; sobald es ihm vorteilhaft erscheint, erweitert er sein Wissen durch Such- und Lernprozesse. Auch die Erlangung von Informationen verursacht „Kosten", und es ist durchaus rational zusätzliche Informationskosten gegen das Risiko, nachteilige Entscheidungen zu treffen, abzuwägen. Nicht zuletzt auch deshalb ist das menschliche Verhalten ganz überwiegend auf institutionell eingebettete Routinen aufgebaut, die nur in Ausnahmefällen hinterfragt werden; dies ist ebenso rational wie auch empirisch nachweisbar.[139] Die praktische Unmöglichkeit einer vollen Informiertheit sowie die Kosten der Erlangung von Informationen lassen sich ebenfalls als Handlungsrestriktionen formulieren. Zutreffend weist *Robert H. Frank* auf das Paradoxon hin, dass es vor diesem Hintergrund sogar regelmäßig irrational wäre, voll informiert zu sein.[140]

Auf der Grenze zwischen ökonomischer Rationalität und anthropologischen Einflüssen bewegt sich das interessante Phänomen des gewohnheitsmäßigen oder habituellen Verhaltens.[141] Für Psychologen ist es mittlerweile eine Selbstverständlichkeit, dass die Häufigkeit vergangenen Verhaltens das gegenwärtige Verhalten beeinflusst.[142] Das spielt selbstverständlich bei einfachen, häufig wiederholten Handlungen des täglichen Lebens eine wichtige Rolle. Aber auch in komplexen Entscheidungssituationen mit schwer einzuschätzenden Entscheidungsfolgen greifen Individuen mehr oder weniger bewusst auf einfache, erprobte Entscheidungsregeln zurück. Eine mehr gewohnheitsmäßige Orientierung an Schemata (habits oder frames) ist nicht notwendig irrational, vermeidet das Individuum dadurch doch in erheblichem Umfang Analysekosten und erleichtert so die Orientierung in komplexen Zusammenhängen. Die Ökonomik kann und muss das bei ihren Verhaltensannahmen und Politikempfehlungen berücksichtigen. Es reicht nicht nur, dass Anreize gesetzt werden; sie müssen vielmehr auch stark genug sein oder durch weitere Maßnahmen begleitet werden, um alte Gewohnheiten „aufzubrechen" und durch neue zu ersetzen. Dies wurde etwa bei der Strommarktliberalisierung unterschätzt, verblieb doch die überwiegende Mehrzahl der Kunden aus Gewohnheit bei ihrem ursprünglichen Stromversorger.

Eingeschränkte Rationalität („bounded rationality") Während man beschränkte Informiertheit und habituelles Verhalten aus den genannten Gründen nur bedingt als eingeschränkte Rationalität bezeichnen kann, erkennt die moderne Ökonomik aber auch an,

---

[139] North (1990a), North (1990b), 17 ff., 20 ff.

[140] Frank (2005), 14.

[141] Vgl. dazu etwa Towfigh/Petersen (2010), C. II. 3.; Dylla (2008), 3.3.1.1.

[142] Dawnay/Shaw (2011), 79 ff., m. Nachw.

dass sich Menschen irrational verhalten können und das auch oft tun.[143] Das ist insofern unproblematisch, als es in der Ökonomik ohnehin „nur" um prinzipielle oder Tendenzaussagen geht,[144] die durch einzelne Fälle der Abweichung nicht widerlegt werden. Zudem lassen sich Erkenntnisse über regelhaft irrationales Verhalten[145] wiederum mit anspruchsvollen Theorien rückkoppeln.[146] Es geht hier also um „berechenbare Irrationalität"[147], die ihrerseits auch als „Quasi-Rationalität" beschrieben werden könnte.[148] So lassen sich „Irrationalitäten" identifizieren, die aggregiert eine solche Bedeutung haben, dass sie beim Design politischer Steuerungsinstrumente Berücksichtigung finden sollten.

Seit den 1970er Jahren erforscht die Psychologie intensiv das Phänomen systematisch irrationalen Verhaltens von Menschen.[149] Mit bahnbrechenden, empirisch (vor allem experimentell) fundierten Untersuchungen haben allen voran *Kahnemann* und *Tversky* einen ganzen Katalog von Entscheidungssituationen erarbeitet, in denen systematisch von rationalem Verhalten abgewichen wird.[150] Hierdurch wurde eine interessante und fruchtbare Brücke wissenschaftlichen Austauschs zur Psychologie als der klassischen Wissenschaft vom menschlichen Verhalten geschlagen[151] und das Fundament für einen neuen Zweig der Ökonomik gelegt, die Verhaltensökonomik („*behavioral law and economics*"). Äußerst plastisch wird dieser Zusammenhang dadurch beleuchtet, dass mit *Daniel Kahneman* 2002 erstmals ein Psychologe mit dem Ökonomie-Nobelpreis ausgezeichnet worden ist.[152] Vor diesem Hintergrund ist es nur folgerichtig, dass heute nicht nur die Psychologie sondern auch die Ökonomik zunehmend neue Erkenntnisse der Neurologie einbeziehen („neuroeconomics").[153] Die moderne Ökonomik bemüht sich darum, entsprechende Erkenntnisse aus den empirischen Verhaltenswissenschaften aufzunehmen und systematisch in ihre Modellannahmen zu integrieren.[154] Man spricht im Zusammenhang mit diesem Forschungsstrang

---

[143] Zu typischen Formen der Nichtrationalität vgl. im Überblick Congdon/Kling/Mullainathan (2011), 32 f.; Fritsch (2014), 12.2.

[144] Schäfer/Ott (2012), Kap. 4.1.6. – Erklärungen „im Prinzip"; Medema (2007), 246 ff. unter Verweis auf Alfred Marshall: „tendency statements".

[145] Vgl. dazu grdl. Ariely (2010).

[146] Vgl. etwa Congdon/Kling/Mullainathan (2011), Kap. 2 und Frank (2005), 13 ff. zu systematischen Abweichungen vom Rationalverhalten.

[147] Ariely (2010).

[148] Thaler (1991).

[149] Einen knappen, aber sehr guten Überblick über diese Entwicklung gibt Leschke (2012), 26 ff.

[150] Vgl. etwa Tversky/Kahnemann (1974), 1174 ff.; (1981), 453 ff.

[151] Vgl. dazu Altman (2009), 164 ff.

[152] Vgl. dazu etwa Towfigh/Petersen (2010), § 7 III.; van Aaken (2004) 9 ff.; Schmid (2004), Kap. 3; Jolls (2007), 10 ff.; Englerth (2007), 60 ff.

[153] Vgl. zu den Grundlagen der „neuroeconomics" grdl. Glimcher (2003) sowie zur Bedeutung für das Recht McCabe/Smith/Chorvat (2005).

[154] Trachtman (2008), 1 m. Nachw.; Dehling/Schubert (2011), 8.1.

von eingeschränkter Rationalität („*bounded rationality*"[155]).[156] „Beschränkt" ist dabei sowohl das Eigeninteresse (modifiziert etwa durch Moral- und Gerechtigkeitsvorstellungen),[157] die Etablierung einer konsistenten Präferenzordnung, als auch die Rationalität in Bezug auf nutzenmaximierende Entscheidungen. Die moderne Ökonomik verschließt die Augen nicht vor der Komplexität des Menschen, etwa anthropologisch oder kulturell bedingte Einflüssen auf sein Denken und Fühlen, aber auch seiner sozialen Gebundenheit und damit gesellschaftlichen Einflüssen.

Schwierigkeiten hinsichtlich der Konsistenz der individuellen Präferenzordnung ergeben sich bereits aus dem Umstand, dass es nicht einfach ist, Präferenzen „auf einen Nenner zu bringen" also kommensurabel zu machen.[158] Typische Erscheinungen auf dieser Ebene liegen etwa darin, dass Menschen in der Regel „Verlust-avers" sind; Verluste schmerzen Menschen stärker als sie Gewinne in gleicher Höhe erfreuen.[159] Entsprechend wird der Nutzen von Dinge höher gewichtet, wenn sie bereits besessen werden (Besitzeffekt oder „endowment effect"[160]). Das hat die bedeutende Konsequenz, dass die Zahlungsbereitschaft für den Erwerb eines Gutes („willingness-to-pay") in der Regel geringer ist als der Wert, für den man ein identisches Gut, das man bereits besitzt, abzugeben bereit ist („willingness-to-accept").[161] Dementsprechend lassen sich – empirisch ebenfalls gut belegt – Unterschiede in Bezug auf Kauf- und Verkaufsbereitschaft hinsichtlich eines identischen Gutes feststellen.[162]

Beschränkt rational handeln Menschen weiterhin auch deshalb, weil sie schlichtweg „schlecht rechnen".[163] Individuen neigen dazu, an Entscheidungen umso stärker festzuhalten, je mehr sie dafür bereits aufgewendet haben; dies gilt auch dann, wenn „versunkene Kosten" für die Zukunft gar nicht mehr entscheidungsrelevant sind.[164] Empirisch gut belegt ist weiter der Umstand, dass Menschen gegenwärtige Vor- und Nachteile im Vergleich zu künftigen systematisch überbewerten, legt man eine ökonomisch angemessene Diskontierung zugrunde. Mit einem gewissen Vorbehalt lassen sich hier Suchtfragen ansprechen, werden doch künftige Nutzen (etwa das Ausbleiben von Krankheiten) gegenüber gegenwärtigem Nutzen (Suchtbefriedigung) (zu) gering bewertet; allerdings lässt sich das Problem begrenzter Selbstdisziplin theoretisch auch anders erfassen, etwa als Instabilität

---

[155] Simon (1955), 99 ff.; ders. (1996); vgl. im Überblick Leschke (2012), S. 29 f.

[156] Empfehlenswert dazu Kirchgässner (2013), 2.2.; aus methodischer Sicht Homann/Suchanek (2005), 6.2.4.1.; Schäfer/Ott (2012), Kap. 4.2.1.

[157] Vgl. dazu Towfigh/Petersen (2010), § 7 IV. 1.

[158] Ørsted Nielsen (2012), 444 m. Nachw.

[159] Grdl. zum Verlust-Aversions-Effekt Kahnemann/Tversky (1979).

[160] Vgl. dazu Frank (2005), 16 f.; die Diskussion über den "endowment effect" geht auf Thaler (1980) zurück.

[161] Vgl. dazu Dawnay/Shaw (2011), 86 ff.

[162] Vgl. dazu Medema (2007), 241.

[163] Instruktiv Dawnay/Shaw (2011), 88 ff.

[164] Grdl. zum „Sunk-Cost"-Effekt Kahnemann/Tversky (1979) sowie Arkes/Blumer (1985).

von Präferenzen im Zeitverlauf beziehungsweise als Präferenzumkehr;[165] andere sprechen in Bezug auf die Suchtproblematik von einer gespaltenen Präferenzordnung, die zu „interpersonalen Externalitäten" oder „Internalitäten" führe.[166] Entsprechend entstehen (Erinnerungs-)Fehler in bezug auf die Vergangenheit („Rückschaufehler"); so neigen Menschen dazu, Ereignisse, die bereits stattgefunden haben, für wahrscheinlicher zu halten als alternative Verläufe. In Bezug auf die Möglichkeit bestimmte Konsequenzen beeinflussen zu können überschätzen sich Menschen in der Regel; sie schätzen ihren Einfluss auch in Situationen als signifikant ein, die vom Zufall dominiert werden („Kontroll-Illusions-Effekt").[167] Heute ist mehr denn je klar, dass das menschliche Gehirn bei der Verarbeitung der zunehmenden Informationsflut überfordert ist und zu diesem Zweck informationseffiziente Alternativstrategien entwickelt. So werden Informationen nach bestimmten Kriterien gefiltert („frames"), Routinen und Faustregeln entwickelt oder Entscheidungen in Orientierung an soziale Führungspersonen oder -organisationen gefällt („agenda-setter", „trend-setter").[168]

Entscheidungen werden weiterhin neben dem Ziel der Nutzenmaximierung ganz wesentlich auch durch menschliche Grundbedürfnisse und daraus folgendem instinktivem Verhalten geprägt; hier lässt sich eine Brücke zu den Erkenntnissen der Anthropologie schlagen.

Besonders interessant ist in diesem Zusammenhang der Einfluss von Gefühlen und Emotionen auf individuelle Entscheidungen.[169] Der Einfluss von Moral- und Gerechtigkeitsvorstellungen auf das individuelle Entscheidungsverhalten spielt etwa bei der Analyse einer vordergründig „irrationalen" Steuerehrlichkeit eine große Rolle.[170] Moralische Positionen lassen sich auch als Handlungsrestriktionen formulieren.[171] Menschen mögen es nicht, wenn sie sich mit ihren Entscheidungen in Widerspruch zum eigenen Wertsystem stellen („kognitive Dissonanz") und ziehen dafür unter Umständen eine ökonomisch nachteilige Handlung vor.[172] Insoweit lässt sich moralisches Handeln auch als rational in einem weiteren Sinne begreifen; der Theorie rationaler Entscheidungen lässt sich so eine Theorie rationaler Regelbefolgung gegenüberstellen, die Präferenzen für Handlungen und Regeln gegenüber rein folgenorientierten Entscheidungen betont.[173] Eine besondere Rolle spielen moralische Vorstellungen auch – gleichsam spiegelverkehrt – im Rahmen des sogenannten

---

[165] Einen guten Überblick geben Towfigh/Petersen (2010), § 7 IV. 2.; Jolls (2007).

[166] Congdon/Kling/Mullainathan (2011), 120 ff.

[167] Grdl. dazu Langer (1975).

[168] Ørsted Nielsen (2012), 444 f. m. Nachw.

[169] Vgl. dazu mit einem guten Überblick Towfigh/Petersen (2010), C. II. 4., sowie weiterführend Vanberg (2008), 241 ff.

[170] Vgl. dazu die Arbeiten von Marta Orviska zu Fragen der Steuerhinterziehung unten 5.3.1.4.3.2.

[171] Vgl. dazu unten 1.2.2.2.3.3.

[172] Dawnay/Shaw (2011), 84.

[173] Vgl. dazu instruktiv Vanberg (2008), 241 ff.

„Crowding-out Effekts": intrinsische Motivation zu altruistischem Verhalten kann entwertet oder zerstört werden, wenn dafür pekuniäre Anreize gesetzt werden.[174]

Neben diesen eher anthropologisch geprägten Einflüssen auf individuelles Verhalten sind natürlich auch kulturelle Einflüsse von großer Bedeutung. *Denzau* und *North* haben herausgearbeitet, welch große Rolle „geteilte mentale Modelle" („Shared Mental Models") wie Mythen, Ideologien und Gedankensysteme verschiedenster Art als Selektionsfilter für Entscheidungen spielen.[175] Diese werden in der Erziehung Heranwachsender bewusst oder unbewusst vermittelt und prägen die Sozialisierung der Individuen. Weiter verstärkt werden die geteilten mentalen Grundmuster durch die jeweiligen Kommunikationsnetze, in die Individuen eingebunden sind. In einer zunehmend komplexen Welt sind diese als Orientierungshilfen unabdingbar. Im Ergebnis führen sie zu einer kulturellen Prägung von Entscheidungen.

Damit ist die Brücke geschlagen zu der ganzen Bandbreite sozialer Normen und damit zu einem wichtigen Forschungsfeld der Rechtssoziologie.[176] Die Orientierung am sozialen Umfeld und an Vorbildern wurde oben bereits als mögliche informationseffiziente Strategie genannt. Schon von Kindesbeinen an erlernt der Mensch sinnvolles Verhalten weniger theoretisch, als vielmehr durch Orientierung am (mutmaßlich bewährten) Verhalten anderer. Das Kopieren von Verhaltensmustern kann so als eine Art „prozeduraler Rationalität" verstanden werden.[177] Soziale Normen können im Einzelfall auf die Präferenzen einwirken; so lässt es sich empirisch belegen, dass sich Menschen stärker als von der neoklassischen Theorie angenommen für öffentliche Güter engagieren, etwa trotz erheblicher Mehrkosten emissionsarme Kraftfahrzeuge anschaffen.[178] Besonders wirkmächtig sind soziale Normen schließlich als Restriktionen; ein Abweichen von sozialen Standards kann schlicht unangenehm sein, den guten Ruf gefährden oder gar soziale Sanktionen wie etwa einen Ausschluss aus sozialen Netzwerken zur Folge haben.

Zusammenfassend lässt sich feststellen, dass sich die Präferenzbildung und die Entscheidungsfindung als äußerst komplexer Vorgang darstellen. Es ist etwas unglücklich, dass sich hier der Begriff der „beschränkten Rationalität" durchgesetzt hat, denn häufig lassen sich reale Erscheinungen durchaus als rational in einem weiteren Sinne verstehen. Alternative Begrifflichkeiten konnten dies bisher auch nur bedingt erfassen, so etwa die Bezeichnung des „neuen" Modellmenschen der Wirtschaftstheorie als „einfallsreicher, wertender, maximierender Mensch" mit dem Kürzel REMM („resourceful, evaluating, maximizing man").[179] *Herbert Simon*, der erheblich zur Erforschung des Gedankens einer „bounded rationality" beigetragen hat, spricht in diesem Zusammenhang von einem

---

[174] Vgl. dazu Dawnay/Shaw (2011), 81 ff.

[175] Denzau/North (1994), 3 ff.; eine gute Darstellung findet sich bei Leschke (2012), 31 f.

[176] Vgl. dazu bereits oben 1.1.2.1.

[177] Dawnay/Shaw (2011), 75 ff.

[178] Vgl. dazu etwa Grolleau/Ibanez/Mzoughi (2012).

[179] Grundlegend Brunner/Meckling (1977), 70–85 (71); (1986), 335 ff.

„Satisficing-Modell".[180] Damit soll zum Ausdruck gebracht werden, dass ein Homo Oeco-nomicus nicht fähig ist sich stets für die optimale Lösung zu entscheiden; vielmehr strebt er nach „zufriedenstellenden Lösungen" und senkt unter Umständen das „Anspruchsniveau", wenn solche gefunden werden und Bemühungen um eine weitere Optimierung als zu auf-wändig erscheinen. Unabhängig von der Bezeichnung bleibt aber festzuhalten, dass die Ökonomik durch neuere Erkenntnisse nicht nur in Bezug auf andere Lebenswissenschaf-ten anschlussfähiger geworden ist. Das Rationalverhaltensmodell wurde damit aber nicht widerlegt, vielmehr gestärkt und realitätsgerechter.

1.2.2.2.3.3　Restriktionen und Präferenzen

Rationalität bedeutet auch, dass die Nutzenmaximierung auf der Grundlage individuel-ler Präferenzen in Kenntnis möglicher *Restriktionen* erfolgt (engl. constraints).[181] Die Gesamtheit der Restriktionen, wie sie das Individuum wahrnimmt, bezeichnet man als „Situation". Rationalität bedeutet schließlich, dass Menschen systematisch auf Anreize rea-gieren; Anreize sind als „situationsbedingte, handlungsbestimmende Vorteilserwartungen" nichts anderes als die *Gründe*, die die Akteure für ihr Verhalten haben.

　Restriktionen schränken den Möglichkeitsraum des Individuums bei seinen Wahlhand-lungen ein. Sie bezeichnen letztlich alles das, was den prinzipiell unbegrenzten Wünschen des Individuums Grenzen setzt, wie etwa Budgetrestriktionen, technische Restriktionen oder soziale Restriktionen. Im Einzelnen lässt sich zwischen informellen Restriktionen („informal constraints"), wie etwa Sitten, kulturellen oder religiösen Handlungsvorga-ben, und formellen Restriktionen („formal constraints"), wie etwa ökonomischen oder rechtlichen Vorgaben, unterscheiden.[182] Äußere Einflüsse verbinden sich dabei mit anthro-pologischen Gegebenheiten, so dass auch Selbstsanktionsmechanismen wie Schuldgefühle, Stolz und Scham zu Restriktionen werden.[183] In dem erwähnten Beispiel der Steuermoral verhält sich ein Bürger im Einzelfall nicht nur deshalb gesetzestreu, weil die zu erwartenden Sanktionen unter Berücksichtigung der Entdeckungswahrscheinlichkeit den Nutzen eines Gesetzesbruchs übersteigen; bedeutsam sind dabei vielmehr auch Fragen der Moral oder des Glaubens an die Bedeutung und/oder Legitimität der staatlichen Ordnung.[184]

　Methodisch ist es bedeutsam, zwischen Präferenzen und Restriktionen strikt zu trennen. (Individuelle) Präferenzen lassen sich nicht nur schwer feststellen, sie sind auch in der Regel nicht leicht und nicht kurzfristig zu ändern. Es wurde bereits angesprochen, dass die Präferenzstruktur von Individuen keinesfalls als unveränderlich angesehen werden kann, sie ist vielmehr gerade im Zeitablauf exogener Art und damit ebenfalls durch Politikinstru-

---

[180] Vgl. dazu Erlei/Leschke/Sauerland (2007), 1.2. und 1.3. m. w. Nachw.

[181] Die Abgrenzung zwischen Präferenzen und Restriktionen kann im Einzelfall auch problematisch sein, vgl. dazu Kirchgässner (2013), 2.3.

[182] So North (1990a), 36 ff.; 46 ff.

[183] McAdams/Rasmusen (2007), 1579 ff.

[184] Vgl. zum gesetzestreuen Bürger (law abiding citizen) etwa Orviska/Hudson (2006), und die Ausführungen zu Fragen der Steuermoral und Steuerhinterziehung unten 5.3.1.4.3.2.

mente zu gestalten. Bedeutsam ist dabei, dass im Einzelfall exogene Anreize Präferenzen als intrinsische Motivation in einer für das Steuerungsziel insgesamt unerwünschten Weise verdrängen können. Dieser Zusammenhang wurde als „crowding out" beschrieben.[185] Insbesondere in Bezug auf umweltrechtliche Regulierung wird intensiv darüber diskutiert, in welchem Umfang diese die Motivation für freiwilligen Umweltschutz verdrängt.[186]

Weder Restriktionen noch Präferenzen sind unveränderlich. Nimmt man sowohl bei den Restriktionen als auch bei den Präferenzen die Zeitachse mit in den Blick, erkennt man die vielfältigen Rückkopplungseffekte zwischen individuellem Verhalten und institutionellem Rahmen: Individuelles Verhalten wird durch Institutionen beeinflusst – die Institutionen sind aber ihrerseits das Ergebnis kollektiven Handelns Einzelner. Damit wird ein Kreislauf deutlich, an dem sogenannte evolutorische Theorien ansetzen.[187]

Die Veränderung von Restriktionen bildet den zentralen Ansatz für staatliche Steuerung. Rechtsnormen wirken wie Preise, die bestimmte Handlungsalternativen gegenüber anderen verteuern oder verbilligen.[188] Anschaulich hat *Friedman* das Recht als „gigantische Preismaschine" bezeichnet.[189] Für die Politik ergibt sich aber auch in Bezug auf individuelle Präferenzordnungen Handlungsbedarf. So ist es schon nicht trivial, Präferenzen (etwa der Wähler) realitätsgerecht zu aggregieren und zu bewerten, denn die in individuellen Entscheidungen (scheinbar) zum Ausdruck kommenden Präferenzen sind damit nicht unbedingt deckungsgleich, wenn man etwa an eine mögliche Präferenz für mehr Umverteilung denkt.[190] Es darf darüber hinaus nicht aus den Augen verloren werden, dass der Gesetzgeber auch auf die Präferenzstruktur einzuwirken versuchen kann: man denke etwa an schulische Bildungskonzepte. Eine besonders heikle Frage für die Verhaltensökonomik stellt sich hinsichtlich des Umgangs mit Präferenzen, die vermeintlich oder wirklich „verfälscht" sind – soll man sie akzeptieren oder „paternalistisch" zu ändern versuchen?[191] Diese Frage stellt sich besonders anschaulich in Bezug auf die „Konsumentensouveränität" bei der Nachfrage nach Medien, insbesondere dem Fernsehverhalten der Bürger.[192] Auf die Bedeutung einer sanften Form des Paternalismus haben insbesondere *Thaler* und *Sunstein* hingewiesen:[193] Menschen haben oft „Selbstmanagementprobleme" und können deshalb einen „kleinen Schups" gut gebrauchen. Diese Erkenntnis hat mittlerweile unter der Bezeichnung „Nudging" in die rechtsökonomische Forschung Einzug gehalten.[194]

---

[185] Vgl. dazu bereits oben 1.2.2.2.3.2.

[186] Vgl. dazu Frey/Oberholzer-Gee (2009); Grepperud (2007), 135 ff.

[187] Vgl. etwa Schmid (2004), 8 ff.

[188] Van Aaken (2007), 78 ff.

[189] Friedman, L. M. (1984), 13 ff.

[190] Congdon/Kling/Mullainathan (2011), 56 ff.

[191] Congdon/Kling/Mullainathan (2011), 60 f.

[192] Vgl. dazu unten 3.3.3.3.

[193] Thaler/Sunstein (2008).

[194] Vgl. etwa Renda (2011), unter 4.4.2.

1.2.2.3 Institutionenökonomische Grundlagen des Öffentlichen Rechts

Teilweise bleibt die ökonomische Analyse des Öffentlichen Rechts im Wesentlichen auf die mikroökonomisch basierte neoklassische Wohlfahrtsökonomie beschränkt (so insbesondere die einflussreiche Chicago School).[195] Insbesondere für eine Analyse des Öffentlichen Rechts ist es sinnvoll, wenn nicht gar notwendig, moderne Fortentwicklungen der Ökonomik aufzugreifen. Dies gilt selbstverständlich für neuere Erkenntnisse zur Rationalverhaltensannahme.[196] Gerade für das Öffentliche Recht sind zudem die Ausprägungen der Ökonomik als Interaktionstheorie[197] sowie die Institutionenökonomik[198] von großem Interesse.

1.2.2.3.1 Ökonomik als Interaktionstheorie

Wie bereits dargelegt, stellt die Ökonomik eine Theorie menschlichen Verhaltens und menschlicher Handlungen dar, ist also eine Entscheidungstheorie. Die Entscheidungen sind regelmäßig unter Knappheitsbedingungen zu treffen. Die Ressourcenknappheit ist aber nicht länger das zentrale Axiom der modernen Ökonomik. An diese Stelle ist vielmehr die Interaktion oder Transaktion als Grundeinheit der Betrachtung durch die ökonomische Analyse getreten.[199] Soziale Interaktionen werden von der Ökonomik als Tauschvorgänge betrachtet. Durch den Tausch werden Kooperations- und Interaktionsgewinne erzielt. Vor diesem Hintergrund befasst sich die Ökonomik mit Möglichkeiten und Problemen der gesellschaftlichen Zusammenarbeit zum gegenseitigen Vorteil. Im Mittelpunkt des Interesses stehen die eben erwähnten Interaktionsprobleme, die die Aneignung von Kooperationsgewinnen stören, sowie deren Überwindung durch staatliche Institutionen.

Das ist äußerst voraussetzungsvoll, denn damit werden andere Akteure zu Handlungsbedingungen; (andere) Menschen werden so gleichsam zu „lebendigen Restriktionen". Daraus lassen sich folgende Konsequenzen ableiten: 1. Bei jedem Tausch und jeder Interaktion gibt es zzugleich gemeinsame und konfligierende Interessen: Das gemeinsame Interesse richtet sich auf den Tausch oder die Kooperation, weil dadurch beide Seiten besser stehen können. Konfligierend sind die Interessen hinsichtlich der Tauschbedingungen und der Aufteilung der Kooperationsgewinne; hier herrscht Wettbewerb. 2. Interaktionsprobleme können den Tausch scheitern lassen Als typische Beispiele seien hier Informationsprobleme, Transaktionskosten sowie Anreizprobleme genannt.

Die Ökonomik und insbesondere die Rechtsökonomik richten sich auf das Design der Rechtsordnung mit dem Ziel, durch das Steuerungsinstrument Recht diese Interaktionsprobleme zu beheben. Dafür hat sich der *Begriff des Marktversagens* etabliert; der

---

[195] So aber auch neuere Werke, vgl. etwa das Buch von Faure/Skogh (2003).

[196] Siehe dazu oben 1.2.2.2.3.2.

[197] Vgl. dazu grdl. Homann/Suchanek (2005), 1.4.3., 2.2.

[198] Vgl. dazu grdl. Homann/Suchanek (2005), 1.4.4., 2.3.

[199] Vgl. dazu Kirchner (1997), 12 f.; Schmid (2004), 21.1.

Markt dient dabei als Referenzsystem.[200] Der in der modernen Ökonomik verwendete Begriff des Marktes hat allerdings nur noch wenig mit einem traditionellen Wochen- oder Bauernmarkt zu tun. Verallgemeinernd und abstrahierend bezieht er sich auf sämtliche Austauschprozesse, die aus dem Zusammentreffen von Anbietern und Nachfragern (Akteuren) erwachsen. Märkte (oder genauer: Marktprozesse) lassen sich in nahezu allen Lebensbereichen beobachten, in denen Akteure über Freiheitsspielräume verfügen und versuchen, diese Freiheitsspielräume durch Eingehen von Austauschbeziehungen zur Erreichung ihrer eigenen Ziele zu nutzen.[201]

Soweit Selbstinteresse und soziale Normen ausreichen, um die Aneignung von Kooperationsgewinnen sowie soziale Wohlfahrt zu ermöglichen, ist ein Tätigwerden des Staates und die Setzung rechtlicher Regeln überflüssig;[202] damit würden letztlich nur Transaktionskosten erzeugt und Ressourcen vergeudet. Wird dagegen ein Marktversagen in dem oben skizzierten Sinne festgestellt, kann daraus staatlicher Handlungsbedarf abgeleitet werden. Grundlegende Typen des Marktversagens werden unten im Überblick dargestellt.[203]

1.2.2.3.2 Institutionenökonomische Grundlagen

Zur Überwindung von Marktversagen werden Institutionen geschaffen, die die Anreizstrukturen systematisch verändern. Der Begriff der Institutionen[204] ist dabei in einem engeren Sinne zu verstehen[205] als Regelsysteme, die die wichtigsten, häufig wiederkehrenden Interaktionsprobleme dadurch lösen, dass sie individuelle Handlungen beeinflussen. Institutionen sind damit standardisierte Lösungen von Interaktionsproblemen.[206] Sie werden durch ihre Steuerungswirkung bestimmt, die zur Überwindung von Interaktionsproblemen eingesetzt werden können.[207]

Staatliche Maßnahmen können im Wege der Institutionenbildung systematisch Anreizstrukturen verändern. Die Fülle möglicher Ansatzpunkte ist eine Ursache für die Instrumentenvielfalt im Recht (Ordnungsrecht, ökonomische oder informelle Anreizinstrumente usw.). Sie können in einem Verbot des Nicht-Kooperierens/Defektierens (gegebenenfalls auch strafrechtlich bewehrt) ebenso liegen wie in der Begründung ökonomischer Vor- und Nachteile, etwa durch Gewährung von Subventionen oder durch

---

[200] Vgl. dazu im Überblick Fritsch (2014), Kap. 1.

[201] So die prägnanten Formulierungen bei Fritsch (2014), Kap. 1.

[202] McAdams/Rasmusen (2007), 1575.

[203] Vgl. unten 1.2.3.

[204] Vgl. dazu grdl. Engel (2001); Voigt (2009), 25 ff.

[205] Teilweise wird der Institutionenbegriff weit verstanden und Erscheinungen wie Sprache, Sitten und Gebräuche einbezogen. So definiert etwa Schotter (1981), Institutionen als Regelmäßigkeiten im sozialen Verhalten (11). Damit nähert er sich aber der Vorstellung von Restriktionen im Allgemeinen und opfert so eine spezifische Bedeutung des Begriffs.

[206] Homann/Suchanek (2005), 1.4.4.1.; zu verschiedenen Definitionsversuchen vgl. Richter/Furubotn (2010), I.1.g.; Voigt (2009), 26 f.

[207] Engel (2001), 2.

Lenkungssteuern. Staatliche Regel- und Institutionenbildung kann sich auf recht wert-freie Zusammenhänge beziehen, wie das *Brennan* und *Buchanan* sehr anschaulich an Straßenverkehrsregeln, insbesondere der Links-/Rechtsregel darstellen.[208]

Dieser institutionenökonomische Ansatz lässt sich weiterhin auch auf Fragen der internationalen Beziehungen anwenden.[209] Hier handeln im Wesentlichen Staaten als eine besondere Form von Organisation, die zu eigener Willensbildung fähig sind.[210]

1.2.3 Die Lehre vom Marktversagen

Wie gesehen bildet das Konzept des Marktversagens den zentralen Ausgangspunkt für die Feststellung staatlichen Handlungsbedarfs. Im Folgenden sollen die wesentlichen Fälle des Marktversagens vorgestellt werden.[211] Dabei ist bereits an dieser Stelle darauf hinzuweisen, dass es sich bei dieser Typologie nicht um scharf abgrenzbare Gruppen handelt, sie sich vielmehr überschneiden und überlagern. Zudem gibt es keinen abschließenden Katalog von Fällen des Marktversagens; vielmehr ist es durchaus denkbar, dass hier neue Aspekte „entdeckt" werden.

Vor diesem Hintergrund ist die folgende Darstellung als (wertende) Auswahl zu sehen. Thematisiert werden: 1. Dilemmastrukturen (verhindern die Zusammenarbeit zum gegenseitigen Vorteil); 2. externe Effekte (Anreizstrukturen werden verfälscht, weil Vor- und Nachteile der Kooperation oder Nichtkooperation Dritte oder die Allgemeinheit treffen); 3. öffentliche Güter (Kooperationen werden dadurch verhindert, dass eine individuelle Zuordnung von Gütern zur ausschließlichen Verfügung nicht in Betracht kommt); 4. Transaktionskosten, die Kooperationen verhindern oder beeinträchtigen; 5. Informationsmängel (Kooperationen werden beeinträchtigt oder verhindert, weil einzelne Akteure nicht hinreichend informiert sind); 6. Marktunvollkommenheiten und Monopolstrukturen (Kooperationen werden durch Marktanomalien wie Monopol- oder Kartellbildung beeinträchtigt); 7. „Staatsversagen" (im Einklang mit den Erkenntnissen der Neuen Politischen Ökonomie wird der Staat nicht mehr wie in der klassischen Ökonomik als neutrale und wohlmeinende Instanz verstanden, sondern kritisch in Bezug auf reale Interessen und Fehlleistungen hinterfragt).

1.2.3.1 Das Konzept der Dilemmastruktur (Theorie vom Marktversagen I)

Typischerweise sind an Interaktionen mehrere Personen beteiligt, deren Verhalten nicht zuverlässig vorhergesagt werden kann und zudem oft voneinander abhängt. Dabei haben die Akteure gemeinsame, aber auch konfligierende Interessen. Es herrscht daher strategische

---

[208] Brennan/Buchanan (1993), Kap. 1 IV.

[209] Vgl. dazu grd. Trachtman (2008), 9 ff.

[210] Vgl. dazu näher unten 2.5.

[211] Für einen umfassenden Überblick zu denkbaren Fällen des Marktversagens vgl. Schäfer/Ott (2012), Kap. 3.6.5; Fritsch (2014), Teil II.

Unsicherheit, die Entscheidungen erschwert. Kooperation funktioniert allenfalls dann gut, wenn sich die Beteiligten kennen und wissen, dass sich ihre Zusammenarbeit wiederholen wird. Im Übrigen besteht die Gefahr, dass Menschen die Vorleistungen anderer zu ihren Gunsten ausnutzen. Die Folge kann insbesondere Trittbrettfahrertum sein; *Mancur Olson* beschrieb dies als „free-rider dilemma"[212]. Auf der Grundlage dieser insbesondere von *Gordon Tullock*[213] inspirierten Erkenntnisse sind Dilemmastrukturen auch zu einem festen Schema der Interaktionsökonomik geworden.[214] Es handelt sich um eine modelltheoretische Annahme, die Komplexität reduziert und ein Schema zur Erklärung der Wirklichkeit bereitstellt. Die darauf basierenden Hypothesen können dann empirisch getestet werden.[215]

Exkurs Spieltheorie

Das Konzept der Dilemmastruktur ist Teil der Spieltheorie als einer allgemeinen Theorie rationalen Entscheidens bei strategischen Interaktionen.[216] Da auch diese von der Rationalverhaltensannahme ausgeht, ist sie natürlicher Bestandteil der Ökonomik. Die Spieltheorie versucht, Interaktionssituationen auf ihre entscheidenden Komponenten zu reduzieren, um so Prognosen über das Verhalten (rationaler) Akteure in entsprechenden Entscheidungssituationen anstellen zu können.[217] Im Einzelnen lässt sich eine große Vielzahl unterschiedlicher Spielsituationen unterscheiden. Diese lassen sich grob gliedern in: 1) Koordinationsspiele (beide Akteure können im Fall der Kooperation besser stehen); 2) Konflikt- oder Nullsummenspiele (dem Gewinn eines Akteurs entsprechen Verluste von anderen); 3) Gemischte-Motive-Spiele mit einer Kombination von Koordination und Konflikt.[218]

1.2.3.1.1 Begriff und Typologie von Dilemmastrukturen

Eine Dilemmastruktur ist gegeben, wenn Akteure die Chance gemeinsamer Kooperationsgewinne verpassen, weil sie Angst vor „Ausbeutung" haben. Sie befürchten eigene Kooperationsleistungen zu erbringen, während andere „defektieren" (von engl. defection = Davonlaufen, Verrat) und sie damit schlechter stehen, als wenn sie selbst nicht kooperationsbereit gewesen wären.

---

[212] Olson (1965/68).

[213] Tullock (1974).

[214] Als Vertiefungsliteratur empfehlenswert: Homann/Suchanek (2005), 1.4.3.2., 4.1.1., 6.3.4.2.

[215] Grdl. zur methodischen Erklärung Homann/Suchanek (2005), 6.3.4.6.

[216] Sie geht zurück auf von Neumann/Morgenstern (1944); vgl. zur Entwicklung im Überblick Towfigh/Petersen (2010), § 4, einführend Cooter/Ulen (2012), Kap. 2 VII. sowie grdl. Kabalak (2009).

[217] Von einer derartigen „positiven Spieltheorie" lässt sich wiederum eine „normative Spieltheorie" unterscheiden, die untersucht, ob das individuell rationale Ergebnis auch kollektiv rational oder effizient ist, vgl. Towfigh/Petersen (2010), § 4 I. 1.

[218] Für einen Überblick vgl. Homann/Suchanek (2005), 2.2.

Ansatzpunkt ist die auf Eigennutz basierende Theorie individuellen Verhaltens. Hier kommt der bereits erwähnte Gedanke zum Tragen, dass Menschen in Bezug auf Kooperationen „lebendige Restriktionen" darstellen können. Erklärt werden damit aber auch übergeordnete kollektive Strukturen, etwa das Verhalten von Staaten in der Völkergemeinschaft.

Dilemmastrukturen sind gerade im Öffentlichen Recht (einschließlich Völkerrecht) häufig – es zielt auf die Herstellung von Gemeinwohl (ökonomisch gesprochen öffentliche exemplarisch seien folgende Dilemmastrukturen genannt:

1. Steuern und das öffentliche Gut der Staatsfinanzen: Steuerverkürzung aus Angst, dass auch andere nicht zahlen;
2. Verhalten im Versicherungssystem, zum Beispiel Krankenkasse: exzessive Inanspruchnahme von Leistungen aus Angst, dass dies andere auch tun;
3. Individualverkehr (statt ökologisch sinnvollerem öffentlichem Verkehr) aus Angst, dass andere nicht zu Verzicht bereit sind;
4. Klimaproblematik: Verweigerung der Mitwirkung (zum Beispiel an den Mechanismen des Kyoto-Protokolls) aus Angst vor Trittbrettfahrern, obwohl die Kooperation geradezu eine Überlebensfrage für alle darstellt.

„Individuelle" Rationalität führt in allen diesen Fällen in eine „soziale Falle". Die Akteure stehen also am Ende schlechter da, als wenn sie kooperiert hätten.

1.2.3.1.2   Das „Gefangenendilemma" nach Albert W. Tucker

Das „Gefangenendilemma" ist ein auf *Albert W. Tucker* zurückgehendes Modell der Spieltheorie.[219]

Ausgangspunkt ist die Annahme, dass in einem Prozess zwei Gefangene angeklagt sind, die gemeinsam eine Reihe von Verbrechen begangen haben. Die Beweislage der Staatsanwaltschaft ist schlecht: Ohne ein Geständnis kann sie beide nur relativ geringfügiger überführen (Strafmaß 2 Jahre). Da aber die Kronzeugenregelung gilt, versucht die Staatsanwaltschaft, die Gefangenen jeweils als Kronzeugen gegen den anderen Angeklagten zu gewinnen, wofür ihnen Strafminderung versprochen wird.

Für die Gefangenen, die sich untereinander nicht verständigen können, ergibt sich folgende Lage: Gestehen sie beide, werden sie beide mit jeweils 10 Jahren schwer bestraft. Gesteht keiner, so kommen sie beide mit einer vergleichsweise geringen Strafe von 2 Jahren davon. Gesteht aber nur einer, so geht er als Kronzeuge straffrei aus, während der andere mit 12 Jahren sehr schwer bestraft wird.

---

[219] Vgl. dazu instruktiv Kirsch (2004), 176 ff., Schäfer/Ott (2012), Kap. 3.4.

		Gefangener A	
		Gestehen	Nicht gestehen
	Gestehen	10 Jahre für beide	12 Jahre für A und Freispruch für B
Gefangener B			
	Nicht Gestehen	Freispruch für A und 12 Jahre für B	Jahre für Beide

Abb. 1.1 Gefangenendilemma - Ausgangssituation

Für beide Gefangenen wäre es sinnvoll, sich „kooperativ" zu verhalten und nicht zu gestehen. Keiner kann sich jedoch sicher sein, dass der andere nicht doch gesteht. Damit ist es für jeden einzelnen sinnvoll (individuell rational) zu gestehen, da er sich damit besser stellt, was auch immer der andere tut.

Die Situation der Gefangenen lässt sich formal wie folgt darstellen (vgl. Abb. 1.1):

Damit ergibt sich folgendes Ergebnis (vgl. Abb. 1.2): Bei Unsicherheit über das Verhalten des B wird A defektieren, um das Risiko II auszuschließen. B defektiert, um die für ihn schlechteste Variante auszuschließen (III). A + B „verpassen" die gemeinsam hohe Präferenz I aus Angst vor II und III. Damit ist jeweils „Defektieren" rational (IV), um die Gefahr der schlechtesten Lösung auszuschließen. Es gelingt den Akteuren nicht, ex ante eine wirksame und daher glaubwürdige Verhaltensbindung zustande zu bringen.

		Gefangener A	
		Kooperieren	Defektieren
	Kooperieren	I A2-2B	II A4-1B
Gefangener B			
	Defektieren	III A1-4B	IV A3-3B

Präferenzen der Akteure:

A.	1.-III	keine eigenständige Kooperationsleistung – Vorteile Kooperationsleistung B.
	2.-I	beiderseitiges Kooperieren ist vorteilhafter als beiderseitiges Defektieren
	3.-IV	beiderseitiges Defektieren
	4.-II	eigene Kooperationsleistung – ohne Vorteile von der Kooperation B.
B.	1.-II	auch möchte einseitig von Kooperationsleistungen des A profitieren
	2.-I	auch B zieht beiderseitiges Kooperieren vor
	3.-IV	beiderseitiges Defektieren
	4.-III	eigene Kooperationsleistung - ohne Vorteile von der Kooperation A.

Abb. 1.2 Gefangenendilemma – Präferenzen der Akteure

	Akteur A	
	hält sich an Regeln	hält sich **nicht** an Regeln
Akteur B hält sich an Regeln	(A: 10/B: 10)	(A: 13/B: -2)
hält sich **nicht** an Regeln	(A: -2/B: 13)	(A: 0/B: 0)

Abb. 1.3 Gefangenendilemma und Recht

	Akteur A	
	hält sich an Regeln	hält sich **nicht** an Regeln
Akteur B hält sich an Regeln	(A: 10/B: 10)	(A: 13-**15**/B: -2)
hält sich **nicht** an Regeln	(A: -2/B: 13-**15**)	(A: 0-15/B: 0-15)

Abb. 1.4 Gefangenendilemma und Recht – Veränderung der Präferenzen durch den Staat

Das Beispiel des Gefangenendilemmas wurde hier in seiner Originalvariante dargestellt, weil es seitdem in der Regel so eingeführt wird.[220] Es soll aber betont werden, dass diese Konstellation gerade in Bezug auf das Öffentliche Recht einen entscheidenden Makel hat. Es geht hier um Kooperation zur Erreichung von Gemeinwohl. Diesen Prozess als Deal unter Gangstern darzustellen, um sich staatlicher Strafe zu entziehen, ist sicherlich alles andere als glücklich.

Es geht hier um die Frage, ob sich die Akteure an eine soziale Regel halten, die beiden Vorteile bringt. Formal lässt sich die Veränderung von Anreizstrukturen durch staatliche Maßnahmen in Fortentwicklung des obigen Grundschemas wie folgt darstellen (vgl. Abb. 1.3):

Die dominante Strategie liegt entsprechend dem oben Gesagten in der Nichteinhaltung der Regel (vgl. Abb. 1.3). Da die Einhaltung der bislang lediglich sozialen Absprache aber im gemeinsamen Interesse und damit im Allgemeinwohl liegt, könnte der Staat dafür sorgen (vgl. Abb. 1.4). Er kann die Regel zu einem rechtlichen Gebot machen und die Nichteinhaltung sanktionieren (etwa als Ordnungswidrigkeit); er kann dies aber auch durch einen ökonomischen Anreiz tun, indem er auf die Nichteinhaltung der Regel eine Steuer legt.

Aus dem (veränderten) Schema ergibt sich, dass dann die Einhaltung der Regel die dominante Strategie sein könnte (vgl. Abb. 1.4).

Es sei an dieser Stelle betont, dass es sich bei diesen Darstellungen um das Grundmodell des Gefangenendilemmas handelt. Dieses kann sich insbesondere dann ändern, wenn sich

---

[220] Vgl. zu „neutraleren" Darstellungen entsprechender Strategiekombinationen anhand von Beispielen aus den Bereichen „Fußball", „Ballett" oder „Kampf der Geschlechter" Schäfer/Ott (2012), Kap. 3.4.1.

die Akteure wiederholten „Spielen" gegenüber sehen („repeated prinoner's dilemma")[221]. Das ist etwa für die Interaktion von Staaten und die Herausbildung völkerrechtlicher Normen relevant.[222]

1.2.3.2 Das Konzept der Externalitäten (Theorie vom Marktversagen II)

1.2.3.2.1 Begriff der externen Effekte

Externe Effekte sind Entscheidungskonsequenzen, die andere als denjenigen, der die Entscheidung getroffen hat beziehungsweise an ihrem Zustandekommen beteiligt war, in deren Bedürfnisbefriedigung positiv oder negativ berühren (positive oder negative Externalitäten).[223]

Positive externe Effekte entstehen etwa im Fall erfolgreicher Grundlagenforschung, wenn Drittunternehmer von dem Ergebnis profitieren, ohne zu den Kosten beigetragen zu haben. Ein Beispiel für negative externe Effekte sind die Folgen des Individualverkehrs (Gesundheitsschädigungen, Schäden an Bauwerken durch Luftverschmutzung), die Dritte und nicht die Autofahrer zu tragen haben.

Externe Effekte sind aus mehreren Gründen unerwünscht. Aus ökonomischer Sicht führen sie zu einer suboptimalen Allokation von Ressourcen, weil sie nicht in das Kosten-Nutzen-Kalkül der Beteiligten eingehen (es wird zu viel oder zu wenig bezahlt). Daneben führen sie regelmäßig auch zu unerwünschten distributionspolitischen Folgen: Dritte haben ungerechtfertigte Vor- und Nachteile, da sie an der Kooperation nicht beteiligt waren.

1.2.3.2.2 Möglichkeiten, unerwünschte Konsequenzen von Externalitäten zu vermeiden

Theoretisch würden Externalitäten „freiwillig" durch Verhandlungen internalisiert.[224] Dieser wichtige Ausgangspunkt wird durch das sogenannte „Coase-Theorem" aufgezeigt, das unten im Zusammenhang mit Fragen der Umweltpolitik näher diskutiert wird.[225] Es handelt sich hier allerdings um einen eher theoretischen Ausgangspunkt, setzt dieses doch volle Informiertheit der Akteure voraus und blendet Transaktionskosten aus. Für den Regelfall müssen Externalitäten mit Hilfe von Institutionen vermieden werden, die typischerweise vom Staat bereitgestellt oder geschaffen werden müssen. Dabei lassen sich grundsätzlich drei Ansätze unterscheiden:[226]

---

[221] Vgl. dazu etwa McAdams/Rasmusen (2007), 1583 f.

[222] Vgl. dazu unten 2.5.3.1.

[223] Zum Konzept der Externalitäten instruktiv Kirsch (2004) und Fritsch (2014) sowie – mit Bezug auf das Umweltrecht – Preiss (2012).

[224] Vgl. Fritsch (2014), 5.2.6.

[225] Vgl. unten 7.1.2.

[226] Vgl. hierzu etwa im Überblick Shavell (2004), Kap. 5.

1. das Verbot der Produktion negativer externer Effekte: Handlungen, die externe Effekte zur Folge haben, werden verboten;
2. die Internalisierung externer Effekte: den Verursachern externer Effekte werden diese angelastet;
3. die Verhinderung externer Effekte: die Betroffenen werden an den Entscheidungen beteiligt.

1.2.3.2.2.1 Das Verbot der Produktion externer Effekte durch Ge- und Verbote

Der Staat kann bestimmte Handlungen ge- oder verbieten, um die Entstehung externer Entscheidungskonsequenzen zu verhindern.[227] So sind etwa Immissionen über die in der immissionsschutzrechtlichen Genehmigung enthaltenen Grenzwerte hinaus unzulässig; ein Zuwiderhandeln führt zu Sanktionen, wie etwa dem Widerruf der Anlagengenehmigung. Besonders gravierende Umweltbelastungen können sogar strafrechtlich relevant sein (vergleiche dazu insbesondere den 29. Abschnitt des Strafgesetzbuchs „Straftaten gegen die Umwelt"). Würde jemand eine gefährliche Chemikalie in einen Fluss ableiten, um die Kosten der Entsorgung zu sparen, könnte dies eine Gewässerverunreinigung nach § 324 StGB darstellen.

Hieran wird schon deutlich, dass der Staat diese Reaktion auf das Entstehen von negativen externen Effekten nur zurückhaltend und begrenzt wählen kann. Fast jede Entscheidung gesellschaftlicher Akteure ist mit externen Effekten verbunden; dies ist eine Konsequenz der Vergesellschaftung, mit der eine moderne Gesellschaft leben muss. Mit dem Verbot werden auch positive externe Effekte der Handlung unterdrückt. Zudem ist zu bedenken, dass die Verwendung von Verboten an allen Defiziten des Ordnungsrechts leidet;[228] selbst das Strafrecht kann Handlungen nicht zu 100 % verhindern. Typischerweise wird ein solches ordnungsrechtliches Vorgehen zudem die gesamtgesellschaftlich beste Lösung deutlich verfehlen, es wird also im ökonomischen Sinne nicht effizient sein.

Eng mit dieser Reaktionsmöglichkeit des Staates auf externe Effekte ist die *Begründung privater Verfügungsrechte* („property rights") verbunden.[229] Im Unterschied zu Verboten wird es hier in das Belieben des Inhabers gestellt, ob er beeinträchtigende Maßnahmen verhindern will (dazu steht ihm dann staatlicher Rechtsschutz zur Verfügung) oder Beeinträchtigungen gegen Bezahlung dulden möchte. In diesem Fall werden also Verhandlungsmöglichkeiten zwischen Privaten eröffnet.[230]

1.2.3.2.2.2 Die Internalisierung externer Effekte

Hiervon zu unterscheiden sind alle Maßnahmen, die bewirken, dass der Verursacher die externen Effekte zu tragen hat. Diese werden internalisiert und fließen so in das Kostenkalkül des Akteurs ein. Auch hier gibt es verschiedene Varianten.

---

[227] Vgl. dazu Fritsch (2014), 5.2.4.

[228] Vgl. dazu unten 7.2.1 zum Umweltordnungsrecht.

[229] Congdon/Kling/Mullainathan (2011), 130 f.

[230] Vgl. für den Bereich der Umweltökonomie hierzu das Coase-Theorem, unten 7.1.2.

Der interventionistische Ansatz nimmt die Kostenzurechnung ex ante zwingend vor. Paradebeispiel ist die Pigou-Steuer. Vor der Entstehung externer Effekte (vor allem negativer) werden auf der politischen Ebene Regeln aufgestellt, wie der Produzent zu belasten ist (etwa durch Umweltsteuern).[231] Für den Fall positiver externer Effekte ist das ökonomische Äquivalent darin zu sehen, diese dem Produzenten in Form von Subventionen zugute kommen zu lassen.[232]

Soweit es um spezifische Beziehungen zwischen konkreten Personen geht, kann der Staat demjenigen, den die externen Effekte treffen, die Möglichkeit geben, hierfür eine Kompensation zu verlangen. Typisches Beispiel ist die Haftung für Umweltschäden.[233] Hier steht es im Belieben des Betroffenen, ob und inwieweit er von dieser Möglichkeit Gebrauch macht oder sich mit dem Verursacher anderweitig einigt.

Eine weitere Möglichkeit kann als ordnungspolitische Lösung bezeichnet werden. Paradebeispiel hierfür sind Emissionszertifikate.[234] Gesellschaftliche Beziehungen werden so organisiert, dass der Schädiger den Geschädigten kompensiert, ohne dass eine weitere Instanz dazwischentritt; die Internalisierung der vorerst externen Kosten und Nutzen erfolgt also „automatisch" über den wettbewerblich organisierten Markt.

1.2.3.2.2.3 Die Verhinderung externer Effekte durch Fusion der Beteiligten beziehungsweise kollektive Bereitstellung

Bei (1.) und (2.) werden die an der Kooperation Beteiligten zu Betroffenen gemacht; bei (3.) werden die von der Kooperation Betroffenen zu Beteiligten gemacht. Die von den Folgen einer Entscheidung in ihrer eigenen Zielrealisierung erwartungsgemäß Betroffenen werden am Zustandekommen dieser Entscheidung beteiligt, das heißt, es wird ein Entscheidungskollektiv der durch einzelne Entscheidungen Betroffenen gebildet: indem diese selbst die Entscheidungen treffen, kann definitionsgemäß nicht mehr von externen Effekten gesprochen werden. Während (1.) und (2.) das Externalitätenproblem auf der Ebene privater Individualentscheidungen lösen wollen, wird nunmehr eine Kollektiventscheidung angestrebt.

Das soll mit folgendem Beispiel veranschaulicht werden: Der Bau eines Zementwerkes führt durch Umweltbelastungen zu negativen externen Effekten. Zumindest unter bestimmten Voraussetzungen kann der Gesetzgeber den Bau verbieten (zum Beispiel in Naturschutzgebieten oder Wohngebieten). Das Zementwerk kann das Recht zur Umweltbelastung durch den Kauf von Umweltzertifikaten erwerben; es kann durch Entrichtung einer Umweltsteuer jene entschädigen helfen, die durch das Zementwerk beeinträchtigt werden; schließlich kann man jenen, die im Einwirkungsbereich möglicher Externalitäten

---

[231] Vgl. zu Umweltsteuern näher unten 7.2.3.

[232] Zur Internalisierung durch Steuern und Subventionen vgl. Fritsch (2014), 5.2.5; zu Subventionen 6.2.2.3 (Wirtschaftspolitik) sowie 7.2.4 (Umweltpolitik).

[233] Vgl. hierzu unten 7.2.2.

[234] Vgl. dazu näher unten 7.2.5.

leben, Recht einräumen, in der Geschäftsleitung des Werkes über Art und Umfang der Umweltbelastung mitzuentscheiden.

Es kann durchaus Vorzüge haben, Produzenten und Betroffene von externen Effekten zu einer Wirtschaftseinheit zusammenzuführen. Dies ist etwa der Fall, wenn Nutznießer von Grundlagenforschung diese gemeinsam organisieren („Klub-Güter"). Ein für das Öffentliche Recht interessantes Beispiel liegt in dem Zusammenwirken von Städten und Umlandgemeinden („Speckgürtel"), um gemeinsam bestimmte Infrastruktureinrichtungen bereitzustellen.

In der Praxis wird es allerdings schwierig sein, die Wirtschaftseinheiten so zusammenzufassen, dass externe Effekte vollkommen ausgeschlossen sind. Zudem stellen sich für einen Zusammenschluss heterogener Gruppen von Beteiligten (etwa Unternehmen und Verbraucher) oft unüberwindbare praktische Probleme, jedenfalls werden die Transaktionskosten für den Zusammenschluss oft erheblich sein.

1.2.3.3   Die Theorie der öffentlichen Güter (Marktversagen III)

Ein für staatliche Aufgaben wichtiger Fall des Marktversagens ergibt sich aus dem Vorliegen öffentlicher (beziehungsweise kollektiver) Güter.[235] Typische öffentliche Güter sind öffentliche Straßen, die Fischbestände der Ozeane oder auch die Erdatmosphäre. Diese zeichnen sich dadurch aus, dass sie von allen genutzt oder verbraucht werden können, auch wenn sie sich an den Kosten nicht beteiligen, also keinen Preis entrichten. Damit besteht die Gefahr, dass sie nicht in ausreichendem Maße zur Verfügung gestellt werden. Das Vorliegen öffentlicher Güter lässt sich auch aus der Perspektive der Dilemmastrukturen und der externen Effekte beschreiben. Das individuelle Rationalverhalten verleitet hier nämlich Menschen zum „Trittbrettfahrertum", also von dem Gut zu profitieren, ohne dafür einen Beitrag zu leisten – individuelle und kollektive (soziale) Interessen fallen auseinander. Zudem führt ein privates Bereitstellen öffentlicher Güter zu (positiven) externen Effekten.[236] Das Vorliegen eines öffentlichen Gutes führt damit zu folgenden Problemen: Hinsichtlich vorhandener öffentlicher Güter (zum Beispiel sauberes Wasser) besteht die Gefahr der Übernutzung oder des Trittbrettfahrertums. Hinsichtlich der Bereitstellung neuer öffentlicher Güter besteht kein natürliches Interesse diese herzustellen („Marktversagen"), etwa neue umweltschonende Technologien zu entwickeln. Prägnant wurde dieses Problem mit dem Begriff „Tragedy of the Commons" benannt.[237]

Öffentliche Güter lassen sich am besten in Abgrenzung zu privaten Gütern umschreiben. Diese erhält auf dem Markt nur derjenige, der zu den Kosten beiträgt, also einen Preis entrichtet. Öffentlichen Gütern fehlt zumindest eine von zwei Eigenschaften privater Güter:

---

[235] Zur Theorie öffentlicher Güter instruktiv Blankart (2007), Kap. 4 oder Towfigh/Petersen (2010), § 4 III.3.b.

[236] Gelegentlich wird die Theorie der öffentlichen Güter deshalb auch als Unterfall der Theorie externer Effekte gesehen, vgl. etwa Congdon/Kling/Mullainathan (2011), 131; damit wird man aber ihrem eigenständigen Erklärungspotenzial nicht gerecht.

[237] Hardin (1968), 1243 ff.

Abb. 1.5 Private und
kollektive Güter. (Quelle:
Towfigh/Petersen (2009),
Abb. 4.18)

		Rivalität	
		ja	nein
Ausschließ- barkeit	ja	private Güter	Klubgüter
	nein	Gemeingüter	öffentliche Güter

1) Es gilt dort das Ausschlussprinzip: wer nicht berechtigt und/oder bereit ist, den entsprechenden Preis zu entrichten, kann vom Konsum dieses Gutes ausgeschlossen werden. 2) Der Konsum rivalisiert: wenn ein Gut von einem Individuum konsumiert wird, kann es nicht von einem anderen Individuum konsumiert werden.

Beispiele für öffentliche Güter lassen sich in allen Politikbereichen identifizieren, in denen der Staat öffentliche Interessen verfolgt. Zu nennen sind etwa die gesamte staatliche Infrastruktur oder eine intakte Umwelt; ein besonders wichtiges öffentliches Gut, das in letzter Zeit in den Mittelpunkt der Aufmerksamkeit getreten ist, stellt ein intaktes Weltklima dar.[238] Die Möglichkeiten für die Anwendung des Analysetools „öffentliches Gut" sind aber kaum beschränkt; überzeugend hat *Apolte* Revolutionen als Kollektivgutproblem rekonstruiert.[239]

Die Begriffe öffentliche und kollektive Güter sind gleichbedeutend. Davon unterscheidet man Klubgüter, bei denen Ausschließbarkeit und eigennützige private Finanzierung möglich ist (etwa der Bau einer Mautstraße).[240] Gemeingüter (oder Almendegüter) sind dadurch gekennzeichnet, dass bei ihnen (bei fehlender Ausschließbarkeit) der Gebrauch rivalisiert (Abb. 1.5).

Es wird damit deutlich, dass das Ausschlussprinzip (wie auch die Rivalität) in der Praxis nicht vollständig gilt. Es ist dem Staat in vielen Fällen möglich, wenn auch möglicherweise zu hohen Kosten, für eine Nutzen- und Kostenzuordnung zu sorgen, etwa Straßenbenutzungsgebühren zu erheben oder kostenpflichtig Nutzungsrechte auszugeben (etwa im Bereich Fischfang). Auch der Begriff der Nicht-Rivalität ist unscharf; er kann vernünftigerweise nur darauf bezogen werden, dass die Nutzung eines Gutes durch einen zusätzlichen Konsumenten nur unerhebliche oder keine Grenzkosten verursacht, wie etwa die Nutzung einer fast leeren Straße durch ein zusätzliches Fahrzeug. Da sich zudem das Vorliegen öffentlicher Güter mit den Marktversagen „Dilemmastrukturen" und „externe Effekte" überschneidet, wird gelegentlich dafür plädiert, dieses nicht als eigene Kategorie des Marktversagens zu verwenden.[241] Damit wird jedoch das „Kind mit dem Bade ausgeschüttet", denn der Begriff ist in der Literatur fest etabliert, hat in der Ökonomik auch weitere Anwendungsfelder und ist zudem anschaulich.

---

[238] Vgl. dazu unten 7.4.4.

[239] Apolte (2012), 230 ff.

[240] Interessant ist insoweit der Vorschlag von Meyer (2002), den öffentlichen Personennahverkehr als Nutzerklub auszugestalten.

[241] Vgl. etwa Fritsch (2014), Anhang zu Kap. 3.

1.2.3.4 Transaktionskosten (Marktversagen IV)

Transaktionskosten spielen heute in der Ökonomik allgemein und in der ökonomischen Analyse des Rechts eine zentrale Rolle.[242] Der Grundgedanke geht wiederum auf *Ronald Coase* (1937), zurück, der Begriff wurde aber erst 1969 von *Arrow* geprägt und fand so Eingang in die Wirtschaftswissenschaften.[243] Die systematische Erforschung der Erscheinung von Transaktionskosten und ihre Entfaltung für die Ökonomik wurde insbesondere von *Oliver Williamson* Ende der 70er Jahre angestoßen.[244]

Ausgangspunkt ist die Feststellung, dass jede Transaktion am Markt wie auch jede Inanspruchnahme von Institutionen mit Kosten verbunden sind, die vorteilhafte Transaktionen verhindern können.[245] Sie können etwa verbunden sein mit Informationskosten, Verhandlungs- und Entscheidungskosten, Überwachungs- und Durchsetzungskosten.[246] Neben klassischen Kosten „am Markt" wird das Konzept der Transaktionskosten durch die Neue Politische Ökonomie zunehmend auch auf die Analyse politischer Entscheidungen übertragen;[247] dies ist berechtigt, treten doch gerade auf „politischen Märkten" in erheblichem Umfang Ineffizienzen auf. In einer neo-institutionellen Perspektive kann man als Transaktionskosten auch den Einsatz von Ressourcen für die Errichtung, Erhaltung, Verwendung, Veränderung etc. von Institutionen und Organisationen begreifen.[248] Durchaus hilfreich für die ökonomische Analyse staatlichen Handelns ist die von der OECD verwendete Kategorisierung von Transaktionskosten in 1) nicht politikbezogene Transaktionskosten, die Akteure bei freiwilligen (Markt-)Transaktionen zu tragen haben, und 2) politikbezogene Transaktionskosten, die mit der Implementierung politischer Maßnahmen zusammenhängen.[249]

Transaktionskosten sind als solche nicht produktiv, die aufgewendeten Ressourcen könnten an anderer Stelle im sozio-ökonomischen System nutzbringend verwendet werden. Damit rückt für das staatliche Handeln zur Beseitigung von Marktversagen die Frage der Transaktionskostenoptimierung in den Mittelpunkt des Interesses, und zwar mit zwei Schwerpunkten: In positiver Analyse wird nach den handlungskanalisierenden Wirkungen und Auswirkungen von Institutionen aller Art gefragt, vor allem, welche Institutionen im Vergleich zu anderen die Transaktionskosten minimieren.[250] In normativer Analyse wird

---

[242] Für eine Einführung vgl. Fritsch (2014), 1.3. und 1.4. und van Aaken (2003b), 23 ff.; weiterführend Richter/Furubotn (2010), Kap. II; Feldmann (1999), D. III. (155 ff.); Crals/Vereeck (2005), 199 ff.

[243] So Erlei/Leschke/Sauerland (2007), in Kapitel 1, 3.6. zur Geschichte der Institutionenökonomik.

[244] Williamson (1979), 233 ff.; vgl. zur Entwicklung der Lehre von den Transaktionskosten instruktiv Crals/Vereeck (2005), 203 ff.

[245] Transaktionskosten können einigen Schätzungen zufolge in modernen Marktwirtschaften bis zu 50–60 % des Nettosozialprodukts betragen.

[246] Vgl. zu den einzelnen Kategorien Fritsch (2014), 1.3. und 1.4.

[247] Vgl. dazu grdl. North (1990b), 355 ff.

[248] Grdl. Richter/Furubotn (1997), 43 et passim.

[249] OECD (2001).

[250] Die Ermittlung bzw. Schätzung von Transaktionskosten gewinnt dementsprechend an Bedeutung, vgl. dazu Voigt (2009), 2.4.

dann gefragt, wie diese Institutionen entsprechend gestaltet sein sollten. Die Höhe der in einem Staat anfallenden Transaktionskosten ist letztlich ein wichtiger Indikator für die Bewertung der Qualität seiner Institutionen.

1.2.3.5 Informationsmängel

Es wurde bereits darauf hingewiesen, dass die Wende zur modernen Ökonomik entscheidend auch dadurch gekennzeichnet ist, dass das Axiom einer vollkommenen Informiertheit der Marktakteure aufgegeben wurde.[251] In realen Märkten werden Entscheidungen häufig ohne auch nur annähernd vollständige Informationen getroffen. Im Rahmen der Marktversagenskategorie „Informationsmängel" werden solche Fälle thematisiert, in denen die Marktakteure in einem Ausmaß uninformiert sind, dass der Markt hierdurch in seiner Funktion wesentlich beeinträchtigt ist und „versagt".[252]

Es lassen sich viele unterschiedliche Typen von Informationsmängeln aufzeigen.[253] Dabei lassen sich zwei Grundkategorien unterscheiden, nämlich Unkenntnis und Unsicherheit. *Unkenntnis* liegt vor, wenn Marktakteure unzureichend informiert sind, es aber möglich wäre, diese Wissenslücke durch entsprechende Informationsbeschaffung zu beseitigen. *Unsicherheit* bezieht sich auf zukünftige Entwicklungen, die auch mit größtem Aufwand nicht mit ausreichender Gewissheit prognostiziert werden können (zum Beispiel konjunkturelle Entwicklung, Naturkatastrophen). Unsicherheit kann schließlich aber auch hinsichtlich der Absichten des Transaktionspartners bestehen, der sich eventuell bei der Vertragsabwicklung vertragswidrig verhalten kann („moralisches Risiko").[254]

Die wohl bedeutendste Gruppe von Informationsmängeln wegen Unkenntnis sind *asymmetrisch verteilte Informationen*.[255] Eine wesentliche Ursache für Informationsasymetrien besteht darin, dass die besser informierte Marktseite keinen hinreichenden Anreiz hat, ihre Kenntnis der jeweils anderen Marktseite zu offenbaren. So hat bei Veräußerungsgeschäften der Anbieter regelmäßig einen Informationsvorsprung in Bezug auf die Eigenschaften des Produktes. Informationsasymetrien können jedoch auch zu Lasten des Anbieters bestehen, etwa des Versicherers in Bezug auf die versicherten Risiken. Heute wird zunehmend erkannt, dass für den Staat in der Behebung von Informationsdefiziten eine erhebliche Steuerungsressource liegt. So kann er etwa durch die Pflicht zu Produktkennzeichnungen das Wissen der Käufer über den zu erwartenden Nutzen erhöhen.[256]

Informationsmängel werden insbesondere in zwei Grundkonstellationen relevant, die jeweils durch eigenständige Theorien erfasst werden: Prinzipal-Agenten- sowie Moral-Hazard-Konstellationen, die im Folgenden erläutert werden sollen.

---

[251] Vgl. dazu oben 1.2.2.2.3.2.

[252] Zu Informationsmängeln lesenswert Fritsch (2014), Kap. 10.

[253] Fritsch (2014), 10.1.

[254] Fritsch (2014), 10.2.2.

[255] Vgl. dazu Fritsch (2014), 10.2.

[256] Vgl. dazu unten 7.2.6.3.

Exkurs: Die Prinzipal-Agent-Theorie

Die Prinzipal-Agent-Theorie oder ökonomische Theorie der Vertretung stellt einen allgemeinen analytischen Rahmen für die mit asymetrisch verteilten Informationen verbundenen Probleme dar.[257] Mit ihrer Hilfe wird das Verhältnis zwischen Prinzipal (Auftraggeber oder Vertretener) und Agent (Auftragnehmer, Stellvertreter oder Vertreter) als eine vertragliche Beziehung zwischen zwei rational handelnden Individuen untersucht.

Ein klassisches Beispiel ist das Verhältnis von Arbeitgeber und Arbeitnehmer: So hat der Prinzipal Arbeitgeber in der Regel Schwierigkeiten, den Arbeitseinsatz seines Agenten (Arbeitnehmers) zu überprüfen. Es lassen sich aber auch viele öffentlich-rechtlich geprägte Konstellationen als Prinzipal-Agent-Verhältnisse rekonstruieren, so etwa das Verhältnis von Wählern zu ihren gewählten Vertretern oder das Verhältnis von Parlamenten zur („Bürokraten").[258]

Im Mittelpunkt steht dabei das sogenannte Agency-Problem: Der Agent, dem der Prinzipal Entscheidungsbefugnisse delegiert, besitzt Informationsvorsprünge, die er für eigene Interessen nutzen kann. Dem Prinzipal ist es aus Unkenntnis nicht möglich, die Handlungsweisen des Agenten zutreffend zu beurteilen. Zur Lösung des Agency-Problems ist eine vertragliche Gestaltung des Prinzipal-Agent-Verhältnisses erforderlich, die die Agency-Kosten minimiert; dazu gehören Kontroll- und Überwachungskosten, Vertragskosten und Residualkosten (Wohlfahrtsverluste des Prinzipals).

Wird eine Prinzipal-Agenten-Situation identifiziert und also eine asymetrische Informationsverteilung zwischen Akteuren, ergeben sich typische Lösungsstrategien für die beteiligten Parteien (vgl. Abb. 1.6).[259] So kann für einen besseren Informationsstand des Prinzipals gesorgt werden, etwa durch eine entsprechende Vertragsgestaltung („screening"), der Agent seinerseits zur Informationsübertragung veranlasst werden, etwa durch Garantieversprechen („signaling") oder können schließlich die Interessen beider Seiten harmonisiert werden, etwa durch Ertragsbeteiligung oder vertikal integrierte Organisationsformen. In der Regel kann dadurch die Informationsasymetrie nur etwas gelindert, nicht aber aufgehoben werden.

Exkurs: Moral Hazard

In der ökonomischen Theorie versteht man unter „moral hazard" eine Situation, in der sich das Verhalten einer Partei nach Abschluss einer Transaktion zum Nachteil der anderen ändern kann; insbesondere geht es dabei um eine Neigung zu Risiken, die Dritte treffen. Das ist etwa der Fall, wenn ein Versicherter zum Nachteil der Versicherung Risiken eingeht, weil er die Konsequenzen nicht zu tragen hat.

---

[257] Für eine Einführung vgl. Voigt (2009), 3.3. sowie Behrends (2001), 3. Teil 9.3; weiterführend Fritsch (2014), 10.2.4. sowie Richter/Furubotn (2010), IV.4.1, V.3.

[258] Vgl. dazu unten 4.1.2.3.

[259] Vgl. dazu instruktiv Fritsch (2014), 10.2.5.

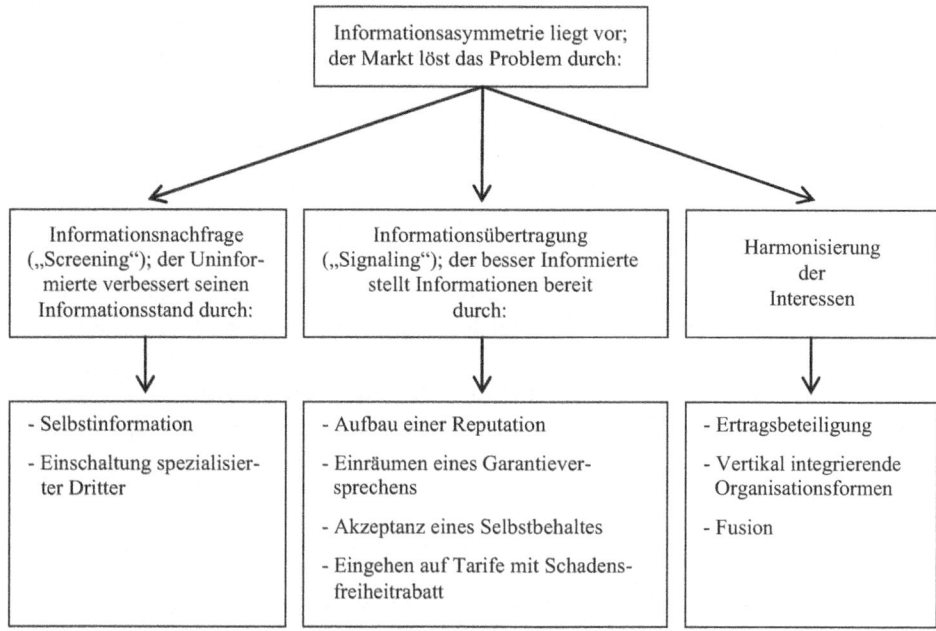

Abb. 1.6 Mechanismen zur Aufhebung von Informationsasymetrien. (Quelle: Fritsch 2014, Abb. 10.7)

„Moral Hazard" bedeutet wörtlich aus dem Englischen übersetzt „sittliche Gefähr-dung" und wird im Deutschen als „moralisches Risiko", auch als „subjektives Risiko" oder „moralische Versuchung" bezeichnet. Da alle diese Übersetzungen zu falschen Implikationen verleiten, bleibt man hier regelmäßig bei der englischen Bezeichnung. Verfehlt ist insbesondere die Vorstellung, dass „Moral Hazard" eine moralische Bewer-tung des Verhaltens impliziere. Das war zwar beim Aufkommen der Bezeichnung im 17. Jahrhundert der Fall, änderte sich aber bereits ein Jahrhundert später in Richtung einer „subjektiven" Gefährdung und wird heute neutral für die Bezeichnung von Ineffizienzen verwendet.[260]

Moral-Hazard-Konstellationen sind im Kern dadurch gekennzeichnet, dass Perso-nen oder Institutionen in der Tendenz weniger vorsichtig handeln als sie es ansonsten täten, weil sie nicht die volle Verantwortlichkeit und damit nicht die vollen Konse-quenzen für ihr Handeln tragen, diese vielmehr Dritten zuwachsen. Sie sind zugleich ein Anwendungsfall asymmetrischer Informationsverteilung, weil der Handelnde in Be-zug auf sein Handeln, seine Motivationen, aber auch das damit verbundene Risiko einen Informationsvorsprung hat. Moral Hazard kommt so auch typischerweise in Prinzipal-Agenten-Situationen vor, soweit der Agent risikobehaftet handelt.

---

[260] Dembe/Boden (2000).

Wie erwähnt, wurde die Theorie des Moral Hazard wesentlich mit Bezug auf das Versicherungswesen entwickelt. Im Bereich des Öffentlichen Rechts spielt es daher gerade auch im Sozialversicherungswesen und hier insbesondere bei der Krankenversicherung eine große Rolle.[261] Ein interessantes Anwendungsfeld bildet weiter die Regulierung natürlicher Monopole.[262] Besonders offensichtlich wurde das Phänomen in letzter Zeit im Zusammenhang mit der Finanzkrise und hier insbesondere dem (riskanten) Handeln der Banken, die diese ausgelöst haben.[263] Durch immer riskanteres Verhalten auf den Finanzmärkten erzielten viele Banken exorbitante Gewinne; wenn sich die Risiken aber realisierten, konnten sie als „systemrelevant" („too big to fail") mit staatlicher Rettung rechnen – das Risiko trugen damit letztlich zu einem guten Teil die Steuerzahler.

1.2.3.6 Marktunvollkommenheiten und Monopolstrukturen

Marktversagen kann schließlich von vielfältigen Marktungleichgewichten und Marktanomalien herrühren.[264] Es können auf den Märkten Anpassungsmängel bestehen, die die Bildung eines Marktgleichgewichts stören oder verhindern (zum Beispiel Preisinelastizitäten).[265] Ein klassisches Problem der Wettbewerbspolitik und des Wettbewerbsrechts stellen Fälle der Marktmacht dar, wenn etwa ein Markt zu Kartell- und Monopolbildung neigt.[266]

Für das Öffentliche Recht besonders bedeutsam ist das Marktversagen infolge von Unteilbarkeiten, womit sich natürliche Monopole begründen lassen.[267] So scheidet Wettbewerb zwischen Infrastrukturnetzen wie dem Eisenbahnschienennetz, den Telekommunikationsnetzen oder den Energieleitungsnetzen aus, weil Konkurrenz zumindest mit vertretbarem Aufwand unmöglich ist. Es kann daher nur regulierten Wettbewerb „um das Netz" oder „im Netz" geben.[268]

1.2.3.7 Das sogenannte „Staatsversagen" und die Neue Politische Ökonomie

Heute ist anerkannt, dass der Staat in Bezug auf gesellschaftliche Kooperationen nicht mehr als neutrale, dem Gemeinwohl verpflichtete Instanz gesehen werden kann. Vielmehr ist der methodische Ausgangspunkt der Ökonomik „Akteure maximieren ihren Nutzen unter Nebenbedingungen" auch auf das Verhalten von Politikern und Bürokraten zu übertragen.[269]

---

[261] Vgl. dazu etwa Meuschen (2011).

[262] Joskow (2007), 1301 ff.; vgl. dazu auch unten 1.2.3.6.

[263] Vgl. dazu etwa Myerson (2012), 847 ff.

[264] Vgl. dazu im Überblick Fritsch (2014), Kap. 7–9.

[265] Vgl. dazu Fritsch (2014), Kap. 11.

[266] Vgl. dazu etwa Schäfer/Ott (2012), Kap. 3.6.5.1. sowie grdl. Kaplow/Shapiro (2007), 1078 ff.

[267] Vgl. dazu grdl. Fritsch (2014), Kap. 7 und 8 sowie Joskow (2007), 1229 ff.

[268] Vgl. dazu unten 6.3.3.

[269] Vgl. grdl. zu der Motiv- und Interessenlage von Politikern Dylla (2008), 93 ff. (unter 4.).

Deshalb können wünschenswerte Kooperationen nicht nur durch die Fälle des „Markt-versagens", sondern auch durch „Staatsversagen"[270] vereitelt werden: Ideale Entscheidun-gen über institutionelle Arrangements werden durch rational handelnde Akteure verfehlt, wenn die Anreizstrukturen nicht entsprechend ausgerichtet sind.[271] Man kann das politi-sche System als ein System auffassen, das die Nachfrage nach „öffentlichen Gütern" zu befriedigen bestimmt ist und dafür einen passenden Rechts- und Politikrahmen schafft. Insofern kann man von einem „Regulierungsmarkt" sprechen, an dem auf Nachfrageseite Bürger beziehungsweise Wähler, aber auch Interessengruppen, Unternehmen und andere Organisationen und auf der Angebotsseite Politiker, Parteien und Bürokraten stehen.[272]

Fälle des Staatsversagens können auf verschiedenen Ebenen auftreten: Die Erschei-nung umfasst Verfassungsversagen (constitutional failure), Regierungsversagen (govern-ment failure), Parlamentsversagen, Verwaltungsversagen (administrative failure) sowie Selbstverwaltungsversagen.[273] Es liegt nahe, dass man diesen Grundgedanken auch auf internationale Beziehungen übertragen kann.[274] Hier geht es um das Zusammenwirken eigennutzorientierter Staaten und der hinter ihnen stehenden Bürger und Politikern sowie internationaler Organisationen und international agierender Unternehmen und Interessen-gruppen (jeweils wieder einschließlich der sie konstituierenden und repräsentierenden Menschen). Die Erscheinung der „beschränkten Rationalität"[275] macht die politische In-strumentierung noch komplexer, handeln doch auch Politiker und Bürokraten in diesem Sinne nur beschränkt rational.[276]

1.2.4 Wege der Ermöglichung von Kooperationsgewinnen durch den Staat

Dilemmastrukturen, externe Effekte, Transaktionskosten, Informationsmängel oder Mark-tunvollkommenheiten können die Aneignung von Kooperationsgewinnen behindern oder verhindern. Die Ökonomik sucht daher nach Möglichkeiten für die Behebung von Marktversagen.[277] Es sei an dieser Stelle noch einmal darauf hingewiesen, dass die ökono-

---

[270] Im angloamerikanischen Raum ist von „regulatory failure" die Rede, vgl. etwa Ogus (1994), 30.

[271] Für eine Einführung vgl. Fritsch (2014), 15.1. sowie Homann/Suchanek (2005), 3.2.3.1.

[272] Der Gedanke, dass rechtliche Regulierung als ein Gut betrachtet werden kann, das den Gesetzen von Angebot und Nachfrage unterliegt, geht zurück auf Stigler (1971).

[273] Stober (1990), 87.

[274] Trachtman (2008), 9 ff.

[275] Vgl. dazu oben 1.2.2.2.3.2.

[276] Congdon/Kling/Mullainathan (2011), 56.

[277] Behrens (2010), 4 f., spricht in diesem Zusammenhang von „Interventionsregeln", die er „Trans-aktionsregeln" gegenüberstellt; Letztere bezeichnet er als „alle Rechtsnormen (Institutionen), die erforderlich sind, um die effiziente Funktionsweise von Märkten zu ermöglichen"; im Wesentlichen geht es dabei um die Schaffung privater Nutzungsrechte. Im vorliegenden Zusammenhang geht es um die Ermöglichung von Kooperationsgewinnen durch den Staat, die beides umfasst.

mische Analyse nicht behauptet, dass Märkte staatlichem Handeln grundsätzlich überlegen seien;[278] ebensowenig kann mit Blick auf die eben angestellten Überlegungen zum „Staatsversagen" aber auch das Gegenteil behauptet werden. Die Theorie des Marktversagens kann damit lediglich Problembereiche identifizieren, in denen staatliche Eingriffe effizienzfördernd sein *können*. Das ist dann erst der Ausgangspunkt für die weitere, nicht weniger anspruchsvolle Aufgabe, daraus Vorschläge zur Behebung einschließlich einer adäquaten Instrumentierung abzuleiten.[279]

Positiv gewendet kann die Aufgabe des Staates in der Errichtung von Strukturen gesehen werden, die die Aneignung von Kooperationsgewinnen ermöglichen: hier geht es um die wechselseitige Anerkennung von Verfügungsrechten und die Schaffung von Märkten und Wettbewerb. In der Ermöglichung von Kooperationsgewinnen liegt damit eine zentrale staatliche Aufgabe.[280] Zu entsprechenden Ansätzen soll im Folgenden nur ein kurzer typologischer Überblick gegeben werden.

1.2.4.1 Erweiterung von Tauschmöglichkeiten

Von Anfang an haben es Staaten als wichtige Aufgabe angesehen, durch Institutionen die Tauschmöglichkeiten Einzelner zu erweitern. Das war letztlich der tiefere Grund für die Schaffung einer Geldwirtschaft, von Privateigentum, Vertragsrecht, staatlichen Streitschlichtungsinstanzen (Gerichten) usw. Darin liegt natürlich eine Daueraufgabe. So können etwa langsame und teure Gerichtsverfahren den Handel behindern.[281] In jüngster Zeit spielen in diesem Zusammenhang die Liberalisierung und Re-Regulierung ehemaliger Monopolmärkte, etwa im Bereich Energiewirtschaft, Post, Telekommunikation, eine große Rolle.

Bemühungen um eine Erweiterung der Transaktionsebene können in Zeiten der Globalisierung natürlich auch auf internationaler Ebene ansetzen. Als bedeutendes Beispiel kann hier auf die Liberalisierung des Handels im Rahmen von GATT/WTO verwiesen werden.[282]

1.2.4.2 Die Anerkennung von Verfügungsrechten („Property Rights")

Die Sicherheit der Verfügungsrechte über eigene Ressourcen und Vermögenswerte ist eine weitere wichtige Vorbedingung, um komplexere Formen der Aneignung von Kooperationsgewinnen zu ermöglichen. Die Anerkennung von Verfügungsrechten („property rights") ist nach wie vor eine Möglichkeit, die Realisierung von Tauschgewinnen zu ermöglichen.[283]

„Property Rights" werden gelegentlich etwas verkürzt mit „Eigentum" übersetzt. Das darf aber nicht auf das Begriffsverständnis des § 903 S. 1 BGB verengt werden, wonach

---

[278] Trachtman (2008), 2.

[279] Vgl. dazu Voigt (2009), Kap. 9.

[280] Vgl. dazu systematisch unten 2.3. sowie im Überblick Homann/Suchanek (2005), 2.4.

[281] Voigt (2009), 2.1.

[282] Vgl. dazu unten 6.4.2.

[283] Vgl. dazu etwa Kirchner (1997), 21 ff.; Schäfer/Ott (2012), Kap. 3.5.

der Eigentümer mit einer Sache nach Belieben verfahren und andere von der Einwirkung ausschließen darf. Vorzuziehen ist die Bezeichnung als „Verfügungsrechte"[284] oder „Handlungsrechte".[285] Dabei kann das „property right" auf einzelne Handlungs- und Verfügungsrechte beschränkt sein, wie etwa das Recht an der Nutzung eines Gutes (usus), das Recht ein Gut zu verändern (abusus) oder das Recht an den Erträgen, die sich aus der Nutzung des Gutes ergeben (usus fructus).[286] Zutreffend kann man auch das Recht andere zu schädigen als ein Handlungsrecht auffassen (etwa durch entsprechende Bauweise dem Nachbargrundstück Licht zu entziehen).[287] Diese Rechte sind geldwert – für die Einwirkung durch Dritte oder die Übertragung auf Dritte lässt sich daher ein Preis erzielen. Dieser ist in der Regel um so höher, je exklusiver das Recht abgegrenzt ist. Dabei gilt: Je klarer diese Rechte zugewiesen werden, desto niedriger werden die Transaktionskosten in Bezug auf diese ausfallen.

Die Anerkennung von Verfügungsrechten spielt heute in der Umweltpolitik eine zentrale Rolle. Als aktuelles Beispiel sei auf die Schaffung von Verfügungsrechten bei bisher frei genutzten Umweltressourcen (Umweltzertifikate) verwiesen.[288]

Heute ist aber kaum mehr bestritten, dass die Schaffung von Verfügungsrechten kein Allheilmittel zur Bekämpfung von Marktversagen darstellt. *Michael Heller* hat hierfür den Begriff „The Tragedy of the Anticommons" geprägt.[289] Es geht um das Phänomen, dass Verfügungsrechte nicht ausreichend genutzt werden, also ein Fall von Unternutzung besteht.[290] Besonders intensiv wird das am Beispiel der Einräumung von Patentrechten diskutiert.[291] Damit stellt sich für die Politik die Frage, ob und inwieweit Verfügungsrechte zur Beseitigung von Marktversagen geschaffen werden sollen, als Gratwanderung dar.

1.2.4.3 Die Senkung von Transaktionskosten

Hohe Transaktionskosten rechtfertigen eine Intervention des Staates, um die dadurch ausgelösten Ineffizienzen zu korrigieren. Die Optimierung von Transaktionskosten, die durch öffentliche Institutionen bewirkt werden, ist ein wichtiges rechtspolitisches Ziel.[292]

Das ist auch ein Motiv für die gegenwärtigen Bemühungen um eine Verwaltungsreform.[293] Neben anderen Zielen (zum Beispiel Transparenz) sollen damit Kosten auf Seiten des Staates wie auch Aufwand auf Seiten des Bürgers verringert werden.

---

[284] Vgl. etwa Homann/Suchanek (2005), 2.4.

[285] Schäfer/Ott (2012), Kap. 3.5.1, im Anschluss an Hesse (1983), 79 ff.

[286] Voigt (2009), 54.

[287] Schäfer/Ott (2012), Kap. 3.5.1.

[288] Vgl. dazu näher unten 7.2.5.

[289] Heller (1998); (2008).

[290] Vgl. dazu Colangelo (2012), 15 f.

[291] Vgl. dazu unten 6.4.2.4.1.

[292] Voigt (2009), 2.4.

[293] Vgl. dazu näher unten 4.1.2.3.

1.2.4.4   Behebung von Informationsmängeln

Die Beseitigung von Informationsmängeln beziehungsweise Informationsasymetrien ist ebenfalls ein wichtiges rechtspolitisches Anliegen. Der Staat kann die Bemühungen der beteiligten Akteure unterstützen und durch „Sceening" auf der Seite des Informationssuchenden oder durch „Signaling" auf der Seite des Informationsinhabers[294] das Informationsgefälle abzubauen.[295] Exemplarisch sei auf die nachfrageseitig ansetzenden Instrumente des Energieumweltrechts verwiesen, wie etwa obligatorische Hinweise auf die Energieeffizienz von Produkten.

1.2.4.5   Beseitigung anderer Kooperationshemmnisse

Daneben gibt es vielfältige weitere Kooperationshemmnisse, deren Beseitigung Tauschmöglichkeiten erweitern würden.

So würden etwa viele erwünschte Kooperationen, insbesondere Investitionen, daran scheitern, dass niemand die damit verbundenen Risiken übernehmen möchte. Eine mögliche Gegenmaßnahme besteht in der Diversifikation von Risiken durch Versicherungen und damit einer „Poolung" von Risiken. Zudem kann der Staat Haftungsbegrenzungen einführen, um Risiken überhaupt erst versicherbar zu machen.[296]

1.3   Zusammenfassung

Ökonomik ist eine sozialwissenschaftliche Methode, im Fall der Rechtsökonomik („Ökonomische Analyse des Rechts") zur Erforschung des Rechts. Sie ergänzt insoweit die Rechtssoziologie, Rechtsanthropologie, Rechtspsychologie, Rechtsvergleichung und Rechtsdogmatik.

Rechtsökonomik kann – wie die Rechtswissenschaft – als Wirklichkeits- oder Normwissenschaft betrieben werden. Als normative Analyse des Rechts fragt sie nach „richtigem" oder „effizientem" Recht. Als positive Analyse des Rechts dient sie der Untersuchung der Entstehungsgründe von Recht und Rechtsinstitutionen sowie der Wirkungen von Recht.

Methodischer Kern der Rechtsökonomik ist das ökonomische Paradigma („Homo Oeconomicus"). Aussagen über Entscheidungen und Verhalten gehen im Sinne eines methodischen Individualismus gedanklich von den Einzelnen aus. Diese versuchen angesichts knapper Ressourcen bei Entscheidungen ihren Nutzen zu maximieren („Rationalitätsannahme"). Die moderne Ökonomik hat dabei die Fiktion vollständiger Informiertheit fallen gelassen und erkennt mit der Verhaltenspsychologie typische Einschränkungen rationalen Verhaltens an („bounded rationality"). Der Homo Oeconomicus reagiert rational auf Restriktionen und Anreize.

---

[294] Vgl. dazu oben 1.2.3.5.

[295] Fritsch (2014), 10.2.5.

[296] Vgl. etwa im Zusammenhang mit § 15 UmweltHG unten 7.2.2.2.

Die Institutionenökonomik behandelt Interaktionsprobleme im Rahmen eines weit verstandenen Marktmodells. Ausgangspunkt der Analyse sind Fälle des „Marktversagens" mit den Konzepten der Dilemmastruktur, der externen Effekte, der öffentlichen Güter, der Transaktionskosten, der Informationsmängel (Prinzipal-Agenten-Theorie). Auf diesen Feldern kann beziehungsweise muss der Staat Maßnahmen ergreifen, um den Einzelnen Kooperationsgewinne zu ermöglichen.

Literatur

Arkes, Hat R./Blumer, Catherine (1985), The Psychologie of Sunk Cost, Organizational Behavior and Human Decision Processes, Bd. 35, 124–140.

Adams, Michael (2004), Ökonomische Theorie des Rechts. Konzepte und Anwendungen, Frankfurt a. M. u. a. (Peter Lang), 2. Aufl.

Albert, Hans (1978), Traktat über rationale Praxis, Tübingen (Mohr).

Altman, Morris (2009), The Nobel Prize in Behavioral and Experimental Economics: a contextual and critical appraisal of the contributions of Daniel Kahneman and Vernon Smith, in: Pressman, ed. (2009), Leading Contemporary Economics. Economics at the cutting edge, London/New York (Routledge), S. 164–205.

Apolte, Thomas (2012), Revolutionen als Kulturgüter, in: Müller/Trosky/Weber, Hrsg. (2012), Ökonomik als allgemeine Theorie menschlichen Verhaltens: Grundlagen und Anwendungen, Stuttgart (Lucius & Lucius), S. 229–242.

Ariely, Dan (2010), Predictibly Irrational: the hidden forces that shape our decisions, New York et al. (Harper Perennial).

Becker, Gary S. (1968), Crime and Punishment: An Economic Approach, Journal of Political Economy, Bd. 76, S. 169–217.

Becker, Gary S. (1976), The Economic Approach to Human Behavior, Chicago (Chicago University Press).

Behrends, Sylke (2001), Neue Politische Ökonomie. Systematische Darstellung und kritische Beurteilung ihrer Entwicklungslinien, München (Vahlen).

Behrens, Peter (2010), Regulierung zwischen Wettbewerb und Harmonisierung aus institutionenökonomischer Perspektive, in: Forschungsinstitut für Wirtschaftsverfassung und Wettbewerb, Wettbewerbspolitik und Kartellrecht in der Marktwirtschaft: 50 Jahre FIW, Köln, S. 3–23.

Bentham, Jeremy (2007), An Introduction to the Principles of Morals and Legislation, London (T. Payne and Sons) 1780 (printed) and 1789 (first published) =Mineola, NY (Dover Publications).

Bizer, Kilian/Führ, Martin (2002), Responsive Regulierung – Anforderungen an die interdisziplinäre Gesetzesfolgenforschung, in: Bizer/Führ/Hüttig (Hrsg.) (2002), Responsive Regulierung, Tübingen (Mohr Siebeck), S. 1–19.

Blankart, Charles (2007), Föderalismus in Deutschland und Europa, Baden-Baden (Nomos).

Brennan, Geoffrey/Buchanan, James M. (1993), Die Begründung von Regeln. Konstitutionelle Politische Theorie, Tübingen (Mohr Siebeck).

Brunner, Karl/Meckling, William H. (1977), The Perception of Man and the Conception of Government, Journal of Money, Credit and Banking, Bd. 9, S. 70–85.

Cohen, Lloyd R./Wright, Joshua D. (2009), Pioneers of Law and Economics, Cheltenham, UK/Northampton, MA, USA (Edward Elgar).

Colangelo, Margherita (2012), Creating Property Rights. Law and Regulation of Secundary Trading in the European Union, Leiden/Boston (Martinus Nijhoff Publishers).

Coleman, James S. (1992), Grundlagen der Sozialtheorie, Bd. 2: Körperschaften und die moderne Gesellschaft, München (R. Oldenbourg Verlag); Originaltitel: Coleman (1990), Foundations of Social Theory, Cambriddge, Mass. (Belknap Press of Harvard University Press).

Congdon, William J./Kling, Jeffrey R./Mullainathan, Senhil (2011), Policy and Choice. Public finance through the lens of Behavioral Economics, Washington D.C. (Brookings Institutional Press).

Cooter, Robert/Ulen, Thomas (2012), Law and Economics, Reading, Mass. et al. (Addison Wesley), 6th ed.

Crals, Evy/Vereeck, Lode (2005), Taxes, Tradable Rights and Transaction Costs, European Journal of Law and Economics, Bd. 20, S. 199–223.

Dawnay, Emma/Shah, Hetan (2011), Behavioural Economics. Seven key principles for environmental policy, in: Dietz/Michie/Oughton, eds. (2011), The Political Economy of the Environment. An interdisciplinary approach, London/New York (Routledge), S. 44–98.

Deckert, Martina Renate (1995), Folgenorientierung in der Rechtsanwendung, München (Beck).

Dehling, Jochen/Schubert, Klaus (2011), Ökonomische Theorien der Politik. Lehrbuch, Wiesbaden (VS Verlag).

Dembe, Allard E./Boden, Leslie I. (2000), Moral Harard: A question of morality?, New Solutions, Bd. 10, S. 257–279.

Denzau, Arthur T./North, Douglas C. (1994), Shared Mental Models: Ideologies and Institutions, Kyklos, Bd. 47, S. 3–31.

Dylla, Daria W. (2008), Eine ökonomische Analyse der Mediendemokratie. Der Rational-Choice-Ansatz und die Stimmenmaximierung, Wiesbaden (Verlag für Sozialwissenschaften).

Eidenmüller, Horst (2005), Effizienz als Rechtsprinzip. Möglichkeiten und Grenzen einer ökonomischen Analyse des Rechts, Tübingen (Mohr Siebeck), 3. Aufl.

Ellickson, Robert C.(2007), Law and Economics discovers Social Norms, in: Mercuro, ed. (2007), Law and Economics, vol. 4: Social Norms and Law and Economics, London et al. (Routledge), 7–20 (= Journal of Legal Studies 27 (1998), 537–552).

Engel, Christoph (2001), Institutionen zwischen Staat und Macht, Die Verwaltung, Bd. 34, S. 1–24.

Engel, Christoph (2005), Rationale Rechtspolitik und ihre Grenzen, JZ, S. 581–590.

Engel, Christoph (2007), Verhaltenswissenschaftliche Analyse: eine Gebrauchsanweisung für Juristen, in: Engel u. a., Hrsg. (2007), Recht und Verhalten, Tübingen (Mohr Siebeck), S. 363–405.

Engel, Christoph/Morlok, Martin (1998), Öffentliches Recht als Gegenstand ökonomischer Forschung, Tübingen (Mohr Siebeck).

Englerth, Markus (2007), Behavioral Law and Economics – eine kritische Einführung, in: Engel/Englerth/Lüdemann/Spiecker genannt Döhmann, Hrsg. (2007), Recht und Verhalten, Tübingen (Mohr Siebeck), S. 60–130.

Erlei, Mathias/Leschke, Martin/Sauerland, Dirk (2007), Neue Institutionenökonomik, Stuttgart (Schäffer-Poeschel Verlag), 2. Aufl.

Eschbach, Alexander (2011), Pfade in den Leviathanstaat? Determinanten der öffentlichen Sozialausgaben in 21 OECD-Ländern 1980–2005, Berlin (Duncker & Humblot).

Fabian, Thomas/Nowara, Sabine (Hrsg.) (2006), Neue Wege und Konzepte in der Rechtspsychologie, Münster (LIT).

Faure, Michael/Skogh, Göran (2003), The Economic Analysis of Environmental Policy and Law. An Introduction, Cheltenham, UK/Northampton, MA, USA (Edward Elgar).

Feldmann, Horst (1999), Opfertheoretische Aspekte der Institutionenökonomik, Berlin (Duncker & Humblot).

Fezer, Karl-Heinz (1986), Aspekte einer Rechtskritik an der economic analysis of law und am property rights approach, JZ, S. 817–824.

Fikentscher, Wolfgang (2009), Law and Anthropology: outline, issues and suggestions, München (Verlag der Bayerischen Akademie der Wissenschaften).

Frank, Robert H. (2005), Departures from Rational Choice: With and Without Regret, in: Parisi/Smith, eds. (2005), The Law and Economics of Irrational Behaviour, Stanford (Stanford University Press).

Frey, Bruno (1990), Ökonomie ist Sozialwissenschaft. Die Anwendung der Ökonomie auf neue Gebiete, München (Verlag Franz Vahlen).

Frey, Bruno S./Stutzer, Alois (2002), Happines & Economics, Princeton (Princeton University Press).

Frey, Bruno S./Oberholzer-Gee, Felix (2009), The Cost of Price Incentives: an empirical analysis of motivation crowding-out, in: Spash, ed. (2009), Ecological Economics. Critical Concepts in the Environment, vol. IV: Policy Problems and Approaches, London/New York (Routledge), S. 347–361.

Friedman, Milton (1984), Market or Plan? An exposition of the case for the market, London.

Friedman, Milton (1953), The Methodology of Positive Economics, in: idem, ed. (1953), Essays in Positive Economics, Chicago/London, S. 3 ff.

Fritsch, Michael (2014), Marktversagen und Wirtschaftspolitik. Makroökonomische Grundlagen staatlichen Handelns, München (Verlag Franz Vahlen), 9. Aufl.

Führ, Martin/Bizer, Kilian/Feindt, Peter H. (Hrsg.) (2007), Menschenbilder und Verhaltensmodelle in der wissenschaftlichen Politikberatung. Möglichkeiten und Grenzen interdisziplinärer Verständigung, Baden-Baden (Nomos).

Glimcher, Paul W. (2003), Decisions, Uncertainty, and the Brains: The science of neuroeconomics, Cambridge, MA, USA (MIT Press).

Grechenig, Kristoffel/Gelter, Martin (2008), Divergente Evolution des Rechtsdenkens – von amerikanischer Rechtsökonomie und deutscher Dogmatik, RabelsZ, Bd. 72, S. 513–561.

Grembi, Veronica (2007), The Imperialistic Aim of Economics: At the Origin of the Economic Analysis of Law, History of Economic Ideas (HEI), Bd. 15, S. 139–164.

Grepperud, Sverre (2007), Environmental Voluntary Behaviour and Crowding-out Effects, European Journal of Law and Economics, Bd. 23, S. 135–149.

Grolleau, Gilles/Ibanez, Lisette/Mzoughi, Naoufel (2012), Being the best or doing the right thing? An investigation of positional, prosocial and conformist preferences in provision of public goods, The Journal of Socio-Economics, Bd. 41, 705–711.

Häberle, Peter (1984), Vielfalt der Property Rights und der verfassungsrechtliche Eigentumsbegriff, AöR, Bd. 109, S. 36–76.

Hampicke, Ulrich/Jahn, Detlef/Ott, Konrad/Rodi, Michael (2006), Energy and the Environment as an Interdiscilinary Challenge, in: Rodi, ed. (2006), Environmental Policy Instruments in Liberalized Energy Markets, Berlin (Lexxion), S. 7–30.

Hansen, Hendrik (2008), Politik und wirtschaftlicher Wettbewerb in der Globalisierung. Kritik der Paradigmendiskussion in der internationalen Politischen Ökonomie, Wiesbaden (VS Verlag für Sozialwissenschaften).

Hardin, Garrett J. (1968), Tragedy of the Commons, Science, Bd. 162, S. 1243–1248.

Heller, Michael A. (2008), The Gridlock Economy: How Too Much Ownership Wrecks Markets, Stops Innovation, and Costs Lives, New York (Basic Books).

Heller, Michael A. (1998), The Tragedy of the Anticommons: Property in the Transition from Marx to Markets, Harvard Law Review, Bd. 3, S. 621–688.

Hesse, Günter (1983), Zur Erklärung der Änderung von Handlungsrechten mit Hilfe ökonomischer Theorie, in: Schüller, Hrsg. (1983), Property Rights und ökonomische Theorie, München (Vahlen), S. 79–109.

Höffe, Otfried (1994), Grundzüge einer Rechtsanthropologie, Dialektik: Zeitschrift für Kulturphilosophie, Bd. 1, S. 19–30.

Hof, Hagen (1996), Rechtsethologie: Recht im Kontext von Verhalten und außerrechtlicher Verhaltensregelung, Heidelberg (v. Decker).

Holler, Manfred J. (2006), Adam Smith's Model of Man and Some of its Consequences, Homo Oeconomicus, Bd. 23, S. 467–488.

Homann, Karl/Suchanek, Andreas (2005), Ökonomik: eine Einführung, Tübingen (Mohr Siebeck), 2. Aufl.

Huber, Thomas (2007), Systemtheorie des Rechts. Die Rechtstheorie Niklas Luhmanns, Baden-Baden (Nomos).

Jolls, Christine (2007), Behavioral Law and Economics, in: Diamond et al., eds. (2007), Behavioral Economics and its Applications, Princeton (Princeton University Press).

Joskow, Paul L. (2007), Regulation and Natural Monopoly, in: Polinsky/Shavell, eds. (2007), Handbook of Law and Economics, vol. II, Amsterdam et al. (Elsevier), S. 1227–1348.

Kabalak, Alihan (2009), Institutionelle Spiele. Ein neuerer akteurstheoretischer Zugang zu Rationalität und Institutionen, Marburg (Metropolis-Verlag).

Kahnemann, Daniel/Tversky, Amos (1979), Prospect Theory: An analysis of decision under risk, Econometrica, Bd. 47, 263–291.

Kaplow, Louis/Shapiro, Karl (2007), Antitrust, in: Polinsky/Shavell, eds. (2007), Handbook of Law and Economics, vol. II, Amsterdam et al. (Elsevier), S. 1073–1225.

Karpen, Ulrich (2000), Ausländisches Öffentliches Recht und Rechtsvergleichung im Ausgang des 20. Jahrhunderts, Hamburg (Mauke).

Kirchgässner, Gebhard (2013), Homo Oeconomicus: das ökonomische Modell individuellen Verhaltens und seine Anwendung in den Wirtschafts- und Sozialwissenschaften, Tübingen (Mohr Siebeck), 4. Aufl.

Kirchner, Christian (1997), Ökonomische Theorie des Rechts, Berlin u. a. (De Gruyter).

Kirsch, Guy (2004), Neue Politische Ökonomie, Stuttgart (Lucius & Lucius), 5. Aufl.

Lampe, Ernst-Joachim (1999), Rechtsanthropologie, Entwicklung und Probleme, ARSP, Bd. 85, S. 246–269.

Langer, Ellen (1975), The Illusion of Control, Journal of Personality and Social Psychology, Bd. 32, 311–328.

Lepsius, Oliver (1999), Die Ökonomik als neue Referenzwissenschaft für die Staatsrechtslehre?, Die Verwaltung, Bd. 32, S. 429–444.

Leschke, Martin (2012), Homo Oeconomicus: das Modellbild der Ökonomik, in: Müller/Trosky/Weber, Hrsg. (2012), Ökonomik als allgemeine Theorie menschlichen Verhaltens: Grundlagen und Anwendungen, Stuttgart (Lucius & Lucius), S. 21–37.

Lieth, Oliver (2007), Die ökonomische Analyse des Rechts im Spiegelbild klassischer Argumentationsrestriktionen des Rechts und seiner Methodenlehre, Baden-Baden (Nomos).

Lindner, Josef Franz (2008), Verfassungsrechtliche Rahmenbedingungen einer ökonomischen Theorie des Öffentlichen Rechts, JZ, S. 957–963.

Lüdemann, Jörn (2007), Die Grenzen des homo oeconomicus und die Rechtswissenschaft, in: Engel/Englerth/Lüdemann/Spiecker genannt Döhmann, Hrsg. (2007), Recht und Verhalten. Beiträge zu Behavioral Law and Economics, Tübingen (Mohr Siebeck), S. 7–59.

Luhmann, Niklas (2008), Rechtssoziologie, Opladen (Westdeutscher Verlag) 1, 2., 3. u. 4. Aufl. (1980/1983/1987/2008).

Luhmann, Niklas (1993), Das Recht der Gesellschaft, Frankfurt a. M. (Suhrkamp).

Mathis, Klaus (2009), Effizienz statt Gerechtigkeit? Auf der Suche nach den philosophischen Grundlagen der Ökonomischen Analyse des Rechts, Berlin (Duncker & Humblot), 3. Aufl.

Mattei, Ugo (1997), Comparative Law and Economics, Ann Arbor (The University of Michigan Press).

Maurer, Andrea (2007), Verhaltensmodelle und Handlungstheorien in der Soziologie – Möglichkeiten einer interdisziplinären Verständigung, in: Führ/Bizer/Feindt, Hrsg. (2007), Menschenbilder und Verhaltensmodelle in der wissenschaftlichen Politikberatung. Möglichkeiten und Grenzen interdisziplinärer Verständigung, Baden-Baden (Nomos), S. 180–192.

McAdams, Richard H./Rasmusen, Eric B. (2007), Norms and the Law, in: Polinski/Shavell, eds. (2007), Handbook of Law and Economics, vol. 2, Amsterdam et al. (North Holland), Kap. 20, S. 1573–1618.

Mccabe, Kevin/Smith, Vernon/Chorvat, Terrence (2005), Lessons from Neuroeconomics for the Law, in: Parisi/Smith, eds. (2005), The Law and Economics of Irrational Behavior, Stanford (Stanford University Press), S. 68–90.

Medema, Steven G. (2007), Alfred Marshall meets Law and Economics: Rationality, Norms, and Theories as Tendency Statements, in: Advances in Austrian Economics, Bd. 9, S. 235–252.

Meuschen, Andreas (2011), Moral Hazard in der gesetzlichen Krankenversicherung in politikwissenschaftlicher Perspektive, Baden-Baden (Nomos).

Meyer, Dirk (2002), Regulierung versus Deregulierung im Öffentlichen Personennahverkehr – das Modell eines Nutzerklubs, Perspektiven der Wirtschaftspolitik, Bd. 3, 69–84.

Montesquieu (1748), De l'Esprit des Lois (Genf) (deutsch: Vom Geist der Gesetze, übersetzt und herausgegeben von Ernst Forthoff, Tübingen (J.C.B. Mohr) 1972).

Meyerson, Roger B. (2012), A Model of Moral Hazard Cycles, Journal of Political Economy, Bd. 120, S. 847–878.

Von Neumann, John/Morgenstern, Oskar (1944), Theory of Games and Economic Bahavior, Princeton (Princeton University Press).

Niemann, Hans-Joachim (2011), Der Nutzenmaximierer. Der aufhaltsame Aufstieg des Vorteilsdenkens, Tübingen (Mohr Siebeck).

Noll, Jürgen (2005), Rechtsökonomie. Eine anwendungsorientierte Einführung, Wien (Verlag Österreich).

North, Douglass Cecil (1990a), Institutions, Institutional Change and Economic Performance, Cambridge.

North, Douglass Cecil (1990b), Transaction Cost Theory of Politics, Journal of Theoretical Politics, Bd. 2, S. 355–367.

Ogus, Anthony (1994), Regulation – Legal Form and Economic Theory, Oxford (Hart).

Olson, Mancur (1965), The Logic of Collective Action, Boston (Harvard University Press); deutsch: Die Logik des kollektiven Handelns, Tübingen (Mohr) 1968.

Ørsted Nielsen, Helle (1953), (2012), Bounded Rationality in an Imperfect World of Regulations: what if individuals are not optimizing?, in: Milne/Andersen, eds. (2012), Handbook of Research on Environmental Taxation, Cheltenham, UK/Northampton, MA, USA (Edward Elgar), S. 439–455.

Orviska, Marta/Hudson, John (2006), Quiet in the Cathedral: Who is the Law Abiding Citizen?, in: Homo Oeconomicus, Bd. 23, S. 129–152.

Parisi, Francesco (2004), Positive, Normative and Functional Schools of Law and Economics, European Journal of Law and Economics, Bd. 18, S. 259–272.

Petersen, Niels (2010), Braucht die Rechtswissenschaft eine empirische Wende?, Der Staat, Bd. 49, S. 435–455.

Polinsky, A. Mitchell (2011), An Introduction to Law and Economics, New York (Wolter Kluwer) 4rd ed.

Posner, Richard A. (1979), Utilitarianism, Economics, and Legal Theory, Journal of Legal Studies, Bd. 8, S. 103–140.

Posner, Richard A. (1985), Wealth Maximazation Revisted, Notre Dame Journal of Law, Ethics and Public Policy, Bd. 2, S. 85–105.

Posner, Richard A. (2001), Frontiers of Legal Theory, Cambridge, Massachusetts/London, England (Harvard University Press).

Posner, Richard A. (2011), Economic Analysis of Law, New York (Aspen Publishers), 8th ed.

Preiss, Philipp (2012), Externalities Research, in: Milne/Anderen, eds. (2012), Handbook of Research on Environmental Taxation, Cheltenham, UK/Northampton, MA, USA (Edward Elgar), S. 139–157.

Raiser, Thomas (2013), Grundlagen der Rechtssoziologie, Tübingen (Mohr Siebeck), 6. Aufl.

Rawls, John (1972), A Theory of Justice, Oxford (Oxford University Press), (deutsch: Eine Theorie der Gerechtigkeit, Frankfurt a. M. (Suhrkamp) 1975).

Rehbinder, Manfred (2009), Rechtssoziologie, München (Beck) 7. Aufl.

Renda, Andrea (2011), Law and Economics in the RIA World. Improving the use of economic analysis in public policy and legislation, Cambridge/Antwerps/Portland (Intersentia).

Revesz, Richard L./Stavins, Robert L. (2007), Environmental Law, in: Polinsky/Shavell, eds. (2007), Handbook of Law and Economics, vol. 1, Amsterdam et al. (North Holland), Kap. 8, S. 499–589.

Reynolds, Helen (1985), The Economics of Prostitution, Springfield, Illinois (CCThomas).

Richter, Rudolf/Furubotn, Eirik G. (2010), Neue Institutionenökonomik, Tübingen (Mohr Siebeck), 4. Aufl.

Richter, Rudolf/Furubotn, Eirik G. (1997), Institutions and Economic Theory: The Contribution of the New Institutional Economics, Ann Arbor (University of Michigan Press).

Robbins, Lionel (1932/1935), On the Nature and the Significance of Economic Science, London (Macmillan) 1. und 2. Aufl.

Rodi, Michael (2002), Recht und Wirkung. Greifswalder Beiträge zur Rechtswirkungsforschung, Köln u. a. (Carl Heymanns Verlag)

Rowley, Charles K. (2005), An intellectual history of law and economics: 1739–2003, in: Parisi/Rowley, Hrsg. (2005), The Origins of Law and Economics. Essays by the Founding Fathers, Cheltenham u. a. (Edward Elgar), S. 3–32.

Schäfer, Hans-Bernd/Ott, Claus (2012), Lehrbuch der ökonomischen Analyse des Zivilrechts, Berlin u. a. (Springer) 5. Aufl.

Schelsky, Helmut (1980), Die Soziologen und das Recht: Abhandlungen und Vorträge zur Soziologie vom Recht, Opladen (Westdeutscher Verlag).

Schmid, A. Allan (2004), Conflict and Cooperation. Institutional and Behavioral Economics, Oxford et al. (Blackwell Publishing).

Schmid, Michael/Maurer, Andrea (2003), Institution und Handeln. Probleme und Perspektiven der Institutionentheorie in Soziologie und Ökonomie, in: Schmid/Maurer, Hrsg. (2003), Ökonomischer und soziologischer Institutionalismus. Interdisziplinäre Beiträge und Perspektiven der Institutionentheorie und -analyse, Marburg (Metropolis), S. 9–46.

Schotter, Andrew (1981), The Economic Theory of Social Institutions, Cambridge, Mass. (Cambridge University Press).

Schuhr, Jan C. (2006), Rechtsdogmatik als Wissenschaft. Rechtliche Theorien und Modelle, Berlin (Duncker & Humblot).

Schumpeter, Joseph A. (1946), Kapitalismus, Sozialismus und Demokratie, Bern (Francke)

Shavell, Steven (2004), Foundations of Economic Analysis of Law, Cambridge, Massachusetts/London, England (The Belknap Press of Harvard University Press).

Simon, Herbert A. (1955), A Behavioral Model of Rational Choice, The Quarterly Journal of Economics, Bd. 69, S. 99–118.

Stigler, Georg Joseph (1971), The Theory of Economic Regulation, The Bell Journal of Economics and Management Science, Bd. 2, S. 3–21.

Stober, Rolf (1990), Politische und ökonomische Rationalität im Staats- und Verwaltungsrecht, Rechtstheorie, Bd. 21, S. 86–105.

Sunstein, Cass R. (2000), Behavioral Law and Economics, Cambridge (Cambridge University Press).

Swedberg, Richard (2003), Principles of Economic Sociology, Princeton und Oxford (Princeton University Press).

Thaler, Richard H. (1980), Toward a Positive Theory of Consumer Choice, Journal of Economic Bahavior and Organization, Bd. 1, 39–60.

Thaler, Richard H. (1991), Quasi Rational Economics, New York (Russel Sage Foundation).

Thaler, Richard H./Sunsstein, Cass R. (2008), Nudge: Improving Decisions about Health, Wealth, and Happiness, Yale (Yale University Press).

Towfigh, Emanuel V./Petersen, Niels (2010), Ökonomische Methoden im Recht. Eine Einführung für Juristen, Tübingen (Mohr Siebeck).

Trachtman, Joel P. (2008), The Economic Structure of International Law, Cambridge, Massachusetts and London (Havard University Press).

Tullock, Gordon (1974), The Social Dilemma: The economics of war and revolution, Blacksburg, VA (Univ. Publ.).

Tullock, Gordon (1974b), The Welfare Costs of Tariffs, Monopolies, and Theft, in: Buchanan/Tollison/Tullock, eds. (1974), Towards a Theory of the Rent-Seeking-Society, Texas (A & M Press), S. 39–50.

Tversky, Amos/Kahnemann, Daniel (1974), Judgment under Uncertainty: Heuristics and biases, Science, Bd. 185, S. 1124–1131.

Ulen, Thomas S. (2007), The Future of Law and Economics, in: Cafaggi/Nicita/Pagano, eds. (2007), Legal orderings and economic institutions, London et al. (Routledge), S. 21–45.

Van Aaken, Anne (2007), Recht und Rechtsanalyse – welches Modell menschlichen Verhaltens braucht die Rechtswissenschaft?, in: Führ/Bizer/Feindt, Hrsg. (2007), Menschenbilder und Verhaltensmodelle in der wissenschaftlichen Politikberatung. Möglichkeiten und Grenzen interdisziplinärer Verständigung, Baden-Baden (Nomos), S. 70–95.

Van Aaken, Anne (2004), Vom Nutzen der ökonomischen Theorie für das öffentliche Recht: Methode und Anwendungsmöglichkeiten, in: Bungenberg u. a., Hrsg. (2004), Recht und Ökonomik, München (Beck), S. 1–31.

Van Aaken, Anne (2003a), Normative Grundlagen der ökonomischen Theorie im öffentlichen Recht, in: Van Aaken/Schmid-Lübbert, Hrsg. (2003), Beiträge zur ökonomischen Theorie im Öffentlichen Recht (Ökonomische Analyse des Rechts), Wiesbaden (DUV), S. 89–118.

Van Aaken, Anne (2003b), „Rational Choice" in der Rechtswissenschaft. Zum Stellenwert der ökonomischen Theorie im Recht, Baden-Baden (Nomos).

Vanberg, Viktor (2008), Wettbewerb und Regelordnung, in: Goldschmidt/Wohlgemuth, Hrsg. (2008), Wettbewerb und Regelordnung, Tübingen (Mohr Siebeck).

Voigt, Stefan (2009), Institutionenökonomik, Paderborn (Fink), 2. Aufl.

Von der Pfordten, Dietmar (2005), Normativer Individualismus und das Recht, JZ, S. 1069–1080.

Weber, Max (1921), Wirtschaft und Gesellschaft. Grundriss der verstehenden Soziologie, (5. Aufl. 1972, revidiert von Johannes Winckelmann, Tübingen, Mohr Siebeck)

Weigel, Wolfgang (2006), Why Promote the Economic Analysis of Public Law?, Homo Oeconomicus, Bd. 23, S. 195–216.

Williamson, Oliver E. (1979), Transaction-Cost Economics: the governance of contractual relations, The Journal of Law and Economics, Bd. 22, S. 233–261.

Staat – Verfassung – Demokratie

Der Staat ist nach wie vor der zentrale Akteur und der gedankliche Fixpunkt des Öffentlichen Rechts. Nicht weniger bedeutsam ist im Staat der Moderne die Verfassung, die den Staat konstituiert, rechtsstaatlich einhegt und einen Rahmen sowie verbindliche Regeln für den politischen Prozess setzt. Staat und Verfassung sind damit wie siamesische Zwillinge und die Fragen, was zuerst da war und was wichtiger ist, sind müßig. Es steht heute außer Frage, dass eine ökonomische Analyse dieses Rahmens für den politischen Prozess ebenso bedeutsam und lohnend ist wie eine ökonomische Analyse des politischen Prozesses und der aus ihm hervorgegangenen Entscheidungen selbst.[1] Damit weitet sich der Blick von den Wahlhandlungen unter Restriktionen auf die Wahl der Restriktionen selbst.

Die rationale Analyse von Staat und Verfassung ist keinesfalls neu und verfügt mittlerweile über eine beachtliche Tradition. Spätestens[2] in der Gesetzeslehre von *Adam Smith*[3] ist ein umfassender wissenschaftlicher Versuch zu sehen, auf diesem Gebiet ökonomische, soziale, politische, philosophische und rechtliche Perspektiven zusammenzuführen. Einen Meilenstein in der Ausbildung einer konstitutionellen politischen Ökonomie oder – etwas enger – einer ökonomischen Analyse von Staat und Verfassung markiert das Werk von *Knut Wicksell*. In den „Finanztheoretischen Untersuchungen"[4] betonte er die Bedeutung der Regeln, unter denen die politischen Akteure ihre Entscheidungen treffen, und die Notwendigkeit, diese in Reformbemühungen einzubeziehen; bereits hier diente der Konsens der Regierten und damit eine Konsenstheorie als zentrale Perspektive zur Bewertung staatli-

---

[1] Für eine Einführung in die ökonomische Analyse von Staat und Verfassung vgl. Homann/Suchanek (2005), Kap. 3 sowie Fritsch (2014), Kap. 13; weiterführend Kirsch (2004), Kap. 4; Feldmann (1999), 230 ff. (Verfassungsökonomik); Marciano/Josselin (2005).

[2] Natürlich können die Spuren einer rationalen, ökonomisch orientierten Auseinandersetzung mit Staat und Verfassung weiter zurückverfolgt werden, vgl. dazu Rowley (2005), Kap. 1.

[3] Für eine Einführung in das Werk von Adam Smith vgl. etwa Mathis (2009), § 5.

[4] Wicksell (1986).

© Springer-Verlag Berlin Heidelberg 2014
M. Rodi, *Ökonomische Analyse des Öffentlichen Rechts*,
DOI 10.1007/978-3-662-43594-6_2

cher Handlungen. Dieser Ansatz wurde 1962 wirkungskräftig von *Buchanan* und *Tullock* in dem Buch „The Calculus of Consent"[5] aufgenommen und fortentwickelt.[6] Beeinflusst und verstärkt durch die insbesondere von *John Rawls* ausgearbeiteten Vertragstheorien[7] wurde damit eine normative Theorie von Staat und Verfassung begründet, die bis zum heutigen Tag viele weitere Forschungsaktivitäten ausgelöst hat.

Angesichts des Reichtums und der Vielfalt dieser Forschungen müssen in der folgenden Darstellung Schwerpunkte gesetzt werden. Diese sollen bei den vertragstheoretischen Verfassungstheorien (2.2.) und hier insbesondere bei den Regierungsformen (2.2.2.), den Demokratietheorien (2.2.3.), den Staatsaufgaben (2.4.), den Staatsaufgaben (III.), beim Staatsaufbau und hier insbesondere beim Föderalismus (IV.) und schließlich bei der Entgrenzung des Staates durch supranationale Integration (2.5.) liegen.

2.1 Grundlagen einer Institutionenökonomie von Staat und Verfassung

Im Folgenden soll die Ökonomik als eine allgemeine „Vorteils-/Nachteilsgrammatik" nunmehr auf Staat und Verfassung angewendet werden.[8] Auf der Grundlage des methodischen Individualismus, des Rationalprinzips und der Thesen zur Institutionenökonomik bedeutet dies:

1. Der Staat wird nicht vorausgesetzt, sondern selbst zum Gegenstand von Erklärungen mit dem Ziel der Gestaltung durch die Ökonomik gemacht. Auf der Grundlage des methodischen Individualismus wird hinter den Staat zurückgegangen und bei den Bürgern als den Subjekten des Staates und anderer Institutionen angesetzt.[9] Damit wird der „Mythos vom wohlwollenden Staat" aufgegeben; es gibt weder ein abstraktes Gemeinwohl, das es nur wissenschaftlich aufzufinden gilt, noch gibt es per se gemeinwohlorientierte Akteure.[10]
2. Der Staat wird als komplexes, langfristig angelegtes Netzwerk von Beziehungen zwischen Einzelpersonen verstanden, die diese Dilemmastrukturen überwinden und Kooperationsgewinne erreichen und sichern wollen. Mit der Verfassung wird dafür eine entsprechende, nur unter erschwerten Bedingungen abänderbare „Handelns- und Regelordnung"[11] errichtet.

---

[5] Buchanan/Tullock (1962).

[6] Vgl. für eine kurze Darstellung dieser Entwicklungslinien van den Hauwe (2005).

[7] Für eine Einführung in die Theorie der Gerechtigkeit von John Rawls vgl. etwa Mathis (2009), § 7.

[8] Vgl. dazu etwa Richter/Furubotn (2010), Kap. IX; van Aaken (2003a), 89 ff.

[9] Feldmann (1999), 242; zu den Grundlagen des methodischen Individualismus vgl. bereits oben 1.2.2.2.1; zur Einordnung der Verfassungstheorie in das Konzept des normativen Individualismus vgl. auch Von der Pfordten (2005), 1070 (unter 5.).

[10] Brennan/Buchanan (1993), Kap. 3.

[11] Schick (2003), 89 ff.

3. Der Staat wird als Organisation[12] zu einem eigenständigen Akteur mit spezifischer Willensbildung. Dies hat insbesondere Konsequenzen für die ökonomische Analyse der internationalen Beziehungen, in deren Mittelpunkt nach wie vor die Staaten stehen.[13]

2.2 Verfassungs- und Demokratietheorie (Vertragslehren)

Als Ausgangspunkt für moderne vertragstheoretische Verfassungs- und Demokratietheorien kann das bereits erwähnte grundlegende Werk von *James M. Buchanan* und *Gordon Tullock* (1962) mit ihrer ökonomischen Analyse der konstitutionellen Demokratie gelten; dieser Gedanke wurde durch vielfältige Arbeiten von Buchanan fortentwickelt.[14] In der Ökonomik sind vertragstheoretische Verfassungs- und Demokratietheorien als Konstitutionenökonomik Teil der positiven Analyse.[15]

Verfassungen werden hier als Formulierung grundlegender Regeln für soziale Austauschbeziehungen verstanden.[16] Es geht dabei um vertrauensbegründende Absprachen für künftige Kooperationen.[17] Grundlegend sind diese Regeln, weil sie Regeln über Regelsetzung enthalten.[18]

Vor diesem Hintergrund erhellt, dass die Bedeutung von Verfassungen direkt davon abhängt, in welchem Verfahren und wie leicht oder wie schwer sie geändert werden können.[19] Das Grundgesetz möchte in dieser Beziehung mit der „Ewigkeitsklausel" des Art. 79 Abs. 3 GG ein besonders hohes Maß an Verlässlichkeit schaffen.

2.2.1 Vertragstheoretische Interpretation der konstitutionellen Demokratie

2.2.1.1 Der vertragstheoretische Ausgangspunkt

Seit eine Berufung auf höhere Instanzen zur Begründung von Staat und Herrschaft nicht mehr möglich war, gilt der Grundsatz: Die Verbindlichkeit von Regeln und Institutionen

---

[12] Vgl. dazu allg. unten 3.1. und 3.2.

[13] Vgl. dazu näher unten 2.5.

[14] Vgl. etwa Brennan/Buchanan (1993), 42 ff.

[15] Zu Recht weist Vanberg (2008), 23 ff. darauf hin, dass es hier häufig Missverständnisse gibt, die gelegentlich zu einer Zuordnung zur normativen Konstitutionenökonomik führen.

[16] Zur Abgrenzung eines engeren (eher sozialen) von einem weiteren (eher normativen) Verfassungsbegriff vgl. Feldmann (1999), 230.

[17] Cooter, (2000), 63.

[18] Weigel (2006), 199.

[19] Zur Bedeutung von Verfassungsänderungen vgl. Feldmann (1999), 232 ff., 245 ff.; zu den Gründen und Motiven für Verfassungsänderung und -wandel Voigt (1998), 287 ff.

kann nur auf das *Wollen der Betroffenen* selbst zurückgeführt werden; sie beruht damit *systematisch auf kollektiver Selbstbindung*.

Wesentliches Theorieelement (mit Ansätzen in der Antike über *Kant* bis *John Rawls* und *James Buchanan*) ist dabei die *„Theorie des Gesellschaftsvertrages"*: Man stellt sich Staat und soziale Ordnung vor als fiktiv aus einem Vertrag der Mitglieder hervorgegangen vor, um ihn dem Grunde nach zu rechtfertigen, aber auch eine Basis zur Kritik seiner Ausgestaltung zu finden.[20]

Ein solcher Vertrag ist natürlich keine historische, empirische Tatsache, sondern vielmehr – mit *Kant* gesprochen – eine Konstruktion der Vernunft mit dem Ziel „jeden Gesetzgeber zu verpflichten, daß er seine Gesetze so gebe, als sie aus dem vereinigten Willen eines ganzen Volkes haben entspringen *können*, und jeden Unterthan, so fern er Bürger sein will, so ansehen, als ob er zu einem solchen Willen mit zusammen gestimmt habe. Denn das ist der probirstein der Rechtmäßigkeit eines jeden öffentlichen Gesetzes".[21]

Philosophischer Ausgangspunkt der Vertragstheorien ist in der Tradition Kants die Würde jedes einzelnen Menschen, der einen Zweck an sich darstellt. Deshalb steht dieser Ansatz in Widerspruch zu den Grundannahmen des Utilitarismus.[22]

2.2.1.2 Der Konsens als „regulative Idee"

Wegen des (theoretischen) Zustimmungserfordernisses aller wird für die Vertragstheorie das Erfordernis eines Konsenses angenommen oder fingiert: die Menschen unterwerfen sich der Regelbindung als Preis dafür, dass dies andere auch tun und ihr Verhalten so kalkulierbar wird (ein „bellum omnium contra omnes" im Sinne *Hobbes* vermieden wird).

Der Konsens wird damit zur zentralen „regulativen Idee". Auf dieser Grundlage sind Verfahren zu suchen, die diese Idee nachzubilden oder zu simulieren in der Lage sind; auch diese theoretische Simulation des Konsenses geht auf Kant zurück - die Prüfung, ob Regeln verallgemeinerungsfähig sind im Sinne der sogenannten Gesetzesformel des kategorischen Imperativs: „handle nur nach derjenigen Maxime (= subjektive Regel), durch die Du zugleich wollen kannst, daß sie ein allgemeines Gesetz werde". So sehen auch moderne Vertragstheorien den „Universalisierbarkeitstest von Regeln" als notwendige Bedingung für die allgemeine Verbindlichkeit von Regeln an.

Ökonomisch spricht dafür auch, dass tatsächlicher Konsens über Regeln unter empirischen Bedingungen in großen Gesellschaften praktisch kaum möglich oder zu teuer beziehungsweise zeitaufwändig wäre: zum Nachteil aller würden Entscheidungen damit zu langsam oder auf dem Niveau der jeweils risikoscheusten Gesellschaftsmitglieder getroffen.

---

[20] Einen guten Überblick über die Zusammenhänge zwischen klassischen Staatstheorien, Sozialphilosophie und ökonomischen Ansätzen zu diesem Thema geben Salzberger/Elkin-Koren (2005), 59 ff.; zur Ökonomik der konstitutionellen Demokratie vgl. den einführenden Überblick bei Dylla (2008), 30 ff.

[21] Kant (1923), 297.

[22] Vgl. dazu bereits oben 1.2.1.3.

Zentrales analytisches Instrument zur Verfassungsbegründung ist der *„Schleier des Un-wissens"* („veil of ignorance").[23] Mit diesem logischen Konstrukt wird unterstellt, dass jedes einzelne Kollektivmitglied, welches sich hinter dem Schleier des Nichtwissens befindet, völlig im Unklaren darüber ist, wie die Gesellschaft, in der es zu jedem beliebigen Zeitpunkt in der Zukunft leben wird, aussehen wird und welchen Platz es in dieser Gesellschaft einnehmen wird.

2.2.1.3   Exkurs zur Diskurstheorie des Rechts (Jürgen Habermas)

Auch die von *Jürgen Habermas*, *Robert Alexy* und anderen vertretene Diskurstheorie des Rechts stellt sich im Kern als Konsensustheorie dar; dabei geht es auch hier nicht um zufällig faktische Konsense, sondern um den begründeten und damit (idealiter) unter allen möglichen Diskursteilnehmern erzielten potenziell universalen Diskurs (Habermas).[24]

Damit unterscheiden sich die Vertragslehren und die Diskurstheorie letztendlich nur in der Methodik der Bewertung von Argumenten im Einzelnen.

2.2.1.4   Einzelne Ableitungen

Aus dem Blickwinkel der ökonomischen Analyse sind die Regeln einer konstitutionellen Demokratie das Ergebnis einer Abwägung des demokratischen Aspektes einer möglichst weitgehenden Mitwirkung eines jeden Einzelnen an den staatlichen Entscheidungen auf der einen Seite und der Gewährleistung der Effektivität und Effizienz staatlicher Institutionen und Entscheidungsstrukturen auf der anderen Seite. Ausgangspunkt jeder Demokratie ist vor diesem Hintergrund die Annahme, dass per Konsens entschieden wird, unter bestimmten Bedingungen „spätere Entscheidungen" unterhalb des Konsenses zu treffen und gleichwohl als verbindlich gelten zu lassen; das Abgehen vom Konsens wird dann als für alle vorteilhaft und damit konsensfähig gedacht. Das Einstimmigkeitsprinzip ist unzweifelhaft in größeren heterogenen Gruppen nicht praktikabel; zudem bestünde hier die Gefahr strategischen Verhaltens.[25] Dies bedeutet insbesondere, dass *Mehrheitsentscheidungen* nicht unbeschränkt akzeptiert werden können, da Mehrheiten Minderheiten ausbeuten und unterdrücken können; Mehrheitsentscheidungen werden nur unter konstitutionellen Bedingungen als legitim angesehen.

Das beginnt mit der Vorstellung, dass sich die Einzelnen für die für sie besonders wichtigen Entscheidungen ein individuelles Vetorecht vorbehalten. Dies ist das Konzept der *Menschen- oder Grundrechte*, die der Mehrheit bestimmte grundrechtsrelevante Handlungsoptionen zum Schutz der Einzelnen entziehen. Dem liegt der Gedanke zugrunde, dass Menschen ihre zunächst unbegrenzte Freiheit nur soweit zugunsten des Staates aufgeben werden, wie das ihren Interessen dient. Im Übrigen werden sie sich individuelle

---

[23] Buchanan/Tullock (1962), 78 und weiterentwickelt durch Rawls (1972). Eine gute (deutschsprachige) Einführung findet sich bei Kirsch (2004), Kap. IV 3.2.1., 155 ff. sowie bei Fritsch (2014), 13.7.

[24] Vgl. hierzu insbes. Habermas (2009) sowie weiterführend Tschentscher (2003), 119 ff.

[25] Vgl. etwa Schick (2003), 120 ff. in Bezug auf die Europäische Union.

Freiheitspositionen vorbehalten, um durch freie eigene Entscheidung ihrem individuellen Nutzen nachgehen zu können.

Weiterhin kann man hieraus ableiten, dass die Staatswillensbildung unter bestimmten Voraussetzungen erfolgen muss. So lassen sich die Ideen der Gewaltenteilung, des Rechtsstaats, insbesondere aber der demokratischen Partizipationsmöglichkeit Einzelner begründen.[26] Rationale Individuen werden den Staat so konstituieren, dass die negativen Konsequenzen für individuelle Freiheit und individuelles Wohlergehen minimiert werden, wenn sich die schlechtest denkbaren politischen Umstände einstellen (sogenannte „minimax"-Regel).[27] Bei der Errichtung einer Verfassung stehen die Bürger vor dem „Dilemma des starken Staates":[28] Effektiver Schutz individueller Rechte setzt starke staatliche Institutionen voraus; da staatliche Macht aber missbraucht werden kann, kann sich gerade diese staatliche Macht wieder gegen individuelle Freiheit wenden. Das macht staatliche Selbstbindung nötig. Diese ist aber deutlich schwieriger zu konstruieren als Selbstbindung Privater, da deren Selbstbindung regelmäßig über einen neutralen Dritten erfolgt, der im Falle des Staates nicht zur Verfügung steht.

So ist etwa die *Gewaltenteilung* als ein Versuch zu sehen, das Selbstbindungsproblem des Staates zumindest zu reduzieren.[29] Typischerweise wird in modernen Verfassungsstaaten im Anschluss an *Montesquieu* die Staatsgewalt in Legislative (Setzung abstrakt-genereller Gesetze), Exekutive (Staatsleitung und Ausführung der Staatsgewalt im Einzelfall) sowie Judikative (Kontrolle einzelner Entscheidungen) unterschieden. Weitere Elemente und Ausdifferenzierungen sind möglich und werden in unterschiedlichem Ausmaß praktiziert, wie etwa die Unterteilung der Legislative in Kammern oder Häuser (Bundestag und Bundesrat in Deutschland, Senat und Repräsentantenhaus in den USA oder Ober- beziehungsweise Unterhaus in Großbritannien). Ökonomisch gesehen werden damit Verhandlungsprozesse („bargaining") innerhalb des Staates begründet, die zu wechselseitiger Kontrolle führen. Diese Verhandlungsprozesse führen jedoch zu (politischen) Transaktionskosten, wird doch die staatliche Willensbildung dadurch verkompliziert. Exemplarisch kann auf die Diskussion über politische Blockaden durch eine zu weitreichende Zustimmungsbedürftigkeit von Gesetzen in Deutschland verwiesen werden.[30] Im Ergebnis muss daher abgewogen werden, wie viel Gewaltenteilung man sich leisten will um Machtmissbrauch zu vermeiden (oder etwa dezentrale Interessen zur Geltung zu bringen) und wie viel einheitliche Entscheidungsgewalt als notwendig angesehen wird, um die Effektivität staatlicher Entscheidungen (auch zugunsten der Freiheitssicherung) zu sichern.

Vor diesem Hintergrund ist es einfach, den modernen Verfassungsstaat als *Rechtsschutzstaat* zu „konstruieren". Wesentlich anspruchsvoller ist es, daraus auch Grundlagen des

---

[26] Zutreffend gehen Salzberger/Elkin-Koren (2005), 79 ff., der Frage nach, ob im Zeitalter des „Cyberspace" direkt-demokratische Partizipationselemente an Bedeutung gewinnen werden.

[27] Cooter (2000), 11 f.

[28] Vgl. dazu Voigt (2009), 4.2.5.

[29] Zur ökonomischen Analyse der Gewaltenteilung vgl. etwa Cooter (2000), Kap. 9.

[30] Vgl. dazu Lehmann-Brauns (2008), 27 ff.

Leistungsstaates abzuleiten.[31] So überrascht es auch nicht, dass gerade die Annahmen, die *John Rawls* (unter dem „Schleier des Nichtwissens") in Bezug auf die Sozialstaatlichkeit getroffen hat, besonderer Kritik ausgesetzt waren.[32] Grundsätzlich lässt sich sagen, dass sich der Leistungsstaat dadurch rechtfertigt, dass er Chancen zur Wohlstandssteigerung einräumt, die durch individuell-eigennützige, nicht zentral organisierte Aktivität ansonsten unausgeschöpft blieben.[33] Genauere Ableitungen für ein verfassungsrechtlich zu gewährendes Minimum sind aber problematisch und eine Verfassung tut gut daran, diese Festlegungen dem demokratischen Prozess zu überlassen; in Deutschland geschieht dies dadurch, dass das Sozialstaatsprinzip als bloßes Staatszielprinzip fungiert.

2.2.2 Ökonomische Theorie der Regierungsformen

Bekanntlich variieren die verfassten Staaten jenseits der gemeinsamen identitätsprägenden Merkmale gerade hinsichtlich der spezifischen Ausgestaltung der konkreten Regierungsformen erheblich. Seit jeher bestand ein großes wissenschaftliches Interesse daran diese spezifischen Ausprägungen nachzuvollziehen und zu erklären. Auch die Ökonomik hat sich dies zur Aufgabe gemacht, allerdings befindet sich die Entwicklung einer allgemein gültigen Transformationstheorie noch in den „Kinderschuhen".[34]

Einige, noch nicht spezifisch auf Institutionenbildung bezogene Elemente dafür sind naheliegend, so der Rekurs auf das „Selbstinteresse der Herrscher" oder Umweltfaktoren im weiteren Sinne einschließlich der Frage des Bevölkerungswachstums.[35] Der wohl wichtigste institutionelle Ansatz ist in der Theorie vom „Wettbewerb der Institutionen" zu sehen.[36] Er folgt der einfachen Überlegung, dass sich nicht nur die Anbieter traditioneller Güter, sondern auch die Anbieter von Kollektivgüterbündeln im Wettbewerb befinden. Diese Theorie wurde zunächst in Bezug auf föderale Staaten entwickelt, in denen sich die Gliedstaaten im Wettbewerb untereinander befinden.[37] Später wurde sie auf Nationalstaaten übertragen, deren Regierungen sich im Wettbewerb um (knappe) mobile Ressourcen befinden.[38] Im Mittelpunkt steht dabei das Werben um Investitionen und daraus folgendem Steueraufkommen.[39]

---

[31] Vgl. dazu etwa Feldmann (1999), E.III.1., 230 f.; Fritsch (2014), 13.4.

[32] Seine Ableitungen stützen sich – in starkem Gegensatz zu utilitaristischen Theorien – wesentlich auf das Wohlfahrtsniveau der am schlechtesten gestellten Person, vgl. etwa Sen (1977), 283 ff.

[33] Fritsch (2014), 13.4.

[34] Vgl. hierzu im Überblick etwa Voigt (2009), 6.4.

[35] Vgl. dazu Voigt (2009), 6.4.1. m. Nachw.

[36] Vgl. dazu etwa Richter (2002); Marciano/Josselin (2003).

[37] Vgl. in diesem Zusammenhang unten 2.4.2.

[38] Zu den Vorzügen und analytischen Nutzen des Wettbewerbsparadigmas in Bezug auf Staaten sowie den dagegen vorgebrachten Einwänden instruktiv Peters, A. (2010), 11 ff.

[39] Vgl. speziell zu Fragen des Steuerwettbewerbs unten 5.3.1.5.

Stefan Voigt hat es unternommen, einige Bestandteile einer allgemeinen Theorie der Transformation von Regierungsformen zu skizzieren.[40] Als wesentliche Faktoren nennt er: die beschränkte Rationalität der Akteure, das Problem kollektiven Handelns, die Pfadabhängigkeit institutionellen Wandels, das damit zusammenhängende Phänomen politischer Transaktionskosten, die relative Macht der relevanten Akteure sowie Gerechtigkeitsvorstellungen in der Bevölkerung. Das von *Douglas North* entwickelte *Konzept der Pfadabhängigkeit*[41] besagt, dass der Wandel institutioneller Designs einem höheren Trägheitsmoment unterliegt als etwa technologischer Wandel, so dass der historische Ausgangspunkt eine bedeutende Rolle spielt; Grund für die Trägheit sind einerseits etablierte Netzwerke, andererseits politische Transaktionskosten für den institutionellen Wandel. Naheliegend ist zudem der Beharrungsfaktor der relativen Macht der relevanten Akteure, denn jedes politische Design hat spezifische Verteilungswirkungen, an denen die „Profiteure" festzuhalten versuchen werden. Gerechtigkeits- oder Fairnessvorstellungen der Bevölkerung sprechen dagegen die „Nachfrageseite" nach Kollektivgüterbündeln an; hier stellt sich die Frage, inwieweit diese vermittelt durch Wahlen in den politischen Prozess eingespeist werden.

2.2.3 Ökonomische Theorie der Demokratie

2.2.3.1 Grundlagen

Statt alter Idealvorstellungen über Herrschaft und Demokratie (zum Beispiel Platon, Der Staat; Rousseau) wird versucht, Fragen der Gemeinwohldefinition und -verwirklichung realistisch und vom Individuum aus zu beantworten: Gibt es Möglichkeiten, im Rahmen des demokratischen Prozesses ausgehend von den Wertvorstellungen der Bürger zu einer zumindest konsistenten Vorstellung vom Gemeinwohl zu gelangen? Darauf versucht auch die ökonomische Theorie der Demokratie eine Antwort zu geben.[42] Ausgangspunkt hierfür ist eine Untersuchung des Wähler- und Regierungsverhaltens mit der Annahme rationalen Verhaltens und Nutzenmaximierung sowohl der Regierenden als auch der politischen Parteien und Wähler. Als besonders anspruchsvoll erweist es sich dabei, die Rolle des „rationalen" Wählers in der Demokratie zu fassen; da dessen Verhalten oft schwer zu erklären und nachzuvollziehen ist, liegt hier ein Schwerpunkt der Analyse (unten 2.2.3.3.).

2.2.3.2 Der politische Prozess

Neben den Wählern spielen im politischen Prozess natürlich die Politiker eine zentrale Rolle, auf die hier näher eingegangen werden soll.[43] Andere wichtige Beteiligte werden

---

[40] Voigt (2009), 6.6.

[41] North, (1990a); vgl. dazu auch unten 6.1.3.1.4.

[42] Vgl. hierzu die grdl. Schriften von Arrow (1951), Downs (1957) und Herder-Dornreich (1979); einen guten Überblick geben Homann/Suchanek (2005), 3.1., Behrends (2001), 29 ff. (Teil 2.2), Dylla (2008), 4; Dehling/Schubert (2011), Kap. 3.; vertiefend Brümmerhoff (2011), Kap. 5 und Kirchgässner (2013), 4.1.

[43] Vgl. hierzu etwa Kirchgässner (2013),4.1.2.

jeweils im systematischen Zusammenhang behandelt, so insbesondere die „Bürokraten"[44], die politischen Parteien[45] sowie die Interessenverbände[46].

Politiker organisieren sich in repräsentativen Demokratien typischerweise in Parteien, um ihre Ziele wirksam erreichen zu können. Aus der Sicht der Ökonomik stellen sich Parteien als Organisationen dar, die Bündel von Gemeingütern anbieten.

2.2.3.2.1 Die Rolle von Politikern im politischen Prozess

Ein bedeutsamer Vorläufer moderner ökonomischer Demokratietheorien ist *Schumpeter*, der die Politiker als „politische Unternehmer" bezeichnet hat.[47] Grundlegend fortentwickelt wurde dieser Gedanke von *Anthony Downs* in „An Economic Theory of Democracy" von 1957, mit der These, dass Politiker ihre eigenen Interessen haben, insbesondere ihren eigenen Nutzen maximieren wollen (Macht, Ansehen, Einkommen, die mit ihrem politischen Amt verbunden sind).[48] Daraus wurde für den politischen Prozess die zentrale Grundannahme der Neuen Politischen Ökonomie entwickelt: Sowohl die Wähler als auch die Politiker verhalten sich als nutzenmaximierende rationale Individuen. Politiker sind nicht per se „gute Menschen", die nur die soziale Wohlfahrt maximieren möchten; sie streben nach Macht, Ansehen und Einkommen, die mit politischen Ämtern verbunden sind; deshalb wollen sie ihre Wiederwahl sichern und Stimmen maximieren.[49] Auch Wähler sind nicht in erster Linie am Gemeinwohl orientiert, sondern wollen auch mit der Wahlentscheidung ihren eigenen Nutzen maximieren.

2.2.3.2.2 Die Rolle von Parteien im politischen Prozess

Es fällt auf, dass sich die Ökonomik zwar intensiv mit der Stellung von Politikern, wenig aber mit der Rolle von Parteien auseinandersetzt. Die Parteien spielen jedoch in westlichen Demokratien bei der politischen Willensbildung des Volkes und deren Überführung in die Willensbildung des Staates eine entscheidende Rolle; Politiker ohne Parteizugehörigkeit haben praktisch keine Chance. Während die Weimarer Reichsverfassung gleichwohl Parteien noch nicht zur Kenntnis genommen hatte, hat ihnen das Grundgesetz mit Art. 21 GG nunmehr zumindest einen Artikel „gewidmet".

Abstrakt kann man Parteien als um die Regierungsgewalt konkurrierende Organisationen umschreiben.[50] Ihnen kommt eine Aggregations- und Artikulationsfunktion zu.[51] Sie bün-

---

[44] Vgl. dazu unten 4.1.2.

[45] Vgl. dazu unten 3.3.4.

[46] Vgl. dazu unten 3.3.2.

[47] Vgl. etwa Schumpeter (1946); zur Bedeutung Schumpeters für die Entwicklung einer ökonomischen Demokratietheorie grdl. Wohlgemuth (2005), 21 ff.

[48] Diese werden häufig in Anschluss an die grdl. Arbeit von Maslow (1978), 87 ff. „Maslowsche Bedürfnisse" genannt.

[49] Vgl. dazu grdl. Dylla (2008), 113 ff., die in der Stimmenmaximierung das empirisch nachweisbare dominante situative Ziel politischer Akteure sieht, sowie unten 4.1.1.

[50] Bernholz/Breyer (1994), 98.

[51] Behrends (2001), 191.

deln gesellschaftliche Interessen und bilden im Rahmen von Parteiprogrammen eine (mehr oder weniger umfassende) Konzeption von Bündeln öffentlicher Güter (einschließlich der Frage von deren Finanzierung), die der Staat anbieten sollte und schaffen so Entwürfe einer Staatswillensbildung. Sie sind aber zugleich Organisationen, die „Gleichgesinnte" zusammenfassen, mit dem Ziel, Ämter durch Parteimitglieder zu besetzen; damit gelten auch für Parteien die Erkenntnisse der Organisationsökonomik.[52]

Häufig analysiert die Ökonomik – sehr vereinfachend – die Stellung von Parteien am Beispiel eines Zwei-Parteien-Systems.[53] Die Analyse reduziert sich dann dabei im Wesentlichen auf das Median-Wähler-Modell.[54] Das mag auf der Grundlage des Mehrheitswahlrechts noch einigermaßen zutreffen, sicher aber nicht für Verhältniswahlsysteme und die daraus erwachsenden Mehrparteiensysteme. Damit wird die große Bedeutung der Ausgestaltung des Wahlrechts für Anzahl, Größe und Einfluss von Parteien deutlich.[55] Im Falle von Mehrparteiensystemen müssen sich diese – regelmäßig in Form von Koalitionen – so arrangieren, dass sie den erstrebten Zugang zur Macht erlangen; damit treten ökonomische Koalitionstheorien in den Mittelpunkt des Interesses.[56]

Auf der Grundlage der Neuen Institutionenökonomik erscheint es naheliegend, dass Parteien eigene Interessen verfolgen. Diese bestehen neben der allgemeinen Zielsetzung der Machterreichung in der Ideologiemaximierung. Parteien wollen auch bestimmte inhaltliche Gemeinwohlvorstellungen möglichst optimal durchsetzen.[57]

Die entscheidende Herausforderung für Parteien liegt darin, für ihr Programm möglichst viele Wähler zu gewinnen. Eine früher starke, heute aber abnehmende Rolle spielen dabei „loyale Wähler" oder Stammwähler.[58] Eine zunehmende Bedeutung erlangt das Glaubwürdigkeits- oder Distanzproblem.[59] Wie können Parteien die Wähler überzeugen, dass sie tatsächlich die propagierten Ziele ernsthaft anstreben und so dafür sorgen, dass die Bürger, die dem Programm insgesamt am nächsten stehen, sie auch tatsächlich wählen. Damit sind auch Informationsprobleme sowie das Problem von Nichtwählern adressiert.

2.2.3.2.3 Die Rolle von Informationen im politischen Prozess

Das Eigeninteresse der Politiker könnte natürlich bei idealer Staatsorganisation und vollständiger Informiertheit der Wähler zu optimalen Ergebnissen führen. Im Rahmen der Ausführungen zur demokratischen Ordnung und zum Wahlverhalten wurde jedoch schon auf praktische Hindernisse hingewiesen.

---

[52] Vgl. dazu unten 3.3.4.

[53] Vgl. dazu etwa Bernholz/Breyer (1994), 106 ff.

[54] Vgl. dazu noch näher unten 2.2.3.3.3.

[55] Bernholz/Breyer (1994), 99.

[56] Dehling/Schubert (2011), 129 ff.

[57] Vgl. dazu Bernholz/Breyer (1994), 14.3.2.

[58] Vgl. dazu Fritsch (2014), 14.2.2.

[59] Vgl. dazu Fritsch (2014), 14.2.2.

Nun könnte man meinen, dass sich vor diesem Hintergrund eigennutzorientierte rationale Politiker im eigenen Interesse an den Präferenzen der Wähler orientieren. Doch gibt es einleuchtende Gründe, warum dies gleichwohl nicht der Fall ist: Wähler sind regelmäßig unzureichend informiert (hohe Informationskosten werden nicht als lohnend angesehen); damit haben Politiker die Möglichkeit, die Wähler systematisch zu täuschen. *William D. Nordhaus* (1975) hat in seiner *Theorie der politischen Konjunkturzyklen*[60] aufgezeigt, dass Politiker zum Beispiel die Wirtschaftspolitik gezielt am Wahltermin orientieren und etwa dafür sorgen können, dass kurz vor der Wahl die Arbeitslosigkeit (auf Kosten einer nachfolgenden Preissteigerung) sinkt.[61] Dieses Phänomen ist auf andere Politikbereiche zu übertragen. Insgesamt lässt sich sagen, dass nach der Wahl oder dann, wenn sich Parteien einer Mehrheit sicher sein können, Spielraum besteht, Politik im eigenen Interesse oder im Interesse des eigenen Klientels zu betreiben (Politik der „Ideologiemaximierung").[62]

Hieraus erhellt bereits, dass Probleme im politischen Willensbildungsprozess im Kern mit asymetrisch verteilten Informationen verknüpft sind, und zwar in zweifacher Hinsicht, so dass zutreffend von einem zweistufigen Prinzipal-Agent-Verhältnis gesprochen wird.[63] Zunächst können Wähler als Prinzipale der Politiker als Agenten gesehen werden. Weiterhin besteht jedoch auch ein Prinzipal-Agenten-Verhältnis zwischen den (gewählten) Politikern (als Prinzipalen) und der ausführenden Verwaltung, den „Bürokraten" (als Agenten); darauf wird in Zusammenhang mit Fragen der Verwaltung zurückzukommen sein.[64]

Erkennt man die zentrale Bedeutung von Informationen und Informationsflüssen in Demokratien an, stellt sich die Frage, welche Änderungen sich hier im Internet-Zeitalter ergeben.[65] Insbesondere werden dadurch die Transaktionskosten für die Gewinnung und Verarbeitung von Informationen drastisch sinken. Unter anderem werden die Möglichkeiten zur Kontrolle der Politiker durch die Bürger erweitert. Das Erscheinen der „Piraten" als neuer politischer Strömung setzt genau hier mit entsprechenden politischen Forderungen an.[66]

---

[60] Vgl. hierzu etwa Voigt (2009), 4.2.3.

[61] Ihr liegt die Hypothese zugrunde, dass eine stimmenmaximierende Regierung Konjunkturzyklen entgegen den Wünschen der Wähler nicht dämpft, sondern sich im Gegenteil prozyklisch verhält. Zu Beginn der Legislaturperiode wird versucht, durch restriktive Geld- und Fiskalpolitik die Inflationsrate zu senken, was mit einer Erhöhung der Arbeitslosenquote erkauft wird; gegen Ende der Legislaturperiode wird auf expansive Politik umgeschaltet, um das Wirtschaftswachstum zu steigern und die Arbeitslosigkeit zu senken. Da die Inflationsrate darauf i.d.R. erst verzögert reagiert, ist es denkbar, zum Wahlzeitpunkt eine Kombination aus relativ geringer Arbeitslosigkeit (hohem Wirtschaftswachstum) und relativ geringer Inflation zu erreichen. Sehr gut konnte dieses Vorgehen in der ersten Reagan-Administration von 1981 bis 1985 beobachtet werden.

[62] Vgl. zu diesen Erscheinungen grdl. Dylla (2008), 119 ff.

[63] Blankart (2011), Kap. 24 C. 1.; zur Prinzipal-Agenten-Theorie vgl. bereits oben 1.2.3.5.

[64] Vgl. unten 4.1.2.3.

[65] Vgl. dazu etwa Salzberger/Elkin-Koren (2005), 58 ff.

[66] Vgl. dazu näher Niedermayer (2013).

2.2.3.2.4 Die Rolle von Geld im politischen Prozess (Parteienfinanzierung)

Die Erfolgsaussichten der Parteien im Ringen um Wahlerfolge und Mandate hängt natürlich auch vom Umfang der ihnen zur Verfügung stehenden finanziellen Ressourcen ab. Im Folgenden soll die Parteifinanzierung im engeren Sinne betrachtet werden; dabei ist aber zu berücksichtigen, dass diese Frage eng mit der Finanzierung weiterer Institutionen und Ämter im Umfeld der Parteien zusammenhängt, wie etwa Parteistiftungen, Fraktionen, Abgeordnete (Parteienfinanzierung im weiteren Sinne).[67] Die finanziellen Ressourcen der Parteien stammen im Wesentlichen von den Bürgern (Mitgliedsbeiträge und Spenden) und vom Staat (Wahlkampfkostenerstattung und sonstige Zuwendungen). Die Regulierung dieser zwei Bereiche der Parteienfinanzierung war lange heftig umstritten; durch die enge Verbindung von Parteien und Fraktionen kann man hierin – fast wie bei den Abgeordnetenvergütungen – von „Entscheidungen in eigener Sache" sprechen. Stück für Stück hat sich dabei eine ausdifferenzierte Rechtsprechung des Bundesverfassungsgerichts und eine darauf beruhende Gesetzgebungspraxis entwickelt.[68]

Die staatliche Finanzierung von Parteien steht vor folgendem Dilemma: Einerseits geht die Verfassung von handlungsfähigen Parteien aus, die gemäß Art. 21 Abs. 1 S. 1 GG an der politischen Willensbildung des Volkes mitzuwirken haben. Andererseits geht die Verfassung aber davon aus, dass die Parteien bürgerschaftlichem Engagement entspringen (Grundsatz der Staatsfreiheit). Daraus hat das Bundesverfassungsgericht einen Vorrang der Selbstfinanzierung vor der Staatsfinanzierung als bloßer Teilfinanzierung abgeleitet.[69] Zudem hat es als weiteres Sicherungsinstrument eine absolute Obergrenze vorgeschrieben, um einer finanziellen Ausbeutung des Staates durch die Parteien vorzubeugen (umgesetzt in § 18 Abs. 2 PartG).[70] Im Mittelpunkt stehen dabei gemäß § 18 Abs. 3 PartG Zahlungen pro Wählerstimme (i. d. R. 0,7 €) und pro erhaltene Zahlungen durch Dritte wie Mitgliedsbeiträge, Spenden oder Mandatsträgerbeiträge (in Höhe von 0,38 € pro erhaltenen Euro), wobei nur Zuwendungen bis 3300 € je natürliche Person berücksichtigt werden.

Ein zweites zentrales Problem bei der Regelung der Parteienfinanzierung ist die Gefahr einer zu großen Abhängigkeit der Parteien von Großspenden beziehungsweise ein zu großer Einfluss dieser Spender. Aus verfassungsrechtlicher Sicht hat das Bundesverfassungsgericht aus dem Grundsatz der Chancengleichheit der Parteien abgeleitet, dass Vergünstigungen (Zuschüsse oder steuerliche Vorteile für die Spender) nur an Spenden bis zu einer Höhe geknüpft werden, die sich die Mehrheit der Bürger leisten kann.[71] Staatliche Zulagen sieht der Gesetzgeber daher nur für private Zuwendungen in einer Höhe von bis zu 3300 € vor (§ 18 Abs. 3 S. 1 Nr. 3 PartG); steuerliche Vergünstigungen werden gemäß §§ 10b Abs. 2 und 34g EStG für Zuwendungen bis zu 1650 € (3300 € bei Zusammenveranlagung) gewährt.

---

[67] Vgl. dazu grdl. Kohler (2010), 33 ff.

[68] Vgl. dazu Von Arnim (2002); Von Arnim (2003).

[69] BVerfGE 85, 264, 289 ff. – danach darf die Staatsfinanzierung zu höchstens 50 % der Parteifinanzen beitragen.

[70] BVerfGE 85, 264, 289.

[71] BVerfGE, a. a. O.

Diese Grundsätze finden in Überlegungen der Ökonomik dem Grundsatz nach eine Rechtfertigung. Aus gütertheoretischer Sicht lässt sich die Mitwirkung an der politischen Willensbildung als ein öffentliches Gut begreifen, das staatliche Finanzierung rechtfertigt.[72] Zugleich kann man Parteien im Sinne von *Max Weber* als „Interessenbetriebe ansehen". Sie streben Macht an und produzieren dabei mittelbar (auch) private Güter, im Wesentlichen in der Form von Gruppenkollektivgütern.[73] Dies legt eine auch private Finanzierung nahe. Genaue Grenzen zwischen öffentlicher und privater Finanzierung wird man daraus aber nicht ableiten können.

2.2.3.3 Politische Willensbildung im Verhältnis Bürger-Staat

Die zentrale Herausforderung der Demokratie liegt darin, individuelle Präferenzen der Bürger in kollektive Entscheidungen zu „übersetzen". Die Ökonomik hat diesen Prozess der politischen Willensbildung und damit einhergehende Schwierigkeiten durch eine Reihe modelltheoretischer Überlegungen zu analysieren versucht.[74] Einige zentrale Konzepte sollen im Folgenden vorgestellt werden.

2.2.3.3.1 Grundlegende Probleme von Mehrheitsentscheidungen und das Arrow-Paradox

Unabhängig von der Frage neuer erweiterter Partizipationsmöglichkeiten durch das Internet steht seit jeher der demokratische Wahlakt im Mittelpunkt des Interesses ökonomischer Demokratietheorien. Die zentrale Herausforderung liegt dabei in der Frage, wie sich Mehrheitsentscheidungen überzeugend organisieren lassen angesichts einer großen Heterogenität von Präferenzen der Wähler, die transitiv, ordinal und interpersonal weder vergleichbar noch konstant sind.[75] Ökonomisch gesprochen geht es dabei um die Überführung der individuellen Präferenzordnungen in eine kollektive; mit dieser Frage beschäftigt sich die social-choice-Theorie oder Theorie kollektiver Entscheidungen.

Bereits im 18. Jahrhundert wurde von *Marquis de Condorcet* eindrucksvoll auf grundlegende Schwierigkeiten hingewiesen zuverlässige und überzeugende Mehrheiten festzustellen.[76] Der Nobelpreisträger *Kenneth J. Arrow* hat dies aufgegriffen und als sogenanntes Arrow-Paradox fortentwickelt.[77] In einem einfachen Modell werden drei Akteuren (A, B und C) drei Optionen zur Abstimmung vorgelegt (I, II und III); die Akteure haben folgende Präferenzen:

---

[72] Kohler (2010), 85.

[73] Kohler (2010), 90 ff.

[74] Instruktiv für einen Überblick Fritsch (2014), Kap. 14; Cooter (2000), Kap. 2 („voting").

[75] Vgl. grdl. zum Folgenden Towfigh/Petersen (2010), § 6 IV.; Dehling/Schubert (2011), Kap. 4; Fritsch (2014), 14.1.2.; Kirchgässner (2013), 4.1.1, sowie weiterführend Dylla (2008), 2.2. und 2.3.; Bernholz/Breyer (1994), Kap. 11.

[76] Montesquieu (1748).

[77] Arrow (1951) = „Gesellschaftliche Entscheidungen und individuelle Werte".

Bewertung der Optionen		
Akteure	A	I > II > III
	B	II > III > I
	C	III > I > II

Werden nun Alternativen nacheinander paarweise zur Abstimmung gestellt, so ergeben sich

* eine Mehrheit (bestehend aus A und C) für I > II
* eine Mehrheit (bestehend aus A und B) für II > III
* eine Mehrheit (bestehend aus B und C) für III > I.

Anders gewendet bedeutet dies: Wird zwischen den Alternativen II und III abgestimmt, ergibt sich eine Mehrheit von 2:1 für II. Lässt man daraufhin III fallen und stimmt zwischen I und II ab, so ergibt sich eine Mehrheit von 2:1 für I; I scheint also Sieger zu sein. Vergleicht man nun in einer Kontrolle I mit III, so ergibt sich eine Mehrheit von 2:1 für III. In einer anderen Abstimmungsreihenfolge wäre entsprechend ein anderes Ergebnis erzielt worden. Daraus ergibt sich in der Konsequenz, dass man entweder zu keinem Ergebnis oder einem willkürlichen Ergebnis gelangt. Das Ergebnis I > II > III > I ist nämlich in sich widersprüchlich (man spricht von „zyklischen Mehrheiten"). Die Alternative besteht darin, dass man eine Entscheidung (zum Beispiel I > II > III) trifft, bei der die Präferenz einer Mehrheit (B und C) missachtet wird; so könnte etwa B beantragen zu prüfen, ob bei einem direkten Vergleich von III und I nicht die Alternative III vorgezogen würde (was der Fall wäre). Arrow hat anhand etlicher Beispiele, etwa einer Senatorenwahl von 1970 im Bundesstaat New York, aufgezeigt, dass entsprechende Beispiele durchaus in der Praxis auftreten.[78]

Was folgt daraus für die ökonomische Theorie der Demokratie? *Arrow* hat aus dem Modell gefolgert, es sei unmöglich, in der Politik ein rationales Verfahren für kollektive Entscheidungen zu etablieren. Zutreffend hat *Buchanan* diesen Schluss zurückgewiesen: Die Möglichkeit „zyklischer Mehrheiten" sei anzuerkennen; es gehe in der Demokratie nicht darum, in jedem Einzelfall zu widerspruchsfreien Ergebnissen zu kommen (die logische Bedingungen in optimaler Weise erfüllen). Vielmehr müssten institutionelle Bedingungen für eine relative Optimierung sorgen. Zudem gehe es in Wirklichkeit nicht um die Wahl konkreter Endergebnisse durch Einzelne, sondern um die Koordination der Handlungen verschiedener Akteure. Dabei ist auch zu berücksichtigen, dass in der Regel nicht nur eine, sondern viele verschiedene Entscheidungen getroffen werden müssen; dies ermöglicht Strategien des Stimmentausches und der Bündelung (etwa durch Parteiprogramme).[79] Zudem zeigte

---

[78] Dargestellt etwa bei Dylla (2008), 2.2.
[79] Schick (2003), 183 ff.

Arrow einen, wenn auch lehrreichen, so doch extremen Sonderfall auf, da sich in der Realität bei einer Vielzahl von Wählern quantitativ Mehrheitspräferenzen feststellen lassen.[80]

Letztlich tritt damit der *Prozess der Entscheidungsfindung* in den Vordergrund, das Ergebnis relativ in den Hintergrund (Buchanan: „it emerges what emerges"). Man muss anerkennen, dass Wahlen und Abstimmungen manipuliert werden können[81] und Parteien insbesondere im Wege des „issue management" erheblichen Einfluss auf die Ergebnisse haben.[82] Damit wird jedoch vor allem die Bedeutung des Verfahrensrechts deutlich, einschließlich der Bedeutung von „Legitimation durch Verfahren" im Sinne von *Luhmann*. Der Ausgang von Verfahren hängt nicht unwesentlich vom „agenda setting" ab, zu dem überzeugende Regeln gefunden werden müssen.[83] Fundamental ist in diesem Rahmen etwa die Grundentscheidung für ein Verhältnis- oder ein Mehrheitswahlrecht.[84] Der einflussreiche Politologe *Ernst Fraenkel* hat vor diesem Hintergrund eine prozedurale Gemeinwohltheorie entwickelt.[85] Auch wenn man Unsicherheiten konzediert, ob und inwieweit Wahlen für eine zutreffende Abbildung des Gemeinwohls in der Zukunft führen, so resultieren sie doch wenigstens in einer Hinsicht in einer sehr konkreten Willensäußerung, nämlich hinsichtlich der Abwahl einer bestehenden Regierung (gegebenenfalls auch ihrer Bestätigung): Wahlen stellen so gesehen das „genialste Entmachtungsinstrument der Geschichte" dar.[86]

2.2.3.3.2 Verzerrte Kollektiventscheidungen

Die Demokratie strebt an, den Wählerwillen möglichst unverfälscht in kollektive Entscheidungen zu übersetzen. Bei realistischer Betrachtung kommt es dabei jedoch zu vielfältigen Verzerrungen, sind die einzelnen Präferenzen doch in unterschiedlichem Maße durchsetzungsfähig; zudem können bestimmte Akteure, insbesondere Politiker und Parteien, diesen Prozess auch beeinflussen und gestalten.[87]

Zunächst lässt sich feststellen, dass bestimmte Präferenzen stärker in Kollektiventscheidungen eingehen; man spricht in diesem Zusammenhang von einem „mobilization bias".[88] Manche lassen sich etwa leichter aggregieren oder sind geeignet, die politische Debatte stärker zu dominieren. Dies liegt nicht zuletzt auch daran, dass Wähler Probleme mit der Verarbeitung umfangreicher Informationen haben und sich in der Regel an wenigen Schlüsselthemen orientieren.

---

[80] Vgl. zu entsprechenden Verfahren („Concorcet-Verfahren" oder „Borda-Verfahren") Towfigh/Petersen (2010), 156 ff.

[81] Vgl. systematisch zu den aus dem Wahlparadoxon folgenden Manipulationsmöglichkeiten Dylla (2008), 2.2.

[82] Vgl. dazu Dylla (2008), 6.

[83] Zur Bedeutung des „agenda settings" vgl. etwa Cooter (2000), 43 ff.

[84] Vgl. etwa Cooter (2000), 28 ff.

[85] Fraenkel (1991); dazu Dylla (2008), 2.4. und 2.5.

[86] Dylla (2008), 2.8. unter (5) m. Nachw.

[87] Vgl. dazu einführend Towfigh/Petersen (2010), § 6 IV. 3.

[88] Vgl. dazu McNollgast (2007), 1670 f.

Eine weitere erhebliche Schwierigkeit bei einer möglichst unverfälschten Transformation individueller Präferenzen in Kollektiventscheidungen liegt darin, dass Wählerbedürfnisse keineswegs ex ante feststehen, vielmehr durch Politiker, Parteien und andere Akteure gestaltet werden können.[89] Es ist vielleicht etwa überspitzt, Wählerpräferenzen als „Geschöpf des Politikers" zu sehen.[90] Allerdings wird man davon ausgehen können, dass sich „Parteiangebote" ähnlich wie Warenangebote und „Wählernachfrage" ähnlich wie Kundennachfrage gegenseitig bedingen. Zum Zwecke der Stimmenmaximierung gestalten Parteien die politische Agenda und damit Themen, die sie in den Vordergrund rücken („Issue-Management"). Im Mittelpunkt stehen Themen, bei denen ihnen besondere Kompetenzen zugeschrieben werden („Issue-Ownership"). Sie legen hierzu Kriterien für eine eigene Bewertung fest („Priming"). Auf dieser Grundlage versuchen sie, diese Themen in Kontexte zu setzen, um Interpretationshoheit zu gewinnen („Framing"). Mit Hilfe auch der Medien sollen die Wähler damit angesprochen werden, was natürlich bei emotionsgeladenen Themen oder solchen mit hohem Wichtigkeits- oder Betroffenheitsgrad besonders leicht fällt.

Die Politologen *Douglas Rae* und *Hans Daudt* stellten 1976 ein Wahlparadoxon vor, das sie nach dem russischen Parteienforscher *Moissei Ostrogorski* benannten.[91] Dieses „Ostrogorski-Paradox" zeigt, dass es bei Wahlen und Abstimmungen zu starken Verzerrungen des „Wählerwillens" kommen kann, wenn über umfassende Parteiprogramme und nicht (getrennt) über einzelne Sachfragen abgestimmt wird. So lassen sich Fallgestaltungen konstruieren, in denen bei einer „en-bloc-Abstimmung" eine Partei gewinnt (Y), obwohl bei Einzelabstimmungen zu einzelnen Sachthemen eine andere Partei (X) die mehrheitliche Zustimmung fände.

Dies macht noch einmal die Schwierigkeiten deutlich, individuelle Präferenzen in eine kollektive Gesamtentscheidung zu übersetzen.

2.2.3.3.3 Das Medianwählertheorem und seine Kritik

Das populäre Schlagwort „Wahlen werden in der Mitte gewonnen" wurde von *Anthony Downs* mit dem wirkkräftigen Medianwählertheorem wissenschaftlich untermauert.[92] Konkurrieren zwei Parteien (eine „linke" und eine „rechte") um Wählerstimmen, wird dieser Kampf in der „Mitte" ausgetragen, wodurch sich die Wahlprogramme annähern werden. In Deutschland konnte dies auch gut in den Zeiten eines stabilen Drei-Parteien-Systems (CDU/CSU, SPD, FDP) beobachtet werden.

---

[89] Vgl. dazu grdl. Dylla (2008), 5.1.2. und 6.

[90] Herder-Dornreich (1979), 76: „Der Politiker nimmt nicht nur die Befehle, die ihm der Bürger diktiert, entgegen, sondern er bildet und formt den Willen der Bürger. (...) Die Bedürfnisse der Wähler liegen verborgen. (...) Zum Leben erweckt werden sie erst durch den Politiker, der sie aufgreift und in politische Faktoren verwandelt. Der Politiker fasst die Bedürfnisse der Wähler zusammen, er findet die rechten Worte dafür, konzentriert sie zu Schlagworten und Programmpunkten. Er organisiert sie, lässt sie politisch wirksam werden."

[91] Rae/Daudt (1976), 391 ff.

[92] Dazu grdl. Downs (1957); vgl. gute Einführungen und Überblicke bei Towfigh/Petersen (2010), § 6 I. 1.; Fritsch (2014), 14.2.1.; Dehling/Schubert (2011), 3.2.; weiterführend: Cooter (2000), 25 ff.

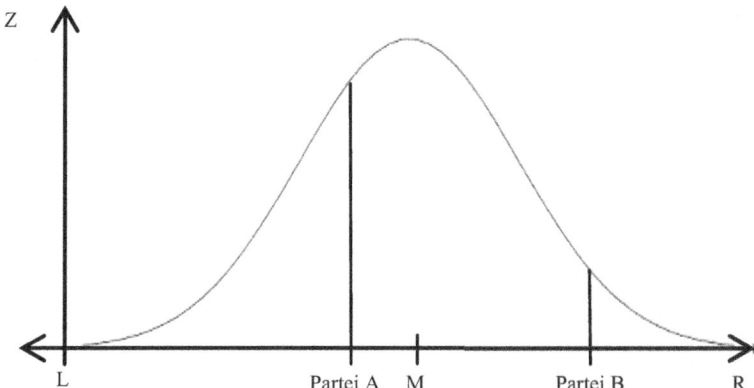

Abb. 2.1 Medianwählertheorem – unimodale Wählerverteilung

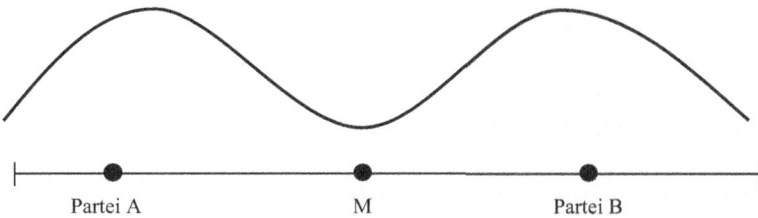

Abb. 2.2 Medianwählertheorem – bipolare Wählerverteilung

Im Standardmodell (vgl. Abb. 2.1) repräsentiert jeder Punkt auf der horizontalen Achse einen möglichen ideologischen Standpunkt der Wähler in einem Links-Rechts-Schema. Geht man davon aus, dass die Wähler die Partei wählen, zu der sie die geringste ideologische Distanz haben, so wächst die Zustimmung einer Partei in dem Maße, wie sie sich programmatisch dem Punkt M nähert.

Dies gilt im Übrigen nicht nur im Falle einer (eben dargestellten) unimodalen, sondern auch im Falle einer bipolaren Wählerverteilung (vgl. Abb. 2.2).

Die Aussagekraft dieses Modells ist jedoch äußerst beschränkt. Zunächst ist es sehr an Zwei-Parteien-Systemen angelsächsischer Prägung orientiert. Zudem stehen wie gezeigt die Präferenzen der Wähler nicht fest, sind vielmehr ihrerseits durch vielfältige Umstände und gerade auch „Überzeugungsarbeit" der Parteien beeinflussbar; dies gilt erst recht, wenn man die (notwendig) beschränkte Informiertheit der Wähler berücksichtigt. Zudem ist es – gerade auch nach Aufkommen der ökologischen Bewegung – zweifelhaft, das Parteienspektrum eindimensional (etwa in einem Links-Rechts-Schema) zu rekonstruieren.[93] So lassen sich etwa die Positionen der Parteien A, B, C und D in einem zweidimensionalen Raum (links-rechts; wachtumsorientiert-ökologisch) abbilden (vgl. Abb. 2.3). Partei A

---

[93] Überzeugende Darstellung der Kritik bei Towfigh/Petersen (2010), unter b.

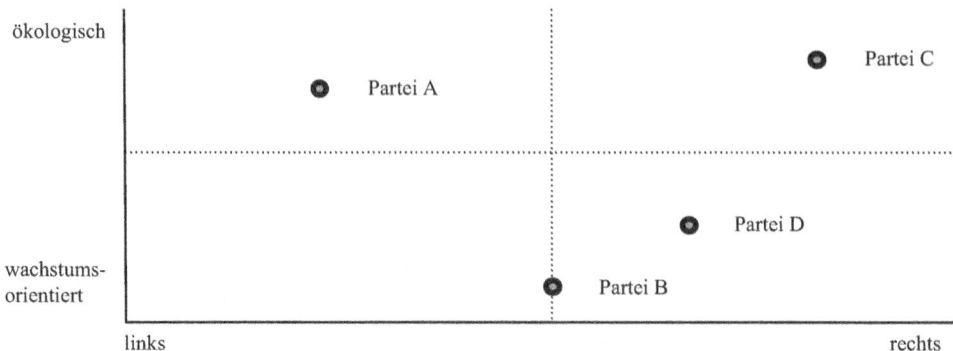

Abb. 2.3 Parteienspektrum im zweidimensionalen Raum

könnte in Deutschland (natürlich sehr vereinfacht) für die Grünen stehen, Partei B für die FDP, Partei C für die ÖDP und Partei D für CDU/CSU.

Für eine realistische Erfassung werden jedoch auch zwei Dimensionen nicht ausreichen. Die Darstellung müsste daher räumlich erfasst werden, wobei der Raum in seinen Außengrenzen sehr unregelmäßige Formen annehmen würde.

2.2.3.3.4 Rationales Wählerverhalten und die Theorie der Kleinkostensituationen

Bei der Analyse rationalen Wählerverhaltens stellt sich folgende Ausgangsfrage: Welchen Nutzen hat der Wähler von seiner Wahlentscheidung?

Dies ist der Hauptanwendungsfall der sogenannten Theorie der Kleinkostensituationen.[94] Kleinkostensituationen in diesem Sinne werden dadurch gekennzeichnet, dass die Spürbarkeit von Entscheidungsfolgen auf individueller und kollektiver Ebene auseinanderfällt: Die Entscheidung des einzelnen Individuums ist für dieses selbst und auch für jedes andere Individuum irrelevant, die gesellschaftliche Entscheidung hat aber Konsequenzen für alle Individuen.[95] So tendiert der direkte Nutzen der Teilnahme an einer Wahl gegen Null, da die einzelne Stimme in der Regel keinen Einfluss auf das Ergebnis hat; dagegen sind die Kosten der Wahlbeteiligung relativ hoch.

Theoretisch interessant aus der Sicht der Theorie der Kleinkostensituationen ist nun die Frage, welche (rationalen) Gründe gleichwohl für eine Wahlbeteiligung sprechen. Die Antwort liegt kurz gefasst im „Konsumwert" (statt „Investitionswert") der Wahlbeteiligung, etwa in der Befriedigung einer staatsbürgerlichen Pflicht nachgekommen zu sein. Auch hier stellt sich das Problem, dass die realen Kosten einer „falschen" Wahlentscheidung äußerst

---

[94] Vgl. dazu einführend Dehling/Schubert (2011), 3.3. oder Kirchgässner (2013), 5. (Kleinkostensituationen und moralisches Handeln) sowie weiterführend Dylla (2008), 5.3. oder Cooter (2000), 20 ff.

[95] Von Kirchgässner als Kleinkostenentscheidung vom Typ 1 bezeichnet; Kleinkostenentscheidung vom Typ 2: Die Entscheidung des Einzelnen hat keine (direkten) Konsequenzen für den Entscheidungsträger selbst, wohl aber für andere Individuen (Beispiel: Entscheidung des Richters).

gering sind. Ein Erklärungsversuch liegt in den damit verbundenen „psychischen" Kosten: Psychische Kosten durch „kognitive Dissonanz" werden vermieden, wenn das tatsächliche Verhalten der Individuen mit ihren moralischen Anschauungen in Einklang steht. Auf der anderen Seite kann die Wahlentscheidung auch zu psychischem Nutzen durch Ausdruck einer bestimmten Stimmung führen („expressives Wählen").[96] Die „Belohnung" für die Wahlbeteiligung ist also in einem „Partizipationswert" zu sehen.[97]

Vor diesem Hintergrund stellt sich die Frage, wie konkrete Wahlentscheidungen zustandekommen. Auf der einen Seite ist die Komplexität politischer Zusammenhänge erheblich. Auf der anderen Seite würde es beim Bürger zu enorm hohen Kosten führen, würde er dem Ideal des voll informierten Bürgers entsprechen. In der Konsequenz ist es durchaus rational (und empirisch zutreffend), dass sich Wähler mit einem relativ niedrigen Niveau an Informiertheit zufrieden geben.[98] So kann es durchaus vernünftig sein, aus gleichsam ideologischen Gründen eine Partei zu wählen, die einem in der Grundtendenz nahesteht, ohne Einzelheiten des Wahlprogramms zu kennen. Entsprechendes gilt für die Strategie, sich im Wahlverhalten der Meinung einer sozialen Gruppe anzuschließen, der man sich zugehörig fühlt. Umgekehrt entspricht die häufig anzutreffende Protestwahl den Grundüberlegungen zum „expressiven Wählen".[99]

2.2.3.3.5 Die Begründung der indirekten Demokratie

Dies alles weist letztlich den Weg weg von der direkten und hin zu Formen der indirekten Demokratie als Regelfall.[100] Durch die Konstruktion des Parlaments als Abbild der Gesellschaft werden die Entscheidungskosten bei gleichzeitiger Wahrung der Präferenzen abgesenkt. Zur Wahl gestellt werden Parteiprogramme, die festlegen, welche Bündel öffentlicher Güter zu welchen (Steuer-)Preisen angeboten werden sollen.[101] Darüber hinaus kann die Ausgestaltung der Demokratie als indirekte zur Linderung des Prinzipal-Agenten-Problems beitragen.[102]

Ein wichtiges Argument gegen Elemente der direkten Demokratie sind die damit verbundenen hohen Entscheidungskosten. Nun kann man sicherlich darüber diskutieren, ob diese nicht möglicherweise im Zeitalter des Internets drastisch sinken könnten.[103] Damit wären aber keinesfalls alle Probleme einer direkten Demokratie gelöst. Gerade vor dem Hintergrund der oben dargestellten Probleme zu rationalen Mehrheitsentscheidungen zu kommen, tritt hier vor allem die Frage in den Vordergrund, in welchen Verfahren dem Volk Fragen vorgelegt werden können; diese müssen ja zwingend mit Ja oder Nein beantwortet werden können.

---

[96] Vgl. dazu grdl. Brennan/Lomasky (1993).

[97] So schon Downs (1968), 265.

[98] Vgl. dazu im Einzelnen Dylla (2008), 5.2.

[99] Dylla (2008), 5.3.2.

[100] Vgl. dazu etwa Schick (2003), 122 ff. sowie weiterführend Cooter (2000), 143 ff.

[101] Schick (2003), 122 ff.

[102] Schick (2003), 124 ff.

[103] Vgl. dazu etwa Salzberger/Elkin-Koren (2005), 58 ff.

2.3   Staatsaufgaben

Die Aufgaben des Staates sind seit jeher eine zentrale Fragestellung sowohl der Staats-
philosophie und der Staatslehre als auch des Staatsrechts.[104] In den letzten Jahrzehnten
wurde es zunehmend auch ein Thema der Ökonomik, nach der Rechtfertigung des Staates
zu fragen (mit einer tendenziell kritischen, restriktiven Haltung zu Staatsaufgaben): „Auf
welchen Handlungsfeldern hat der Staat komparative Vorteile?"[105]

2.3.1   Management von Institutionen

Der Staat ist der Agent, in dessen Rahmen die Regelsetzung und Institutionenbildung
vonstatten geht, die die Menschen zur Überwindung von Dilemmastrukturen und zur Aneignung von Kooperationsgewinnen benötigen; kurz: der Staat ist eine Organisation, die
sich die Menschen zulegen, um Kooperationsgewinne zu realisieren.

Abstrakt formuliert sieht die ökonomische Theorie die Aufgaben des Staates in einem
„Management von Institutionen"[106] zur Kompensation von Marktversagen und zur Herstellung öffentlicher (kollektiver) Güter. Der Staat hat damit die vorrangige Aufgabe, sich
zu organisieren sowie eine Verfassung auszuarbeiten und durchzusetzen.

Im Übrigen können die Staatsaufgaben abstrakt nicht abschließend umschrieben werden,
sie ergeben sich vielmehr aus den konkreten Analysen spezifischer Konstellationen des
Marktversagens. Deshalb kann der folgende Überblick auch nicht den Anspruch erheben,
den einzig zutreffenden Zugang zur Fragestellung zu bilden.[107]

2.3.2   Typisierender Überblick über einzelne Staatsaufgaben
           (Handlungsfelder)

2.3.2.1   Bereitstellung reiner kollektiver Güter
Es besteht zumindest eine Vermutung dafür, dass der Staat rein kollektive oder öffentliche
Güter bereit stellen muss. Diese lassen sich durch eine gleichzeitige, (innerhalb bestimmter
Kapazitätsgrenzen) uneingeschränkte Nutzung durch die Nutznießer kennzeichnen; der
Ausschluss über Entgelt ist unmöglich oder sehr aufwändig. Dies soll anhand von einigen
Beispielen aufgezeigt werden.

---

[104] Zur juristischen Staatsaufgabenlehre vgl. Sobota (1998), 287, 296 ff., die zu Recht für ihr
mangelndes Verständnis für die Ökonomik kritisiert wird.

[105] Vgl. dazu einführend Homann/Suchanek (2005), Kap. 3.2. oder Weigel (2003), 4.2.2 sowie
weiterführend Blankart (2011), Kap. 4.

[106] Dazu überzeugend Homann/Suchanek (2005), 3.2.1.

[107] Vgl. als weitere Systematisierung Baldwin/Cave/Lodge (2011), Kap. 2.

Die Herstellung und *Gewährleistung von innerer und äußerer Sicherheit* gehört zu den klassischen Staatsaufgaben. Seit *Thomas Hobbes* wissen wir, dass ohne äußeren und inneren Frieden keine Institutionenbildung und letztlich auch die Aneignung von Kooperationsgewinnen nicht möglich ist. Die Friedenssicherung ist so gesehen die erste und vornehmste staatliche Aufgabe, mit der die grundlegende Dilemmastruktur des „bellum omnium contra omnes" überwunden wird.[108]

Nichts anderes kann für die *Bereitstellung der Rechtsordnung* gelten. Die gegenseitige Begrenzung von Freiheit ist in Verfassungsstaaten nur nach Maßgabe rechtlicher Regelungen denkbar. Diese werden nach heutigem Verständnis nicht im Sinne von Naturrecht vorgefunden, sondern müssen von staatlichen Institutionen gesetzt werden.

Eine bedeutende Aufgabe, die später hinzugetreten ist, liegt in der *Sicherung des Wettbewerbs*.[109] Im Mittelpunkt steht dabei die Schaffung von Rahmenbedingungen für einen fairen Wettbewerb (in Deutschland durch das Gesetz gegen unlauteren Wettbewerb, UWG). Zudem gilt es wettbewerbswidrige beziehungsweise wettbewerbsbeseitigende Strukturen wie Kartelle und Monopolbildung zu verhindern (in Deutschland etwa durch das Gesetz gegen Wettbewerbsbeschränkungen, GWB). Eine aktuelle Herausforderung liegt in der Schaffung von Wettbewerb in vormals monopolistisch organisierten Netzstrukturen (Eisenbahn, Telekommunikation, Energieversorgung) durch Regulierung.[110]

Bereits oben[111] wurde auf die Aufgabe des Staates hingewiesen, *Verfügungsrechte festzulegen*.[112] Dieser hat private Verfügungsrechte („property rights") zu definieren und deren Beachtung durch andere durchzusetzen; nur so wird Tausch zur Aneignung von Kooperationsgewinnen möglich. Es handelt sich hier nicht um rein öffentliche Güter, sondern um gemischte öffentliche Güter.[113] Modern gesprochen ist es eine Hauptaufgabe des Staates, Voraussetzungen für Investitionen und funktionierende Märkte zu schaffen. Dies ist nicht nur eine einmalige Aufgabe, die Re-Definition von Verfügungsrechten ist ständige Aufgabe der Politik. Dabei ist zu beachten, dass die Einräumung von Verfügungsrechten unter Umständen auch negative Wirkungen haben kann („tragedy of the anticommons").[114]

2.3.2.2 Behebung von Informationsasymetrien

Ebenfalls im Rahmen der Typologie von Marktversagen wurde auf die Aufgabe hingewiesen *Informationsasymetrien* zu beheben.[115] In der modernen arbeitsteiligen Gesellschaft wird immer deutlicher, wie wichtig das Bereitstellen von Informationen für das Handeln

---

[108] Vgl. dazu Homann/Suchanek (2005), 3.2.2.1.

[109] Vgl. dazu Homann/Suchanek (2005), 3.2.2.2.

[110] Vgl. dazu näher unten 6.2.1 und 6.3.3.

[111] Vgl. oben 1.2.4.2.

[112] Vgl. dazu mit Beispielen Homann/Suchanek (2005), 3.2.2.1.

[113] Vgl. Blankart (2011), Kap. 4 B. 4.: „Allmendegüter" (auch Common Pool Güter oder Gemeingüter genannt).

[114] Vgl. dazu bereits oben 1.2.4.2.

[115] Vgl. oben 1.2.4.4.

der Akteure ist, sowohl im wirtschaftlichen wie im gesellschaftlichen Bereich. Zunehmend wird deshalb im Zurverfügungstellen von Informationen ein Selbstzweck gesehen (Beispiele: Umweltinformationsgesetz und Informationsfreiheitsgesetze, jeweils von Bund und Ländern).

2.3.2.3 Beseitigung von Externalitäten

Externe Effekte verhindern die effiziente Allokation von Ressourcen und stellen einen Fall des Marktversagens dar.[116] Das gilt einerseits für negative Externalitäten, wie sie typischerweise im Falle umweltschädigenden Verhaltens auftreten: Die Belastungen Dritter durch Schädigung werden nicht freiwillig getragen beziehungsweise abgegolten; daher sind die Leistungsniveaus suboptimal hoch. Dies gilt andererseits aber auch für positive Externalitäten: In den Kosten oder Preisen sind Vorteile nicht abgegolten, die Dritte ohne ihr Zutun aus den Aktivitäten ziehen. Auch dies soll hier an einigen konkreten Beispielen aufgezeigt werden.

Am Beispiel der *Wohlstandsförderung durch Bildung von Humankapital*[117] lässt sich gut zeigen, dass das Vorliegen externer Effekte und Defizite bei der Produktion öffentlicher Güter in der Regel in Hand gehen.[118] So hat bereits *Adam Smith* Schulbildung als Staatsaufgabe eingestuft.[119] Dieser Gesichtspunkt hat heute an Bedeutung gewonnen; das sogenannte „Humankapital", insbesondere die erlernten Fähigkeiten und Fertigkeiten der Menschen, sind ein bestimmender Faktor für den „Wohlstand" geworden. So plädieren selbst Liberale wie *Milton Friedman* und *Gary S. Becker* für eine staatliche Finanzierung des Bildungswesens bis hinauf zu den Universitäten. Allerdings lehnen sie ab, dass der Staat selbst die Ausbildung anbietet, wie etwa in Deutschland.[120] An dieser Stelle kann man sicherlich darüber streiten, ob den Staat eine Herstellungs- oder lediglich Gewährleistungsverantwortung trifft.

2.3.2.4 Meritorische Güter

Die Theorie meritorischer Güter geht auf *Richard A. Musgrave*[121] zurück. Bei ihrem Vorliegen sind zwar die Bedingungen für ein Marktangebot (Ausschließbarkeit und Rivalität) gegeben; die Nachfrage ist jedoch ohne Beeinflussung zu niedrig (Bildung; Gesundheitsdienstleistungen) oder zu hoch (Suchtmittel wie Alkohol, Tabak oder Rauschmittel als „demeritorische Güter"). Unter bestimmten Voraussetzungen kann auch die Umwelt ein meritorisches Gut darstellen; das ist dann der Fall, wenn Bürger die konkrete Nützlichkeit einer intakten Umwelt für sich selbst oder ihre (eigenen) Nachkommen unterschätzen.[122]

---

[116] Vgl. oben 1.2.3.2.

[117] Vgl. dazu Homann/Suchanek (2005), 3.2.2.3.; Congdon/Kling/Mullainathan (2011), 56.

[118] Homann/Suchanek (2005), 3.2.2.5.

[119] Homann/Suchanek (2005), 3.2.2.3.

[120] Vgl. zur Hochschulfinanzierung den Exkurs bei Blankart (2011), Kap. 4 F.

[121] Musgrave (1957).

[122] Vgl. dazu Lueg (2010), 81 ff.

Interessant ist in diesem Zusammenhang die Diskussion über Medienkonsum und Medienangebote: Stellen nicht niveauvolle Medienangebote ein meritorisches Gut dar, weil sie zu wenig nachgefragt werden, und ist nicht das Fernsehen mit der Tendenz eines exzessiven Konsums ein demeritorisches Gut?[123]

Zu Recht wird darauf hingewiesen, dass sich die staatlichen Aufgaben in Bezug auf meritorische Güter mit weiteren Argumenten begründen lassen:[124] In diesen Fällen gilt es 1. externe Effekte zu internalisieren, die 2. auf spezifische Nichtrationalität der Akteure in diesen Bereichen zurückführen lassen (deren Gründe etwa im Fall von Suchtverhalten evident sind).

Kritisch lässt sich einwenden, dass die Abgrenzung meritorischer Güter von öffentlichen Gütern im Einzelfall sehr schwierig sein kann.[125] Darüber hinaus wird gegen die Begründung von Staatsaufgaben durch das Vorliegen meritorischer Güter eingewendet, dass in diesem Fall der Staat selbst feststellt, ob die Nachfrage nach einem Gut auf dem Markt zu hoch oder zu niedrig ist und damit Marktversagen vorliegt und so die „Konsumentensouveränität" zu wenig zur Geltung kommt.[126] Um diesem Einwand zu entgehen wird teilweise der Rückgriff auf verfassungsrechtliche Wertungen vorgeschlagen;[127] zudem sollte der Gefahr des Paternalismus durch eine mehr individualistische Meritorik begegnet werden, indem auf individuelle Metapräferenzen abgestellt wird.[128] Meritorik kann dann als eine Art kollektive Selbstbindung verstanden und gerechtfertigt werden, über die im demokratischen Prozess entschieden wird. Im Übrigen gehen demeritorische Güter regelmäßig mit negativen externen Effekten einher, meritorische dagegen mit positiven.

2.3.2.5 Verteilungspolitische Güter

Verteilungspolitische Güter sind solche, die staatlicherseits verbilligt oder verteuert werden, um unterschiedliche Fähigkeiten und unterschiedliche Marktmacht auszugleichen und die Markteinkommensverteilung zu verändern, zum Beispiel verbilligte Museumseintritte für Studenten oder Rentner, Mietzuschüsse, Sparförderung.[129] Bei verteilungspolitischen Gütern geht es um explizite Redistribution in Form von Transferzahlungen. Auch die Bereitstellung anderer Güter durch den Staat bedeutet im Ergebnis Umverteilung, soweit sie nicht auf der Grundlage des Äquivalenzprinzips finanziert werden.

---

[123] Vgl. dazu Schröder (2008), 28 ff. sowie näher unten im Zusammenhang mit Medien als Organisation 3.3.3.

[124] Fritsch (2014), 12.3.

[125] Schröder (2008), 32 ff.

[126] Blankart (2011), Kap. 4 C. 1.

[127] Schröder (2008), 32 ff.

[128] Schröder (2008), 37 ff.; Kirchgässner (2013), 48 ff.

[129] Auch hier wendet Blankart (2011), Kap. 4 C. 1., nicht zu Unrecht ein, dass in diesen Fällen letztlich der Staat selbst das Vorliegen von Marktversagen und damit seine Aufgaben begründet.

Die Begründung einer solchen Umverteilung als staatliche Aufgabe ist nicht unumstritten.[130] Einerseits dient die Umverteilung als Einkommensversicherung: Sind sich Individuen unsicher über ihre künftige Einkommensposition, ist eine „Einkommensversicherung" individuell rational (Rawĺsche These). Andererseits dient die Umverteilung als Tauschobjekt: sie stellt eine Gegenleistung für Ruhe und Sicherheit dar; potenzielle Unruhestifter werden so befriedet und nehmen ihrerseits an den Vorzügen des geltenden Rechtssystems teil.

2.3.2.6 Güter mit Existenz- oder Vermächtniswert

Im Fall von Gütern mit Existenz- oder Vermächtniswert gibt es keine messbare Inanspruchnahme, aber Interesse und (Zahlungs-)Bereitschaft für ihre Erhaltung. So haben viele Umweltgüter einen „Options- oder Existenznutzen".[131] Ein Optionsnutzen liegt in der Möglichkeit der Inanspruchnahme eines Gutes, etwa eines Stadtparkes oder des öffentlichen Nahverkehrs. Ein Existenznutzen ergibt sich aus dem Wohlfahrtseffekt, der sich allein schon aus dem Vorhandensein bestimmter Gegebenheiten ergibt. Dies gilt etwa für Kulturgüter, die nach ebenfalls nicht unbestrittener Meinung vom Staat zur Verfügung gestellt werden müssen.

2.3.2.7 Natürliche Monopole

Im Fall von natürlichen Monopolen ist eine Leistungserbringung im Wettbewerb unmöglich oder verursacht unverhältnismäßige Kosten.[132] Das ist insbesondere dort der Fall, wo die Leistungen im Rahmen von Infrastrukturnetzen zur Verfügung gestellt werden, wie im Fall von Eisenbahn- oder Telekommunikationsdienstleistungen sowie der leitungsgebundenen Energieversorgung. Bereits unter dem Gesichtspunkt „Herstellung von Wettbewerb" wurde hierfür eine staatliche Aufgabe begründet.[133]

2.3.2.8 Schutz vor individuellen Risiken

Der Schutz der Bürger vor individuellen Risiken ist ein bedeutendes Betätigungsfeld zur Ermöglichung von Kooperationsgewinnen.[134] Dies ließe sich auch dadurch begründen, dass in diesen Fällen eine zu geringe Nachfrage vorliegt (meritorische Güter). Zudem kann es im Einzelfall um die Internalisierung externer Effekte gehen. Beides lässt sich am Beispiel der KFZ-Haftpflichtversicherung gut erkennen. Der Staat kann sich nicht allein darauf beschränken, einen Rechtsrahmen für Versicherungen zu schaffen. Menschen denken eventuell zu kurzfristig oder machen Planungsfehler, die zum Beispiel durch Pflichtversicherungen abgefangen werden. Gegebenenfalls muss verhindert werden, dass sich „gute Risiken" isolieren.

---

[130] Eaton/White (1991), 336 ff.

[131] Vgl. dazu etwa Fritsch (2014), 6.2.2.

[132] Vgl. dazu grdl. Fritsch (2014), Kap. 7 und 8 („Marktversagen infolge von Unteilbarkeiten") sowie Joskow (2007), 1229 ff.; vgl. dazu bereits oben 1.2.3.6.

[133] Vgl. dazu näher unten 6.2.1 und 6.3.3.

[134] Dazu grdl. Homann/Suchanek (2005), 3.2.2.4.

Die Nachfrage nach entsprechenden Gütern kann zufallsabhängig sein (Witterung, Unfallgefahr) und die Kosten können dann im Fall eines Bedarfes den Nutzern nicht ohne Weiteres über kostendeckende Preise zugemutet werden. Deshalb wird etwa die Organisation von Katastrophenschutz als staatliche Aufgabe angesehen.

2.4 Staatsaufbau, insbesondere Föderalismus

Nach der Bestimmung der Staatsaufgaben stellt sich die Frage, unter welchen institutionellen Rahmenbedingungen der Staat seine Aufgaben am besten erfüllt.

Mit der „Theorie des Staatsversagens" der Neuen Politischen Ökonomie (Public-Choice-Ansatz) werden individuelle Rationalverhaltensmodelle auf die staatliche Ebene übertragen. Anders als etwa Plato und Hobbes glaubt man nicht mehr an wohlwollende Diktatoren, die durch ihren guten Willen das Gemeinwohl anstreben, sondern erkennt an, dass auch Regierende und Politiker ihre eigenen Interessen maximieren wollen. Der „Mythos vom wohlwollenden Staat"[135] ist damit entzaubert.

2.4.1 Das Problem der Kontrolle des Staates – Gewaltenteilung (horizontal)

2.4.1.1 Ausgangsüberlegung

Die zentrale Frage ist die klassische Frage der Politikwissenschaft, der Staatslehre und der Staatsrechtswissenschaft: Wie können Machtzusammenballung und Machtmissbrauch verhindert werden? Abstrakt gesehen hat die Ökonomik darauf eine Antwort: durch politischen Wettbewerb; die Staatsorganisation muss von einem System der checks and balances ausgehen.[136] Eine entsprechende Machtverteilung kann erfolgen 1. zwischen Parteien und gesellschaftlichen Kräften (Pluralismus), 2. zwischen dem Zentralstaat und unterstaatlichen Einheiten (dies entspricht dem gewaltenteilenden Element des unten zu behandelnden Föderalismus) sowie 3. zwischen den staatlichen Gewalten Legislative, Exekutive und Judikative. Diese Frage betrifft die horizontale Gewaltenteilung, wie sie erstmals von *Montesquieu* umfassend skizziert worden ist.

Staatliche Machtkonzentration kann zu Monopolrenten der politischen Akteure führen. Vergleicht man staatliche Machtkonzentration mit einem Monopol, so bietet es sich als Lösung an, dieses Monopol zu „zerschlagen" und die Macht auf mehrere Akteure zu verteilen, die sich gegenseitig kontrollieren und in der Machtausübung beschränken. Dieses Vorgehen bringt das bonmot vom *Martin M. Shapiro* auf den Punkt: „I would rather be

---

[135] Brennan/Buchanan (1993), Kap. 3.

[136] Allg. zur Begründung von (horizontaler und vertikaler) Gewaltenteilung: Posner (2011), § 23.2. sowie Cooter (2000), Kap. 8.

governed by 3 crazy people than by 1 crazy person". Allerdings stehen dem Gewinn an Machtbeschränkung und der Kontrolle durch eine Vervielfältigung der Entscheidungsakteure Transaktionskosten gegenüber, denn die Akteure müssen sich auf Verhandlungen („bargaining") einlassen, um zu staatlichen Entscheidungen zu kommen.

Bei einer rationalen Verteilung staatlicher Macht auf mehrere Akteure kommt noch ein zweiter Aspekt zum Tragen. Die Machtteilung und -verteilung macht es möglich, diese an Akteure zu übergeben, die aufgrund ihrer Struktur oder ihres Wissens dafür besonders geeignet sind („Spezialisierung").[137]

2.4.1.2 Gewaltenteilung zwischen Legislative, Exekutive und Judikative

Seit *Montesquieu* ist die grundlegende Form der (horizontalen) Gewaltenteilung diejenige zwischen Gesetzgebung, Verwaltung und Gerichtsbarkeit.[138] Die Erfolgsgeschichte dieser Konzeption im modernen Verfassungsstaat ist auf einer ebenso einfachen wie bestechenden Grundidee begründet: Abstrakt-generelle Leitlinien für das staatliche Handeln werden durch das Parlament (in der Regel in Form von Gesetzen) festgelegt, das sich aus den Repräsentanten des Volkes zusammensetzt; dieses eignet sich dazu besonders gut, weil hier eine (transparente) Auseinandersetzung zwischen gesellschaftlichen Gruppen (beziehungsweise deren Repräsentanten) erfolgen kann. Die Staatsleitung im Einzelnen sowie der Vollzug der Gesetze im Einzelfall obliegen dagegen der Exekutive (Regierung und Verwaltung); diese ist dafür prädestiniert, weil die handelnden Bürokraten über das notwendige Expertenwissen verfügen und es zudem möglich ist, diese in ausreichendem Maß und mit ausdifferenziertem Spezialwissen vorzuhalten, um die große Zahl an notwendigen staatlichen Entscheidungen zu gewährleisten. Das verbindliche Handeln im Einzelfall stellt natürlich die unmittelbarste staatliche Machtausübung dar; allerdings ist sie dadurch begrenzt, dass sie nur im Rahmen der Gesetze erfolgen darf und zudem gerichtlicher Kontrolle unterliegt. Diese obliegt den Gerichten (Judikative), die die Übereinstimmung der Entscheidungen der Verwaltung mit Gesetz und Recht überprüfen und rechtswidrige Entscheidungen aufheben („kassieren") können; besonders weit reicht die Macht der Gerichte, wenn sie – wie in Deutschland das Bundesverfassungsgericht – auch Entscheidungen des Gesetzgebers aufheben können. Allerdings ist diese Macht wiederum dadurch erheblich beschränkt, dass Gerichte typischerweise nur im Einzelfall mit Wirkung für diesen Einzelfall und nur auf Antrag von Berechtigten unter eng begrenzten Verfahrensvoraussetzungen entscheiden können. Schließlich hat das Parlament „Macht" über die anderen Gewalten, indem es auf deren personelle Zusammensetzung zumindest indirekten Einfluss hat.

2.4.1.3 Instrumente der Machtbalance

Dieses grundlegende Schema der Machtverteilung zwischen Legislative, Exekutive und Judikative ist allerdings noch sehr grob. In der Entwicklung moderner Verfassungen haben sich vielfältige Mechanismen entwickelt, dieses näher auszutarieren.

Ein wichtiges Element für die Machtverteilung zwischen Legislative und Judikative wurde bereits angesprochen: die Frage, ob Gerichte befugt sein sollen, Gesetze aufzuheben.

---

[137] Vgl. dazu grdl. Cooter (2000), Teil 3.

[138] Vgl. dazu aus der Pespektive der Ökonomik grdl. Cooter (2000), Kap. 9.

Diese Möglichkeit kann wiederum eingeschränkt werden, wenn die Kassationsgewalt nur bestimmten Gerichten übertragen wird, wie in Deutschland dem Bundesverfassungsgericht oder in den USA dem Supreme Court.

Das Verhältnis zwischen Legislative und Exekutive kann wesentlich durch die Grundentscheidung beeinflusst werden, ob die Regierung über direkte demokratische Legitimation verfügen soll, wie das etwa in den Präsidialsystemen Frankreichs oder der USA der Fall ist. Eine solche Regierung ist stärker als eine, deren Schicksal vollständig vom Parlament abhängt. Die Macht der Regierung kann dadurch noch weiter erhöht werden, dass sie in bestimmten Fällen bei Gesetzen ein Vetorecht hat[139] oder gar selbst in bestimmten Fällen zur Gesetzgebung befugt ist. Ein weiteres Mittel zur Stärkung der Exekutive liegt in der Möglichkeit, Gesetzesinitiativen einzubringen, die das Parlament nur annehmen, nicht aber abändern darf („take it or leave it").[140]

Auf der anderen Seite kann die Macht der Legislative durch Mehrkammersysteme beschränkt werden.[141] Damit kann der Einfluss bestimmter Interessen gesichert werden, die ansonsten übergangen zu werden drohen (Minderheitenschutz), so haben etwa in den USA kleine Staaten im Senat durch das Prinzip der formalen Gleichheit einen unproportional hohen Einfluss. Andererseits kann darin auch ein Schutz der Mehrheit liegen, von einer Minderheit überstimmt zu werden: So kann es gerade bei Mehrheitswahlsystemen dazu kommen, dass eine strukturelle Minderheit die Wahlen gewinnt.

2.4.2   Föderalismus – Gewaltenteilung (vertikal)

Besonders intensiv und auch kontrovers beschäftigt sich die Ökonomik mit den Vor- und Nachteilen des Föderalismus als einer Art vertikaler Gewaltenteilung im Allgemeinen und Fragen seiner optimalen Ausgestaltung im Einzelnen.[142]

2.4.2.1   Grundlagen

Föderalismus als vertikale Form der Gewaltenteilung hat eine lange Tradition, für die prominent auf *James Madison* in den „federalist papers" verwiesen werden kann.[143] Historisch und begrifflich liegt ihm die Idee eines vertraglichen Zusammenschlusses von unabhängigen Staaten zugrunde (lateinisch „foedus" = Vertrag). Die Schweiz, Deutschland oder die USA und heute auch Europa sind dafür prominente Beispiele. In neuerer Zeit hat sich

---

[139] Cooter (2000), 221 ff.

[140] Cooter (2000), 218 f.

[141] Cooter (2000), 212 ff.

[142] Vgl. dazu einführend Blankart (2011), Kap. 27, sowie weiterführend Kobayashi/Ribstein (2007); Posner (2011), Kap. 25; Oeter (1998), 119 ff.; Eichenberger (1998), 157 ff.; Brümmerhoff (2011), 8. Teil.

[143] Madison, in: Hamilton/Madison/Jay, The Federalist: A Collection of Essays, New York (McLean), 1788; Neuabdruck Hamilton/Madison/Jay (2010).

jedoch zudem auch der entgegengesetzte Weg hin zur föderalen Staatlichkeit etabliert, die Dezentralisierung oder „Föderalisierung" ehemaliger Einheitsstaaten, etwa im Fall von Indien, Brasilien, Südafrika, Belgien, Großbritannien oder Spanien.[144]

Im Einzelnen unterscheiden sich Bundesstaaten natürlich erheblich in der Ausgestaltung. Dabei sind die Übergänge von Staatenbünden und Bundesstaaten auf der einen sowie Bundesstaaten und dezentralisierten Staaten auf der anderen Seite fließend.[145]

2.4.2.2 Vor- und Nachteile einer Föderalisierung staatlicher Entscheidungen

2.4.2.2.1 Die Begründung föderaler Staatlichkeit

Die Vorteile der Föderalisierung liegen darin, dass die Gliedstaaten in der Lage sind, besser auf die spezifischen Bedürfnisse ihrer Bürger einzugehen und entsprechend spezifische Bündel öffentlicher Güter ausgabenseitig zu spezifischen „Steuerpreisen", also einer spezifischen Einnahmestruktur, anbieten können. Dabei entsteht ein Wettbewerb um die beste Lösung.

Ausgangspunkt ist also die Möglichkeit einer besseren Befriedigung dezentraler Bedürfnisstrukturen.[146] Das Angebot an öffentlichen Gütern[147] kann regionale Präferenzen berücksichtigen, die Geographie der kollektiven Problemlösung kann an die Geographie der Probleme angepasst werden. Daraus folgt, dass föderale Strukturen im Einzelfall um so eher angezeigt sind, je heterogener regionale Präferenzen sind.[148]

Fiskalisch oder einnahmenseitig wird dies durch das Korrespondenzprinzip ergänzt.[149] Soweit eine fiskalische Äquivalenz besteht (Gebühren- und Steuerfinanzierung durch die betroffenen Einwohner),[150] können auch unterschiedliche Präferenzen über das Ausmaß des Angebots öffentlicher Güter berücksichtigt werden (zum Beispiel Straßeninfrastruktur, Sozialleistungen). Es können also unterschiedliche Bündel öffentlicher Güter zu unterschiedlichen „Steuerpreisen" angeboten werden.

Vor diesem Hintergrund konstruiert die Ökonomik den Föderalismus als Wettbewerb zwischen Gebietskörperschaften.[151] Ausgangspunkt für diese heute weitgehend anerkannte Grundannahme ist ein Beitrag von *Charles Tiebout* aus dem Jahre 1956[152], in dem er das Verhältnis zwischen Kommunen in den USA betrachtete; er folgerte daraus, dass sich nicht nur Anbieter traditioneller Güter in einem Wettbewerb befinden, sondern auch

---

[144] Vgl. zu diesen Entwicklungen Boadway/Shah (2009), 5 f.

[145] Zur Abgrenzung und empirischen Daten vgl. Blume/Voigt (2011).

[146] Vgl. dazu im Einzelnen Boadway/Shah (2009), 35 f., 69, 124 ff.

[147] Für einen Überblick zu verschiedenen Grundkategorien öffentlicher Güter vgl. Cooter (2000), 105 ff.

[148] Blankart (2007), 59 ff.

[149] Dazu Schaltegger (2003), 86 ff. (der dies „Dezentralisierungshypothese" nennt), unter Verweis auf Oates (1972) („Korrespondensprinzip") und Olson (1969) („fiskalische Äquivalenz").

[150] Blankart (2007), 69 ff., spricht in diesem Zusammenhang von „institutioneller Kongruenz".

[151] Vgl. dazu grdl. Schick (2003), 143 ff.; Nücken (2013).

[152] Tiebout (1959), 416 ff.; Darstellung und Kritik bei Blankart (2011), Kap. 27 D.

die Anbieter von Kollektivgüterbündeln. Der Wettbewerb führt zu Spezialisierung und Arbeitsteilung in Bezug auf die Produktion öffentlicher Güter und die Entwicklung von Gemeinwohlkonzepten sowie die damit verbundenen „Steuerpreise". Zunächst sind es natürlich die Bürger, die diese Entscheidungen in den jeweiligen Gebietskörperschaften über Wahlen zu treffen haben. Besonders wirkkräftig wurde hier die Theorie von „exit" und „voice" („Abstimmung mit den Füßen"), die auf *Albert O. Hirschman* zurückgeht.[153]

Exkurs: Die Theorie von „exit" und „voice"[154]

Die Theorie von „exit" und „voice" wurde von *Hirschman* in seinem Buch mit dem programmatischen Titel „Abwanderung und Widerspruch. Reaktionen auf Leistungsabfall bei Unternehmungen, Organisationen und Staaten"[155] entwickelt, um allgemein Reaktionsmöglichkeiten von Organisationsmitgliedern auf Führungsentscheidungen zu untersuchen. Im vorliegenden Zusammenhang ist der Bezug auf den Staat und seine Bürger von Interesse.[156] Ausgangspunkt der Theorie ist die Annahme, dass sich die Gebietskörperschaften in einem Wettbewerb um die Allokation knapper mobiler Ressourcen befinden und hier nach einem Nettozufluss streben.[157] Die Bürger und Unternehmen haben eine Abwanderungs- und Widerspruchsmöglichkeit („exit" und „voice"). Mit der Abwanderung („exit"[158]) verliert die staatliche Einheit mobile Ressourcen. Die Akteure können schon mit der Androhung einer Abwanderung Einfluss auf das Angebot von Kollektivgüterbündeln nehmen, insofern also ihre Stimme erheben („voice"). Dies ist umso glaubhafter, je niedriger die Mobilitätskosten sind (wie das in der modernen globalisierten Welt zunehmend der Fall ist). Im Verhältnis zu einer Abwanderung in einen anderen Staat sind die Transaktionskosten bei einem Wechsel der Hoheitsbereiche in einem föderalen Staat relativ geringer. Damit besteht die Möglichkeit, dass sich Menschen mit den gleichen Präferenzen zusammenfinden und so die regional abweichende Präferenz verstärkt wird („clustering").[159]

Kritisch ist gegen diesen Ansatz zunächst einzuwenden, dass die mit einer Abwanderung verbundenen Mobilitäts-/Transaktionskosten häufig unterschätzt werden; zudem bestehen gerade bei Individuen vielfältige außerökonomische, etwa gesellschaftliche oder kulturelle Bindungen. Damit ist die Möglichkeit eines „exit" faktisch ungleich verteilt. Mobiler sind wegen ihres Informationsvorsprungs die Bessergestellten, denen

---

[153] Hirschman (1970).

[154] Vgl. hierzu einführend Voigt (2009), 6.5. und Dehling/Schubert (2011), 7.2. sowie weiterführend Kirsch (2004), Kap II. 2.

[155] Hirschman (1974).

[156] In einem lesenswerten Beitrag hat Hirschman seine Theorie auf den Zusammenbruch der DDR angewendet, vgl. Hirschman (1992).

[157] Für eine Übertragung auf den internationalen Regulierungswettbewerb vgl. etwa Behrens (2010), 10 ff.

[158] Vgl. dazu Schick (2003), 146 ff.

[159] Vgl. dazu Cooter (2000), 128 ff.

zudem die aktuell anfallenden Mobilitätskosten weniger Probleme bereiten; die Durchsetzung einer Umverteilungspolitik kann damit erschwert werden. Mobiler sind aber insbesondere auch große Unternehmen, die damit ungleich höheren Einfluss auf politische Entscheidungen gewinnen. Angesichts einer asymetrischen Organisierbarkeit von Interessen sind es gerade diese, die mit der Drohung einer Abwanderung mehr Einfluss („voice") erhalten.[160]

Zudem wird auf grundlegende Probleme der angestellten Analogien hingewiesen.[161] Zunächst ist die Wahlhandlung in Bezug auf die Kollektivgüterbündel wesentlich komplizierter als die bei Individualgütern: Sie sind häufig immateriell und damit schlechter zu bewerten; zudem stellen sie sich nur ausnahmsweise als insgesamt „gut" oder „schlecht" dar, da regelmäßig ihre einzelnen Bestandteile unterschiedlich bewertet werden. Damit ist aber auch die Präferenzkommunikation erschwert, denn der Grund für eine Abwanderung ist für die Institutionen häufig schwer erkennbar.

Bereits einleitend wurde darauf hingewiesen, dass Föderalismus zu einer vertikalen Form der Gewaltenteilung führt (Fragmentierungshypothese[162]). Im Sinne der Leviathantheorie von *Brennan* und *Buchanan*[163] wird so die Zusammenballung staatlicher Macht reduziert und damit die Möglichkeit, „frei" an der Abgabenschraube zu drehen.[164]

Den Kern der Wettbewerbshypothese bildet die Annahme, dass ein „Jurisdiktionenwettbewerb" als Anreiz- und Entdeckungsverfahren wirkt („laboratory federalism").[165] Bei der Erstellung von Kollektivgütern können so wohlfahrtssteigernde Innovationen entwickelt und ausprobiert werden (Mechanismus der „selektiven Bewährung" beziehungsweise „selective retention"). So kann man sich etwa in Deutschland vorstellen, dass ein Bundesland auf der Grundlage seiner Kulturhoheit das Hochschulrecht in einer Weise ausgestaltet und Hochschulen entsprechend organisiert, dass diese sich am Ende auf dem „Wissenschaftsmarkt" als erfolgreicher erweisen.

Weiter wird argumentiert, dass der Föderalismus ein Gegenmittel gegen die Informationsasymetrien zwischen Bürgern und staatlichen Institutionen und dem zwischen ihnen bestehenden Prinzipal-Agenten-Problem[166] darstellt.[167] Im Falle dezentralisierter Staatsgewalt sind die Bürger näher an den Entscheidungen, diese und die damit verbundenen Kosten transparenter.

---

[160] Zu (weiteren) kritischen Einwänden gegen den Wettbewerb von Rechtsordnungen vgl. Peters, A. (2010), 26 ff.

[161] Voigt (2009), 6.5. unter (1) und (2).

[162] Schaltegger (2003), 88 ff.

[163] Vgl. dazu unten 5.3.1.4.2.

[164] So sieht etwa Schaltegger (2003) für die Schweiz empirische Belege, dass der Föderalismus zu einer niedrigeren Staatsquote geführt hat.

[165] Schick (2003), 155 ff.

[166] Vgl. dazu grdl. oben 1.2.3.5.

[167] Boadway/Shah (2009), 127 ff.

Weitere Vorteile des Föderalismus lassen sich erkennen, wenn man diesen aus der Perspektive des Zusammenschlusses bisher unabhäbiger(er) Einheiten betrachtet: Der Zusammenschluss, der typischerweise die Bildung eines gemeinsamen Marktes umfasst, kann zu erheblichen ökonomischen Vorteilen führen. Gerade in Zeiten der Globalisierung lassen sich durch stärkere dezentrale (Wirtschafts-)Einheiten und stärkere Institutionen Wettbewerbsvorteile auf globaler Ebene erwarten.

2.4.2.2.2 Nachteile des Föderalismus

Ein bedeutender Einwand gegen föderale Strukturen besteht darin, dass der Wettbewerb zwischen den einzelnen Einheiten dadurch verzerrt wird, dass die Folgen ihres Handelns oft nicht nur sie selber treffen, sondern auch die anderen (Externalitätenhypothese[168]). Externe Effekte („spillovers") zwischen den Gebietskörperschaften (Kosten- und Nutzen-Spillover) werden sich nie ganz vermeiden lassen.[169] Diese können positiver Natur sein, etwa wenn deutsche Bundesländer von guter Hochschulpolitik anderer Bundesländer profitieren, indem etwa gute Abgänger von dort in ihrem Land tätig werden und die Wirtschaftskraft steigern. Häufig sind die externen Effekte aber auch negativer Natur und diese können sogar bewusst erzeugt oder zumindest billigend in Kauf genommen werden; dezentrale Einheiten können damit unter Umständen Politik zu Lasten der anderen machen. Ein Paradebeispiel ließ sich in den USA beobachten: In einigen Bundesstaaten der USA gab es die Praxis, Obdachlosen 1000 $ zu zahlen, wenn sie in einen anderen Bundesstaat umziehen, um so Sozialhilfekosten zu sparen. Natürlich zogen andere Bundesstaaten nach, um die negativen Effekte zu beseitigen. Wenn nun alle dem Beispiel folgen würden, wäre der erstrebte Effekt aufgehoben und die Kosten für alle gestiegen. Das zeigt eindrucksvoll, wie gerade negative externe Effekte zu insgesamt unerwünschten Ergebnissen führen können. Es liegt natürlich nahe, dass die Gliedstaaten in Verhandlungen oder der Zentralstaat durch spezifische Instrumente versuchen werden, externe Effekte zu vermeiden oder zu verringern. So kann der Zentralstaat etwa denjenigen Gliedstaaten, die positive externe Effekte schaffen (etwa durch engagierte Hochschulpolitik), Zuschüsse gewähren (etwa im Rahmen der aktuellen Exzellenzinitiative in Deutschland). Allerdings wird eine solche Internalisierung immer nur ansatzweise gelingen.[170]

Besonderen Gefährdungen durch externe Effekte ist der in Bundesstaaten in aller Regel bestehende gemeinsame Markt ausgesetzt.[171] Dieser unterscheidet sich zwar im Einzelfall hinsichtlich des Integrationsgrades (Freihandelszone, Zollunion, Wirtschaftsunion), ist aber in der Regel durch den Grundsatz eines freien Verkehrs von Waren, Dienstleistungen, Kapital und Arbeitskräften gekennzeichnet. Diese Verkehrsströme können jedoch durch vielfältige Maßnahmen der Gliedstaaten beeinflusst und verfälscht werden, etwa durch

---

[168] Dazu Schaltegger (2003), 91 f.

[169] Cooter (2000), 108 f.; Boadway/Shah (2009), 36 ff., 76 ff.

[170] Zur Frage der Internalisierung externer Effekte in föderalen Staaten vgl. etwa Boadway/Shah (2009), 36 ff., 76 ff.

[171] Vgl. dazu Boadway/Shah (2009), 30 ff., 97 ff.

Subventionen, Steuerpolitik etc. Föderale Staaten müssen dem regulativ entgegenwirken, etwa in den USA mit der berühmten Inter-Commerce-Clause[172] oder den Binnenmarkt-vorschriften der Europäischen Union. Aber auch dies wird nie vollständig gelingen, denn unterschiedliche Politiken werden hier immer Auswirkungen haben.

Ein weiteres bedeutendes Problem, das mit der Externalitätenproblematik direkt verbunden ist, liegt darin, dass die Gliedstaaten versucht sein könnten, einzelne Politikbereiche minimalistisch und kostensparend auszugestalten, um positive externe Effekte zu reduzieren. Das kann zu einem Negativwettbewerb führen („race to the bottom") und es können sich so Politikansätze durchsetzen, die gesamtgesellschaftlich suboptimal sind. Das kann die Kultur- und Sozialpolitik ebenso betreffen wie die Umweltpolitik.[173] In der Konsequenz wurde etwa die Umweltpolitik in Deutschland in den letzten Jahrzehnten zunehmend zentralisiert (Bund) sowie dann auch auf die europäische Ebene verlagert.

Ein weiterer bedeutender Nachteil des Föderalismus kann in dem Verfehlen von Größenvorteilen („economics of scale") liegen.[174] Auch bei der Herstellung öffentlicher Güter können Grenz- und Durchschnittskosten sinken, wenn die Produktion ausgeweitet wird (zunehmende Skalenerträge in der Produktion); allerdings besteht auch die Möglichkeit, dass die Durchschnittskosten ab einer bestimmten Größe der Gebietskörperschaft wieder steigen.[175]

Ein Verlust von Größenvorteilen kann als Kosten der Bundesstaatlichkeit aufgefasst werden. Das leitet über zu einem in Bezug auf den Föderalismus häufig angeführten Nachteil, nämlich die durch ihn steigenden Verwaltungs- und Koordinationskosten.[176] Bestimmte Funktionen, wie etwa die Aufstellung und Prüfung von Haushalten müssen in einem Bundesstaat mehrfach durchgeführt werden; jeder Bundesstaat richtet eine Regierung und ein Parlament ein. Hinzu kommt der Aufwand für die Koordination bei der Herstellung übergeordneter öffentlicher Güter, etwa im Bereich der Infrastruktur.

Schließlich kann sich auch die entscheidende Funktion des Föderalismus, nämlich Politikansätze und Verantwortlichkeiten zu differenzieren, in einen gewichtigen Nachteil verkehren und ein aus übergeordneten Aspekten unerwünschtes Ausmaß an Ungleichheit erzeugt werden.[177] Unter diesem Gesichtspunkt kann sich etwa dezentrale Umverteilungs- und Sozialpolitik als problematisch herausstellen. Es geht dabei aber nicht nur um die Gleichbehandlung einzelner Bürger untereinander. Ungleichheit kann auf aggregierter Ebene auch dadurch entstehen, dass die Gliedstaaten ungleiche natürliche Ausgangsbedingungen haben, etwa über werthaltige Ressourcen und Rohstoffe verfügen (natürlicher Reich-

---

[172] Vgl. dazu etwa Rodi (2012b), 74 ff.

[173] Siehe zu Letzterem etwa Dalmazzone (2006), Kap. 18, 459 ff.

[174] Vgl. dazu etwa Boadway/Shah (2009), 80 f.; Blankart (2011), 27. Kap. B. 2.

[175] Sog. Brechtsches Gesetz, zurückgehend auf den Statistiker Brecht (1932), vgl. dazu etwa Blankart (2007), 62 ff., mit einer graphischen Darstellung in Abb. 3.2.

[176] Schick (2003), 169 ff.

[177] Vgl. dazu etwa Boadway/Shah (2009), 54 ff., 83 ff., 95 ff.

tum von Regionen ist auch oft der Ausgangspunkt für Föderalisierungs- beziehungsweise Unabhängigkeitsbestrebungen).

2.4.2.2.3 Empirische Ergebnisse

Wie in anderen Bereichen ökonomischer Analyse wird auch in Bezug auf die Thesen zum Föderalismus versucht, diese empirisch zu überprüfen. Dies erweist sich jedoch aufgrund der Heterogenität föderaler Systeme und der Vielfalt anderer Faktoren als fast aussichtsloses Unternehmen.

Boadway und *Shah* geben einen Überblick über Studien, die sich mit den Auswirkungen der Dezentralisierung staatlicher Entscheidungen (etwa auf die wirtschaftliche Entwicklung oder die Qualität öffentlicher Güter) beschäftigen; sie meinen, hier bei aller Heterogenität insgesamt eine positive Tendenz feststellen zu können.[178] Mit guten Gründen wird hier bereits in Frage gestellt, ob man so Aussagen zum Föderalismus treffen kann, gibt es doch sehr zentralisierte Bundesstaaten auf der einen und dezentralisierte Einheitsstaaten auf der anderen Seite.[179]

2.4.2.3 Ökonomische Analyse einzelner föderaler Systeme

2.4.2.3.1 Systematisierung föderaler Systeme

Zur besseren Einordnung und Bewertung föderaler Gebilde ist es sinnvoll, diese typologisch zu kategorisieren. Eine grundlegende Unterscheidung wurde bereits oben eingeführt – diejenige zwischen der Dezentralisierung und einer föderalen Struktur im engeren Sinne einer verfassungsrechtlichen Festlegung. Ebenso lässt sich zwischen Bundesstaat und Staatenbund unterscheiden.[180]

Grundlegend ist natürlich die Unterscheidung nach dem Grad der Dezentralisierung, die auch in Bundesstaaten erheblich voneinander abweichen kann. Weiter kann darauf abgestellt werden, wie das Verhältnis der föderalen Glieder zueinander ausgestaltet ist: Dies kann einerseits durch rechtsförmige Koordination geschehen, wie das etwa in Deutschland der Fall ist; man spricht dann von „Koordinationsföderalismus". Andererseits können die Gliedstaaten – wie etwa in den USA – weitreichende Möglichkeiten haben, das Verhältnis zueinander durch Vereinbarungen auszugestalten („Vertragsföderalismus").[181]

2.4.2.3.2 Deutschland

Deutschland ist ein Bundesstaat und damit ein föderaler Staat im engeren Sinne; die dezentrale staatliche Entscheidungsstruktur ist hier in der Verfassung und sogar vor Verfassungsänderungen geschützt (Art. 79 Abs. 3 GG).

---

[178] Boadway/Shah (2009), Appendix to Chap. 2, 119 ff.

[179] Blume/Voigt (2011), 238 ff.

[180] Blankart (2011), Kap. 27 E.

[181] Vgl. dazu etwa Spahn (2006), Kap. 7, 182 ff.

Das Grundgesetz gewährleistet ein hohes Maß an Homogenität (auch hinsichtlich der Verfassungen der Länder, vgl. Art. 28 Abs. 1 GG). Zudem ist die Staatsgewalt des Bundes stark ausgestaltet. Auffallend gering ist die Kompetenz der Länder in fiskalischen Angelegenheiten, so dass ein Steuerwettbewerb kaum in Betracht kommt. Damit ist auch das Korrespondenzprinzip nicht verwirklicht – die Bevölkerung der Gliedstaaten kann kaum für regionale öffentliche Güter zu einem spezifischen „Steuerpreis" votieren.

Der Bundesstaat des Grundgesetzes ist durch ein Mischsystem geprägt: Gesetzgebungs-, Verwaltungs- und Finanzierungskompetenzen fallen regelmäßig auseinander. Diese institutionelle Inkongruenz wird von der Ökonomik als Governance-Problem identifiziert, da damit erhebliche Transaktionskosten, spill-over-Effekte und damit unerwünschte externe Effekte einhergehen.[182]

Im Rahmen der Finanzverfassung sticht die geringe finanzielle Eigenverantwortlichkeit der Länder ins Auge. Sie können nicht nur in geringem Umfang eigene Einnahmen generieren. Der gerade im Moment wieder heftig umstrittene (horizontale) Finanzausgleich sorgt zudem für eine starke Nivellierung der Finanzkraft, so dass in diesem Zusammenhang von einem „Föderalismus mit beschränkter Haftung" die Rede ist.[183] Insbesondere ist eine Insolvenz der Länder nach dem Grundgesetz undenkbar.[184]

2.4.2.3.3 Europäische Union

Besonders interessant aus der Perspektive der Ökonomik ist die Analyse der Europäischen Union als ein föderales Gebilde eigener Art.[185] Diese ist mangels Staatlichkeit (insbesondere fehlender Kompetenz-Kompetenz) bis heute noch kein Bundesstaat; das Bundesverfassungsgericht hat für ihre Kennzeichnung den Begriff des „Staatenverbundes" geprägt.

Wie der deutsche Föderalismus stellt der europäische Föderalismus ein Mischsystem mit hoher institutioneller Inkongruenz dar. Im Gegensatz zum deutschen Föderalismus ist die Zentralgewalt relativ schwach ausgestaltet, auch wenn sie über die letzten 50 Jahre kontinuierlich gestärkt worden ist. Das Prinzip der beschränkten Ermächtigung und das Subsidiaritätsprinzip hatte hier „bremsende Wirkung". Allerdings hatten die Figur der „implied powers" und insbesondere auch das Binnenmarktprinzip (mit den Grundfreiheiten) beachtliche zentripedale Kräfte entfaltet; dies wurde erheblich verstärkt durch die europafreundliche Rechtsprechung des Europäischen Gerichtshofs, der hier trotz aller Versuche des Bundesverfassungsgerichts sich Kontrollrechte vorzubehalten, letztinstanzlich über die Wahrung der europäischen Kompetenzordnung wacht.

In der Gesetzgebung sind zentrale Organe (Kommission und Parlament) sowie mit dem Rat ein föderales Organ beteiligt; die Rolle des letzteren ist jedoch nach wie vor zentral (ganz anders als etwa die Stellung des Bundesrates in Deutschland) und wirkt sich de facto

---

[182] Blankart (2007), 131, 136 f.

[183] Blankart (2007), 149.

[184] Vgl. dazu Blankart (2007), Kap. 9.

[185] Vgl. dazu näher Schmidt-Lübbert (2003), Blankart (2007), Kap. 5 und 6.

als bedeutende Schranke gegen eine weitere Zentralisierung aus (besonders stark natürlich im Geltungsbereich des Einstimmigkeitsprinzips).

Auffallend – und in diametralem Gegensatz zur Föderalstruktur etwa Deutschlands – ist die extrem schwache Stellung der Europäischen Union in Fiskal- und Steuerangelegenheiten; sie ist nach wie vor zu ihrer Finanzierung im Wesentlichen auf Beiträge der Mitgliedstaaten angewiesen und verfügt nur marginal über eigene Steuerkompetenzen (in Bezug auf ihre Bediensteten).[186] Die starke Abhängigkeit von den Mitgliedstaaten bei der Finanzierung hat sich so als starke Bremse einer weiteren Zentralisierung erwiesen, stärker als die begrenzte Kompetenzzuweisung.

Spannend ist die Frage, ob auch die Europäische Union einen „Föderalismus mit beschränkter Haftung" darstellt. An sich gilt das „no-bail-out"-Prinzip und die Mitgliedstaaten sind grundsätzlich insolvenzfähig. De facto hat sich das im Zusammenhang mit Euro-Ländern aber als undurchführbar erwiesen.

2.5 Offene Staatlichkeit

Wenn man sich heute mit dem Staat beschäftigt, kommt man nicht an der Erkenntnis vorbei, dass es den „geschlossenen Nationalstaat" nicht mehr gibt und auch nicht mehr geben kann. In Zeiten der Globalisierung bedeutet Staatlichkeit notwendig „offene Staatlichkeit"; sie geht von einem Staat aus, der in ein weltweites Netz der Kooperation von Staaten eingebettet ist. Auch für die Analyse dieser „offenen Staatlichkeit" bietet die ökonomische Analyse einen tauglichen Werkzeugkasten.[187] Es finden hier die gleichen Grundsätze Anwendung, mit der Besonderheit, dass mit den Staaten eigenständige Akteure und Organisationen hinzutreten, die mediatisiert die Interessen der ihnen angehörigen Individuen und Unternehmen vertreten. Staatliche Präferenzen, die als staatliche oder nationale Interessen in Erscheinung treten, sind im Ergebnis nicht weniger stabil als individuelle, auch wenn Änderungen hier anders motiviert sein können (Regierungswechsel, neue Verfassung etc.).[188] Natürlich sind dabei auch die Erkenntnisse der Neuen Politischen Ökonomie[189] zu berücksichtigen, nach denen für die Staaten wiederum Individuen handeln, die dabei eigene Interessen verfolgen (können).

2.5.1 Die Notwendigkeit einer Öffnung des Staates nach außen

Ein völlig autarker Staat ohne jeden Kontakt und ohne jede Kooperation ist schon lange nicht mehr denkbar (wenn das überhaupt jemals der Fall war). Dieser faktische Ausgangspunkt

---

[186] Blankart (2007), Kap. 6.

[187] Vgl. dazu etwa einführend Richter/Furubotn (2010), IX.4. sowie vertiefend Trachtman (2008) und Morgan/Yeung (2007), Kap. 6.

[188] Vgl. dazu Sykes (2007), 762 f.

[189] Vgl. dazu oben 1.2.3.7.

hat sich in Zeiten der Globalisierung angesichts eines zunehmenden weltweiten Handels sowie einer Revolutionierung der Kommunikations- und Transporttechniken noch erheblich verstärkt.[190]

Ökonomisch ergibt sich die Notwendigkeit einer internationalen Kooperation insbesondere aus der Erscheinung internationaler öffentlicher Güter. So lässt sich gerade an globalen Umweltgütern wie der Ozonschicht oder dem Klima zeigen, dass die Gefahr einer „Unterproduktion" im Sinne eines zu geringen Schutzes bestünde, würden alle Staaten nur nach ihrem „individuellen" Interesse handeln. Zugleich kann kein Staat von den Vorteilen ausgeschlossen werden, die aus den Anstrengungen anderer Staaten für den Klimaschutz resultieren. Entsprechendes ließe sich am Beispiel des internationalen Handels oder internationaler Sicherheits-/Friedensbemühungen verdeutlichen. Dementsprechend hat staatliches Handeln (positive beziehungsweise negative) externe Effekte. So kann es für Staat B, der durch eine von Staat A ausgehende Umweltverschmutzung betroffen ist, günstiger sein, letzteren (notfalls durch Zahlungen) für Umweltschutzmaßnahmen zu gewinnen, als die Folgen zu tragen oder Anpassungsmaßnahmen zu ergreifen. Das folgt aus einer einfachen Übertragung des Coase-Theorems[191] auf das Verhältnis zwischen Staaten.

Die zweite bedeutende Triebfeder für eine Öffnung der Staaten und für mehr internationale Kooperation ist in der Tatsache eines zunehmenden Wettbewerbs zwischen Staaten und Rechtsordnungen zu sehen.[192] Ein solcher Wettbewerb ist möglich, wenn man diesen weiter definiert „als Streben von Individuen oder Gruppen von Individuen, ihre Lage im Vergleich zu anderen Individuen oder Gruppen durch bewusste zielgerichtete Handlungen zu verbessern" (und nicht nur traditionell als „Bestreben von Konkurrenten eine bestimmte Leistung für Dritte zu erbringen und daraus eigene Vorteile zu erzielen").[193] Ein solcher Wettbewerb ist dann eben nicht nur zwischen privaten Akteuren, insbesondere Unternehmen, denkbar sondern kann auch im Rahmen staatlicher Handlungen betrieben werden.[194] In diesem Rahmen können Staaten um die Ansiedlung von mobilen Produktionsfaktoren, von mobilem Finanzkapital, von Unternehmensfunktionen, aber auch von Bürgern und deren Leistungs- wie Steuerkraft wetteifern.[195] Dieser Wettbewerb wird von Seiten der Ökonomie regelmäßig positiv bewertet,[196] wobei kritische Stimmen nicht fehlen.[197] Fest steht jedenfalls, dass dieser internationale Staatenwettbewerb wie jeder andere auch, eines

---

[190] Vgl. dazu Van Meerhaeghe (2012), 239 ff.

[191] Vgl. dazu näher unten 7.1.2.

[192] Vgl. Gerken (1999), 1 ff.; Peters, A. (2010), 9 ff.

[193] Gerken (1999), 5 f.

[194] Gerken (1999), 8 f.

[195] Gerken (1999), 9 f., der zu Recht darauf hinweist, dass Wettbewerb zwischen Staaten im beschriebenen Sinne gelegentlich zu Unrecht auch auf Export- und Gütermärkte bezogen wird, vgl. Gerken (1999), 13 ff.

[196] Gerken (1999), a. a. O.

[197] Referierend Peters, A. (2010), 26 ff.

Regelrahmens bedarf, um Missbrauch zu vermeiden. Dieser kann nur durch internationale Kooperation der Staaten entstehen.[198]

2.5.2 Grundlagen der internationalen Kooperation von Staaten

Natürlich gibt es Unterschiede zwischen der Kooperation unter Individuen und der Ko-operation unter Staaten. Insbesondere können Staaten auch nicht mit gewöhnlichen Organisationen gleichgesetzt werden.[199] Staaten und die Beziehung zu ihren Einwohnern sind gleichsam „gesetzt", sie sind nicht freiwillig gewählt und auch nicht ohne weiteres zu ändern. Hieraus ergeben sich besondere Rückwirkungen auf das Handeln der Staaten, das sich nur verstehen lässt, wenn man die spezifischen Rückkopplungsmechanismen zwischen Staat und Bürgern berücksichtigt. Dies spielt etwa eine Rolle, wenn man vorhersagen will, inwieweit sich Staaten an Regeln des internationalen Rechts halten werden.[200]

Staaten sind Inhaber territorialer Hoheitsgewalt. Sieht man internationale Kooperation als einen Tauschmarkt für Hoheitsrechte an, so mag man hier von einer Analogie zum Tausch von Verfügungsrechten unter Privaten ausgehen.[201] Allerdings weist dieser „Markt" doch erhebliche Besonderheiten auf. Insbesondere die Ermittlung von Transaktionskosten führt hier zu spezifischen Schwierigkeiten.

Schließlich wird man nicht umhinkommen, spezifische Interessen und Präferenzen der Staaten anzuerkennen.[202] Diese bestehen unabhängig von den „privaten" Interessen der Einwohner. So hat ein Staat typischerweise das Interesse, eigene Regeln oder Rechts-strukturen im Rahmen der internationalen Kooperation zu generalisieren, da das Vorteile, insbesondere geringere eigene Transaktionskosten, mit sich bringt.

2.5.3 Rechtliche Strukturen der internationalen Kooperation

Zunächst können Staaten versuchen ihre Hoheitsgewalt faktisch zu erweitern. Häufig endet das in hegemonialen Machtgleichgewichten.[203] Handlungsleitend sind dann Strategien wie das bekannte „Wie Du mir so ich Dir".[204] Häufig wird das Ergebnis beiderseits als nicht befriedigend empfunden und führt dies dann zu informalen Absprachen mit Elementen der Gegenseitigkeit. Dieses Vorgehen lässt sich etwa in der Wettbewerbspolitik feststellen,

---

[198] Zur Notwendigkeit einer Metaordnung für den Staaten- und Rechtsordnungswettbewerb Peters, A. (2010), 37 ff.; Giegerich (2010), 81 ff.

[199] Vgl. dazu unten 3.1.

[200] Vgl. dazu Trachtman (2008), 19 ff.

[201] Vgl. dazu etwa Trachtman (2008), 31 ff.

[202] Trachtman (2008), 34 ff.

[203] Vgl. dazu Richter/Furubotn (2010), IX. 4. unter 9) und 10).

[204] Richter/Furubotn (2010), IX. 4. unter 8).

beispielsweise als die Europäische Kommission wettbewerbsrechtlich gegen die Fusion von Boeing und McDonnell Douglas vorgegangen ist.[205]

Wie Individuen streben die Staaten nach verlässlichen Formen der Kooperation und damit nach konstitutionellen Regeln. Mit ihnen kann Unsicherheit beseitigt und können Transaktionskosten gesenkt werden.[206] Diese Regeln können über informale Kooperation hinaus auch rechtlicher Natur sein. Vorliegend sollen die rechtlichen Regeln für eine internationale Kooperation näher betrachtet werden, das internationale Recht.[207]

2.5.3.1 Gewohnheitsrecht

Aus dem Blickwinkel der Ökonomik ist die Entstehung von Gewohnheitsrecht (Art. 38 Abs. 1 lit. b IGH-Statut) besonders interessant.[208] Dieses entsteht durch eine gleichgerichtete Praxis, die von der Überzeugung getragen wird, dass ihr eine rechtliche Verpflichtung entspricht. Es liegt nahe, dass völkergewohnheitsrechtlich nur relativ allgemeine Rechtssätze entstehen können; die Begründung spezifischerer Rechtssätze ist regelmäßig nur auf völkervertraglicher Grundlage möglich. Gewohnheitsrecht bildet sich mangels ausdrücklicher Absprachen gleichsam „wildwüchsig" heraus. Den Einstieg in Gewohnheitsrecht kann man sich dabei so vorstellen, dass einzelne Staaten mit ihrer Handlung in Vorleistung gehen, in der Hoffnung, dass andere Staaten folgen und sich so eine gemeinsame Rechtsüberzeugung herausbildet. Durch beharrlichen Widerspruch können Staaten als „persistent objectors" damit einer Bindung entgehen; aus ökonomischer Perspektive können Staaten damit individuelle Präferenzen zur Geltung bringen.[209]

Die Voraussetzungen von Völkergewohnheitsrecht werden im Einzelnen nach wie vor kontrovers diskutiert. Dies gilt insbesondere für die Fragen, wie breit der Kreis der zur Staatenpraxis zu rechnenden Akte zu ziehen ist beziehungsweise welche und wie viele Staaten an einer Übung teilnehmen müssen, dass sie als „allgemein" gelten kann. Das sind letztlich Wertungsfragen; sie werden um so eher zu bejahen sein, wenn die Übung gerade auch von Staaten getragen wird, die in internationalen Beziehungen als besonders einflussreich gelten, die in kultureller oder ideologischer Hinsicht unterschiedliche Staatengruppen repräsentieren beziehungsweise von der fraglichen Regelung selbst spezifisch berührt werden.[210] Diese Rechtsgrundsätze entsprechen auch Wertungen der Ökonomik, die weitere Differenzierungskriterien anbieten könnte, wann für Rechtssätze des Völkergewohnheitsrechts eine Vermutung des „social optimum" spricht und wann nicht.[211] Es wird

---

[205] Vgl. dazu Trachtman (2008), 63 ff.

[206] Zur ökonomischen Begründung internationaler Regime Richter/Furubotn (2010), IX. 4.

[207] Zur ökonomischen Analyse des internationalen Rechts vgl. Sykes (2007).

[208] Vgl. hierzu Petersen (2011); Parisi/Fon (2009), Kap. 11 und 12; Trachtman (2008), Kap. 3, 72 ff.; Sykes (2007), 763 ff.

[209] Grdl. zur ökonomischen Betrachtung der Lehre vom „persistent objector" und seiner Bewertung Parisi/Fon (2009), 183 ff.

[210] Vgl. etwa Beyerlin (2000), Rn. 101 ff.

[211] Vgl. dazu grdl. Petersen (2011).

jedoch auch fundamentale Kritik am juristischen Konzept des Völkergewohnheitsrechts geäußert. So versuchen insbesondere *Jack A. Goldsmith* und *Eric A. Posner* an einer Reihe von Beispielen aufzuzeigen, dass das vermeintliche Gewohnheitsrecht nicht viel mehr sei als übereinstimmende Regelmäßigkeiten im auf Selbstinteresse basierenden Verhalten; es werde demgemäß auch „gebrochen", wenn das Selbstinteresse es erfordere.[212]

In vielen Situationen, etwa bezogen auf globale öffentliche Güter, lässt sich die Entstehung von Völkergewohnheitsrecht gut auf der Grundlage von Gefangenendilemmata verstehen, wobei es sich typischerweise um wiederholte Spielsituationen mit der Möglichkeit von Informationsaustausch und Absprachen handelt.[213] Staaten werden sich darauf nur einlassen, wenn sie erwarten, dass dieses Vorgehen für sie auch in Anbetracht von Transaktionskosten und der Möglichkeit des Nicht-Kooperierens anderer Staaten vorteilhaft ist. Damit besteht die Vermutung, dass das Ergebnis einen „fairen Tausch" wiedergibt. Andere Situationen lassen sich spieltheoretisch anders erfassen, so etwa Fälle der Koordination, in denen schlichtweg ein Ausgleich der Interessen gefunden werden muss (zum Beispiel in Fällen des Rechts diplomatischer Vertretungen oder bei territorialen Streitigkeiten etwa über die Aufteilung des Festlandsockels).[214]

Ist Gewohnheitsrecht erst einmal entstanden, stellt sich die Frage, wie seine Einhaltung gewährleistet werden kann.[215] Im Vordergrund steht dabei die Drohung sich künftig selbst nicht mehr an die Bindung zu halten oder den eingetretenen Verstoß zu vergelten. Eine besondere tatsächliche Sanktion kann für den verstoßenden Staat auch im Verlust von gutem Ruf liegen, der unter Umständen künftige (vorteilhafte) Kooperationen verhindern kann.

Besonders starke Anerkennung erlangen gewohnheitsrechtliche Grundsätze, die wesentliche Grundlage für das Internationale Recht sind. Das gilt zunächst für das Territorialitätsprinzip, in dem gleichsam eine „Erst-Allokation" von Hoheitsrechten zu sehen ist, die Grundlage für den dann folgenden „Tausch" von Hoheitsrechten ist. Der Grundsatz „pacta sunt servanda" ist Grundlage und Ausgangspunkt des Völkervertragsrechts einschließlich der Errichtung internationaler Organisationen.

2.5.3.2 Internationale Verträge

Das internationale Vertragsrecht entsteht bei der Suche nach spezifischeren Regeln.[216] Hier tritt der Tauschcharakter der Kooperation besonders in Erscheinung. Durch die vertragliche Bindung verzichten die Staaten wechselseitig und somit in einem Austauschverhältnis auf die Ausübung von Teilen ihrer souveränen Staatsgewalt. Besonders deutlich kommt dies etwa bei Doppelbesteuerungsabkommen zum Ausdruck: bei grenzüberschreitenden Sachverhalten haben regelmäßig der Wohnsitzstaat des Steuerpflichtigen wie auch der Tä-

---

[212] Goldsmith/Posner (1999) und (2005); vgl. dazu kritisch Sykes (2007), 763 ff.

[213] Trachtman (2008), 80 ff.

[214] Vgl. hierzu Petersen (2011), 9 ff.

[215] Vgl. dazu Trachtman (2008), 98 f.

[216] Vgl. hierzu aus ökonomischer Perspektive grdl. Trachtman (2008), Kap. 4, 119 ff.; Parisi/Fon (2009), Teil IV; Sykes (2007), 3.3.

tigkeitsstaat einen Steueranspruch; zur Vermeidung von Doppelbesteuerung verzichtet einer von beiden im Vertrag auf die Ausübung des Besteuerungsrechts.

Die Rechtsökonomik interessiert sich insbesondere für die Frage, was Staaten motiviert, vertragliche Bindungen einzugehen und damit Völkervertragsrecht zu schaffen.[217] Auf der Grundlage des Rationalverhaltensmodells muss dies auf der Annahme beruhen, mit dem Vertragsschluss besser gestellt zu sein als ohne („pay off"). Abstrakt gesprochen wird dies der Fall sein, wenn durch das Abkommen die Wohlfahrt der beteiligten Staaten durch die Vermeidung von Externalitäten gesteigert wird.[218] Dabei ist jedoch zu berücksichtigen, dass mit dem Abschluss erhebliche Transaktionskosten in Form von Verhandlungen, Festlegung von Umsetzungsregimen, Erstellung der Dokumente und ihrer Umsetzung in nationales Recht einhergehen.

Die Vorteile lassen sich relativ einfach feststellen, wenn die Ergebnisse des Vertrages allein den Vertragspartnern zukommen (etwa bei den erwähnten Doppelbesteuerungsabkommen). Problematisch wird es entsprechend, wenn durch den Vertrag positive externe Effekte für Drittstaaten oder öffentliche Güter geschaffen beziehungsweise gefördert werden, wie es insbesondere bei Klimaschutzabkommen der Fall ist; diese Situation entspricht dann einem Gefangenendilemma. Allerdings stehen die Staaten regelmäßig im Verhältnis einer wiederholten „Spielsituation" („repeated prisoner's dilemma") und können wechselseitig drohen, bei einer „Defektion" der Gegenseite künftig auch nicht mehr zu kooperieren.[219] Neben der Situation eines Gefangenendilemmas sind unterschiedliche andere Ausgangspunkte denkbar. So zeigt etwa *Trachtman* auf, dass internationale Verträge im Bereich der Terrorismusbekämpfung der spieltheoretischen Situation einer „Hirschjagd" („stag hunt game")[220] entsprechen.[221] Das Hirschjagdspiel ist aus einer Rousseau'sche Fabel zu einer Kooperation von Jägern abgeleitet: Wenn alle zusammenarbeiten, kann ein Hirsch erlegt werden. Die Jäger könnten aber versucht sein, auf dem Weg ein kleineres Tier (Kaninchen) zu jagen und so von der großen Zielsetzung abzuweichen. Das Kaninchen bringt ihnen aber weniger Vorteile als der Anteil am erlegten Hirsch. Auf die Terrorismusbekämpfung übertragen ist das „Kaninchen" in innerstaatlichen Aktivitäten zur Terrorismusabwehr zu sehen. Vorzuziehen wäre aber ein übergreifendes effektives System der Terrorismusbekämpfung.

Darüber hinaus kann die Motivation ein Abkommen zu schließen schon darin liegen, dass so die Ernsthaftigkeit Verhaltensbindungen einzugehen – im Gegensatz zu Völkergewohnheitsrecht – klar und sichtbar nach außen dokumentiert wird. Damit wird die Möglichkeit geschaffen, vertragsbrüchige Parteien vor der Weltöffentlichkeit „an den Pranger zu stellen".[222]

---

[217] Vgl. dazu näher Trachtman (2008), 130 ff.; Parisi/Fon (2009), 220 ff.

[218] Sykes (2007), 768.

[219] Vgl. dazu Sykes (2007), 774 ff.

[220] Vgl. dazu grdl. Towfigh/Petersen (2010), § 4 III. 2.c.

[221] Trachtman (2008), 135 ff.

[222] Sykes (2007), 766 f.

Der zweite Fokus der Rechtsökonomik in Bezug auf völkerrechtliche Verträge liegt im Bereich des Vollzug und insbesondere der Mechanismen zur Sicherstellung vertragstreuen Verhaltens.[223] Hier ist die Frage, ob das Vertragsregime ausreichend (positive oder negative) Anreize setzt, um ein nachträgliches Ausscheiden von Vertragspartnern (etwa im Wege der Kündigung) oder einen Vertragsbruch zu verhindern.[224] So kann es Situationen geben, in denen die Vorteile eines Vertragsbruchs größer sind als die damit verbundenen Nachteile („rational breach").[225] Sicherlich haben die Staaten den damit verbundenen Verlust von Ansehen ins Kalkül zu ziehen.[226] Daneben kommt es aber insbesondere auf die Ausgestaltung des Sanktionsmechanismus an, insbesondere, ob die Sanktionen schwer genug wiegen und ihre Verhängung glaubwürdig angedroht wird.[227] Diese Bemühungen sind allerdings ihrerseits mit erheblichen Transaktionskosten verbunden.[228]

Von nicht zu unterschätzender Bedeutung für den Abschluss völkerrechtlicher Verträge ist schließlich die Frage des Verhältnisses von Völkerrecht zu nationalem Recht und damit der Umsetzung völkerrechtlicher Verträge in die nationalen Rechtsordnungen.[229] So kann sich der Umstand, dass die Ratifikation häufig am innerstaatlichen System der Gewaltenteilung scheitert, hinderlich wirken; dies ist etwa im Fall der USA gegeben (zum Beispiel scheiterte dort die Ratifikation des Kyoto-Protokolls, das maßgeblich durch die Verhandlungsführer der USA geprägt war).[230] Zunächst einmal haben es die Vertragsstaaten in der Hand, die innerstaatliche Wirkung von Verträgen zu beeinflussen, indem sie diese „self-executing" ausgestalten, also so, dass die Normen geeignet sind unmittelbar anwendbare Rechte und Pflichten Einzelner zu schaffen. Große Bedeutung hat daneben die Frage des innerstaatlichen Rechts, ob die Völkervertragsnormen „automatisch" in der innerstaatlichen Rechtsordnung gelten („monistische" Systeme) oder einer Umsetzung durch innerstaatliche Organe bedürfen („dualistische" Systeme). Dabei stellt sich die Frage, warum „monistische Staaten" so weitreichend auf Souveränitätsrechte verzichten. Vordergründig könnte man argumentieren, dass sie so Transaktionskosten der Umsetzung einsparen. Wichtiger scheint aber zu sein, dass sie so nach außen Völkerrechtsfreundlichkeit dokumentieren und bei Verhandlungen an Glaubwürdigkeit gewinnen. In der Tat ergibt sich bei „dualistischen Staaten" das Problem, dass der Gesetzgeber nachträglich das in die innerstaatliche Rechtsordnung umgesetzte Völkervertragsrecht ohne Weiteres ändern kann („treaty override").[231]

---

[223] Vgl. hierzu Sykes (2007), 773 ff.

[224] Für das Sanktionsregime des Kyoto-Protokolls vgl. unten 7.4.4.2.

[225] Trachtman (2008), 142 ff.

[226] Trachtman (2008), 140 ff.; Sykes (2007), 777.

[227] Für einen Überblick über das reiche Arsenal möglicher vertraglicher Sanktionen vgl. Sykes (2007), 773 ff.

[228] Sykes (2007), 770.

[229] Vgl. dazu Sykes (2007), 778 ff.

[230] Vgl. dazu Sykes (2007), 778 f.

[231] Vgl. dazu Sykes (2007), 780.

2.5.3.3 Internationale Institutionen und Organisationen

Bei der Frage der Errichtung internationaler Organisationen lässt sich in vielerlei Hinsicht auf die ökonomische Analyse von Firmen und Unternehmen zurückgreifen. Auch die Staaten können durch eine institutionalisierte Zusammenarbeit spezifische Kooperationsgewinne anstreben.[232] Auf den Streit, ob Staaten eigene Interessen haben können, oder nur als Interessenvertreter ihrer Bürger anzusehen sind,[233] kommt es dabei gar nicht an.

Der große Boom bei der Gründung internationaler Organisationen seit dem Zweiten Weltkrieg[234] beruht zu einem wesentlichen Teil allein schon auf den Vorteilen, die durch gemeinsame Ermittlung und Verarbeitung relevanter Informationen begründet werden.[235] Dem stehen insbesondere die damit verbundenen erheblichen Transaktionskosten gegenüber.[236] Bei der Frage, ob sich ein Staat einer internationalen Organisation anschließt, muss er gleichsam als Opportunitätskosten auch bedenken, was die Alternativen gewesen wären (etwa vertragliche Regelungen). Es muss nicht weiter betont werden, dass diese Vorteile und „Kosten" sehr heterogen und entsprechend schwierig zu bewerten sind.[237]

Wie bei der Analyse von Organisationen[238] betrachtet die moderne Ökonomik auch internationale Organisationen nicht als „black box", sondern zieht auch ihre interne Struktur zur Bewertung heran. So kann sich hinter einer internationalen Organisation im Wesentlichen „Intergouvernementalismus" in Form von Konsens beziehungsweise Einstimmigkeitserfordernissen verbergen.[239] Die Auseinandersetzungen im Rahmen des europäischen Einigungsprozesses und der erbitterte Streit über die „Luxemburger Beschlüsse"[240] können deshalb zu Recht als bedeutende Weichenstellung angesehen werden. Entsprechendes gilt im Rahmen der Welthandelsorganisation für das Abgehen vom Konsensprinzip beim Streitschlichtungsverfahren.[241]

2.5.4 Fragen der inhaltlichen Ausgestaltung des Völkerrechts

Die Ökonomik beschäftigt sich natürlich auch mit Einzelfragen der Ausgestaltung des Völkervertragsrechts, auf der Suche nach effektiven und effizienten Regelungen.

---

[232] Zur ökonomischen Analyse internationaler Organisationen vgl. einführend Homann/Suchanek (2005), 5.4.3. sowie weiterführend Trachtman (2008), Kap. 5, 150 ff.

[233] Trachtman (2008), 150 ff.; vgl. dazu auch schon oben 2.2.5.

[234] Homann/Suchanek (2005), 5.4.3.

[235] Homann/Suchanek (2005), 5.4.3.

[236] Trachtman (2008), 157 ff.

[237] Trachtman (2008), 164.

[238] Vgl. dazu unten 3.

[239] Vgl. zu dieser Grundsatzfrage Trachtman (2008), 176 ff.

[240] Trachtman (2008), 189 ff.

[241] Trachtman (2008), 190 ff.

2.5.4.1 Formelle Aspekte

Die in formeller Hinsicht entscheidende Frage geht dahin, wie die Kompetenzen zwischen den internationalen Rechtsregimen und der nationalen Sphäre zugeordnet werden.[242]

Eine wesentliche Vorentscheidung liegt in der Wahl von Normtypen. Im nationalen Rechtsdiskurs ist bekannt, dass mit der Wahl von Ermessensnormen Entscheidungsbefugnisse auf die Verwaltung und mit der Wahl unbestimmter Rechtsbegriffe Entscheidungsbefugnisse auf die Rechtsprechung übertragen werden. Entsprechende Übertragungen erfolgen im internationalen Recht durch die Wahl von konkreten Regeln einerseits (etwa der Meistbegünstigungsklausel) oder von Prinzipien beziehungsweise allgemeinen Zielbestimmungen (etwa dem Klimaschutzziel in Art. 2 der Klimaschutzkonvention). Im internationalen Recht ist eine Tendenz zur Verwendung eher abstrakter sowie eher vager Regelungen zu verzeichnen. Das kann daran liegen, dass im Einzelfall kein weiterreichender Konsens erzielt werden konnte. Teilweise wird durch unbestimmte Formulierungen aber auch politischer Dissens überdeckt.[243]

Häufig dient die Festlegung allgemein gehaltener Regeln dazu, erst einmal einen breiten Konsens auf relativ abstraktem Niveau festzuhalten. Dem schließt sich dann der Versuch an, diesen durch Folgeabkommen (häufig „Protokolle" genannt) zu konkretisieren; hierzu sei auf das Beispiel des Kyoto-Protokolls auf der Grundlage der Klimarahmenkonvention verwiesen.[244]

Erschwert wird die Wirksamkeit internationalen Rechts durch Schwächen bei seiner Umsetzung und Durchsetzung.[245] Anders als im nationalen Recht sind häufig keine Entscheidungsinstanzen oder -mechanismen etabliert, die zur rechtsverbindlichen Entscheidung ermächtigt sind. Nationale Instanzen sind das schon häufig deshalb nicht, weil das nicht vorgesehen ist – die Regeln innerstaatlich nicht unmittelbar anwendbar sind.[246] Zudem erfolgt die Umsetzung von Völkerrecht in nationales Recht häufig wenig völkerrechtsfreundlich; wenn etwa – wie in Deutschland (Art. 59 Abs. 2 GG) – völkerrechtliche Verträge nur im Rang einfachen Rechts transformiert werden, ist die Wahrscheinlichkeit späterer abweichender Gesetzgebung nicht unerheblich („treaty override").[247] Auf internationaler Ebene sind häufig keine Entscheidungsinstanzen eingesetzt und autorisiert; daraus erklärt sich unter anderem etwa auch die Schwäche des internationalen Klimaschutzregimes. Als beachtlicher Schritt in Richtung einer stärkeren Juridifizierung des Völkerrechts galt deshalb die Einrichtung eines Streitschlichtungsmechanismus im Welthandelsrecht.[248]

---

[242] Vgl. zu formellen Aspekten des Völkervertragsrechts Trachtman (2008), Kap. 7, 208 ff.

[243] Morgan/Yeung (2007), 6.4.1.

[244] Vgl. dazu unten 7.4.3. und 7.4.4.

[245] Vgl. dazu Morgan/Yeung (2007), 6.4.2.

[246] Vgl. etwa zu den Kontroversen über die Welthandelsrechtswidrigkeit der europäischen Bananenmarktordnung die Beiträge in Breuss/Griller/Vranes (2003).

[247] Vgl. dazu etwa in Bezug auf das Doppelbesteuerungsrecht Gosch (2008).

[248] Vgl. dazu Morgan/Yeung (2007), 6.4.1.

Nicht zuletzt deshalb spielen daher informelle Instrumente oder „soft law" nach wie vor eine große Rolle in der internationalen Kooperation.[249] Positiv wirkt so etwa die Überzeugungskraft einheitlicher internationaler Standards, die möglicherweise auch ein Engagement privater Akteure im Sinne einer innerstaatlichen Verwirklichung des Völkerrechts motivieren.[250] Negativ wirkt insbesondere die „Prangerwirkung" von Völkerrechtsverletzungen auf die betroffenen Staaten.

2.5.4.2 Materielle Aspekte

Die Ökonomik beschäftigt sich daneben auch mit materiellen Fragen der Ausgestaltung völkervertraglicher Regelungsregime.[251]

Der wohl größte Unterschied zwischen der internationalen und der nationalen Rechtsordnung besteht darin, dass erstere mit den Vereinten Nationen nur über eine äußerst schwache „Zentralgewalt" verfügt. Das materielle Völkerrecht ensteht im Wesentlichen durch spezielle Rechtsregime auf völkervertraglicher Grundlage. Diese kommen durch Zusammenarbeit spezialisierter Regierungs- und Verwaltungsvertreter zustande. Das führt dazu, dass die einzelnen Sachregime isoliert nebeneinander stehen und das Völkerrecht entsprechend „fragmentiert" ist.[252]

Das bedeutet aber nicht, dass die Sachregime nicht politisch zusammenhängen würden. Die Staaten machen vielmehr umfassend von der Möglichkeit Gebrauch, Zugeständnisse auf einem Gebiet mit Forderungen auf anderen Gebieten zu verknüpfen („linking of issues"). So haben etwa Industriestaaten und allen voran die USA Zugeständnisse in der Handelsliberalisierung von Zugeständnissen beim Schutz des geistigen Eigentums abhängig gemacht; dies hat sich in der Folge rechtlich niedergeschlagen, indem das Welthandelsrecht um den an sich sachfremden Aspekt des geistigen Eigentums ergänzt worden ist (Agreement on Trade-related Aspects of Intellectual Property Rights – TRIPS).[253] Dadurch wird die Möglichkeit erhöht „win-win-Situationen" zu schaffen; allerdings können damit auch deutlich höhere Transaktionskosten einhergehen.[254]

Die Verrechtlichung der Verknüpfung materieller Gebiete des Völkerrechts stellt heute die wohl größte Herausforderung für Völkerrechtswissenschaft und -praxis dar. Am Verhältnis etwa von Welthandelsrecht und Klimaschutzrecht[255] kann studiert werden, dass viele Bereiche typischerweise in Konflikt zueinander geraten. Übergreifende Ausgleichsmechanismen fehlen aber in der Regel. Im angesprochenen Beispiel verlagert sich dann die Entscheidung – eher zufällig – in eines der beiden Rechtsregime, weil dieses

---

[249] Vgl. dazu Morgan/Yeung (2007), 6.4.2.; Sykes (2007), 765 f. zur Bedeutung von „soft law".

[250] Vgl. dazu Morgan/Yeung (2007), 6.4.3.

[251] Vgl. dazu im Überblick Trachtman (2008), Kap. 6, 196 ff.

[252] Vgl. dazu etwa Van Asselt/Sindico/Mehling (2008).

[253] Vgl. hierzu Trachtman (2008), 198 ff.

[254] Zur ökonomischen Bewertung des „issue linking" vgl. Sykes (2007), 768 ff.

[255] Vgl. dazu unten 7.4.4.2.

Entscheidungsinstanzen und -verfahren kennt (hier das Streitschlichtungsverfahren des Welthandelsrechts).

Theoretisch würde ein Ausgleich idealerweise auf der Grundlage einer umfassenden Kosten-Nutzen-Analyse erfolgen. Auch wenn man grundsätzlich von der Möglichkeit einer Monetarisierung der einzelnen Kosten und Nutzen ausgeht, stehen dem jedoch kaum überwindbare Schwierigkeiten gegenüber.[256] Im Verhältnis des Welthandelsrechts zu anderen öffentlichen Interessen kommt es auf der Grundlage der Ausnahmeklausel des Art. XX GATT immerhin zu einer Verhältnismäßigkeitsprüfung. Aus ökonomischer Sicht wäre es natürlich wünschenswert, wenn gerade die Frage des Ausgleichs zwischen den Zielsetzungen verschiedener Rechtsregime geregelt würde; in der Praxis erweist sich das jedoch als äußerst schwierig.

2.6 Zusammenfassung

In diesem Kapitel werden der Staat und seine Verfassung zum Gegenstand einer institutionenökonomischen Analyse gemacht. Die Verfassung wird vor dem Hintergrund des methodischen Individualismus auf der Grundlage eines gedachten Konsenses rekonstruiert; damit ergeben sich Überschneidungen zu staatsphilosophischen Vertragstheorien, etwa von John Rawls. Daraus lassen sich etwa die ratio und die Grenzen von Mehrheitsentscheidungen, aber auch der Grundrechte als „individuelle Vetorechte" ableiten.

In Bezug auf den demokratischen Prozess werden sowohl Wähler als auch Politiker und Parteien als grundsätzlich rational und nutzenmaximierend verstanden; dabei wird die besondere Rolle von Informationen und von Geld („Parteienfinanzierung") betrachtet. Anhand des sog. Arrow-Paradox wird erkennbar, dass es keine logisch ableitbaren Mehrheitsentscheidungen geben kann, es vielmehr immer auf die Ausgestaltung von Abstimmungsverfahren ankommen wird. Die Begründung, warum Wähler zur Wahl gehen, obwohl die einzelne Stimme praktisch nie den Wahlausgang beeinflusst, ist ein bedeutender Anwendungsfall der Theorie der Kleinkostensituationen.

Neben der Rechtfertigung des Staates insgesamt ist auch die Rechtfertigung und Kritik der von ihm wahrgenommenen Aufgaben („Staatsaufgaben") Gegenstand ökonomischer Analyse. Vor dem Hintergrund der Theorien vom Marktversagen kann begründet werden, auf welchen Feldern der Staat komparative Vorteile hat. Das gilt natürlich in erster Linie für die Bereitstellung reiner kollektiver Güter, wie der Rechtsordnung, innerer und äußerer Sicherheit oder der Sicherung des Wettbewerbs. Strukturelle Ansatzpunkte sind etwa die Schaffung von Verfügungsrechten, die Behebung von Informationsasymmetrien oder die Beseitigung von Externalitäten. Es wird deutlich, dass die Liste der Staatsaufgaben nie abschließend und bestimmt sein kann, denn weitere Begründungansätze wie die Theori-

---

[256] Vgl. dazu grdl. Trachtman (2008), 226 ff.

en meritorischer, optionaler oder verteilungspolitischer Güter oder natürlicher Monopole verfügen nur über eine beschränkte Begründungskraft.

Hinsichtlich des Staatsaufbaus sind zwei Themenfelder von besonderem Interesse für die Ökonomik: die (horizontale) Gewaltenteilung und der Föderalismus. Vorteile der Gewaltenteilung (Kontrolle der Machtausübung, Minderheitenschutz...) sind insbesondere mit den dadurch entstehenden Transaktionskosten abzuwägen. In Bezug auf den Föderalismus als vertikale Gewaltenteilung ist die Bewertung schwieriger. Postitive Wirkung wird neben dem föderalen Wettbewerb (Theorie von „exit" und „voice") insbesondere der Möglichkeit zugesprochen, spezifischere Bündel an öffentlichen Gütern zu spezifischen Steuerpreisen anbieten zu können. Auf der anderen Seite können durch Föderalisierung Größenvorteile („economics of scale") verloren gehen und unerwünschte interföderale Externalitäten entstehen; der Wettbewerb kann zudem auch negative Folgen haben („race to the bottom").

Der moderne Staat kann schließlich nicht unabhängig von seiner Einbindung in das Netz internationaler Beziehungen gesehen werden („offene Staatlichkeit"). Auch diese Interaktionen unterliegen einer ökonomischen Analyse, die Staaten als zusätzliche rationale und nutzenmaximierende Akteure betrachtet. Vor diesem Hintergrund lässt sich die Herausbildung von Völkergewohnheitsrecht, Völkervertragsrecht und die Bildung internationaler Organisationen erklären und bewerten. Materiell lässt sich verstehen, warum die heutige Völkerrechtsordnung so fragmentiert ist und welche Chancen in einer Bündelung von Interessen („linking of issues") liegen.

Literatur

Arrow, Kenneth J. (1951), Social Choice and Individual Values, New York (Wiley).

Baldwin, Robert/Cave, Martin/Lodge, Martin (2011), Understanding Regulation. Theory, Strategy, and Practice, Oxford (Oxford University Press), 2nd ed.

Behrends, Sylke (2001), Neue Politische Ökonomie. Systematische Darstellung und kritische Beurteilung ihrer Entwicklungslinien, München (Vahlen).

Behrens, Peter (2010), Regulierung zwischen Wettbewerb und Harmonisierung aus institutionenökonomischer Perspektive, in: Forschungsinstitut für Wirtschaftsverfassung und Wettbewerb, Wettbewerbspolitik und Kartellrecht in der Marktwirtschaft: 50 Jahre FIW, Köln, S. 3–23.

Bernholz, Peter/Breyer, Friedrich (1994), Grundlagen der Politischen Ökonomie, Bd. 2: Ökonomische Theorie der Politik, Tübingen (Mohr Siebeck).

Beyerlin, Ulrich (2000), Umweltvölkerrecht, München (Beck).

Blankart, Charles (2007), Föderalismus in Deutschland und Europa, Baden-Baden (Nomos).

Blankart, Charles (2011), Öffentliche Finanzen in der Demokratie. Eine Einführung in die Finanzwissenschaft, München (Vahlen), 8. Aufl.

Blume, Lorenz/Voigt, Stefan (2011), Federalism and Dezentralization – a critical survey of frequently used indicators, Constitutional Political Economy, Bd. 22, S. 238–264.

Boadway, Robin/Shah, Anwar (2009), Fiscal Federalism: Principles and Practices of Multiorder Governance, Cambridge (Cambridge University Press).

Brennan, Geoffrey/Buchanan, James M. (1993), Die Begründung von Regeln. Konstitutionelle Politische Theorie, Tübingen (Mohr Siebeck).

Brennan, Geoffrey /Lomasky, Loren (1993), The Pure Theory of Electoral Preference, Cambridge (Cambridge University Press).

Breuss, Fritz/Griller, Stefan/Vranes, Erich (2003), The Banana Dispute: an economic and legal analysis, Wien (Springer).

Brümmerhoff, Dieter (2011), Finanzwissenschaft, München (Oldenbourg Verlag), 10. Aufl.

Buchanan, James M./Tullock, Gordon (1962), The Calculus of Consent: Logical Foundations of Constitutional Democracy, Ann Arbor (University of Michigan Press).

Congdon, William J./Kling, Jeffrey R./Mullainathan, Senhil (2011), Policy and Choice. Public finance through the lens of Behavioral Economics, Washington D.C. (Brookings Institutional Press).

Cooter, Robert D. (2000), The Strategic Constitution, Princeton (Princeton University Press).

Dalmazzone, Silvana (2006), Decentralization and the Environment, in: Ahmad/Brosio, eds. (2006), Handbook of Fiscal Federalism, Cheltenham, UK/Northhampton, MA, USA (Edgar Elgar), Kap. 18.

Dehling, Jochen/Schubert, Klaus (2011), Ökonomische Theorien der Politik. Lehrbuch, Wiesbaden (VS Verlag).

Downs, Anthony (1957), An Economic Theory of Democracy, New York (Harper & Row).

Downs, Anthony (1968), Ökonomische Theorie der Demokratie, Tübingen (Mohr).

Dylla, Daria W. (2008), Eine ökonomische Analyse der Mediendemokratie. Der Rational-Choice-Ansatz und die Stimmenmaximierung, Wiesbaden (Verlag für Sozialwissenschaften).

Eaton, Curtis B./White, William D. (1991), The Distribution of Wealth and the Efficiency of Institutions, Economic Inquiry, Bd. 29, S. 336–350.

Eichenberger, Reiner (1998), Der Zentralisierung Zähmung. Die Föderalismuskonzeption aus polit-ökonomischer Perspektive, in: Engel/Morlok, Hrsg. (1998), Öffentliches Recht als Gegenstand ökonomischer Forschung, Tübingen (Mohr Siebeck), S. 157–171.

Feldmann, Horst (1999), Opfertheoretische Aspekte der Institutionenökonomik, Berlin (Duncker & Humblot).

Fraenkel, Ernst (1991), Deutschland und die westlichen Demokratien, Frankfurt a. M. (Suhrkamp).

Fritsch, Michael (2014), Marktversagen und Wirtschaftspolitik. Makroökonomische Grundlagen staatlichen Handelns, München (Verlag Franz Vahlen), 9. Aufl.

Gerken, Lüder (1999), Der Wettbewerb der Staaten, Tübingen (Mohr Siebeck).

Giegerich, Thomas (2010), Wettbewerb von Rechtsordnungen, VVDStRL, Bd. 69, S. 57–99.

Goldsmith, Jack A./Posner, Eric A. (1999), A Theory of Costumary International Law, University of Chicago Law Review, Bd. 66, S. 1133–1177.

Goldsmith, Jack A./Posner, Eric A. (2005), The Limits of International Law, Oxford (Oxford University Press).

Gosch, Dietmar (2008), Über das Treaty Overriding. Bestandsaufnahme – Verfassungsrecht – Europarecht, IStR, S. 413–421.

Habermas, Jürgen (2009), Faktizität und Geltung. Beiträge zur Diskursthorie des Rechts und des demokratischen Rechtsstaats, Frankfurt a. M. (Suhrkamp), 4. Aufl.

Hamilton, Alexander/Madison, James/Jay, John (2010), The Federalist Papers, ed. by Michael A. Genovese, New York (Palgrave Macmillan).

Herder-Dornreich, Philipp (1979), Konkurrenzdemokratie – Verhandlungsdemokratie. Politische Strategien der Gegenwart, Stuttgart u. a. (Kohlhammer)

Hirschman, Albert O. (1970), Exit, Voice and Loyality, Cambridge MA (Harvard University Press).

Hirschman, Albert O. (1974), Abwanderung und Widerspruch. Reaktionen auf Leistungsabfall bei Unternehmen, Organisationen und Staaten, Tübingen (Mohr Siebeck).

Hirschman, Albert O. (1992), Abwanderung und Widerspruch und das Schicksal der Deutschen Demokratischen Republik. Ein Essay zur konzeptionellen Geschichte, Leviathan, Bd. 20, S. 330–358.

Homann, Karl/Suchanek, Andreas (2005), Ökonomik: eine Einführung, Tübingen (Mohr Siebeck), 2. Aufl.

Joskow, Paul L. (2007), Regulation and Natural Monopoly, in: Polinsky/Shavell, eds. (2007), Handbook of Law and Economics, vol. II, Amsterdam et al. (Elsevier), S. 1227–1348.

Kant, Immanuel (1923), Kant's gesammelte Schriften, Band 8: Abhandlungen nach 1781, herausgegeben von der Königlich Preußischen Akademie der Wissenschaften, Berlin (Reimer u. a.).

Kirchgässner, Gebhard (2000), Homo Oeconomicus: das ökonomische Modell individuellen Verhaltens und seine Anwendung in den Wirtschafts- und Sozialwissenschaften, Tübingen (Mohr Siebeck), 2. Aufl.

Kirchgässner, Gebhard (2011), Tax Morale, Tax Evasion and the Shadow Economy, in: Schneider, F., ed. (2010), Handbook on the Shadow Economy, Cheltenman, UK/Northampton, MA, USA (Edward Elgar), S. 347–374.

Kirchgässner, Gebhard (2013), Sanfter Paternalismus, meritorische Güter und der normative Individualismus, Jahrbuch für normative und institutionelle Grundfragen der Ökonomik, Bd. 12, S. 41–62.

Kirsch, Guy (2004), Neue Politische Ökonomie, Stuttgart (Lucius & Lucius), 5. Aufl.

Kobayashi, Bruce H./Ribstein, Larry E. (2007), Economics of Federalism, vol. 1 and 2, Cheltenham, UK/Northampton, MA, USA (Edward Elgar).

Kohler, Uwe (2010), Politikfinanzierung. Probleme und Lösungen im Lichte von Law and Economics, Baden-Baden (Nomos).

Lehmann-Brauns, Richard (2008), Die Zustimmungsbedürftigkeit von Bundesgesetzen nach der Föderalismusreform, Berlin (Duncker & Humblot).

Lueg, Barbara (2010), Ökonomik des Handelns mit Umweltrechten. Umweltökonomische Grundlagen, Instrumente und Wirkungen - insbesondere in der EU, Frankfurt a. M. u. a. (Peter Lang).

Marciano, Alain/Josselin, Jean-Michel (2003), From Economic to Legal Competition. New Perspectives on Law and Institutions in Europe, Cheltenham, UK/Northampton, MA, USA (Edward Elgar).

Marciano, Alain/Josselin, Jean-Michel, eds. (2005), Law and the State. A Political Economy Approach, Cheltenham, UK/Northhampton, USA (Edward Elgar).

Maslow, Abraham. H. (1978), Motivation und Persönlichkeit, Olten/Freiburg i. B. (Wagner-Verlag), 2. Aufl.

Mathis, Klaus (2009), Effizienz statt Gerechtigkeit? Auf der Suche nach den philosophischen Grundlagen der Ökonomischen Analyse des Rechts, Berlin (Duncker & Humblot), 3. Aufl.

McNollGast (Akronym für Mathew D. Cubbins/Roger G. Noll/Barry R. Weingast) (2007), The Public Economy of Law, in: Polinski/Shavell, eds., Handbook of Law and Economics, vol. 2, Amsterdam et al. (North Holland), Kap. 22, S. 1651–1738.

Montesquieu (1748), De l'Esprit des Lois (Genf) (deutsch: Vom Geist der Gesetze, übersetzt und herausgegeben von Ernst Forthoff, Tübingen (J.C.B. Mohr) 1972).

Morgan, Bronwen/Yeung, Karen (2007), An Introduction to Law and Regulation. Text and Materials, Cambridge (Cambridge University Press).

Musgrave, Richard A. (1957), A Multiple Theory of Budget Determination, Finanzarchiv, Bd. 17, S. 333–343.

Niedermayer, Oskar (2013), Die Piratenpartei, Wiesbaden (Springer)

North, Douglass Cecil (1990a), Institutions, Institutional Change and Economic Performance, Cambridge.

Nücken, Sandro (2013), Nationaler Steuerwettbewerb. Eine rechtsvergleichende Analyse des bundesstaatlichen Steuerwettbewerbs in der Schweiz, den Vereinigten Staaten von Amerika und der Bundesrepublik Deutschland, Baden-Baden (Nomos).

Oates, Wallace E. (1972), Fiscal Federalism, New York (Harcourt).

Oeter, Stefan (1998), Erprobung der Konstitutionellen Politischen Ökonomie an Einzelfragen - Föderalismus, in: Engel/Morlok, Hrsg. (1998), Öffentliches Recht als Gegenstand ökonomischer Forschung, Tübingen (Mohr Siebeck), S. 119–155.

Olson, Mancur (1969), Strategic Theory and Its Applications, The American Economic Review, Bd. 59, S. 479–503.

Parisi, Francesco/Fon, Vincy (2009), The Economics of Lawmaking, Oxford (Oxford University Press).

Peters, Anne (2010), Wettbewerb von Rechtsordnungen, VVDStRL, Bd. 69, S. 7–53.

Petersen, Niels (2011), The Role of Consent and Uncertainty in the Formation of Customary International Law, Bonn (Reprints of the Max Planck Institute for Research on Collective Goods 2011/4).

Posner, Richard A. (2011), Economic Analysis of Law, New York (Aspen Publishers), 8th ed.

Rae, Douglas/Daudt, Hand (1976), The Ostrogorski Paradox: A Pecularity of Compound Majority Decision, European Journal of Political Research, Bd. 4, S. 391–398.

Rawls, John (1972), A Theory of Justice, Oxford (Oxford University Press), (deutsch: Eine Theorie der Gerechtigkeit, Frankfurt a. M. (Suhrkamp) 1975).

Richter, Wolfram F. (2002), Wettbewerb der Institutionen, Oxford u. a. (Blackwell).

Richter, Rudolf/Furubotn, Eirik G. (2010), Neue Institutionenökonomik, Tübingen (Mohr Siebeck), 4. Aufl.

Rodi, Michael (2012b), Legal Authority to Enact Environmental Taxes, in: Milne/Andersen, eds. (2012), Handbook of Research on Environmental Taxation, Oxford (Edward Elgar), S. 59–81

Rowley, Charles K. (2005), An intellectual history of law and economics: 1739–2003, in: Parisi/Rowley, Hrsg. (2005), The Origins of Law and Economics. Essays by the Founding Fathers, Cheltenham u. a. (Edward Elgar), S. 3–32.

Salzberger, Eli B./Elkin-Koren, Niva (2005), The effects of cyberspace on the economic theory of the state, in: Marciano/Josselin, eds. (2005), Law and the State. A Political Economy Approach, Cheltenham, UK/Northampton, MA, USA (Edward Elgar), S. 58–99.

Schaltegger, Christoph A. (2003), Fiskalischer Föderalismus und Staatstätigkeit, Zeitschrift für Wirtschaftspolitik, Bd. 52, S. 84–110.

Schick, Gerhard (2003), Doppelter Föderalismus in Europa. Eine verfassungsökonomische Untersuchung, Frankfurt a. M. (Peter Lang) (=Cay Fokers, Hrsg., Kollektive Entscheidungen, Wirtschaftspolitik und öffentliche Finanzen, Bd. 11).

Schmid-Lübbert, Stefanie (2003), Constitutional Economics and the Federal Constitution of the European Union, in: Van Aaken/Schmid-Lübbert, Hrsg. (2003), Beiträge zur ökonomischen Theorie im Öffentlichen Recht, Wiesbaden (Deutscher Universitäts-Verlag), S. 25–46.

Schröder, Guido (2008), Positive Medienökonomik. Institutionenökonomischer Ansatz für eine rationale Medienpolitik, Baden-Baden (Nomos).

Schumpeter, Joseph A. (1946), Kapitalismus, Sozialismus und Demokratie, Bern (Francke)

Sen, Amartya Kumar (1977), Rawls versus Bentham: Eine axiomatische Untersuchung des reinen Verteilungsproblems, in: Höffe, Hrsg. (1977), Über John Rawl's Theorie der Gerechtigkeit, Frankfurt a.M. (Suhrkamp), S. 283–295.

Sobota, Katharina (1998), Staatsaufgaben, in: Engel/Morlok, Hrsg. (1998), Öffentliches Recht als Gegenstand ökonomischer Forschung, Tübingen (Mohr Siebeck), S. 287–309.

Spahn, Paul Bernd (2006), Contract Federalism, in: Ahmad/Brosio, eds. (2006), Handbook of Fiscal Federalism, Kap. 7, S. 182–197.

Sykes, Alan O. (2007), International Law, in: Polinsky/Shavell, eds. (2007), Handbook of Law and Economics, vol. 1, Amsterdam et al. (North Holland), Kap. 11, S. 757–826.

Tiebout, Charles (1956), A Pure Theory of Local Expenditures, in: Journal of Political Economy, Bd. 64, S. 416–424.

Towfigh, Emanuel V./Petersen, Niels (2010), Ökonomische Methoden im Recht. Eine Einführung für Juristen, Tübingen (Mohr Siebeck).

Trachtman, Joel P. (2008), The Economic Structure of International Law, Cambridge, Massachusetts and London (Havard University Press).

Tschentscher, Axel (2003), Der Konsensbegriff in Vertrags- und Diskurstheorien, in: Van Aaken/Schmid-Lübbert, Hrsg. (2003), Beiträge zur ökonomischen Theorie des Öffentlichen Rechts, Wiesbaden (Deutscher Universitäts-Verlag), S. 119–134.

Van Aaken, Anne (2003a), Normative Grundlagen der ökonomischen Theorie im öffentlichen Recht, in: Van Aaken /Schmid-Lübbert, Hrsg. (2003), Beiträge zur ökonomischen Theorie im Öffentlichen Recht (Ökonomische Analyse des Rechts), Wiesbaden (DUV), S. 89–118.

Van Asselt, Harro/Sindico, Francesco/Mehling, Michael A. (2008), Global Climate Change and the Fragmentation of International Law, Law & Policy, Bd. 30, S. 423–449.

Vanberg, Viktor (2008), Wettbewerb und Regelordnung, in: Goldschmidt/Wohlgemuth, Hrsg. (2008), Wettbewerb und Regelordnung, Tübingen (Mohr Siebeck).

Van den Hauwe, Ludwig (2005), Constitutional Economics II, in: Backhaus, ed. (2005a), The Elgar Companion to Law and Economics, Kap. 13, 223–238.

Van Meerhaeghe, Marcel A. G. (2012), Globalization: concept, outcome, future - a continental view, European Journal on Law and Economics, Bd. 33, S. 239–306.

Voigt, Stefan (1998), Das Forschungsprogramm der Positiven Konstitutionenökonomik, in: Grözinger/ Panther, Hrsg. (1998), Konstitutionelle Politische Ökonomie. Sind unsere gesellschaftlichen Regelsysteme in Form und guter Verfassung?, Marburg (Metropolis), S. 279–319.

Voigt, Stefan (2009), Institutionenökonomik, Paderborn (Fink), 2. Aufl.

Von Arnim, Hans H. (2002), Die neue Parteienfinanzierung, DVBl, S. 1065–1078.

Von Arnim, Hans H. (2003), Parteienfinanzierung: Zwischen Notwendigkeit und Missbrauch, NVwZ, S. 1076–1079.

Von der Pfordten, Dietmar (2005), Normativer Individualismus und das Recht, JZ, S. 1069–1080.

Weigel, Wolfgang (2003), Rechtsökonomik, München (Vahlen).

Weigel, Wolfgang (2006), Why Promote the Economic Analysis of Public Law?, Homo Oeconomicus, Bd. 23, S. 195–216.

Wicksell, Knut (1986), Finanztheoretische Untersuchungen, Jena (Gutav Fischer).

Wohlgemuth, Michael (2005), Schumpeterian political economy and Downsian public choice: alternative economic theories of democracy, in: Marciano/Josselin, eds. (2005), Law and the State. A Political Economy Approach, Cheltenham, UK/Northampton, MA, USA (Edward Elgar), S. 21–57.

Ökonomische Theorie von Institutionen und Organisationen

3

3.1 Grundlagen

Die Beschäftigung mit Unternehmen und anderen Organisationen ist klassischer Bestandteil der Ökonomie und heute auch der Institutionenökonomik.[1]

3.1.1 Bedeutung von Organisationen

Bisher wurde unterstellt, dass Individuen auf den Märkten agieren und interagieren, um Kooperationsgewinne zu erzielen. Die moderne Gesellschaft wird jedoch wesentlich durch das Handeln von Organisationen als „korporative Akteure" geprägt; zutreffend wird sie deshalb auch als „Organisationsgesellschaft" bezeichnet.[2]

Dieser Bedeutung trägt die Institutionenökonomik Rechnung und würdigt die Besonderheiten von Organisationen, die als entscheidungsfähige Einheit – eben als „korporative Akteure" auf den Märkten oder in der Politik „agieren". Organisationen haben trotz vielfältiger Erscheinungsformen (als Unternehmen, Interessengruppen, Medienanstalten, internationale Organisationen usw.) gemeinsam, dass sie als „Netzwerk von Verträgen" eine institutionelle Struktur aufweisen, damit im Außenverhältnis handlungsfähig werden und eigenständige Ziele verfolgen können. Organisationen dienen der Aneignung zusätzlicher Kooperationsgewinne, die ohne sie nicht oder nicht ebenso gut angeeignet werden

---

[1] Vgl. dazu einführend Homann/Suchanek (2005), Kap. 5.1 und 5.2 sowie vertiefend Waldkirch (2002), Kap. 5.

[2] Coleman (1992), Originaltitel: Foundations of Social Theory, 1990.

© Springer-Verlag Berlin Heidelberg 2014
M. Rodi, *Ökonomische Analyse des Öffentlichen Rechts*,
DOI 10.1007/978-3-662-43594-6_3

könnten. Wie *Herbert Simon* bereits 1945 aufgezeigt hat,[3] zeigen sich die Probleme einer „bounded rationality" gerade auch in Bezug auf Organisationen und ihre Mitglieder.[4]

3.1.2 Organisationstheoretische Ansätze

Die Organisationsökonomik hat bis heute eine Vielzahl von Erklärungsansätzen entwickelt. Dabei lassen sich weniger selbständige Theorien unterscheiden als Argumentationsfiguren, die in komplexeren Theorien fortentwickelt werden. Vorliegend soll der Versuch unternommen werden, klassische Konzepte, handlungstheoretische Konzepte auf der Grundlage der Neuen Institutionenökonomik sowie schließlich systemtheoretische Netzwerkansätze abzuschichten.

3.1.2.1 Klassische Organisationsökonomik

Das klassische Konzept (zum Beispiel Hayek) versteht unter einer Organisation ein soziales Gebilde mit einheitlicher, eigener Ziel- und Zwecksetzung. Vorbild ist dabei insbesondere die Firma,[5] theoretischer Referenz- und Ausgangspunkt ist das Unternehmen mit seiner Produktionsorientierung und dem damit verfolgten Ziel der Gewinnmaximierung.[6] Dieser Blickwinkel ist auch heute noch relevant, er stellt quasi den kleinsten gemeinsamen Nenner der Organisationsökonomik dar. Die Konzentration auf die Etablierung eines eigenständigen Akteurs ist natürlich stark auf das Außenverhältnis von Organisationen gemünzt. Im Innenverhältnis blenden klassische Ansätze Interessen und Motive unterschiedlicher Gruppen von Organisationsmitgliedern weitgehend aus; sie gehen im Wesentlich noch von einem hierarchischen Grundverständnis juristischer Personen aus: Die Governance-Form des Arbeitsvertrages führt zum Archetyp der Organisation auf der Grundlage hierarchischer Interaktion im Wege von Weisungen.

3.1.2.2 Handlungstheoretische Konzepte auf der Grundlage der Neuen Institutionenökonomik

Mit der hier zugrundegelegten *interaktionsökonomischen Perspektive* ist das vertragstheoretische Konzept am besten vereinbar, wie es insbesondere auch von *Homann* und *Suchanek* vertreten wird.[7] Es interpretiert Organisationen als institutionelles Arrangement individueller Akteure (Netzwerk von Verträgen), mit dem ein eigenständiger „korporativer Akteur" geschaffen wird, der selbst als Interaktionspartner auftritt. Damit können wechselseitig

---

[3] Simon (1945/1981), Kap. V, 115 ff.

[4] Vgl. etwa Ørsted Nielsen (2012), 446 f.

[5] Grdl. Coase (1937), 386 ff.

[6] Waldkirch (2002), 5.3.1.

[7] Homann/Suchanek (2005), 2.2.2.

vorteilhafte Kooperationen sowohl im Innen- als auch im Außenverhältnis in den Blick genommen werden.[8]

Auf dieser Grundlage beruht etwa die *Anreiz-Beitrags-Theorie* der Organisation.[9] Sie geht von der Frage aus, warum Individuen Organisationsmitglieder werden (Anreize) und wie sie sich als Mitglieder verhalten (im Streben nach individuellen Vorteilen). Einen Anreiz zur Mitgliedschaft haben Individuen in Erwartung individueller Vorteile; sie sind im Gegenzug dazu bereit, Beiträge in Form der Erfüllung von Eintrittsbedingungen oder in Form einer laufenden Erfüllung von Aufgaben zu leisten. Dies kann aber auch nur einen Teilaspekt von Organisationen erfassen, denn damit wird die Einheit der Organisation aus dem Auge verloren, zudem aber auch andere relevante Akteure, wie die Kunden oder Lieferanten eines Unternehmens, die Spender einer Interessensorganisation etc.

Damit rückt für die Organisationsökonomik die Frage der Organisationsverfassung in den Mittelpunkt des Interesses.[10] Das betrifft nicht nur die Frage der Handlungsfähigkeit. Wie ein System fein abgestimmter gemeinschaftlicher Ausübung von Verfügungsrechten organisiert wird, ist ein Wert an sich, prägt die Organisationskultur[11] und die Einstellungen von internen und externen Akteuren zu der Organisation.[12] Die Organisationskultur führt zu „corporate identity", an die Reputation und Verantwortungszuschreibungen anknüpfen können.

3.1.2.3 Systemtheoretische Netzwerkansätze

Damit ist eine strikte Trennung von Innen- und Außenverhältnis aufgehoben. Die Organisation tritt als System in Erscheinung. Als analytischer Ansatz können systemtheoretische Netzwerkansätze dienen, die Funktionszusammenhänge von Organisationen in den Mittelpunkt des Interesses stellen. An dieser Stelle kann die Systemtheorie (als gesellschaftliche Großtheorie) mit der Ökonomik (auf der Grundlage des methodischen Individualismus) eine fruchtbare Symbiose eingehen. Dies liegt auch insofern nahe, als Organisationen Ausgangspunkt der Entwicklung der Systemtheorie waren;[13] in diesem Zusammenhang wendet sich auch *Luhmann* gegen das „Modell der zweckorientieren Hierarchie".[14] Stattdessen plädiert er für eine Betrachtung auf der Grundlage der System-Umwelt-Differenz.[15]

---

[8] Waldkirch (2002), 5.3.3.

[9] Vgl. etwa grdl. Simon (1945/1981), 145 f.

[10] Vgl. dazu Waldkirch (2002), 5.3.5.

[11] Dazu grdl. Kreps (1999), 90 ff.

[12] Zur Organisationskultur als zentraler Argumentationsfigur der Organisationsökonomik vgl. Waldkirch (2002), 5.3.4.

[13] Luhmann (1964/1999).

[14] Luhmann (2011), 426; gegen die Zweckorientierung sowie das hierarchische Paradigma der Organisationstheorie vgl. bereits Luhmann (1999), Kap. 2.

[15] Zur Organisationstheorie Luhmanns vgl. Waldkirch (2002), 4.3.

Dies passt zu neueren Strömungen auch der ökonomischen Organisationstheorie, die die Bedeutung der Interdependenz von Innen- und Außenverhältnis bei der Analyse von Organisationen betonen. Entsprechend sind Organisationen nicht nur in ihrer Funktion für die Mitglieder, sondern auch als Fixpunkte der Zurechnung für Interaktionsfolgen aus gesellschaftlicher Sicht bedeutsam. Damit kann in der Ausdifferenzierung gesellschaftlicher Arbeitsteilung auch die Verantwortungszurechnung für Interaktionsfolgen präzisiert werden. Aufgrund ihrer Selbstbindungsfähigkeit können Organisationen Vertrauenstatbestände (nach innen und außen) begründen.[16] Damit können etwa multinational agierenden Unternehmen auch Verantwortungserwartungen zugeschrieben werden, denen sie nicht ohne weiteres aus dem Weg gehen können. Interessant ist dies auch vor dem Hintergrund, dass die Organisationsstrukturen immer komplizierter werden und es dabei auf die Außenwahrnehmung ankommt: so stand etwa Shell im Fokus der Diskussion über die Versenkung der Ölplattform Brent Spar im Meer, obwohl Esso formal zu 50 % an der konkreten Firma beteiligt war (bei Shell lag aber die Geschäftsführung). Eine „Verschleierung von Strukturen" kann so zum Bumerang werden und Organisationen werden gezwungen, in ihr „Reputationskapital" zu investieren.

3.2 Grundprobleme der Organisationsökonomik

Aus der Fülle organisationsökonomischer Erkenntnisse können vorliegend nur einige wenige kurz skizziert werden, die auch für eine Analyse des Öffentlichen Rechts von Interesse sind.[17]

3.2.1 Freiheit und Bindung bei der Gründung von Organisationen

Eine moderne Gesellschaft ist ohne ein ausdifferenziertes System gesellschaftlicher Organisationen nicht vorstellbar. Sie reduzieren Unsicherheiten bei der Interaktion von Individuen, kompensieren Verluste traditioneller Autoritäten, wirken gesellschaftlich integrierend und dienen als Fixpunkte für ausgeübtes Vertrauen.[18] So sind auch aus der Sicht der Ökonomik ausdifferenzierte Interaktion und Kooperation Einzelner ohne sie nicht denkbar.

Die Möglichkeiten zur Gründung und Ausgestaltung von Organisationen hängen entscheidend von der Rechtsordnung ab. Das Grundgesetz spiegelt das durch die grundlegende Wertentscheidung für die Vereinigungsfreiheit in Art. 9 GG wider. Neben seinem abwehrrechtlichen Gehalt statuiert diese Norm einen Gestaltungsauftrag an den Gesetzgeber,

---

[16] Grdl. zu dieser Perspektive Waldkirch (2002), 5.5.

[17] Vgl. dazu im Überblick Homann/Suchanek (2005), 5.2.2.

[18] Zu den gesellschaftlichen Funktionen von Organisationen aus der Perspektive der Systemtheorie vgl. Waldkirch (2002), 4.3.2.3.

der für ein funktionsgerechtes Vereins- und Gesellschaftsrecht sowie Tarifvertragsrecht zu sorgen hat.

Große Bedeutung hatte in diesem Zusammenhang die „Erfindung" der *Figur der juristischen Person* durch die Rechtswissenschaft.[19] Erst durch sie wurde es möglich, dass Personenmehrheiten zu einem eigenständigen Akteur im Rechtsleben werden konnten. Das Grundgesetz greift diese Rechtsfigur auf und erklärt juristische Personen zu Trägern von Grundrechten, soweit sie ihrem Wesen nach auf diese anwendbar sind (Art. 19 Abs. 2 GG).

Für die Frage, in welchem Umfang Kooperationsgewinne durch Organisationen erzielt werden können, sind daneben die Handlungsformen (des Zivilrechts, aber auch des Öffentlichen Rechts) bedeutsam: Hier wurden die Organisationsformen über den Verein und die BGB-Gesellschaft hinaus durch die handelsrechtlichen Körperschaften (OHG, KG, GmbH, AG), aber auch besondere Organisationsformen wie Parteien (ParteienG) oder Partnerschaften (PartG) erweitert.

3.2.2 Entscheidungs-, Verteilungs- und Kontrollprobleme in Organisationen

Die Rechtsfigur der juristischen Person ermöglicht es Organisationen, im Außenverhältnis als Einheit aufzutreten und rechtsrelevante Entscheidungen zu treffen. Das führt aber nicht dazu, dass man sie auch im Innenverhältnis als einheitliche Person betrachten könnte, die ihren Nutzen auf der Grundlage einer einheitlichen Präferenzenstruktur maximieren würde. Vielmehr treten hier die (unterschiedlichen) Interessen der einzelnen Mitglieder in den Blick und damit Entscheidungs-, Verteilungs- und Kontrollprobleme.

Organisationen müssen grundsätzlich kollektiv entscheiden, also aus dem heterogenen Willen der Mitglieder einen einheitlichen Willen bilden. Dies betrifft zunächst die Entscheidungen im Außenverhältnis und damit die Frage der Maximierung der Kooperationsgewinne. Im Innenverhältnis ist über die Verwendung der von den Mitgliedern eingebrachten Ressourcen und über die Verteilung der Erträge zu entscheiden. Dazu dienen die Organe der Organisation, wie sie durch die Rechtsordnung vorgegeben und in Gesellschaftsverträgen weiter ausgestaltet werden (etwa mit handelnden Organen wie dem Vorstand und Entscheidungsorganen wie der Mitgliederversammlung).

Damit kommt es in Organisationen in besonderer Weise zu Prinzipal-Agenten-Beziehungen[20] und damit verbundenen Kontrollproblemen. Mitglieder haben oft nur beschränkte Möglichkeiten, die Entscheidungen der Führung zu kontrollieren und zu beeinflussen. In diesem Zusammenhang wurde die Theorie von „exit und voice" entwickelt.[21] Gerade in großen Unternehmen ist die Möglichkeit der Einflussnahme („voice") durch die

---

[19] Vgl. dazu etwa Beuthien (2011).

[20] Siehe dazu schon oben 1.2.3.5. zu Marktversagen durch Informationsmängel.

[21] Vgl. dazu bereits oben 2.4.2.2.1 im Zusammenhang mit Fragen des Föderalismus.

Mediatisierung der Entscheidungsstrukturen gering. Damit bleibt als Reaktionsmöglichkeit noch, die Organisation zu verlassen („exit").[22]

Vor diesem Hintergrund und angesichts der erheblichen Bedeutung und Außenwirkung von Verbänden überrascht es, dass der Staat die Struktur und Innenbeziehungen von Verbänden nicht näher geregelt hat. Wegen damit verbundener „Demokratiedefizite" wurde in den 70er Jahren die Forderung nach einem Verbändegesetz laut.[23] Der Gesetzgeber ist allerdings bis heute untätig geblieben.

3.2.3 Außenbeziehungen

Im Außenverhältnis treten Organisationen als Interaktions- und Kooperationspartner auf. Hier sind grundsätzlich die allgemeinen Annahmen des Rationalverhaltensmodells übertragbar. Allerdings dürfen die Unterschiede von Individuen und Organisationen nicht vernachlässigt werden. So sind etwa korporative Akteure in der Regel wesentlich stärker auf die Wahrnehmung bestimmter Aufgaben zugeschnitten; ihr Erfolg hängt damit erheblich von der Reputation ab, die sie in Bezug auf diese genießen.

Auch in diesem Zusammenhang spielt die staatliche Rechtsordnung eine bedeutende Rolle. Diese muss etwa Regeln über Handlungsfolgen und Verantwortung aufstellen. So können nach deutschem Recht Organisationen etwa mit Ordnungswidrigkeiten belegt werden (zum Beispiel Bußgelder für Kartellverstöße). Anders als nach dem amerikanischen Recht können jedoch gegen die Organisation als solche keine strafrechtlichen Sanktionen verhängt werden (sondern nur gegen einzelne Mitglieder wegen individuell zurechenbaren strafwürdigen Verhaltens); darüber wird aber gegenwärtig rechtspolitisch diskutiert.[24]

3.3 Einzelne Organisationstypen

3.3.1 Unternehmen

3.3.1.1 Grundlagen

Die Institutionenökonomik interessiert sich für die Organisation Unternehmen als korporativen Akteur.[25] Auf dieser Grundlage stellen sich Unternehmen als ein *Geflecht von Interessen* dar. Diejenigen, deren Interessen durch das Unternehmen betroffen sind, werden als „stakeholder" bezeichnet; im Mittelpunkt stehen dabei die Produktionsfaktoren „Kapi-

---

[22] Vgl. hierzu Dehling/Schubert (2011), 7.2.

[23] Vgl. dazu etwa Behrends (2001), 234 ff.; Teubner (1977), 23 ff.

[24] Vgl. zu dieser Debatte etwa Laue (2010), 339 ff.

[25] Vgl. hierzu einführend Homann/Suchanek (2005), 5.3 und vertiefend Richter/Furubotn (2010), Kap. VIII.

tal" und „Arbeit". Die Anteilseigner interessieren sich insbesondere für den „shareholder value"; für die Arbeitnehmer stehen insbesondere (gesicherte) Verdienstmöglichkeiten im Vordergrund; daneben lassen sich eigenständige Interessen von Kunden, Lieferanten, Konkurrenten, staatlichen Instanzen sowie anderen Verbänden identifizieren.

Nach wie vor stellt die *Gewinnmaximierung* eine wichtige Zielsetzung von Unternehmen dar; Unternehmen, die über längere Zeit keine Gewinne machen, werden nämlich vom Markt verschwinden. Im Gegensatz zu neoklassischen Vorstellungen wird das heute jedoch wesentlich differenzierter gesehen: So spielt neben dem laufenden Gewinn (Bilanzgewinn) auch die Entwicklung des Unternehmenswertes eine wichtige Rolle. Damit zusammenhängend, aber doch auch eigenständig wird die große Bedeutung der Unternehmensreputation gesehen (mit den Elementen Unternehmenskultur, Unternehmensethik, soziale Verantwortung…), durch die Integration nach innen sowie Akzeptanz nach außen begründet werden; beide Aspekte können sich wertsteigernd auswirken.[26]

Eine zentrale Neuerung der Unternehmenstheorie liegt darin, die „black box" Unternehmung zu öffnen. Die Binnenstruktur des Unternehmens gerät dann als ein Geflecht von Interessen und Verträgen in den Blick. Im Verhältnis der wichtigsten internen „stakeholder" Kapital/Eigentümer, Führung/Leitung und Mitarbeiter lassen sich folgende zentrale Problemstellungen unterscheiden: Im Verhältnis Eigentümer/Unternehmensleitung stellt sich ein Kontrollproblem, das sich als typische Prinzipal-Agenten-Beziehung darstellen lässt.[27] Im Verhältnis Mitarbeiter/Unternehmensleitung stellt sich die Frage der Mitbestimmung, die die erstgenannte Beziehung (Verfügungsrechte) „verdünnt".[28] Schließlich zeigt sich auch im Verhältnis Unternehmensführung/Mitarbeiter eine wichtige Kontroll- und damit Prinzipal-Agenten-Beziehung; sie wird heute zu Recht nicht mehr nur als Problem effektiver Überwachung, sondern vielmehr als Motivationsproblem gesehen.[29]

Auch im Außenverhältnis ist die Sichtweise heute wesentlich differenzierter; hier werden ebenfalls die Beziehungen zu einzelnen Stakeholdern wie Kunden, Lieferanten, Behörden, Nicht-Regierungsorganisationen etc. näher in den Blick genommen.[30] In diesem Zusammenhang ist auch die Frage nach der Größe und den Grenzen des Unternehmens zu nennen,[31] die Rückwirkungen auf das Vertrags- und Beziehungsgeflecht des Unternehmens und seine Organisation hat: das betrifft die Frage nach Fusionen, horizontalen und vertikalen Integrationen wie die viel diskutierte Erscheinung des „Outsourcing".

3.3.1.2 Gesellschaftsrecht und Unternehmensorganisation

Sieht man Unternehmen als Netzwerk von Verträgen, so wäre es theoretisch vorstellbar, dass sich diese auf der Grundlage von Vertragsfreiheit und allgemeinem Vertragsrecht her-

---

[26] Richter/Furubotn (2010), VIII.2.

[27] Vgl. dazu etwa Richter/Furubotn (2010), VIII.4.

[28] Vgl. dazu etwa Homann/Suchanek (2005), 5.3.2.4.

[29] Vgl. hierzu etwa Homann/Suchanek (2005), 5.3.2.3.

[30] Für einen Überblick vgl. Homann/Suchanek (2005), 5.3.1.2.

[31] Vgl. dazu Homann/Suchanek (2005), 5.3.2.2.

ausbilden. Das Recht hat jedoch aus guten Gründen eine andere Entwicklung genommen und ein spezifisches Unternehmensrecht beziehungsweise Gesellschaftsrecht entwickelt. Dieses sieht teilweise erhebliche Einschränkungen in der Freiheit der Unternehmensorganisation (Formenzwang[32] oder Mitbestimmung), auch erhebliche Privilegierungen (zum Beispiel Haftungsbegrenzung) vor. Auch wenn es sich hier um Zivilrecht handelt, sollen doch im Folgenden einige dieser Regelungsbereiche kurz skizziert werden, da mit diesen Vorgaben spezifische öffentliche Interessen verfolgt werden.[33]

3.3.1.2.1 Haftungsbegrenzung

Eine aus der Sicht der Ökonomik äußerst interessante und bedeutsame Privilegierung von Unternehmen ist in der Haftungsbegrenzung zu sehen, soweit diese als juristische Personen organisiert sind.[34] Im Fall ihres Scheiterns steht damit für die Befriedigung der Gläubiger nur das Eigenkapital der Unternehmen zur Verfügung; ein Rückgriff auf die Gesellschafter und Anteilseigner ist augeschlossen. Damit werden in erheblichem Umfang Konsequenzen unternehmerischer Fehlentscheidungen auf mehr oder weniger stark beteiligte Dritte externalisiert.

Es steht außer Frage, dass die Entwicklung der heutigen westlichen Wirtschaft in der Folge der industriellen Revolution ohne eine solche Haftungsbeschränkung nicht denkbar gewesen wäre. Insbesondere wäre das Einsammeln des für große Unternehmen (etwa Eisenbahnen) erforderlichen Kapitals auf der Grundlage eines organisierten Kapitalmarktes nicht möglich gewesen.[35] Ansonsten (auf der Grundlage einer unbegrenzten gesamtschuldnerischen Haftung) wären die Informationskosten möglicher Geldgeber schlicht zu hoch; sie müssten sich im Einzelnen über die Solidität des Unternehmens und die Kreditfähigkeit anderer Gesellschafter erkundigen. Zudem würden sie prohibitiv hohe Zinsen verlangen. Schließlich wäre auch eine freie Übertragbarkeit der Anteile und damit ein funktionierender Kapitalmarkt ohne beschränkte Haftung nicht denkbar; nur so lässt sich einigermaßen zuverlässig der Wert des Anteils ermitteln, da es auf die persönliche Vermögenssituation der Anteilseigner nicht entscheidend ankommt.

Der Gesetzgeber hat jedoch Möglichkeiten, das Ausmaß externer Effekte der Haftungsbegrenzung zu steuern, ohne sie insgesamt in Frage stellen zu müssen. Wie gerade die Bankenkrise gezeigt hat, kann er die Anforderungen an die Eigenkapitalisierung erhöhen. Schließlich kann er auch punktuell Schadensexternalisierungen verhindern, insbesondere durch die Anordnung von Haftpflichtversicherungen. Das kommt insbesondere im Fall sogenannter Zwangsgläubiger in Betracht, da sich ja Vertragsgläubiger selbst schützen können (etwa durch dingliche Sicherungen), etwa für Produktkunden hinsichtlich ihrer Gewährleistungsansprüche (Anordnung von Produkthaftpflichtversicherungen). Kontrovers

---

[32] Vgl. zur Diskussion dazu Schäfer/Ott (2012), Kap. 25.5.

[33] Für einen Überblick zur Ökonomik der Unternehmensorganisation vgl. Schäfer/Ott (2012), Teil 5 oder Adams (2004), Teil 5.

[34] Vgl. hierzu grdl. Adams (2004), 5. Teil, 239 ff. („Kontrolle und beschränkte Haftung").

[35] Vgl. zum Ganzen etwa Halpern/Trebilcock/Turnbull (1980), 117 ff.

diskutiert wird, ob nicht auch die Arbeitnehmer hinsichtlich ausstehender Lohnzahlungen entsprechend schutzbedürftige Zwangsgläubiger sind.[36]

3.3.1.2.2 Mitbestimmung

Mitbestimmung kann als Organisationsform von Unternehmen bezeichnet werden, die sicherstellt, dass der Faktor Arbeit Mitentscheidungs- und Kontrollrechte im Unternehmen hat; typischerweise werden dazu Sitze im Aufsichtsrat („board of directors") eingeräumt. Die sehr unterschiedliche Bewertung durch die Ökonomik[37] liegt vor allem daran, dass jeweils ein anderes Modell der Mitbestimmung zugrunde liegt.[38] Grundsätzlich lässt sich eine allgemeine Unternehmensmitbestimmung von einer sektoralen unterscheiden; typischerweise bezieht sich diese auf Fragen des Personalmanagements durch Betriebsräte. Weiterhin ist zwischen freiwilliger Mitbestimmung und gesetzlich angeordneter Mitbestimmung zu trennen. Schließlich ist eine gleichberechtigte Mitbestimmung („paritätische Mitbestimmung") von Formen geringerer Beteiligung zu unterscheiden.

In Deutschland ist für Unternehmen mit mehr als 2000 Beschäftigten (§ 1 MitbestG) ein Aufsichtsrat zu bilden (soweit dieser nicht ohnehin vorgeschrieben ist) und mit einer gleichen Anzahl von Anteilseignern und Arbeitnehmervertretern zu besetzen (§ 7 MitbestG). Bei Stimmengleichheit hat der Vorsitzende des Aufsichtsrats zwei Stimmen (§ 29 Abs. 2 MitbestG). Der Vorsitzende wird mit 2/3-Mehrheit gewählt (§ 27 Abs. 1 MitbestG); wird diese nicht erreicht, wählen die Vertreter der Anteilseigner den Aufsichtsratsvorsitzenden, die Vertreter der Arbeitnehmer den Stellvertreter (§ 27 Abs. 2 MitbestG). Im Ergebnis stellt sich diese Regelung damit nicht als paritetische Mitbestimmung dar, da sich die Vertreter der Anteilseigner im Zweifel durchsetzen können.

In der Praxis konnten positive Wirkungen dieser Regelung festgestellt werden.[39] Die Partizipationsrechte gelten als Mitursache für den Arbeitsfrieden und die geringe Zahl von Streiktagen. Ökonomisch gesehen werden Arbeitnehmer als Inhaber des „Humankapitals" als Faktoreigner angesehen, die über unternehmensspezifisches Kapital verfügen und damit Risiko tragen und nicht-kompensierte Verluste riskieren. Arbeitnehmermitbestimmung sorgt dafür, dass Arbeitnehmer als Humankapital investieren und davor geschützt werden, nachträglich durch kurzsichtige Gewinnmaximierungsstrategien der Anteilseigner im Wege von Personalabbau „enteignet" zu werden.[40] Insbesondere hilft sie dabei, Tarifauseinandersetzungen und damit verbundene Transaktionskosten zu vermeiden, mit denen Arbeitnehmer ansonsten eine Kompensation der von ihnen getragenen Risiken anstreben müssten.

---

[36] Vgl. dazu Adams (2004), 255 f.

[37] Zur Ökonomik der Mitbestimmung vgl. einführend Richter/Furubotn (2010), VIII.9. sowie Schäfer/Ott (2012), Kap. 25.12 und weiterführend Backhaus (1979); Dilger (2002).

[38] Richter/Furubotn (2010), VIII.9.

[39] Wagner, J. (2011).

[40] Vgl. dazu Brecht/Bolton/Röell (2007), 865 ff. mit Verweis auf einschlägige Studien.

Kritisch einzuwenden ist aber, dass die ökonomische Kernidee paritetischer Mitbestimmung in der Regel – so auch im deutschen Modell – nicht verwirklicht wird.[41] Ein grundlegender kritischer Einwand gegen das dargestellte Mitbestimmungskonzept geht dahin, dass das Modell die am Unternehmen beteiligten Interessen auf Arbeitnehmer und Anteilseigner reduziert.[42] Die neuere Sichtweise der „corporate governance" mit Interessengegensätzen zwischen Portfolioinvestoren, Blockholdern und Management wird mit diesem Modell nicht erfasst.

3.3.1.2.3 Vorstandsvergütungen

In den letzten Jahren wurde eine hitzige Debatte darüber geführt, ob der Gesetzgeber die astronomisch gestiegenen Vorstandsgehälter großer Unternehmen strenger regulieren soll. Auch wenn die Vergütungen in Deutschland noch weit unter denen in den USA liegen,[43] erreichen auch hier inzwischen Vergütungen für Vorstandsvorsitzende ein Gesamtvolumen in Euro im dreistelligen Millionenbereich.[44] § 87 des Aktiengesetzes, der Grundzüge für die Bezüge von Vorstandsmitgliedern aufstellt, enthält nur sehr unbestimmte Aussagen und konnte diese Entwicklung kaum beeinflussen.[45] Aus ökonomischer Sicht lassen sich zur Höhe von Vorstandsvergütungen drei näher ausgearbeitete Theorien identifizieren, die Theorie der anreizeffizienten Vorstandsvergütung, die Theorie der Superstars sowie die Ausplünderungshypothese.[46]

Zunächst liegt in einer Marktwirtschaft die Überlegung nahe, dass mit den hohen Vergütungen für die Unternehmensvorstände wirkungsvolle Anreize gesetzt werden sollen im Interesse der Anteilseigner zu handeln.[47] Im Verhältnis von Aktionären und Vorstand besteht ein typisches Prinzipal-Agenten-Verhältnis; zudem kann man davon ausgehen, dass sich die Aktionäre „rational apathisch" verhalten und ihre privaten Kontrollaufwendungen gering halten.[48] Anreizorientierte Verträge könnten ein probates Mittel zur Lösung dieses Problems sein. In der Praxis lässt sich jedoch feststellen, dass eine entsprechende Anreizoptimierung nicht stattfindet; so wird etwa regelmäßig nicht verhindert, dass die Vorstände

---

[41] Vgl. dazu Richter/Furubotn (2010), VIII.9.1.

[42] Schäfer/Ott (2012), 25.12.

[43] Vgl. dazu Adams (2004), C., 304 ff.

[44] Adams (2004), B.II., 292 ff.

[45] § 87 Abs. 1 S. 1 und 2 AktG lauten: „Der Aufsichtsrat hat bei der Festsetzung der Gesamtbezüge des einzelnen Vorstandsmitglieds (Gehalt, Gewinnbeteiligungen, Aufwandsentschädigungen, Versicherungsentgelte, Provisionen, anreizorientierte Vergütungszusagen wie zum Beispiel Aktienbezugsrechte und Nebenleistungen jeder Art) dafür zu sorgen, dass diese in einem angemessenen Verhältnis zu den Aufgaben und Leistungen des Vorstandsmitglieds sowie zur Lage der Gesellschaft stehen und die übliche Vergütung nicht ohne besondere Gründe übersteigen. Die Vergütungsstruktur ist bei börsennotierten Gesellschaften auf eine nachhaltige Unternehmensentwicklung auszurichten."

[46] Zur Ökonomik von Vorstandsvergütungen vgl. grdl. Adams (2004), Teil 5, 291 ff. („Aktienoptionspläne und Vorstandsvergütungen").

[47] Vgl. dazu Brecht/Bolton/Röell (2007), 900 ff.

[48] Adams (2004), D.I.

Risiken von Aktienoptionsplänen durch Gegengeschäfte (Hedginggeschäfte, Equity Swaps u. ä.) neutralisieren und so die Anreize konterkarieren.

Ein weiterer Erklärungsgrund für die hohen Vorstandsvergütungen könnte in der ökonomischen *Theorie des Superstars* zu finden sein, wie sie insbesondere von *Sherwin Rosen*[49] ausgearbeitet worden ist.[50] Danach geht die astronomische Höhe von „Superstars" wie etwa Profisportlern oder Solisten im Bereich klassischer Musik darauf zurück, dass hier sehr wenige Anbietende auf Märkte stoßen, die sich ohne große Zusatzkosten fast beliebig vergrößern lassen (etwa im Wege des Fernsehens). Das lässt sich aber wohl nicht auf Unternehmensvorstände übertragen. So lässt sich nämlich das große Einkommensgefälle des Vorstandsvorsitzenden zu anderen Vorstandsmitgliedern mit bedeutsamen Tätigkeitsbereichen nicht erklären. Zudem fällt auf, dass die Vergütungen von Unternehmen, die sich im Besitz einzelner Familien befinden, deutlich geringer sind, obwohl diese auf dem gleichen Markt nach Managern suchen.

Vieles spricht letztlich für die sogenannte *„Ausplünderungshypothese"*.[51] Die hohen Managervergütungen werden durch Handlungsfreiräume der Betroffenen und Kontrolldefizite bewirkt. Ein Indiz dafür ist, dass die größere Machtstellung amerikanischer Wirtschaftsführer mit (noch) höheren Vergütungen korreliert. Ein weiteres Indiz für diese These ist in dem empirisch belegten Umstand zu sehen, dass die Höhe der Vergütung kaum auf der Grundlage messbarer Leistungskriterien erfolgt.

Verstärkt wird diese Tendenz durch die schwache rechtliche Rahmensetzung.[52] So sind etwa die äußerst unbestimmten Begriffe des § 87 AktG („angemessen", „Aufgaben und Leistungen des Vorstandsmitglieds", „Lage der Gesellschaft", „übliche Vergütung", „ohne besondere Gründe") kaum justiziabel. Fraglich ist allerdings, wie sich dies im Interesse der Unternehmer und Anteilseigner wirkungsvoller regeln lässt, ohne zu weit in die Entscheidungsautonomie der Unternehmen einzugreifen. Versuche, die Problematik durch besondere auf Vorstandsvergütungen bezogene Kontrollorgane in den Griff zu bekommen, haben bisher die gewünschten Ergebnisse auch nicht zeitigen können.[53]

3.3.2 Interessengruppen

Interessengruppen (Verbände, Bürgerinitiativen...) spielen in der modernen pluralistisch strukturierten Gesellschaft eine zentrale Rolle sowohl für die politische Willensbil-

---

[49] Rosen (1981), 845 ff.; (1983), 460 ff.

[50] Dazu Adams (2004), D.II.

[51] Vgl. Adams (2004), D.III., 313 ff.; Ergebnisse empirischer Studien sind hierzu allerdings nicht sehr deutlich, vgl. Brecht/Bolton/Röell (2007), 903 ff.

[52] Vgl. dazu Adams (2004), D.IV., 326 ff.

[53] Vgl. hierzu Brecht/Bolton/Röell (2007), 904 f.

dung des Volkes als auch für die Staatswillensbildung. Ihr Wirken ist deshalb auch institutionenökonomisch von großem Interesse.[54]

3.3.2.1 Gründe für die Entstehung von nichtwirtschaftlichen Organisationen, die im gesellschaftlichen und politischen Prozess wirken

Eine notwendige Voraussetzung für die Bildung einer Interessengruppe stellt die Existenz eines gemeinsamen Ziels dar. Wesentlichen Einfluss auf die Organisierbarkeit hat deshalb das Ausmaß der Homogenität von Präferenzen.

Damit es aber tatsächlich zur Bildung einer Interessengruppe kommt, muss ein grundsätzliches Dilemma überwunden werden: Von einer erfolgreichen Interessenvertretung profitieren auch diejenigen, die sich nicht engagieren (Trittbrettfahrer-Problem). Grundlegend hierzu ist das Werk von *Mancur Olson* „Logik des kollektiven Handelns" von 1965 (deutsch 1968): Würden Interessengruppen nur im Sinne des Gemeinwohls ein öffentliches Gut produzieren, bestünde kein Anreiz, die Kosten einer Mitgliedschaft auf sich zu nehmen. Deshalb produzieren Verbände in aller Regel auch ein privates Gut, das nur ihren Mitgliedern zur Verfügung steht. Sie setzen damit „selektive Anreize" (Olsen) und beeinflussen so die Kosten-Nutzen-Kalkulation von Individuen. Durch positive selektive Anreize wird der Nutzen der Beteiligung erhöht (etwa durch die vom ADAC angebotenen Serviceleistungen oder das Streikgeld der Gewerkschaften). Mit negativen selektiven Anreizen werden die Kosten einer Nicht-Beteiligung erhöht; sie sind in der Regel die Kehrseite der positiven Anreize, etwa der Nachteil, vom karrierefördernden Netzwerk einer Organisation nicht profitieren zu können.

In bestimmten Fällen wird das Trittbrettfahrer-Problem gesetzlich durch eine Zwangsmitgliedschaft gelöst (zum Beispiel berufsständische Kammern). Damit schließt der Gesetzgeber die Möglichkeit des Trittbrettfahrens aus.

3.3.2.2 Auswirkungen der Tätigkeit von Interessengruppen auf den politischen Prozess

Diese Frage wird in der Ökonomik kritisch betrachtet. Interessengruppen streben in der Regel nach Vorteilen für Individuen oder Gruppen, die regelmäßig von einer gesamtgesellschaftlich effizienten Ressourcenallokation wegführen. Dieser Effekt verstärkt sich dadurch, dass auch die Politiker oder Bürokraten in der Kooperation mit Interessengruppen ihren eigenen Vorteil anstreben. In der ökonomischen Theorie wird dies unter dem Stichwort des „rent-seeking" diskutiert.

---

[54] Vgl. hierzu einführend Homann/Suchanek (2005), 5.4.1; Kirchgässner (2013), 4.1.3; Fritsch (2014), 14.4. sowie vertiefend Behrends (2001) 2. Teil 4., 5. und 8.

Exkurs: Die ökonomische Theorie des rent-seeking[55]

Der von *Gordon Tullock*[56] entwickelte und von *Anne Krueger*[57] so benannte Ansatz des rent-seeking erklärt allgemein (also auch für Unternehmen), warum es sich in einer Gesellschaft lohnt, Ressourcen dafür aufzuwenden, um Sondervorteile auf Kosten der Allgemeinheit zu erzielen, statt sich der Unsicherheit des Wettbewerbs zu stellen; damit wird eine Einkommens- oder Vorteilserzielung durch politische Einflussnahme statt durch rein ökonomische Aktivitäten (profit-seeking) angestrebt. Dies gelingt am besten, wenn die politischen Entscheidungsträger aus Eigeninteresse aufgrund bestimmter Gegenleistungen (zum Beispiel Wählerstimmen) bereit sind, das rentensuchende Verhalten von Interessengruppen oder einzelnen Unternehmen zu unterstützen.[58] Das entzieht der Gesellschaft Ressourcen, die an anderer Stelle effizienter eingesetzt werden könnten; es entstehen also Wohlfahrtsverluste. Ein eindrucksvolles Beispiel ist die Herabsetzung des Mehrwertsteuersatzes für Hotelübernachtungen von 19 % auf 7 % im Jahre 2009. Damit konnte das Beherbergungsgewerbe auf Kosten des Steuerzahlers eine Preiserhöhung von 12 % realisieren. Die Regierungspartei, die dies durchgesetzt hat, profitierte wiederum in erheblichem Umfang von Parteispenden der Hoteliers.[59]

Zentrale Bedeutung hat natürlich die Frage, auf welchem Wege die Einflussnahme im Einzelnen erfolgt und welche Faktoren ihren Erfolg bedingen.

Die politischen Einflusschancen sind grundsätzlich umso größer, je höher die Organisations- und Konfliktfähigkeit der Interessen ist. Die Konfliktfähigkeit von Organisationen beruht auf der Fähigkeit, kollektiv die Verweigerung einer systemrelevanten Leistung anzudrohen (zum Beispiel Streikandrohung durch bestimmte Berufsgruppen); so sind Gewerkschaften sicherlich deutlich konfliktfähiger als etwa Studierendenverbände. Die Einflussmöglichkeit einer Interessengruppe steigt weiterhin in dem Maße, in dem sie ihre partikularen Interessen als im öffentlichen Wohl liegend darstellen kann (zum Beispiel Forderung von Ärzten oder Lehrern nach besserer Bezahlung). Darüber hinaus kommt es auf die spezifischen Ressourcen der jeweiligen Organisation in Bezug auf einzelne Einflusswege an. Finanzielle Ressourcen spielen eine Rolle etwa bei der direkten Einflussnahme (etwa durch Parteispenden) oder der indirekten (etwa Finanzierung von Beiträgen in den Medien). Ökonomische Macht kann entsprechendes Drohpotential begründen, etwa die Drohung mit der Verlagerung von Produktionsstätten. Die Mitgliederstärke kann zur Einflussnahme auf Wahlen durch Wahlempfehlungen genutzt werden (mitgliederspezifische Ressourcen); dies spielt traditionell bei den Kirchen oder den Gewerkschaften eine Rolle.

---

[55] Vgl. hierzu einführend Voigt (2009), 4.2.2. und Dehling/Schubert (2011), 7.6.

[56] Tullock (1974b), 39 ff.

[57] Krueger (1974), 291 ff.

[58] Vgl. dazu Behrends (2001), 68 ff.

[59] Vgl. dazu Towfigh/Petersen (2010), § 6 III.2.

Einen besonderen Stellenwert nehmen in diesem Zusammenhang das Fachwissen und der Informationsvorsprung von Interessenverbänden ein. Angesichts einer zunehmend komplexen Realität und damit verbunden zunehmend einer schwierigen Regulierungsaufgabe wächst die Abhängigkeit der Politik vom Wissen der Verbände. Diese dienen als „input"-Lieferanten des politischen Systems. Als Gegenleistung für die Bereitstellung verlangen die Verbände Einflussnahme auf die Regulierung oder haben sie zumindest faktisch. So ist etwa eine Regulierung des Energiewirtschaftsrechts ohne Insiderwissen etwa von Netzbetreibern und deren Verbänden kaum denkbar.[60]

3.3.2.3 Die Rückwirkungen der Ausgestaltung politischer Systeme auf die Tätigkeit von Interessengruppen

In diesem Zusammenhang spielt natürlich das Design der vertikalen und horizontalen Gewaltenteilung eine Rolle.[61] Interessant ist etwa ein Vergleich der Einflussmöglichkeiten von Interessengruppen auf europäischer und nationaler Ebene. Mit dem Anwachsen der europäischen Gesetzgebung können Verbände zunehmend ihren Einfluss bereits auf dieser Ebene geltend machen und so europaweit ihre Ressourcen bündeln.

Im Einzelnen kann die Rechtsordnung die Tätigkeit von Interessengruppen ignorieren oder spezifisch regulieren: zum Beispiel durch offizielle Beteiligung im Gesetzgebungsverfahren oder durch Transparenzvorschriften bzgl. Nebentätigkeiten von Abgeordneten oder Spenden. Wie bereits erwähnt, hat der deutsche Gesetzgeber auf ein spezifisches Verbändegesetz verzichtet. Häufig genutzt wird dagegen das Instrument der Zwangsmitgliedschaft, mit dem die Trittbrettfahrer-Problematik vermieden werden kann; angesichts des Gesetzesvorbehalts ist in diesem Fall dann aber auch eine hinreichend bestimmte gesetzliche Grundlage erforderlich.

3.3.2.4 Das Beispiel der Gewerkschaften

Eine besonders wichtige Interessenvereinigung mit langer Tradition sind die Gewerkschaften.[62] Es handelt sich um Zusammenschlüsse von Arbeitnehmern mit dem Ziel die Arbeitsbedingungen zu verbessern.

Interessante Aspekte ergeben sich auch hinsichtlich der Frage, welchen Anreiz Arbeitnehmer haben, Gewerkschaften beizutreten. Im Vordergrund steht natürlich die Teilhabe an dem zentralen Ziel der Gewerkschaften, die Arbeitsverhältnisse zu verbessern. Seit jeher waren sie dabei mit der Problematik von Trittbrettfahrern konfrontiert: häufig finden die erreichten Verbesserungen der Arbeitsbedingungen später auf alle Arbeitnehmer Anwendung. Soweit das nicht schon gesetzlich vorgeschrieben ist, werden die Arbeitgeber dies

---

[60] Zu den verschiedenen Interessen und Akteuren bei der Regulierung der Energiewirtschaft vgl. etwa Holzer (2007), 4.3.; zum Einfluss von Interessenverbänden auf einzelne Instrumente der Energieumweltpolitik vgl. Rudolph (2005), 4.4.2.

[61] Vgl. dazu etwa Cooter (2000), 65 f.

[62] Zur ökonomischen Analyse von Gewerkschaften vgl. einführend Homann/Suchanek (2005), 5.4.2. sowie vertiefend Hille (2004).

von sich aus schon aus dem Grund tun, Anreize zur Mitgliedschaft in den Gewerkschaften zu reduzieren. Nicht nur aus diesem Grund haben die Gewerkschaften seit jeher ihren Mitgliedern auch private Güter bereitgestellt, wie etwa Rechtsberatung. Eine besondere Rolle spielt hier die „Streikkasse" als Art Versicherung für Einkommensausfälle im Fall von Arbeitskämpfen.

Bei Gewerkschaften manifestiert sich das Prinzipal-Agenten-Problem im Verhältnis der Basis zu den „Funktionären" besonders deutlich; die Handelnden haben spezifische Interessen (zum Beispiel als Mitglieder in Aufsichtsräten) und großen Einfluss, die Kontrollmöglichkeiten durch die Basis sind dagegen sehr eingeschränkt.

Die Tätigkeit der Gewerkschaften genießt mit dem unbeschränkten Grundrecht des Art. 9 Abs. 3 GG starken Schutz. Die Koalitionsfreiheit stellt ein besonderes Vereinigungsrecht der Sozialpartner dar. Sie schützt neben den Arbeitnehmern auch die Gewerkschaften selbst, ihren Bestand, ihre Organisation, das Verfahren ihrer Willensbildung, die Führung ihrer Geschäfte sowie natürlich ihre Tarifautonomie und das Recht auf Arbeitskampfmaßnahmen. Andererseits folgert die Rechtsprechung aus Art. 9 Abs. 3 GG auch Anforderungen an die Gewerkschaften: sie müssen etwa frei gebildet und unabhängig sein. Die Gestaltungsfreiheit des Gesetzgebers etwa im Rahmen des Tarifvertragsrechts ist entsprechend eng und beschränkt sich im Wesentlichen auf die Auflösung der Kollision der Koalitionsfreiheit der verschiedenen Sozialpartner.

3.3.3 Medien

Für Demokratien besonders bedeutsame Organisationen sind die Medien.[63] Sie ermöglichen eine wirksame politische Öffentlichkeit und tragen damit erheblich zur Willensbildung des Volkes bei. Die Erscheinung der „Mediendemokratie" wird durch die erweiterten Möglichkeiten der „neuen Medien" weiter verstärkt. Von Anfang an hat sich die Ökonomik – beginnend mit frühen Arbeiten von *Ronald Coase* – hierfür interessiert und mit der Medienökonomik ein eigenes Forschungsfeld etabliert.[64]

Denkwürdig ist auch, dass die Medienökonomik – wie die Parteienökonomik und im Gegensatz zu den Feldern Unternehmen und Interessenverbände – ein erhebliches Forschungsdefizit aufweist.[65] Das mag daran liegen, dass die Übertragung der ökonomischen Grundannahmen auf den Mediensektor besondere Schwierigkeiten bereitet, wie gleich zu zeigen sein wird.

---

[63] Zur ökonomischen Analyse von Medien vgl. einführend Kirsch (2004), 4. Kap. 2.11 (358 ff.) sowie vertiefend Dylla (2008), Kap. VI. und Schröder (2008).

[64] Vgl. hierzu Schröder (2008), 12 ff.

[65] Vgl. dazu Schröder (2008), 380 ff.

3.3.3.1 Die Interessen der beteiligten Akteure

Die Politiker haben die Bedeutung der Medien längst erkannt und nutzen sie zunehmend systematisch im Rahmen ihrer Stimmenmaximierungsstrategie.[66] Die Gefahr eines Missbrauchs der Medien durch die Politik liegt auf der Hand. Dafür lassen sich frühe Beispiele (etwa den Einsatz des Radios zu Propagandazwecken durch Hitler) und leider auch prominente aktuelle Beispiele anführen (etwa den Einsatz des Medienimperiums von Berlusconi in Italien). Ebenso stellt sich das Problem eines übermäßigen Einflusses Privater auf die Politik. Mit Medien kann viel Geld verdient werden; durch Kapitalkonzentration und die große Wirkung von Medien auf die öffentliche Meinung kann so erheblicher politischer Einfluss gewonnen werden.[67]

Im Verhältnis Medien – Politik ist jedoch eine wechselseitige Abhängigkeit festzustellen. So brauchen gerade auch Journalisten zur eigenen Profilierung einen spezifischen und möglichst exklusiven Zugang zu Politikern. Politiker wiederum sind gerade auf Journalisten angewiesen, um ihre Positionen medienwirksam zu platzieren. Auf dieser Grundlage findet ein Tausch „Information gegen Publizität" statt. Die entscheidende Frage ist, wer diese Tauschbeziehung dominiert. Es gibt gute Gründe, dass dies eher die Politiker sind.[68] So sind gerade politische Journalisten angesichts immer knapperer Ressourcen für Recherchen zunehmend und einseitig auf den Zugang zur Politik angewiesen. Sollte dies zutreffen, würde die Tauschbeziehung eine Asymmetrie aufweisen, mit der Folge, dass sich Journalisten nur begrenzt „kritischen Journalismus" leisten können, um nicht den Zugang zur Politik zu verlieren.

Dabei darf natürlich nicht das Interesse der Konsumenten an einem Medienangebot übersehen werden, das ihren Bedürfnissen entspricht. Unter dem Stichwort „Konsumentensouveränität" der Mediennutzer hat sich eine Debatte über deren Rationalverhalten entfaltet.[69] Trotz aller Kritik ist es aber auch hier richtig, auf der Grundlage des methodischen Individualismus von individuellen Präferenzen auszugehen und paternalistische Ansätze zurückzuweisen. Zutreffend zeigt *Guido Schröder* auf, dass es vielmehr darauf ankommt, Modifikationen des Rationalverhaltensansatzes im Sinne einer „bounded rationality" zu akzeptieren[70] und die Möglichkeit einer gestuften Präferenzordnung zu berücksichtigen; so kann ein Fernsehzuschauer mit der vordergründigen Präferenz für viel Fernsehkonsum in einer Metapräferenzordnung das Ziel eines dosierten Fernsehkonsums mit einer Fokussierung auf anspruchsvolle Programme entwickeln.[71]

---

[66] Zur (Selbst-)Medialisierung der Politik Dylla (2008), 7.1.

[67] Zur Gefahr der Kommerzialisierung der Medien Kirsch (2004), 2.11.3.

[68] Vgl. dazu Dylla (2008), 7.4.2.

[69] Schröder (2008), 20 ff. m. Nachw.

[70] Vgl. dazu oben 1.2.2.2.3.2.

[71] Vgl. dazu Schröder (2008), 37 ff.

3.3.3.2 Marktversagen im Bereich der Medien

Der Medienmarkt ist durch mehrere Formen des Marktversagens gekennzeichnet; im Einzelnen ist dabei jedoch vieles umstritten.[72] Da sich die allgemein anerkannten Kategorien des Marktversagens nur mit Einschränkungen und modifiziert auf den Mediensektor übertragen lassen, sind darauf beruhende Empfehlungen der Medienökonomik hinsichtlich einer angemessenen Regulierung der Medien entsprechend herausforderungsvoll.

Ausgangspunkt der Überlegungen ist die Feststellung, dass im Verhältnis der Akteure auf den Medienmärkten erhebliche Informationsasymetrien bestehen.[73] Im Mittelpunkt steht dabei die Unsicherheit der Konsumenten über die Qualität der Medien. Das Verhältnis von Medienkonsument und Medienproduzent lässt sich gut als Prinzipal-Agenten-Situation rekonstruieren, mit einem erheblichen Informationsvorsprung des Anbieters als Agent.[74] Dieser lässt sich nur sehr unvollkommen durch „Screening" (Beschaffung von Informationen durch den Nutzer als Prinzipal) oder „Signaling" (Anreize zu Informationsbereitstellung etwa durch Preisverleihung an „gute" Medien) reduzieren.[75] Ein zweites Prinzipal-Agentenverhältnis besteht zwischen Politikern und den durch sie regulierten und beaufsichtigten Medienunternehmen.

Ein weiterer Ansatzpunkt für die Identifikation von Marktversagen liegt in der Theorie natürlicher Monopole.[76] Die Produktionskosten für Medien, etwa Fernsehangebote, werden durch einen hohen Anteil von Fixkosten geprägt, die nach der Produktion „versunken" sind. Damit können bestehende Medienanbieter den Marktzutritt von neuen Anbietern erschweren oder gar verhindern, indem sie die Preise für die Angebote bis hin zu den (niedrigen) Grenzkosten reduzieren.

Schließlich sind Medien in der Regel Kollektivgüter.[77] Nachfrager können in der Regel nicht vom Konsum ausgeschlossen werden (zumindest ist der Ausschluss häufig unökonomisch). Eine Besonderheit besteht darin, dass die Nachfrage nicht rivalisiert (ein zusätzlicher Zuschauer mindert das Gut nicht). In guten Medienangeboten kann man zudem ein meritorisches Gut sehen – die Nachfrage nach ihnen fällt aus gesamtgesellschaftlicher Sicht tendenziell zu niedrig aus.[78] Werbung – insbesondere im Bereich von Fernsehangeboten – kann dagegen als eine Art „Verschmutzung" angesehen werden, so dass man von einem öffentlichen „Un-Gut" sprechen kann.[79]

Es liegt nahe, dass vom Medienmarkt vielfältige externe Effekte ausgehen.[80] Diese können positiver Natur sein, wie etwa kulturelle oder politische Bildung der Bevölkerung, aber

---

[72] Vgl. dazu grdl. Schröder (2008), 82 ff.

[73] Dazu Schröder (2008), 89 ff.

[74] Vgl. dazu Radke/Then Bergh (2004), 146 ff.

[75] Dazu Schröder (2008), 99 ff.

[76] Schröder (2008), 117 ff.

[77] Dazu Schröder (2008), 145 ff.

[78] Mit einer kritischen Diskussion der Theorie meritorischer Güter Schröder (2008), 28 ff.

[79] Schröder (2008), 195, 200.

[80] Vgl. dazu Schröder (2008), 273 ff.

auch negativer, etwa Verrohung der Bevölkerung durch Gewaltdarstellungen oder Porno-
graphie. Unbestritten ist deshalb die große Bedeutung einer Medienwirkungsforschung.[81]
Die Anwendung der Theorie externer Effekte bereitet jedoch erhebliche Probleme. So ist
oft bereits unklar, inwieweit die externen Effekte durch Produktion und Angebot und nicht
vielmehr erst durch Konsum und Nachfrage verursacht werden. Weiter ist problematisch,
inwieweit die Effekte „extern" im engeren Sinne sind, da sie häufig ja gerade im sozialen Nahfeld auftreten. Zudem hängen die sozialen Wirkungen von Medien regelmäßig
mit gesamtgesellschaftlichen Problemen zusammen und auch insoweit ist das Ursache-
Wirkungs-Verhältnis oft undeutlich. Schließlich lassen sich die Medienwirkungen häufig
nur äußerst schwer in Kosten Dritter „übersetzen".

3.3.3.3 Regulierung im öffentlichen Interesse
Von entsprechend großer Bedeutung ist die Verankerung der Medienfreiheit (Presse und
Rundfunk) im Grundgesetz. Allerdings ist die einschlägige Bestimmung denkbar knapp:
Art. 5 Abs. 1 S. 2 GG gewährleistet die Pressefreiheit sowie die Freiheit der Berichter-
stattung durch den Rundfunk; gemäß Absatz 2 der Bestimmung finden diese Rechte ihre
Grenzen in den allgemeinen Gesetzen, dem Jugendschutz sowie dem Recht der persönlichen
Ehre.

Weniger problematisch ist dies in Bezug auf die Presse. Solange ein intakter Pressemarkt
vorliegt, ist dem Grundrecht im Wesentlichen ein Abwehrrecht gegen staatliche Zugriffe zu
entnehmen (Staatsfreiheit der Presse). Sollten sich aber Meinungsmonopole herausbilden,
die das freie Pressewesen gefährden, könnten sich auch Handlungspflichten des Staates
zum Schutz des Instituts „freie Presse" ergeben.

Wesentlich komplizierter ist die dogmatische Entfaltung und gesetzliche Konkretisierung der Rundfunkfreiheit. Im Zusammenspiel der Rechtsprechung des Bundesverfassungsgerichts mit den Ländergesetzgebern, denen die Regelung des Rundfunkwesens
obliegt, hat sich ein duales System mit öffentlich-rechtlichen und privaten Veranstaltern
entwickelt;[82] konsentierte Grundlagen finden sich im Rundfunkstaatsvertrag der Länder.
Dabei obliegt den öffentlich-rechtlichen und gebührenfinanzierten Sendern eine „Grundversorgung". Private Sender dürfen stärker marktorientiert sein und unterliegen etwa auch
keinen Werberestriktionen; aber auch sie müssen ein bestimmtes Maß ausgewogener Vielfalt aufweisen (das allerdings hinter den Anforderungen an öffentlich-rechtliche Sender
zurückbleiben darf). Darüber haben die plural zusammengesetzten Landesmedienanstalten
zu wachen. Man muss konstatieren, dass damit die Gratwanderung zwischen (mediati-
sierter) staatlicher Kontrolle und Legitimation einerseits sowie Staats- und Politikferne
beziehungsweise Missbrauchsabwehr andererseits relativ gut gelungen ist. Gleichwohl
sind erhebliche Probleme festzustellen: Gerade die öffentlich-rechtlichen Rundfunkanstalten sind mit Behörden vergleichbar, die nach Budgetmaximierung streben und dafür ihre

---

[81] Vgl. dazu Schröder (2008), 321 ff.

[82] Vgl. dazu im Überblick Poth/Ferrau (2011); zur Rechtsprechung des Bundesverfassungsgerichts
zuletzt BVerfGE 119, 181 ff.

– aus anderen Gründen gewährte – relative Unabhängigkeit einsetzen können.[83] Zudem gelingt die Abwehr politischer Einflussnahme durch die starke Vertretung der Parteien in den Rundfunkräten nicht immer.[84]

Besondere Bedeutung kommt der Frage der Finanzierung zu, die hier für den Bereich von Rundfunk und Fernsehen diskutiert wird. Auf der einen Seite betrifft dies die negativen Wirkungen der Werbefinanzierung.[85] Diese führt, soweit sie die Konsumenten von pekuniären Kosten des Medienkonsums freistellt, tendenziell zu einer Übernachfrage.[86] Die Orientierung an Einschaltquoten bewirkt daneben eine Dominanz des Massenmarktes und eine damit einhergehende Verflachung des Angebots.[87]

Sehr kontrovers wird über die Vorzugswürdigkeit einer Steuerfinanzierung diskutiert, für die sich prominent vor allem *Paul A. Samuelson* eingesetzt hat.[88] Werden damit die Probleme der Werbefinanzierung gemindert, so wird die Gefahr der Einflussnahme durch die Politik auf die Programminhalte entsprechend erhöht.[89] Aus ökonomischer Sicht läuft das deutsche System durch die kürzlich erfolgte Umstellung von geräteabhängigen Gebühren auf Rundfunkbeiträge, die an Wohnungen und Betriebsstätten anknüpfen, strukturell auf das Gleiche hinaus, bis auf Abweichungen bei den Verteilungswirkungen (gleichmäßige Finanzierung durch alle Nutzer statt einer Finanzierung nach finanzieller Leistungsfähigkeit). Eine Steuerfinanzierung wäre in Deutschland nach überwiegender Ansicht finanzverfassungsrechtlich auch gar nicht zulässig.[90]

3.3.4 Parteien

Westliche Demokratien und allen voran der Staat des Grundgesetzes sind Parteienstaaten. Es überrascht deshalb, wie „stiefmütterlich" Parteien von Seiten der Ökonomik behandelt werden.[91]

---

[83] Vgl. dazu Schröder (2008), 252 ff.

[84] Schröder (2008), 242 ff.

[85] Vgl. dazu Schröder (2008), 192 ff.

[86] Schröder (2008), 207 ff.

[87] Schröder (2008), 212.

[88] Vgl. dazu Schröder (2008), 158 ff.

[89] Vgl. dazu Schröder (2008), 229 ff.

[90] Vgl. dazu etwa Wagner, E. (2011); Schneider, A. (2013), zu verworfenen alternativen Möglichkeiten der Rundfunkfinanzierung.

[91] Vgl. dazu bereits oben 2.2.3.2.2. zur Parteienökonomik vgl. Hershey (2006), Kap. 8 und Bernholz/Breyer (1994), Kap. 14.

3.3.4.1 Charakterisierung und Funktion von Parteien

Parteien stellen eine besondere Form von Organisationen dar. Sie sind dauerhafte Zusammenschlüsse von Bürgern, mit dem Ziel, auf die politische und in der Folge staatliche Willensbildung Einfluss zu nehmen und Ämter durch Parteimitglieder zu besetzen.

Aus ökonomischer Sicht werden Parteien häufig als Koalitionen beschrieben.[92] Das bringt jedoch unzureichend zum Ausdruck, dass in einer Partei als Organisation personelle, sächliche und finanzielle Mittel gebündelt werden und so Synergieeffekte über die reine Addition der Mitglieder hinaus eintreten. Finanzielle Beiträge und persönlicher Einsatz wirken dynamisch zusammen und es bilden sich in der Partei als Organisation Routinen und Expertenwissen heraus. So spart es für den einzelnen Kandidaten erheblich Transaktionskosten, dass das Werben nicht gleichsam „bei Null" beginnt, man vielmehr auf vertraute Inhalte und auch das Renommee der Partei verweisen kann. Parteien sind insofern Referenzpunkte, die für Vertrauen in die Ernsthaftigkeit, Nachhaltigkeit und Glaubwürdigkeit des Strebens nach Macht stehen.[93]

Zentrale Bedeutung haben dabei Parteiprogramme. Mit ihnen werden Stereotypen von Politikansätzen aufgestellt,[94] die den Wählern im Einzelfall Informationskosten ersparen. Parteiprogramme sind konsistente Konzepte für Bündel öffentlicher Güter und ihrer Finanzierung, wie sie im Falle eines Wahlsieges umgesetzt werden sollen.

In ihren Strategien unterscheiden sich Parteien erheblich. So lassen sich Massenparteien, Honoratiorenparteien oder Klientelparteien unterscheiden; mit Berlusconis Forza Italia ist der Typus einer Wirtschaftsunternehmen ähnlichen Partei hinzugetreten.[95]

3.3.4.2 Die Interessen der beteiligten Akteure

In modernen Parteiendemokratien stellen die Parteien für die Bürger nach wie vor das zentrale Instrument dar, um auf die Willensbildung des Volkes aber auch des Staates Einfluss zu nehmen. Spiegelbildlich können auch die Politiker ihr Ziel an der staatlichen Macht teilzuhaben wirksam nur über Parteien erreichen. Erfolgreich können sie regelmäßig nur mit der Infrastruktur von Parteien sein, die ihnen gleichsam als „Marke" dienen.[96]

Interessanter ist die Frage, wie Bürger für die Unterstützung von Parteien und Mitgliedschaft in ihnen motiviert werden können. Hier ergibt sich das gleiche Grundproblem wie bei anderen Organisationen, die sich für die Erstellung öffentlicher Güter einsetzen.[97] Damit stellt sich die Frage, was Parteien ihren Mitgliedern bieten können. Sie haben zunächst einmal Parteiämter zu vergeben, die Einkommen, Macht und Einfluss gewähren; zudem ist es systemimmanent, dass Parteien nach Möglichkeit staatliche Ämter (auf den verschiedenen

---

[92] Aldrich (2011), 33 m. Nachw.

[93] Hershey (2006), 80.

[94] Hershey (2006), 79.

[95] Zur Typisierung von Parteien vgl. instruktiv Krouwel (2006), 250 ff.

[96] Vgl. zu den Interessen von Politikern an der Parteimitgliedschaft Aldrich (2011), 46 ff.

[97] Vgl. dazu oben 3.1.2.2.

politischen Ebenen) mit Parteimitgliedern besetzen. Zudem können sie durch inhaltliche Politikgestaltung materielle und immaterielle Interessen der Parteimitglieder „bedienen".[98]

Große Bedeutung kommt in diesem Zusammenhang der „Ideologie" zu.[99] Auf entsprechende Veränderungen, wie sie insbesondere in Parteiprogrammen zum Ausdruck kommen, reagieren die Wähler deutlich.[100] Es ist jedoch etwas zu technisch gedacht, dass sich Parteien dabei allein an den Wählerpräferenzen (im Sinne des Medianwähler-Modells) orientieren.[101] Sie können ihren teilweise erheblichen Einfluss auch dazu nutzen, die Präferenzen der Wähler aktiv zu beeinflussen.

3.3.4.3 Staatliche Regulierung

Dementsprechend bedeutsam ist für die parteienstaatliche Demokratie die angemessene Regulierung von Parteien. Art. 21 GG bildet hierfür einen sehr knapp gehaltenen Ausgangspunkt, und die gesetzgeberische Konkretisierung durch das Parteiengesetz auf der Grundlage des Regelungsauftrags des Art. 21 Abs. 3 GG erlangt so entscheidende Bedeutung.

Bereits oben wurde darauf hingewiesen, dass zunächst das Wahlrecht wesentliche Vorentscheidungen über Entstehungs- und Entwicklungschancen von Parteien hat.[102] Es ist evident, dass ein Mehrheitswahlrecht die Existenz von zwei großen Parteien, ein Verhältniswahlrecht dagegen ein Mehrparteiensystem begünstigt. Interessant ist in diesem Zusammenhang der Aspekt der „path-dependency".[103] Bestehende Parteien haben bessere Chancen, weil sie die Normen, die für den Erfolg von Parteien relevant sind (Medienrecht, Wahlrecht, Parteienfinanzierung), ihrerseits schon zu ihren Gunsten beeinflussen konnten. Viele dieser Aspekte haben sich verfassungsrechtlich verfestigt und sind entsprechend schwer (von neuen Parteien) änderbar. Entsprechend selten finden sich rechtliche „Deckelungen" von Ausgaben bei Wahlkämpfen.[104] So hat etwa die Parteienfinanzierung in Deutschland eine deutlich strukturerhaltende Wirkung. Zunächst sind die staatlichen Zuschüsse stark an den Erfolg bei vergangenen Wahlen gekoppelt. Zudem darf die Staatsfinanzierung – aus guten Gründen – nicht die Eigenfinanzierung übersteigen. Dies bereitete etwa den Piraten in letzter Zeit bei plötzlich hohen Wahlerfolgen erhebliche Probleme, weil sie nicht in gleichem Tempo eigene Finanzressourcen erschließen konnten.

Parteienverbote stehen dafür, dass bestimmte Wählervereinigungen von Vornherein vom politischen Wettbewerb ausgeschlossen werden. Das birgt natürlich die Gefahr des Missbrauchs durch etablierte Parteien und wird in Deutschland verfassungsrechtlich restriktiv behandelt (Art. 21 Abs. 2 GG).

---

[98] Vgl. dazu Aldrich (2011), 50 ff.

[99] Vgl. dazu Loomes (2012), 16 ff.

[100] Vgl. dazu empirisch Loomes (2012), 26 ff.

[101] Loomes (2012), 35 ff.

[102] Loomes (2012), 43 ff.; vgl. oben 2.2.3.2.2.

[103] Aldrich (2011), 56 ff.; Krouwel (2006), 250.

[104] Dazu empirisch Loomes (2012), 46 ff.

Anders als bei Verbänden[105] legt das Grundgesetz großen Wert darauf, Regeln für die innerparteiliche Willensbildung und Demokratie festzulegen (Art. 21 Abs. 1 S. 2 GG). Dies ist konsequent, wird doch durch die Besetzung von Parteiämtern die Besetzung von Staatsämtern entscheidend vorgeprägt.

3.4 Zusammenfassung

Mit den Organisationen treten neben die individuellen korporative Akteure als eigenständige Entscheidungsträger mit einem selbständigen Präferenzsystem. Die Organisationsmitglieder erwarten sich davon spezifische Vorteile (Anreiz-Beitrags-Theorie). Der Staat schützt Organisationen (Art. 9 GG) und schafft die rechtlichen Voraussetzungen für ihre Tätigkeit, um den Beteiligten eine Erweiterung ihrer Kooperationsmöglichkeiten zu erschließen. Außer in den verfassungsrechtlichen Spezialfällen der Parteien (Art. 21 GG), Gewerkschaften (Art. 9 Abs. 3 GG) und Medien (Art. 5 GG) hält er sich aber bei der Lösung der internen Entscheidungs-, Verteilungs- und Kontrollprobleme (Prinzipal-Agenten-Probleme) zurück; ein Verbändegesetz fehlt.

Unternehmen integrieren als Organisation vor allem die Produktionsfaktoren Kapital und Arbeit und streben regelmäßig nach Gewinnmaximierung am Markt. Der Staat stellt dazu gesellschaftsrechtliche Formen bereit und erleichtert die Tätigkeit regelmäßig durch Haftungsbegrenzungen. Mit dem Recht der Mitbestimmung und in letzter Zeit auch mit Regeln zur Begrenzung von Vorstandsvergütungen greift er deutlich in die innere Organisationsfreiheit ein.

Interessengruppen spielen als Organisationen eine wichtige Rolle bei der politischen Willensbildung. Sie stellen dazu einerseits staatlichen Stellen Informationen, Expertise und Ressourcen zur Verfügung. Andererseits streben sie „im Gegenzug" für sich und ihre Mitglieder Sondervorteile an („rent-seeking") an, was ihnen je nach dem Organisierungsgrad und der Konfliktfähigkeit der beteiligten Interessen unterschiedlich gut gelingt.

In Bezug auf die Organisation der Medien greift der Staat, gestützt auf Art. 5 GG, erheblich in die Organisationsfreiheit, aber auch in das Programmangebot und damit die Konsumentensouveränität der Mediennutzer ein. Die Regulierung im öffentlichen Interesse erscheint notwendig, um plurale Partizipation, Staatsferne der Medien und ein angemessenes Medienprogramm zu sichern, obwohl in Bezug auf Medien erhebliche Probleme bestehen, die mit ihnen einhergehenden Fälle des Marktversagens klar zu erfassen.

Die Parteien stehen wegen ihrer besonderen Bedeutung für die politische und staatliche Willensbildung unter besonderem Schutz der Verfassung (Art. 21 GG). Sie produzieren damit öffentliche Güter, streben aber gleichzeitig individuelle Vorteile an („Ideologiemaximierung", „Machtgewinn" etc.). Daraus werden insbesondere strenge Anforderungen an die innere Organisation (innere Demokratisierung) und an die (anteilige) Staatsfinanzierung abgeleitet.

---

[105] Vgl. dazu oben 3.3.2.

Literatur

Adams, Michael (2004), Ökonomische Theorie des Rechts. Konzepte und Anwendungen, Frankfurt a. M. u. a. (Peter Lang), 2. Aufl.

Aldrich, John H. (2011), Why Parties? A Second Look, Chicago (The University of Chicago Press).

Backhaus, Jürgen G. (1979), Ökonomik der partizipativen Unternehmung, Tübingen (Mohr).

Behrends, Sylke (2001), Neue Politische Ökonomie. Systematische Darstellung und kritische Beurteilung ihrer Entwicklungslinien, München (Vahlen).

Bernholz, Peter/Breyer, Friedrich (1994), Grundlagen der Politischen Ökonomie, Bd. 2: Ökonomische Theorie der Politik, Tübingen (Mohr Siebeck).

Beuthien, Volker (2011), Zur Funktion und Verantwortung juristischer Personen im Privatrecht, JZ, S. 124–130.

Brecht, Marco/Bolton, Patrick/Röell, Ailsa (2007), Corporate Law and Governance, in: Polinsky/Shavell (eds.), Handbook of Law and Economics, Bd. 2, 829–943.

Coase, Ronald H. (1937), The Nature of the Firm, Economica, Bd. 4, S. 386–405.

Coleman, James S. (1992), Grundlagen der Sozialtheorie, Bd. 2: Körperschaften und die moderne Gesellschaft, München (R. Oldenbourg Verlag); Originaltitel: Coleman (1990), Foundations of Social Theory, Cambridge, Mass. (Belknap Press of Harvard University Press).

Cooter, Robert D. (2000), The Strategic Constitution, Princeton (Princeton University Press).

Dehling, Jochen/Schubert, Klaus (2011), Ökonomische Theorien der Politik. Lehrbuch, Wiesbaden (VS Verlag).

Dilger, Alexander (2002), Ökonomik betrieblicher Mitbestimmung: die wirtschaftlichen Folgen von Mitbestimmung, München u. a. (Hampp).

Dylla, Daria W. (2008), Eine ökonomische Analyse der Mediendemokratie. Der Rational-Choice-Ansatz und die Stimmenmaximierung, Wiesbaden (Verlag für Sozialwissenschaften).

Fritsch, Michael (2014), Marktversagen und Wirtschaftspolitik. Makroökonomische Grundlagen staatlichen Handelns, München (Verlag Franz Vahlen), 9. Aufl.

Halpern, Paul/Trebilcock, Michael/Turnbull, Stuart (1980), An Economic Analysis of Limited Liability in Corporation Law, University of Toronto Law Journal, Bd. 30, S. 117–150.

Hershey, Majorie Randon (2006), Political Parties as Mechanisms of Social Choice, in: Katz/Crotty, eds. (2006), Handbook of Party Politics, London et al. (SAGE Publications), Kap. 8.

Hille, Martin (2004), Quo vadis, Gewerkschaft? Eine institutionenökonomische Analyse, Hamburg (Diplomica Verlag).

Holzer, Verena Leila (2007), Europäische und deutsche Energiepolitik. Eine volkswirtschaftliche Analyse der umweltpolitischen Instrumente, Baden-Baden (Nomos).

Homann, Karl/Suchanek, Andreas (2005), Ökonomik: eine Einführung, Tübingen (Mohr Siebeck), 2. Aufl.

Kirchgässner, Gebhard (2013), Homo Oeconomicus: das ökonomische Modell individuellen Verhaltens und seine Anwendung in den Wirtschafts- und Sozialwissenschaften, Tübingen (Mohr Siebeck), 4. Aufl.

Kirsch, Guy (2004), Neue Politische Ökonomie, Stuttgart (Lucius & Lucius), 5. Aufl.

Kreps, David M. (1999), Corporate Culture and Economic Theory, in: Caroll/Teece, eds. (1999), Firms, Markets, and Hierarchies. The Transaction Cost Economics Perspective, New York (Oxford University Press), S. 90–143.

Krouwel, André (2006), Party Models, in: Katz/Crotty, eds. (2006), Handbook of Party Politics, London et al. (SAGE Publications), Kap. 21.

Krueger, Anne (1974), The Political Economy of the Rent-Seeking Society, The American Economic Review, Bd. 64, S. 291–303.

Laue, Christian (2010), Die strafrechtliche Verantwortlichkeit von Verbänden, Jura, S. 339–346.

Loomes, Gemma (2012), Party Strategies in Western Europe. Party competition and electoral outcomes, London/New York (Routledge).

Luhmann, Niklas (1964/1999), Funktionen und Folgen formaler Organisation, Berlin (Duncker & Humblot), 1. und 5. Aufl.

Luhmann, Niklas (2011), Organisation und Entscheidung, Wiesbaden (VS Verlag für Sozialwissenschaften), 3. Aufl.

Ørsted Nielsen, Helle (2012), Bounded Rationality in an Imperfect World of Regulations: what if individuals are not optimizing?, in: Milne/Andersen, eds. (2012), Handbook of Research on Environmental Taxation, Cheltenham, UK/Northampton, MA, USA (Edward Elgar), S. 439–455.

Poth, Hans-Christian/Ferrau, Frederik, (2011), Rundfunkorganisation in Deutschland, Jura, S. 605–610.

Radke, Petra/Then Bergh, Friedrich (2004), Neue Politische Ökonomie und Medienregulierung – dargestellt am Beispiel öffentlich-rechtlicher Rundfunkanstalten, in: Friedrichsen/Seufert, Hrsg. (2004), Effiziente Medienregulierung. Marktdefizite oder Regulierungsdefizite?, Baden-Baden (Nomos), S. 139–155.

Richter, Rudolf/Furubotn, Eirik G. (2010), Neue Institutionenökonomik, Tübingen (Mohr Siebeck), 4. Aufl.

Rosen, Sherwin (1981), The Economics of Superstars, American Economic Revue, Bd. 71, S. 845–858.

Rudolph, Sven (2005), Handelbare Emissionslizenzen. Die politische Ökonomie eines umweltökonomischen Instruments in Theorie und Praxis, Marburg (Metropolis).

Schäfer, Hans-Bernd/Ott, Claus (2012), Lehrbuch der ökonomischen Analyse des Zivilrechts, Berlin u. a. (Springer) 5. Aufl.

Schneider, Axel (2013), Warum der Rundfunkbeitrag keine Haushaltsabgabe ist – und andere Fragen des Rundfunkstaatsvertrages, NVwZ, S. 19–23.

Schröder, Guido (2008), Positive Medienökonomik. Institutionenökonomischer Ansatz für eine rationale Medienpolitik, Baden-Baden (Nomos).

Simon, Herbert A. (1945), Entscheidungsverhalten in Organisationen: eine Untersuchung von Entscheidungsprozessen in Management und Verwaltung, Landsberg am Lech (Verlag Moderne Industrie), 1945/1981 (Übersetzung der 3. Aufl. 1976).

Teubner, Gunther (1977), Verbandsdemokratie durch Recht? Die Diskussion um ein Verbändegesetz in demokratietheoretischer Sicht, Aus Politik und Zeitgeschichte (ApuZ), Bd. 8, S. 23–35.

Towfigh, Emanuel V./Petersen, Niels (2010), Ökonomische Methoden im Recht. Eine Einführung für Juristen, Tübingen (Mohr Siebeck).

Tullock, Gordon (1974b), The Welfare Costs of Tariffs, Monopolies, and Theft, in: Buchanan/Tollison/Tullock, eds. (1974), Towards a Theory of the Rent-Seeking-Society, Texas (A & M Press), S. 39–50.

Wagner, Eva E. (2011), Abkehr von der geräteabhängigen Rundfunkgebühr: die Neuordnung der Rundfunkfinanzierung, Frankfurt a. M. (Lang).

Wagner, Joachim (2011), Ökonomische Analysen zu den Effekten von Aufsichtsrats- und Betriebsratsmitbestimmung in Deutschland: empirische Analysen mit Firmendaten, Berlin (Duncker & Humblot).

Waldkirch, Rüdiger (2002), Unternehmen und Gesellschaft. Zur Grundlegung einer Ökonomik von Organisationen, Wiesbaden (Deutscher Universitäts-Verlag).

Theorie staatlicher Entscheidungen

4

Das Öffentliche Recht bezieht sich im Wesentlichen auf staatliche Entscheidungen, sei es der Gesetzgebung, der Verwaltung oder der diese kontrollierenden Gerichte. Die Frage, wie staatliche Entscheidungen zustande kommen (positive Analyse) und wie sie zustande kommen sollten (normative Analyse), ist natürlich ein zentrales Anwendungsfeld der Neuen Politischen Ökonomie. „Das öffentliche Recht bezieht sich im Wesentlichen auf staatliche Entscheidungen, sei es der Gesetzgebung der Verwaltung oder der darauf bezogenen Gerichte. Die Frage, wie staatliche Entscheidungen zustande kommen (positive Analyse) und wie sie zustande kommen sollten (normative Analyse) ist natürlich ein zentrales Anwendungsfeld der Neuen Politischen Ökonomie."

Auch hier wird nicht in erster Linie das staatliche Entscheidungssystem als solches betrachtet, sondern das Handeln einzelner Akteure (Politiker, Bürokraten beziehungsweise der Adressaten staatlicher Entscheidungen). Wichtige Impulse erhält diese Analyse durch die Institutionenökonomik insoweit, als Parteien, Staatsorgane oder die Bürokratie als Organisationen betrachtet werden können (zum Beispiel also auch hier das Prinzipal-Agent-Problem auftritt). Wesentlichen Einfluss auf die Theorie staatlicher Entscheidungen hat schließlich die ökonomische Theorie der Interessengruppen.[1]

Neben den Entscheidungsträgern wird der Entscheidungsprozess in den Blick genommen.[2] Dieser bezieht sich auf den gesamten politischen Kreislauf oder „Politikzyklus" von der Identifikation der Regulierungsnotwendigkeit über die Festlegung von Regulierungszielen bis hin zur rechtlichen Regelung, ihrer Implementierung und Kontrolle.[3]

---

[1] Vgl. zu diesen Fragen oben 3.3.2.

[2] Vgl. dazu bereits oben 2.2.3.2.

[3] Vgl. dazu Lyon (2007), 1 ff.

© Springer-Verlag Berlin Heidelberg 2014
M. Rodi, *Ökonomische Analyse des Öffentlichen Rechts,*
DOI 10.1007/978-3-662-43594-6_4

4.1 Entscheidungsträger

Vorab soll die Stellung der für die Regulierung relevanten Entscheidungsträger skizziert werden.[4]

4.1.1 Die Politiker

Neben der Rationalität von Wählerentscheidungen kann man auch nach der Rationalität der Entscheidungs- und Mandatsträger sowie allgemein der Politiker fragen.[5] Das Eigeninteresse der Politiker könnte natürlich bei idealer Staatsorganisation und vollständiger Informiertheit der Wähler zu optimalen Ergebnissen führen. Im Rahmen der Ausführungen zur demokratischen Ordnung und zum Wahlverhalten wurde jedoch insoweit auf praktische Hindernisse hingewiesen.[6]

Es ist sicherlich sehr plakativ, wenn *Anthony Downs* formuliert hat, das Handlungsziel politischer Entscheidungsträger liege weniger in der Durchsetzung ihrer politischen Vorstellungen und Programme als vielmehr im Gewinn der Wählerstimmen und dadurch politischer Ämter.[7] „Die Parteien treten mit politischen Konzepten hervor, um Wahlen zu gewinnen; sie gewinnen nicht die Wahlen, um mit politischen Konzepten hervortreten zu können."[8] Sicherlich liegt aber in der Maximierung von Wählerstimmen eine dominante Strategie.[9] Das schließt nicht aus, dass daneben weitere Ziele verfolgt werden. Für die meisten davon (Ansehen, Einkommen, Durchsetzung ideologischer Vorstellungen) stellt der Wahlsieg Mittel zum Zweck oder eben ein sekundäres Handlungsziel dar.

Besonders gut lässt sich das am Ziel der Ideologiemaximierung erkennen. So lässt sich empirisch nachweisen, dass nach einem Wahlsieg eher auch unpopuläre Maßnahmen getroffen werden.[10] In diesem Zusammenhang ist die Theorie des politischen Konjunkturzyklus („Political Business Cycle") von *William D. Nordhaus* berühmt geworden.[11] Nordhaus hat in seiner Theorie des politischen Konjunkturzyklus gezeigt, dass dies aufgrund tatsächlicher Restriktionen anders sein kann (im konkreten Fall: die Wahlperioden): Ihr liegt die Hypothese zugrunde, dass eine stimmenmaximierende Regierung Konjunkturzyklen entgegen den Wünschen der Wähler nicht dämpft, sondern sich im Gegenteil prozyklisch verhält. Zu Beginn der Legislaturperiode wird versucht, durch restriktive Geld- und Fiskalpolitik die Inflationsrate zu senken,

---

[4] Vgl. für einen Überblick Kirchgässner (2013), 4.1.2.

[5] Vgl. dazu schon oben 1.2.3.7 (Staatsversagen) und 2.2.3.2.2 und 2.2.3.2.4 (Parteienfinanzierung).

[6] Siehe oben 2.2.3.3.

[7] Downs (1968), 402.

[8] Downs (1968), 27 f.

[9] Dylla (2008), 4.1.3.3., 113 ff.

[10] Dylla (2008), 4.1.3.5., 119 ff.

[11] Nordhaus (1975), 169 ff.

was mit einer Erhöhung der Arbeitslosenquote erkauft wird. Gegen Ende der Legislaturperiode wird auf expansive Politik umgeschaltet, um das Wirtschaftswachstum zu steigern und die Arbeitslosigkeit zu senken. Da die Inflationsrate darauf in der Regel erst verzögert reagiert, ist es denkbar, zum Wahlzeitpunkt eine Kombination aus relativ geringer Arbeitslosigkeit (hohem Wirtschaftswachstum) und relativ geringer Inflation zu erreichen. Empirisch lässt sich das gut an der ersten Reagan-Administration (1981–1985) studieren. Diese Theorie lässt sich als „Political Legislation Cycle" auf die gesamte Gesetzgebung anwenden, soweit sie Verfügungsrechte umverteilt, also redistributiv ist.[12]

Natürlich stoßen auch die Politiker bei der Verfolgung ihrer Präferenzen auf vielfältige *Restriktionen*.[13] Das sind zunächst einmal die verfassungsrechtlichen Vorgaben, deren Änderung zwar angestrebt, aber nur unter erschwerten Bedingungen zu erreichen ist. Neben den Restriktionen innerhalb des politischen Systems stehen die Politiker in Zeiten der Globalisierung immer stärker auch unter Vorgaben von außen.[14] Gerade die gegenwärtige Finanzkrise (einschließlich der Euro-Krise) macht deutlich, welches Ausmaß diese erreichen können.

4.1.2 Die Verwaltung (Bürokratietheorie)

Die ökonomische Bürokratietheorie[15] bricht mit der idealistischen Betrachtung der Staatsbürokratie etwa bei *Max Weber*[16] und überträgt das individuelle Rationalverhaltensmodell auf die staatliche Verwaltung. Dieser Ansatz geht auf bahnbrechende Schriften von *Anthony Downs*[17] und *William D. Niskanen*[18] zurück.[19] Danach ist auch die Tätigkeit von Bürokraten (Downs nennt sie neutral Amtsinhaber) vom Eigeninteresse motiviert. Diese nutzenmaximierenden Bürokraten verfolgen nach Downs komplexe Zielbündel wie „Macht, Einkommen, Prestige, Sicherheit, Bequemlichkeit, Loyalität (einer Idee, Institution, der Nation gegenüber), Stolz auf ausgezeichnete Arbeit und den Wunsch dem öffentlichen Wohl zu dienen (wie der Amtsinhaber es versteht)".[20] Je nachdem, welche

---

[12] Vgl. dazu theoretisch sowie empirisch am Beispiel der italienischen Gesetzgebung getestet Lagona/Padovano (2008), 201 ff.

[13] Dylla (2008), 4.2.

[14] Vgl. dazu oben 2.5.1 und 2.5.2.

[15] Vgl. einführend Behrends (2001), 2. Teil 3.; Weigel (2003), 4.4 (119 ff.); Fritsch (2014), 14.3 sowie vertiefend Kirsch (2004), 2.10. (344 ff.); Blankart (2011), Kap. 24 (staatliche Bürokratie); Bernholz/Breyer (1994), Kap. 15. 1 (Modell einer bürokratischen Organisation als Anbieter öffentlicher Güter); McNollgast (2007), 1697 ff.

[16] Dazu lesenswert Blankart (2011), Kap. 24 A.

[17] Downs (1965), 439 ff.; Downs (1994).

[18] Niskanen (1968); Niskanen (1974).

[19] Zu späteren Ansätzen vgl. im Überblick Behrends (2001).

[20] Downs (1994), 201.

Zielmaximierung im Vordergrund steht, entwickelt Downs eine Typologie von Amtsinhabern mit rein eigennützigen und gemischten Motivationsstrukturen.[21]

Aus der Vielzahl der Themen einer ökonomischen Bürokratietheorie werden im Folgenden einige zentrale herausgegriffen: Warum werden bestimmte Aufgaben überhaupt Amtsträgern anvertraut (und nicht etwa entsprechende Dienstleistungen auf dem Markt bezogen)?, (2.) Konfliktminimierung und Budgetmaximierung als dominante Strategien der Verwaltung b.) sowie (3.) die hierarchische Struktur von Bürokratien und das Prinzipal-Agent-Problem. c.).

4.1.2.1 Erledigung von staatlichen Aufgaben durch Amtsträger

Ein Staat ist theoretisch ohne Verwaltung, zumindest aber mit einer deutlich kleineren Verwaltung vorstellbar. Damit stellen sich zwei Fragen: 1. Warum werden bestimmte staatliche Aufgaben durch Amtsträger erledigt und nicht entsprechende Sach- und Dienstleistungen auf dem Markt bezogen?[22] 2. Warum werden Rechtsfragen durch Amtsträger verbindlich entschieden und nicht nur Rechtsregeln aufgestellt und die Überprüfung ihrer Einhaltung Gerichten anvertraut?

4.1.2.1.1 Gründe für die Aufgabenwahrnehmung durch eine Verwaltung im institutionellen Sinne

Die Frage, warum ein Staat eine Verwaltung im institutionellen Sinn vorhalten und ihr Aufgaben zur Wahrnehmung übertragen sollte, ist mit der Frage nach den Staatsaufgaben[23] vergleichbar. Da gegenwärtig Staaten in der Regel über einen umfangreichen Verwaltungsapparat verfügen, dient diese Perspektive vor allem dazu, hierfür Rechtfertigungsgründe und eine Kritik an einem „Zuviel" an Verwaltung zu formulieren.

Die ökonomischen Argumente für das Vorhalten einer Verwaltung im institutionellen Sinne hat *Guy Kirsch* im Anschluss an *Coase*, *Williamson* und *North* überzeugend vorgetragen.[24] Danach wird der Staat Sach- und Dienstleistungen sinnvollerweise eher dann durch eine eigene Verwaltung erstellen lassen, wenn er sie in regelmäßigen und kurzen Abständen benötigt: „Ein Staat, der alle hundert Jahre zur Feier der Staatsgründung ein Feuerwerk veranstaltet, wird kaum ein Bundesamt für Feuerwerke unterhalten, sondern bei Bedarf, eben alle hundert Jahre, eine Firma mit dem Abbrennen eines Feuerwerks beauftragen." Weiter würde ein Staat Sach- und Dienstleistungen um so weniger auf dem Markt nachfragen, je schwieriger und unsicherer es ist, dass er diese in der gewünschten Qualität, in der benötigen Quantität und zum richtigen Zeitpunkt auf dem Markt erwerben kann; als Beispiel verweist Kirsch hier auf das Vorhalten einer Anti-Terror-Einheit im Falle eines terroristischen Anschlags. Der Staat wird sich für die Aufgabenerfüllung um so weniger auf den Markt verlassen, je größer die negativen Auswirkungen wären, sollte es

---

[21] Zur Bürokratietheorie von Downs im Überblick Behrends (2001).

[22] Dazu Kirsch (2004), 2.10.2.

[23] Vgl. dazu oben 2.3.

[24] Kirsch (2004), 2.10.2., 346 ff.

nicht gelingen, die benötigten Güter und Dienste im Bedarfsfall in ausreichender Qualität und Quantität auf dem Markt zu erwerben. In Fortführung seines Beispiels veranschaulicht Kirsch das damit, dass es zu verschmerzen wäre, wenn das Feuerwerk nach 100 Jahren einmal ausfallen müsste, weil sich kein Unternehmen finden lässt, das zu einer angemessenen Austragung in der Lage wäre; das wäre anders zu beurteilen, wenn etwa nach einem GAU in einem Atomkraftwerk kein ausreichender Katastrophenschutz mangels Fachkräften zu gewährleisten wäre.

Aus rechtsökonomischer Perspektive ist an dieser Stelle auch auf *verfassungsrechtliche Vorgaben* und die dahinter stehende Rationale zu verweisen. So sieht Art. 33 Abs. 4 GG vor, dass die Ausübung hoheitlicher Befugnisse als ständige Aufgabe in der Regel Angehörigen des öffentlichen Dienstes zu übertragen ist, die in einem öffentlich-rechtlichen Dienst- und Treueverhältnis stehen. Dieser Funktionsvorbehalt für das Berufsbeamtentum soll die Erfüllung von Aufgaben absichern, die für die Freiheit und soziale Sicherheit der Bürger sowie einen rechtsstaatlich verlässlichen Vollzug der Gesetze wesentlich sind; im Mittelpunkt steht dabei die an das staatliche Gewaltmonopol anknüpfende Eingriffsverwaltung und die die sozialstaatliche Daseinsvorsorge umsetzende Leistungsverwaltung. Tendenzen der Bundesländer zur teilweisen Privatisierung des Strafvollzugs (nach US-amerikanischen Vorbild) sind aus dieser Perspektive kritisch zu sehen.[25]

4.1.2.1.2 Regulierung durch Privatrecht oder Öffentliches Recht

Es gibt jedoch nicht nur die Alternative Verwaltung – Markt. Eine weitere Alternative zum Handeln des Staates durch eine Verwaltung liegt darin, im Einzelfall nur Rechtsregeln festzulegen und mit der Überprüfung der Einhaltung die Gerichte zu betrauen. Wesentlich intensiver als im europäischen Raum wird im angloamerikanischen Bereich darüber diskutiert, ob eine Regulierung besser in den Formen des Privatrechts erfolgen soll oder in den Formen des Öffentlichen Rechts („Inverwaltungnahme" durch staatliche Behörden).[26] Entsprechend der angloamerikanischen Terminologie lässt sich dies auch als „ex-ante-" im Gegensatz zur „ex-post-"Regulierung bezeichnen.[27]

Diese Alternative lässt sich am Beispiel des deutschen Wettbewerbsrechts veranschaulichen: Traditionell wird das allgemeine Wettbewerbsrecht (UWG) durch die Statuierung privater Rechte und Pflichten geregelt, die sich im Streitfall gerichtlich durchsetzen lassen; im Kartellrecht wurden dagegen Behörden mit verbindlichen Entscheidungsbefugnissen eingesetzt. Ein zweites Beispiel ist das Recht der Erneuerbaren Energien (EEG): Zunächst hat man sich hier auf die Regelung von Rechten und Pflichten beschränkt; nachdem deutlich wurde, dass langjährige Gerichtsverfahren eine effektive Rechtsgewährung für Erzeuger erneuerbarer Energien (gegen die großen Energieversorgungsunternehmen) vereiteln können, verlässt sich der Gesetzgeber hier nunmehr auf ein System behördlicher Entscheidungen.

---

[25] Vgl. dazu Bonk, (2000).

[26] Vgl. etwa Posner (2011), § 22.

[27] Vgl. etwa Ulen (2007), 33; Kolstad/Ulen/Johnson (1990).

Auf der anderen Seite gibt es aber auch gute Gründe, die im Einzelfall für eine Regulierung in den Formen des Privatrechts sprechen können. So hat insbesondere *Posner*[28] darauf hingewiesen, dass Gerichte grundsätzlich in Bezug auf den Einfluss von Interessengruppen unabhängiger sind. Schließlich kann dieser Ansatz für den Staat auch wirtschaftlicher sein.

4.1.2.2 Konfliktminimierung und Budgetmaximierung als dominante Strategien der Verwaltung

Sieht man ein zentrales Eigeninteresse von Bürokraten darin, Macht und Einfluss zu gewinnen, so haben die Mitarbeiter und insbesondere der Behördenleiter ein Interesse daran, dass ihre Behörde über möglichst viel finanzielle und personelle Ressourcen verfügt.

Damit lassen sich Tendenzen zum Anwachsen von Verwaltungen erklären; dies wird seit der Beschreibung durch den Soziologen und Historiker *Cyril Northcote Parkinson*[29] als *Parkinsonsches Gesetz* bezeichnet; er zeigte anhand eines Beispiels aus der britischen Marine auf, dass Bürokratien auch dann kontinuierlich weiter wachsen, wenn die Aufgaben nicht zunehmen. *Niskanen*[30] hat daraus das „Gesetz der Budgetmaximierung" als zentrale Verhaltensmotivation von Bürokraten ausgearbeitet.[31] Dabei geht Bürokratie entsprechend der Jährlichkeit des Haushalts in kleinen unauffälligen Schritten vor und versuche, jedes Jahr weitergehende Budgetwünsche durchzusetzen. Angesichts des Zeitdrucks (und der Machtverhältnisse) sowie der Informationsasymetrie zugunsten der entwerfenden Verwaltungsstellen werde das Ausgabenniveau des letzten Jahres nicht mehr in Frage gestellt und als „Basis" verwendet. Dies führe zum sogenannten „Treppeneffekt der Budgetausdehnung", der keine Rückschritte mehr zulasse. Verstärkt werde dieser Effekt noch dadurch, dass der Kontrollverlust gegenüber der Bürokratie mit deren Wachstum zunehme.[32] Damit könne diese ihre Wünsche noch besser durchsetzen; die Kontrollkosten würden dann weiter steigen.

Im Grunde decken sich die sonstigen Gründe für das „Gesetz der wachsenden Verwaltung" mit den Gründen für das „Gesetz der wachsenden Staatsausgaben".[33] Ebenso wie dort scheint das Gesetz seine empirische Grundlage zu verlieren, da Bürokratien aufgrund des Ausgabedrucks zunehmend abgebaut wurden („schlanker Staat").

---

[28] Posner (1974), 351.

[29] Parkinson (1957).

[30] Vgl. dazu Behrends (2001), 2. Teil, 3.2.

[31] Vgl. für eine kurze gute Darstellung Towfigh/Petersen (2010), § 6 III. 3. oder Fritsch (2014), 14.3.1.

[32] Mueller (2003).

[33] Vgl. dazu unten 5.2.2.1.

4.1.2.3 Die hierarchische Struktur von Bürokratien und das Prinzipal-Agent-Problem

Das Außenverhältnis der Bürokraten zur Politik und schließlich zu den Wählern kann als mehrstufiges Prinzipal-Agent-Verhältnis[34] beschrieben werden:[35] der Wähler als (Ausgangs)Prinzipal, der Politiker als Agent I und Prinzipal II, der Chefbürokrat als Agent II (und Prinzipal III) und schließlich der ausführende Bürokrat als Agent III. Bei näherer Betrachtung kann sich dann das Bild ergeben, dass ein Bürokrat im Einzelfall Agent mehrerer Prinzipale ist, etwa des Vorgesetzten, des Parlaments (Gesetzgebers) und eines Gerichtes.[36] Im Verhältnis Legislative – Exekutive muss der Gesetzgeber wie jeder Prinzipal darüber entscheiden, 1.) in welchem Umfang er Entscheidungen an die Verwaltung delegiert oder sie selbst trifft und 2.) in welcher Intensität und mit welchen Instrumenten er überprüft, inwieweit sich die Verwaltung loyal verhält.

Die erste Frage zielt auf die *Delegation von Entscheidungsbefugnissen vom Gesetzgeber auf die Verwaltung*.[37] Natürlich kann es nicht darum gehen, ob der Gesetzgeber überhaupt Entscheidungsbefugnisse delegiert. Angesichts einer hoch komplexen Struktur von Wirtschaft und Gesellschaft können Entscheidungen im Einzelfall regelmäßig nur durch eine funktionell ausdifferenzierte Verwaltung angemessen getroffen werden. Zudem spricht das rechtsstaatlich verankerte Gewaltenteilungsprinzip dafür, dass Verwaltungsentscheidungen nur in Ausnahmefällen durch den Gesetzgeber getroffen werden dürfen.[38] Die Frage nach der Delegation stellt sich damit eher in einem qualitativen Sinne in Gestalt von Regulierungstechniken im Spannungsverhältnis von Bindung der Verwaltung und Entscheidungsspielräumen. So kann der Gesetzgeber durch rechtsgebundenes Entscheiden den Entscheidungsspielraum der Verwaltung verengen oder durch Einräumen von Beurteilungsspielräumen und Ermessen erweitern.[39] Die Einzelheiten der Erstellung öffentlicher Güter können letztendlich nur vor Ort konkretisiert werden. Es ist daher nicht wünschenswert, die Handlungsmöglichkeiten des „Agents" Verwaltung völlig einzuschränken. Auf der anderen Seite sorgen spezifischere gesetzliche Vorgaben für mehr Rechtssicherheit.

Damit stellt sich aber mit Nachdruck die zweite Frage, wie der Gesetzgeber dafür sorgen kann, dass die Verwaltung ihre Entscheidungen loyal im Sinne des Gesetzes trifft – ein klassisches Agency-Problem. Natürlich wäre es zu kurz gegriffen, hier nur lapidar auf die Bindung der Verwaltung an Gesetz und Recht (Art. 20 Abs. 3 GG) zu verweisen. Es reicht auch nicht aus, darauf zu verweisen, dass im parlamentarischen System der

---

[34] Vgl. dazu bereits grdl. oben 1.2.3.5.

[35] Vgl. hierzu einführend Kirsch (2004), Kap. VI 2.10.3.; Fritsch (2014), 14.3.1 sowie vertiefend Cooter (2000), 80 ff.; McNollgast (2007), 1703 ff.

[36] Vgl. zu diesem Aspekt Cooter (2000), 158 ff.

[37] Vgl. dazu grdl. Cooter (2000), Kap. 4; McNollgast (2007), 1698 ff.; Parisi/Fon (2009), 9 ff. Diskutieren diese Frage unter dem Aspekt „standards vs. rules".

[38] Vgl. etwa zu Fragen der Straßenplanung durch Gesetz im Fall der „Südumfahrung Stendal" BVerfGE 95, 1 ff.

[39] Cooter (2000), 90 ff. zu den ökonomischen Kriterien für diese Entscheidung.

Gegensatz Regierung – Opposition in den Vordergrund getreten ist, während ja (etwa unter dem Grundgesetz) die Regierung vom Vertrauen der Mehrheit im Parlament abhängt.

An dieser Stelle ist zunächst darauf hinzuweisen, dass der Gesetzgeber über die Grundsätze der *Verwaltungsorganisation* zu entscheiden hat. Klassisch war die Verwaltung hierarchisch aufgebaut und man setzte damit auf ein System direkter vertikaler Weisung und Kontrolle; im Wege der Rechtsaufsicht können Abweichungen festgestellt und korrigiert werden. Alternativ kann die Rechtsordnung mehr Unabhängigkeit oder Selbstverwaltungsrechte einräumen und die Lockerung der Kontrolle durch andere Gewährleistungsmechanismen (für die Richtigkeit der Entscheidung) ersetzen, wie etwa eine Rückbindung an bestimmte Betroffene (Kammersystem) oder Interessenvertreter (zum Beispiel Medienanstalten).

Schließlich hat sich im Verhältnis Gesetzgeber – Verwaltung auch das Steuerungs- und Kontrollinstrumentarium fortentwickelt und verfeinert. Im Mittelpunkt stehen dabei Steuerungssysteme, die eine weitreichende Realisierung der Steuerungsziele unter Berücksichtigung der Interessenstruktur der Verwaltung gewährleisten. *Niskanen* hat insoweit das Verhältnis Politik-Verwaltung als ein System des Austausches von Leistungen und Gegenleistungen rekonstruiert.[40] Wie auch in großen Wirtschaftsunternehmen spielt dabei die Frage eine große Rolle, wie in der Verwaltung eine positive „corporate identity" geschaffen werden kann. Anders als etwa in den USA versucht man in Europa Loyalität weniger durch den Austausch von Mitarbeitern durch regierungstreue Bedienstete zu erreichen; vielmehr wird – insbesondere in Deutschland – der Weg einer Privilegierung gegangen (unkündbarer Beamtenstatus; „hergebrachte Grundsätze des Berufsbeamtentums" gemäß Art. 33 Abs. 5 GG).

Ein weiterer Ansatz die Steuerung der Verwaltung zu verbessern ist in dem *Konzept des New Public Management* („Neues Steuerungsmodell") zu sehen. Dieses will durch eine Kombination von Freiheits- und Verantwortungsbereichen für die Verwaltung auf der einen Seite und Sanktionen und Belohnungen auf der anderen Seite die Verwaltung dazu bringen, die Entscheidungsfreiräume im Interesse des „Prinzipals" zu nutzen. Effizienzsteigerungen sollen etwa durch die Einführung von Globalhaushalten oder Kosten-Leistungs-Rechnungen erreicht werden. Der gemeinwohlorientierte „Output" der Verwaltung wurde bisher als inkommensurabel und nicht monetarisierbar angesehen; durch „benchmarking" beziehungsweise marktähnliche Kategorisierung des Outputs in „Produkte" beziehungsweise „Produktgruppen" sollen Anreize gesetzt und ein Vergleich ermöglicht werden.[41]

---

[40] Vgl. dazu Kirsch (2004), 2.10.5.

[41] Towfigh/Petersen (2010), § 6 III.3.b.

4.2 Regulierung

Im Mittelpunkt der Theorie staatlicher Entscheidungen steht die Regulierung.[42] Diese soll hier in einem engeren Sinne als gezielte staatliche Einflussnahme auf individuelles Verhalten verstanden werden.[43]

Die Erscheinung der Regulierung wird von verschiedenen Wissenschaften und auf der Basis unterschiedlicher Konzepte erforscht. Aus ökonomischer Sicht werden unter Regulierung Eingriffe des Staates zur Beschränkung von Marktmechanismen oder zur Übernahme von Marktfunktionen bei fehlendem Markt verstanden. Dieser „ökonomischen Regulierung" („economic regulation") wird häufig eine „soziale Regulierung" („social regulation") gegenübergestellt, mit der eine staatliche Steuerung durch Recht im Sinne des Allgemeinwohls verstanden wird.[44] Ohnehin wird die Frage der Regulierung nur in einer interdisziplinären Herangehensweise zufriedenstellend zu beantworten sein, so dass die ökonomische Theorie der Regulierung eine ergänzende Anwendung anderer Herangehensweisen im Einzelfall nicht ausschließt.[45]

Allen diesen Theorien der Regulierung ist gemeinsam, dass sie sich nicht mehr auf einen bipolaren Antagonismus Regulierer – Regulierter beschränken. Konzeptionell kommt das in dem interdisziplinären Ansatz der Governance-Forschung zum Ausdruck.[46] Mit diesem aus der Ökonomik stammenden und insbesondere von *Williamson*[47] begründeten Konzept wird betont, dass Regulierung in einem Netzwerk von Akteuren und (kollektiven sowie begrenzt autonomen) Organisationen erfolgt. Marktversagen wird so weniger durch einseitige Normsetzung als durch ein Management von Interdependenzen angegangen, das zunehmend differenzierte Regelungsformen erfordert. Im Mittelpunkt steht die koordinierte Interaktion von Akteuren auf Märkten und in verschiedenen staatlichen, gesellschaftlichen oder überstaatlichen Organisationen.[48]

Aber auch in diesen multipolaren Governance-Ansätzen wie in entsprechenden steuerungstheoretischen Konzepten der Rechtswissenschaft sieht die moderne Ökonomik das Recht weiterhin als Steuerungsressource zur Behebung von Markt- und Staatsversagen an.[49] Zentrale Bedeutung hat dabei die ökonomische Entscheidungstheorie zu leisten, die über eine lange Tradition verfügt.[50] Sie ist jedoch an die zunehmend komplexen Netzwerk-

---

[42] Vgl. hierzu Behrends (2001), 2. Teil 7. (75 ff.); Morgan/Yeung (2007); Baldwin/Cave/Lodge (2011).

[43] Zu verschiedenen Begriffsbestimmungen von Regulierung vgl. Morgan/Yeung (2007), 3 ff.

[44] Vgl. zu dieser Unterscheidung etwa Kühling (2004), 11 ff.

[45] Vgl. für einen guten Überblick Morgan/Yeung (2007), Kap. 2.

[46] Vgl. dazu instruktiv Trute/Denkhaus/Kühlers (2004).

[47] Williamson (1996); (1984).

[48] Vgl. dazu Trute/Denkhaus/Kühlers (2004).

[49] Vgl. etwa Denkhaus (2004), 36 ff.

[50] Vgl. exemplarisch zur Frage staatlicher Entscheidungen unter Unsicherheit Spieker gen. Döhmann (2004).

strukturen anzupassen. Gerade in Bezug auf Fragen der Regulierung erscheint es besonders wichtig, Ansätze der positiven und der normativen Analyse zu unterscheiden. Mit Hilfe der *positiven Analyse* der Regulierung wird die Frage untersucht, warum und in welchen Formen reguliert wird und wie sich dies in der Realität auswirkt (unten 4.2.1 – 4.2.3). Die *normative Analyse* der Regulierung hat die Frage zum Gegenstand, was „gute Regulierung" („good governance") ist; auch in dieser normativen Perspektive ist ein Zusammenwirken verschiedener Disziplinen angezeigt (unten 4.2.4).

4.2.1 Grundfragen

4.2.1.1 Regulierung als öffentliches Gut

Seit einem bahnbrechenden Aufsatz von *George J. Stigler*[51] wird die Interaktion von Regulierten und Regulierenden spezifisch auch aus der Perspektive der Neuen Politischen Ökonomie betrachtet.[52] Regulierung zielt auf die Behebung von Fällen des Marktversagens und trägt so zur Produktion öffentlicher Güter bei. Weitergehend kann man aber auch die Regulierung selbst als öffentliches Gut ansehen, denn von den positiven Effekten der Regulierung kann in einem Rechtsstaat niemand ausgeschlossen werden.[53] Auf der Grundlage der traditionellen Theorie kann man sagen, dass dieses Gut den Bürgern und Wählern zu einem bestimmten Preis (vor allem Steuern) angeboten wird. Berücksichtigt man zusätzlich das in diesem Bereich besonders relevante Phänomen des Staatsversagens[54], lassen sich spezifischere Erkenntnisse dazu gewinnen, wie „Angebot" und „Nachfrage" nach dem öffentlichen Gut Regulierung zum Ausgleich kommen. Dann wird erkennbar, dass auf Seiten der Regulierten ein massives Interesse besteht, auf die Regulierung und die damit einhergehende Allokation von Ressourcen Einfluss zu nehmen.

4.2.1.2 Der „Regulierungsmarkt"

Auf der Grundlage der Neuen Politischen Ökonomie ist damit davon auszugehen, dass an der Regulierung verschiedene Akteure mit je spezifischer Interessenlage beteiligt sind. *Stigler*[55] hat dazu einen „Regulierungsmarkt" beschrieben, auf dem Regulierer als Anbieter und Regulierte als Nachfrager auftreten und zusammenwirken. Es handelt sich dabei um einen politischen Markt, auf dem das Kollektivgut Regulierung bereitgestellt wird. Etwas weiter greifend lässt sich Regulierung als ein Spielfeld begreifen, auf dem unterschiedliche Akteure zusammentreffen und Impulse für Regulierung setzen. Eingefasst ist das Spielfeld durch Vorgaben von außen, etwa verfassungsrechtlicher Natur, kulturelle Traditionen, sozio-ökonomische beziehungsweise -ökologische Umstände. Auf dem Spielfeld

---

[51] Stigler (1971).

[52] Vgl. dazu auch die Einführung bei Behrends (2001), 7.1.

[53] Vgl. dazu grdl. Behrens (2009), 49 ff.

[54] Vgl. dazu einführend oben 1.2.3.7.

[55] Stigler (1971); im Anschluss daran auch Posner (1974), 335.

wird gerungen, verhandelt oder getauscht, um eigene Interessen bei der Regulierung zu maximieren. Im Mittelpunkt des Interesses der Regulierungstheorien steht dabei das Verhalten der Regulierer.[56]

4.2.1.3 Der „Regulierungskreislauf"

Regulierung ist jedoch kein punktuelles Ereignis, sie lässt sich besser als Prozess erfassen. Dabei lassen sich verschiedene Phasen des politischen Kreislaufes unterteilen: Identifikation der Regulierungsnotwendigkeit, Festlegung von Regulierungszielen, rechtliche Regelung, deren Implementierung und Kontrolle.[57]

Bei der Identifikation von Regulierungsnotwendigkeiten lässt sich positiv analysieren, wie entsprechende Agenden entstehen.[58] Soweit man diese Fragestellung normativ untersucht, kommt man zur Problematik der ökonomischen Begründung von Staatsaufgaben.[59]

Bei der Regulierung selbst stellt sich die Frage nach den Akteuren.[60] Dies können die Entscheidungsträger selbst sein (oben 4.1) oder auch diejenigen, die in irgendeiner Form auf die Regulierung Einfluss nehmen, wie die Regulierten selbst (capture theory), Interessengruppen und sonstige Akteure des gesellschaftlichen Bereichs.

4.2.2 Capture-Theorie und Interessenverbände

Bei der Behandlung von Interessengruppen wurde bereits darauf eingegangen, dass diese im Sinne eines „rent seeking" gerade auch eine für sie vorteilhafte Gesetzgebung anstreben.[61]

Dieser Ansatz wurde zunächst von der Politikwissenschaft als eine allgemeinere Regulierungstheorie ausgebaut.[62] So hat insbesondere *Marver H. Bernstein*[63] mit der sogenannten „capture-theory" (Kipptheorie) auf den besonderen Einfluss der Regulierten hingewiesen: Unternehmer, Wirtschaftszweige oder Berufsgruppen sind in der Lage, „ihre" beaufsichtigenden Regulierer für eigene Zwecke sowie spezielle Interessen „einzufangen" und zu benutzen. Dies gilt nicht nur für regulierte Unternehmen im engeren Sinne (Beispiel: Deutsche Post AG, Deutsche Bahn AG oder Deutsche Telekom AG in Bezug auf die Regulierungsbehörde Bundesnetzagentur), sondern auch allgemeiner. So führt Bernstein aus, dass sich im Laufe der Zeit zwischen den Regulierten und den Regulierern – in der Regel unbewusst und unbemerkt – „verwandtschaftliche Beziehungen" herausbilden, in welche

---

[56] Vgl. zu einschlägigen Theorien im Überblick Behrends (2001), 7.4.

[57] Vgl. dazu Lyon (2007), Introduction, 1 ff.

[58] Dies ist ein wichtiger Bereich politikwissenschaftlicher Forschungen, vgl. dazu etwa Knill/Tosun (2012), 97 ff.

[59] Vgl. dazu oben 2.3.

[60] Vgl. hierzu ausführlich Baldwin/Cave/Lodge (2011), Kap. 5.

[61] Vgl. oben 3.3.2.2.

[62] Vgl. dazu etwa Posner (1974), 341 ff.; Behrends (2001), 7.2.

[63] Bernstein (1955).

sich das Denken und Handeln der Regulierten zunehmend auf die Verhaltensweisen der Regulierer überträgt.

Die Ökonomik hat diesen Ansatz im Grundsatz übernommen. Allerdings wurde nicht nur die etwas martialische Begrifflichkeit kritisiert, sondern auch die einseitige Perspektive.[64] Zudem wurde vorgetragen, dass der Politikwissenschaft eine überzeugende theoretische Fundierung fehle, die gerade die Ökonomik durch den multipolaren Ansatz eines „Regulierungsmarktes" mit Angebot und Nachfrage nach Regulierung beitragen könne.

4.2.3 Rechtswirkungsforschung

4.2.3.1 Methodische Grundlagen

In modernen Gesellschaften ist Recht nicht in erster Linie Selbstzweck, sondern Mittel zum Zweck. *Roscoe Pound* (1870–1964), ein Hauptvertreter der „Sociological Jurisprudence",[65] hat dafür den Begriff des „social engeneering" geprägt. In immer größerem Maße zielt Recht auf Verhaltenssteuerung im öffentlichen Interesse. Entsprechend groß ist das wissenschaftliche Interesse an der Erforschung der Wirkungen des Rechts, also der Rechtswirkungsforschung.[66] Dabei geht es einerseits darum, ob und inwieweit das Recht die angestrebten Wirkungen erreicht, andererseits darum, ob und inwieweit negative Nebenwirkungen vermieden werden.

Diese Fragen können nur im Zusammenwirken verschiedener Disziplinen zufriedenstellend beantwortet werden, wobei die Soziologie traditionell eine zentrale Rolle spielt.[67] Keinesfalls sollte vergessen werden, dass in diesem Zusammenhang auch der *Rechtsdogmatik* eine wichtige Rolle zukommt. Denn die Frage, ob und inwieweit das Recht die angestrebten Wirkungen erreicht, kann sinnvollerweise nur beantwortet werden, wenn man die Zwecke des jeweiligen Gesetzes ermittelt hat. Das ist bekanntlich eine nicht gerade triviale Aufgabe der Jurisprudenz.

Natürlich kann auch die Rechtsökonomik einen wichtigen Beitrag zur Rechtswirkungsforschung leisten. Auf der Grundlage der Rationalverhaltensannahme lassen sich Hypothesen über die Reaktionen der Rechtsunterworfenen aufstellen. Mit der Neuen Politischen Ökonomie lässt sich zudem fragen, wie sich das Verhalten des Rechtsstabes auf die Verwirklichung von Gesetzeszwecken auswirkt.

In kaum einem anderen Zusammenhang spielt jedoch die Erscheinung der „bounded rationality"[68] eine so große Rolle wie in der Rechtswirkungsforschung. Es ist anerkannt, dass die Reaktionen der Rechtsunterworfenen in erheblichem Maße durch anthropologische,

---

[64] Vgl. etwa Posner (1974), 341 f.

[65] Pound (1907); (1909); (1942).

[66] Vgl. dazu Rodi (2002); Jost (1998).

[67] Vgl. etwa Rehbinder (2009), § 7; Röhl (1987) § 29; Raiser (2013), 14. Abschnitt; Bryde (1993).

[68] Siehe dazu oben 1.2.2.2.3.2.

kulturelle und soziale Bedingungen geprägt sind.[69] So stellt die Sanktionsorientierung nur einen von mehreren Motivkomplexen zur Normbefolgung dar. Unter dem Stichwort „*Identifikation*" wird die Normbefolgung in Orientierung am Verhalten von Bezugsgruppen oder individuellen Vorbildern diskutiert. *Geiger* sprach in diesem Zusammenhang von der Normwirksamkeit durch soziale Interdependenz.[70] *Eugen Ehrlich* stellte noch fest: „Der Mensch handelt dem Rechte gemäß in erster Linie, weil ihn gesellschaftliche Zusammenhänge dazu nötigen".[71] Das mag heute wegen der nachlassenden Ordnungskraft gesellschaftlicher Gruppen (zum Beispiel Kirche, Gewerkschaften) und einem zunehmenden gesellschaftlichen Pluralismus etwas zu stark formuliert sein, trifft aber dem Grunde nach sicher noch zu. Daneben kennt die Rechtssoziologie die Normbefolgung durch „*Internalisierung*" („moral orientation"). Die Normadressaten handeln hier innengeleitet und folgen ihrem Rechtsgefühl (unabhängig von der Einhaltung durch andere oder der staatlichen Überwachung). Die Normbefolgung beruht in diesem Fall auf Akzeptanz, also der Einsicht in die Legitimität des Rechts und damit der subjektiven Widerspiegelung des Rechts in der Psyche. Überwiegen dabei kognitive, rationale Elemente, spricht man von Rechtsbewusstsein; überwiegen emotionale und irrationale Elemente („intuitive Grundstimmung zu Rechtsfragen"), spricht man von Rechtsgefühl.

Ein Anwendungsbeispiel, das auch im Rahmen der Ökonomik intensiv diskutiert wird, liegt im Bereich der Steuermoral.[72] Ausgangspunkt ist die Beobachtung, dass die Steuermoral häufig mit den traditionellen Annahmen einer „optimalen" oder „rationalen" Steuerhinterziehung nicht in Einklang steht. Die Steuermoral ist in diesen Fällen also besser, als sich dies allein mit der Angst vor Sanktionen erklären ließe. Es lässt sich beobachten, dass die Steuermoral umso höher ist, je stärker die Steuerpflichtigen von der Sinnhaftigkeit und Legitimität des Staatshandelns überzeugt sind.

Parisi und *von Wangenheim* haben[73] haben in Anknüpfung an die Arbeiten von *Cooter* in einem ökonomischen Modell die These begründet, dass die Rechtswirksamkeit gefährdet ist, wenn sich der Steuerungsbefehl des Rechts zu weit und zu abrupt von sozialen Normen entfernt. Stimmt das Recht mit sozialen Normen überein, wird es als legitim angesehen. Weicht es davon etwas ab, kann das in gewissen Umfang eine Anpassungstendenz der sozialen Normen bewirken. Weicht es aber zu stark ab, wird die Motivation der Rechtsbetroffenen gefördert, das Recht verstärkt bewusst und gegebenenfalls demonstrativ nicht beachten („ziviler Ungehorsam"). Dies führt wiederum zu einer Verstärkung

---

[69] Die Rechtssoziologie ordnet dies den Wirksamkeitsfaktoren aus der Sphäre des Normadressaten zu. Daneben werden (Un-)Wirksamkeitsfaktoren in der Sphäre des Normgebers (etwa Verständlichkeit oder Widerspruchsfreiheit der Rechtsordnung) und in der Sphäre des Normvollzugs (Ausstattung mit sächlichen und personellen Mitteln, Eigendynamik von Behörden, unterschiedlicher Vollzug in verschiedenen Bundesländern) genannt, vgl. grdl. zu dieser Typologie Ryffel (1974), 259 ff.

[70] Geiger (1987), 8 ff., 40 ff.

[71] Ehrlich (1989), 65.

[72] Vgl. dazu unten 5.3.1.4.3.2.

[73] Parisi/Wangenheim (2006).

der dem Recht entgegengesetzten sozialen Normen. Gut veranschaulichen lässt sich das
an der Prohibitionsgesetzgebung der USA zwischen 1920 und 1932.[74] Unter dem Einfluss
puritanischer und konservativer Kreise aus dem Westen wurde damals eine radikale Anti-
Alkohol-Gesetzgebung verabschiedet. Herstellung, Transport und Verkauf alkoholischer
Getränke wurden verboten. Das Gesetzesziel wurde trotz drakonischer Strafen verfehlt.[75]
Stattdessen blühte bekanntlich gerade in den Städten an der Ostküste um Alkoholgeschäfte
herum die Mafia auf.

4.2.3.2 Steuerung durch Verfahren

Insbesondere *Niklas Luhmann* hat auf den großen Einfluss des Verfahrens auf das Ergebnis
der Entscheidung hingewiesen.[76] Aus rechtsökonomischer Sicht stellen sich damit Ver-
fahrensregelungen als Option zur Lösung von Agency-Problemen dar.[77] So dienen etwa
die umfangreichen Verfahrensbeteiligungen in umweltrechtlichen Genehmigungsverfahren
(im Immissionsschutzrecht oder Atomrecht) gerade auch der Verbesserung des Ergebnisses
der Entscheidung.

Prozedurale Aspekte im Recht haben aber auch eine Wirkung auf die Akzeptanz und
damit auf die Rechtswirksamkeit. *Van Aaken* hat dazu Konturen einer „deliberativen Institutionenökonomik" beschrieben.[78] Der Homo Oeconomicus wird zu einem Homo Rationalis
Communicans fortentwickelt. Ein fairer Entscheidungsfindungsprozess mit Elementen von
Transparenz und Partizipation trägt danach erheblich zur Regelbefolgungswahrscheinlich-
keit bei.

4.2.3.3 Gesetzesfolgenabschätzung, Evaluation und Nachbesserung
des Rechts

Regulierung zielt auf Verhaltenssteuerung. Ob und inwieweit diese gelingt, also angestrebte
Wirkungen eintreten beziehungsweise unerwünschte Nebenwirkungen ausbleiben, steht
damit im Zentrum jeder Theorie der Regulierung.

Eine nachträgliche Bewertung kann rechtlich vorgeschrieben sein. Verfassungsrechtlich
kann die Prüfung notwendig werden, ob ein Gesetz noch seinen ursprünglichen Zwecken
dient oder im Lichte der Grundrechte gegebenenfalls nachgebessert werden muss.[79] Zudem
kann das einfache Recht mit Evaluationsklauseln eine nachträgliche Bewertung anordnen.[80]

---

[74] Vgl. dazu Röhl (1987), 253 f. oder Cotterell (1992), 55 f.

[75] So wurden Geldstrafen bis $ 10.000 und Freiheitsstrafen bis 5 Jahre (auch kombinierbar) ver-
hängt, Transportfahrzeuge und Gebäude, in denen Alkohol hergestellt oder verkauft wurde, wurden
beschlagnahmt. Dies hatte zur Folge, dass zwischen 1920 und 1932 750.000 Festnahmen erfolgten,
Strafen in Höhe von mehr als $ 75 Mio. verhängt und Eigentum in Höhe von $ 205 Mio. eingezogen
wurde.

[76] Luhmann (1978), 219 ff.

[77] Vgl. etwa Cooter (2000), 164 f.

[78] Van Aaken (2007), 85 ff.

[79] Zu verfassungsrechtlichen Nachbesserungspflichten des Gesetzgebers kritisch Huster (2003).

[80] Zur Tendenz zu institutionalisierten Gesetzesevaluationen in Europa Karpen (2008), 149 ff.

In der Praxis noch bedeutsamer sind Bewertungen von Gesetzesvorhaben im Sinne einer Gesetzesfolgenabschätzung (ex ante).[81] Teilweise sind dafür in den Ministerien eigene Abteilungen vorgesehen.[82] Da hier weniger als bei der nachträglichen Evaluation empirisch gearbeitet werden kann, tritt der Beitrag der Ökonomik noch stärker in den Vordergrund.[83]

4.2.4 „Gute Gesetzgebung"

Natürlich lässt sich der Inhalt „guter Gesetzgebung" nicht wissenschaftlich exakt bestimmen. Es stünde auch mit der Vorstellung der Demokratie nicht in Einklang, wollte sich die Wissenschaft anmaßen dem Gesetzgeber „vorzuschreiben", wie die Gesetzgebung im Detail auszugestalten sei. Es ist letztlich die Aufgabe des demokratisch legitimierten Gesetzgebers, die verfolgten Gemeinwohlanliegen zu bestimmen und die beteiligten Interessen zu einem aus seiner Sicht angemessenen Ausgleich zu bringen. Gleichwohl lassen sich wissenschaftlich fundierte Kriterien benennen, die die Vorstellung einer „guten Gesetzgebung" konkretisieren.

4.2.4.1 „Gute Gesetzgebung" als interdisziplinäre Herausforderung

Diese Frage nach „guter Regulierung"[84] ist eine notwendig interdisziplinäre. Viele Disziplinen, allen voran die Politik-, Rechts- und Wirtschaftswissenschaften, können hierzu jeweils wertvolle Beiträge leisten. An dieser Stelle spielt auch die normative Ökonomik eine nicht unwesentliche Rolle.

Bei den rechtswissenschaftlichen Kriterien steht natürlich die Vereinbarkeit mit höherrangigem Recht, insbesondere die Verfassungs- und Europarechtskonformität, im Vordergrund. Angesichts erheblicher Transaktionskosten und Fragen der politischen Realisierbarkeit macht es einen entscheidenden Unterschied, ob für einen Gesetzesvorschlag eine Verfassungsänderung notwendig ist oder nicht; dies gilt verstärkt für notwendige Anpassungen des Europarechts, liegen diese doch weitgehend außerhalb des Zugriffs des nationalen Gesetzgebers. Darüber hinaus muss es als Nachteil eines Gesetzgebungsvorschlags gelten, wenn sich dieser im Graubereich der Europa- und Verfassungsrechtskonformität bewegt.

Eher der Politikwissenschaft zuzuordnen sind Kriterien wie die Effektivität oder Wirksamkeit des Rechts, soweit es sich um empirische Fragen handelt; Rechtswirkungsforschung ist daneben, wie bereits oben dargestellt, auch eine rechtsökonomische Frage.

---

[81] Vgl. zu Fragen der Gesetzesfolgenabschätzung die Beiträge von Konzendorf (2002) und Brocker (2002).

[82] Vgl. zur Praxis der Gesetzesfolgenabschätzung in deutschen Ministerien van Aaken (2007), 71 ff.

[83] Zu einem systematischen Programm der Gesetzesfolgenabschätzung aus dem Blickwinkel der Ökonomik Bizer/Gobaydullina (2007).

[84] Vgl. dazu etwa Baldwin/Cave/Lodge (2011), Kap. 6.

Daneben spielen Kriterien wie Administrierbarkeit, Transparenz, klare Verantwortungszu-ordnung, Sachkunde der Entscheidenden oder Akzeptanz eine Rolle.[85]

Eine klassische ökonomische Fragestellung ist die nach der Effizienz[86] als der Kosten-Nutzen-Analyse von Zielerreichungsgrad und gesamtwirtschaftlichen Kosten.[87] Eine spannende neuere Frage ist die sogenannte „dynamische Effizienz", also die Frage nach den Innovationswirkungen der Regulierung.[88] Darüber hinaus spielt natürlich die bereits ausführlich behandelte Frage eine Rolle, welchen Formen des Marktversagens auf welche Weise am besten begegnet werden kann.[89]

4.2.4.2 Instrumentenvielfalt und Instrumentenverbund

Die Regulierung durch Recht steht vor dem Problem der Instrumentenwahl und der Her-ausforderung, aus der Instrumentenvielfalt eine angemessenen Instrumentenverbund zu schmieden.[90] Gerade die ökonomische Forschung hat erheblich zu einer Ausdifferenzie-rung des Instrumentariums beigetragen. Neben das klassische Ordnungsrecht (command and control) sind so Formen der Anreizregulierung sowie der Selbstregulierung getre-ten. Dieser Frage soll im Zusammenhang mit der Instrumentenwahl in der Umweltpolitik ausführlicher nachgegangen werden.[91]

Da sich aber ein Regulierungsproblem zumeist nicht mit einem Instrument lösen lässt, wird der Gesetzgeber in der Regel mehrere Instrumente kombinieren. Diese sollen in ih-rem Zusammenwirken die gesetzten Ziele möglichst weitgehend erreichen und sich in ihrer Wirkung nicht gegenseitig konterkarieren. Diese Frage nach einem optimalen Instru-mentenverbund wird bisher in allen beteiligten Wissenschaftsdisziplinen nicht hinreichend berücksichtigt.[92]

4.3 Zusammenfassung

In Bezug auf die einzelnen Gruppen von Entscheidungsträgern (Politiker, Amtsträger) wird das Rationalverhaltensmodell angewendet und deren besondere Interessenlage und die zwischen ihnen und Bürgern bestehenden Informationsasymmetrien sichtbar. Gleichwohl

---

[85] Mit einem Überblick über den Stand der Literatur Haines (2011), 12 ff.

[86] Zur Frage der Gesamtkosten staatlicher Tätigkeit vgl. Blankart (2011), Kap. 8 B.: 1. Budgetäre und nichtbudgetäre Kosten der Regulierung; 2. Steuerkosten; 3. Bürokratieüberwälzungskosten; 4. Folgekosten der Regulierung.

[87] Dem liegt ein positives Verständnis von Effizienz zugrunde; zur Abgrenzung von einem normativen Verständnis vgl. oben 1.2.1.3.

[88] Vgl. dazu grdl. Rodi (2009).

[89] Vgl. dazu grdl. oben 1.2.3 sowie exemplarisch für die Klimaschutzpolitik unten 7.4.4.

[90] Vgl. dazu Rodi (2000), 236 ff.

[91] Vgl. dazu unten 7.2 und 7.3.

[92] Vgl. etwa Rodi (2000) 231 ff. sowie unten 7.3.

lassen sich spezifische Vorteile einer Regulierung durch öffentliches Recht und Verwaltung („Inverwaltungnahme") gegenüber privatrechtlichen Regelungen feststellen.

Regulierung wird als eigenständiges öffentliches Gut verstanden, auf einem „Regulierungsmarkt" treffen sich Anbieter und Nachfrager; die spezifische Rolle der Interessenverbände wird durch die sog. „capture theory" analysiert.

Die Ökonomik leistet einen wesentlichen Beitrag zur Rechtswirkungsforschung (ex ante) und damit zur Gesetzesfolgenabschätzung. Dabei wird auch das Verfahren als spezifischer Erfolgsfaktor deutlich.

„Gute Gesetzgebung" wird vor diesem Hintergrund als Herausforderung vor allem der positiven Ökonomik beschrieben, wobei Interdisziplinarität eine große Rolle spielt. In materieller Hinsicht geht es darum, einen in Bezug auf die Wirksamkeit des Rechts optimierten Instrumentenverbund zu schaffen.

Literatur

Baldwin, Robert/Cave, Martin/Lodge, Martin (2011), Understanding Regulation. Theory, Strategy, and Practice, Oxford (Oxford University Press), 2nd ed.

Behrends, Sylke (2001), Neue Politische Ökonomie. Systematische Darstellung und kritische Beurteilung ihrer Entwicklungslinien, München (Vahlen).

Behrens, Peter (2009), Economic Law between Harmonization and Competition: The Law & Economics Approach, in: Meessen, ed. (2009), Economic Law as an Economic Good. Its Rule Function and its Tool Function in the Competition of Systems, Munich (Sellier European Law Publishers), S. 45–60.

Bernholz, Peter/Breyer, Friedrich (1994), Grundlagen der Politischen Ökonomie, Bd. 2: Ökonomische Theorie der Politik, Tübingen (Mohr Siebeck).

Bernstein, Marver H. (1955), Regulating Business by Independent Commissions, Princeton (Princeton University Press).

Bizer, Kilian/Gobaydullina, Zulia (2007), Das Verhaltensmodell der interdisziplinären Institutionenanalyse in der Gesetzesfolgenabschätzung, in: Führ/Bizer/Feindt, Hrsg. (2007), Menschenbilder und Verhaltensmodelle in der wissenschaftlichen Politikberatung. Möglichkeiten und Grenzen interdisziplinärer Verständigung, Baden-Baden (Nomos), S. 37–51.

Blankart, Charles (2011), Öffentliche Finanzen in der Demokratie. Eine Einführung in die Finanzwissenschaft, München (Vahlen), 8. Aufl.

Bonk, Heinz Joachim (2000), Rechtliche Rahmenbedingungen einer Privatisierung im Strafvollzug, JZ, S. 435–442.

Brocker, Lars (2002), Parlamentarische Gesetzesfolgenabschätzung, in: Bizer/Führ/Hüttig, Hrsg. (2002), Responsive Regulierung, Tübingen (Mohr Siebeck), S. 133–141.

Bryde, Brun-Otto (1993), Die Effektivität von Recht als Rechtsproblem, Berlin u. a. (De Gruyter).

Cooter, Robert D. (2000), The Strategic Constitution, Princeton (Princeton University Press).

Cotterell, Roger (1992), The Sociology of Law. An Introduction, London/Dublin/Edinburgh (Butterworth).

Denkhaus, Wolfgang (2004), Die neue Institutionenökonomik und das Governancekonzept - Zum Wandel der ökonomischen Theorie und ihren Implikationen für die Verwaltungsrechtswissenschaft, in: Bungenberg u. a., Hrsg. (2004), Recht und Ökonomik, München (Beck), S. 33–60.

Downs, Anthony (1965), Non-Market Decision Making. A Theory of Bureaucracy, in: American Economic Review, papers and proceedings, Bd. 55, S. 439–446.

Downs, Anthony (1968), Ökonomische Theorie der Demokratie, Tübingen (Mohr).

Downs, Anthony (1994), Inside Bureaucracy, Boston (Little, Brown) 1967, wiederaufgelegt: Prospect Heights (Waveland Press).

Dylla, Daria W. (2008), Eine ökonomische Analyse der Mediendemokratie. Der Rational-Choice-Ansatz und die Stimmenmaximierung, Wiesbaden (Verlag für Sozialwissenschaften).

Ehrlich, Eugen (1989), Grundlegung der Soziologie des Rechts, München u. a. (Duncker & Humblot) 1913; Berlin (Duncker & Humblot), 4. Aufl.

Fritsch, Michael (2014), Marktversagen und Wirtschaftspolitik. Makroökonomische Grundlagen staatlichen Handelns, München (Verlag Franz Vahlen), 9. Aufl.

Geiger, Theodor (1987), Vorstudien zu einer Soziologie des Rechts, in: Rehbinder/Geiger (Hrsg.) (1987) Berlin (Duncker & Humblot), 4. Aufl.

Haines, Fiona (2011), The Paradox of Regulation. What regulation can achieve and what it cannot, Cheltenham, UK/Northampton, MA, USA (Edward Elgar).

Huster, Stefan (2003), Die Beobachtungspflicht des Gesetzgebers. Ein neues Instrument zur verfassungsrechtlichen Bewältigung des sozialen Wandels?, ZfRSoz, S. 3–26.

Jost, Peter-Jürgen (1998), Effektivität von Recht aus ökonomischer Sicht, Berlin (Duncker & Humblot).

Karpen, Ulrich (2008), Gesetzgebungslehre - neu evaluiert. Legistics - freshly evaluated, Baden-Baden (Nomos) 2. Aufl.

Kirchgässner, Gerhard (2000), Homo Oeconomicus: das ökonomische Modell individuellen Verhaltens und seine Anwendung in den Wirtschafts- und Sozialwissenschaften, Tübingen (Mohr Siebeck), 4. Aufl.

Kirchgässner, Gebhard (2011), Tax Morale, Tax Evasion and the Shadow Economy, in: Schneider, F., ed. (2010), Handbook on the Shadow Economy, Cheltenman, UK/Northampton, MA, USA (Edward Elgar), S. 347–374.

Kirsch, Guy (2004), Neue Politische Ökonomie, Stuttgart (Lucius & Lucius), 5. Aufl.

Knill, Christoph/Tosun, Jale (2012), Public Policy: a new introduction, Basigstoke, Hampshire u. a. (Palgrave Macmillan).

Kolstad, Charles D./Ulen, Thomas S./Johnson, Gary V. (1990), Ex post liability for harm vs. ex ante safety regulation: substitutes or complements?, The American Economic Review, Bd. 80, S. 888–901.

Konzendorf, Götz (2002), Politikwissenschaftliche Gesetzesfolgenabschätzung, in: Bizer/Führ/ Hüttig, Hrsg. (2002), Responsive Regulierung, Tübingen (Mohr Siebeck), S. 123–132.

Kühling, Jürgen (2004), Sektorspezifische Regulierung im Rahmen der Netzwirtschaften. Typologie, Wirtschaftsverwaltungsrecht, Wirtschaftsverfassungsrecht, München (Beck).

Lagona, Francesco/Padovano, Fabio (2008), The Political Legislation Cycle, Public Choice, Bd. 134, S. 201–229.

Luhmann, Niklas (1978), Legitimation durch Verfahren, Darmstadt u. a. (Luchterhand), 3. Aufl.

Lyon, Thomas P., ed. (2007), The Political Economy of Regulation, Cheltenham, UK/Northhampton, USA (Edward Elgar).

McNollGast (Akronym für Mathew D. Cubbins/Roger G. Noll/Barry R. Weingast) (2007), The Public Economy of Law, in: Polinski/Shavell, eds., Handbook of Law and Economics, vol. 2, Amsterdam et al. (North Holland), Kap. 22, S. 1651–1738.

Morgan, Bronwen/Yeung, Karen (2007), An Introduction to Law and Regulation. Text and Materials, Cambridge (Cambridge University Press).

Mueller, Dennis C. (2003), Public Choice III, Cambridge (Cambridge University Press).

Niskanen, William D. (1968), Nonmarket Decision Making. The Peculiar Economics of Burocracy, in: American Economic Review, S. 293-305 (deutsche Übersetzung: Nichtmarktwirtschaftliche Entscheidungen. Die eigentümliche Ökonomie der Bürokratie) in: Widmaier, Hrsg. (1974), Politische Ökonomie des Wohlfahrtsstaates: eine kritische Darstellung der neuen politischen Ökonomie, Frankfurt a. M. (Athenäum-Fischer-Taschenbuch-Verlag), S. 208 ff.

Niskanen, William D. (1974), Bureaucracy and Representative Government, Chicago (Aldine Transaction), 2. Aufl. 1974

Nordhaus, William D. (1975), The Political Business Cycle, Review of economic studies, Bd. 42, S. 169–190.

Parisi, Francesco/Fon, Vincy (2009), The Economics of Lawmaking, Oxford (Oxford University Press).

Parisi, Francesco/Wangenheim, Georg von (2006), Legislation and Countervailing Effects from Social Norms, in: Schubert/von Wangenheim, eds. (2006), Evolution and Design of Institutions, London et al. (Routledge), S. 25–55.

Parkinson, Northcote C. (1957), Parkinsoňs Law: and other studies in administration, Cambridge (The Riverside Press); deutsch: Parkinsons Gesetz und andere Untersuchungen über die Verwaltung, Düsseldorf (Econ) 1957.

Posner, Richard A. (2011), Economic Analysis of Law, New York (Aspen Publishers), 8th ed.

Posner, Richard A. (1974), Theories of Economic Regulation, The Bell Journal of Economics and Management Science, Bd. 5, S. 335–358.

Pound, Roscoe (1907), The Need for a Sociological Jurisprudence, in: Gale, ed. (1907), The Making of Modern Law, Farmington Hills, Mich. (Thomson Gale), S. 607–615.

Pound, Roscoe (1909), Mechanical Jurisprudence, Farmington Hills, Mich. (Thomson Gale).

Pound, Roscoe (1942), Social Control through Law, Hamden, Conn. (Arcon).

Raiser, Thomas (2013), Grundlagen der Rechtssoziologie, Tübingen (Mohr Siebeck), 4. Aufl.

Rehbinder, Manfred (2009), Rechtssoziologie, München (Beck) 7. Aufl.

Rodi, Michael (2009), Innovationsförderung durch ökonomische Instrumente der Umweltpolitik, in: Martin Eifert/Wolfgang Hoffmann-Riem, Hrsg. (2009), Innovationsfördernde Regulierung. Innovation und Recht II, Berlin (Duncker & Humblot), S. 147–168.

Rodi, Michael (2000), Die Subventionsrechtsordnung. Die Subvention als Instrument öffentlicher Zweckverwirklichung nach Völkerrecht, Europarecht und deutschem innerstaatlichen Recht, Tübingen (Mohr Siebeck).

Rodi, Michael (2002), Recht und Wirkung. Greifswalder Beiträge zur Rechtswirkungsforschung, Köln u. a. (Carl Heymanns Verlag).

Röhl, Klaus F. (1987), Rechtssoziologie, Ein Lehrbuch, Köln u. a. (Carl Heymanns Verlag).

Ryffel, Hans (1974), Rechtssoziologie: Eine systematische Orientierung, Neuwied u. a. (Luchterhand).

Spieker gen. Döhmann, Indra (2004), Staatliche Entscheidung unter Unsicherheit: Eine Analyse ökonomischer Entscheidungsmodule im öffentlichen Recht in: Bungenberg u. a., Hrsg. (2004), Recht und Ökonomik, München, S. 61–89.

Stigler, Georg Joseph (1971), The Theory of Economic Regulation, The Bell Journal of Economics and Management Science, Bd. 2, S. 3–21.

Towfigh, Emanuel V./Petersen, Niels (2010), Ökonomische Methoden im Recht. Eine Einführung für Juristen, Tübingen (Mohr Siebeck).

Trute, Hans-Heinrich/Denkhaus, Wolfgang/Kühlers, Doris (2004), Governance in der Verwaltungswissenschaft, Die Verwaltung, S. 451–474.

Ulen, Thomas S. (2007), The Future of Law and Economics, in: Cafaggi/Nicita/Pagano, eds. (2007), Legal orderings and economic institutions, London et al. (Routledge), S. 21–45

Van Aaken, Anne (2007), Recht und Rechtsanalyse - welches Modell menschlichen Verhaltens braucht die Rechtswissenschaft?, in: Führ/Bizer/Feindt, Hrsg. (2007), Menschenbilder und Verhaltensmodelle in der wissenschaftlichen Politikberatung. Möglichkeiten und Grenzen interdisziplinärer Verständigung, Baden-Baden (Nomos), S. 70–95.

Weigel, Wolfgang (2003), Rechtsökonomik, München (Vahlen).

Williamson, Oliver E. (1984), The Economics of Governance: Framework and Implications, Zeitschrift für die gesamte Staatswissenschaft/Journal of Institutional and Theoretical Economics, Bd. 140, S. 195–223.

Williamson, Oliver E. (1996), The Mechanisms of Governance, New York u. a. (Oxford University Press).

Teil II
Inhaltliche Referenzgebiete

Öffentliche Finanzen

Als erstes Referenzgebiet zur Anwendung und Exemplifizierung der methodischen Grundlagen der Ökonomik sollen die öffentlichen Finanzen dienen.[1] Dafür spricht nicht nur deren Bedeutung für moderne Staatswesen, sondern auch der Umstand, dass sich Ökonomen naheliegenderweise seit jeher mit diesen Fragestellungen beschäftigt haben. Ausgehend von der Analyse des Staatshaushaltes sollen dabei sowohl die Ausgaben- als auch – noch vertiefter – die Einnahmeseite (Steuern und Abgaben, Staatsverschuldung) Berücksichtigung finden.

5.1 Der Staatshaushalt (Budget)

Sieht man die Finanzen des Staates zutreffend als sein Nervensystem (*Bodin*), so stellt der Staatshaushalt (das „Budget) dessen Schaltzentrale dar, in der die Grundentscheidungen getroffen oder zumindest widergespiegelt werden.[2] Im staatlichen Budget oder Haushaltsplan werden die staatlichen Ausgabenvorhaben den erwarteten Einnahmen gegenübergestellt und durch Gesetz verbindlich beschlossen (vgl. für den Bund Art. 110 GG). Im Rahmen öffentlicher Haushalte werden Entscheidungen über Umfang und Struktur der Ausgaben auf der einen Seite und Umfang und Struktur der Einnahmen auf der anderen Seite getroffen. Die Höhe von Ausgaben und Einnahmen muss am Ende gleich sein, wobei dies typischerweise durch den Posten der Kreditaufnahme erreicht wird.

Aus der Sicht des Parlaments liegt hierin nicht nur ein bedeutendes Gestaltungsrecht (Gestaltungsfunktion), sondern auch ein zentrales Kontrollrecht gegenüber der Regierung

---

[1] Vgl. hierzu etwa Bernholz/Breyer (1994), Kap. 18; Blankart (2011), Kap. 7, 10, 11, 17, 20.

[2] Zur Ökonomik des Staatshaushalts vgl. einführend Blankart (2011), Kap. 20.

© Springer-Verlag Berlin Heidelberg 2014
M. Rodi, *Ökonomische Analyse des Öffentlichen Rechts*,
DOI 10.1007/978-3-662-43594-6_5

und Staatsleitung (Kontrollfunktion). Vor diesem Hintergrund erhellt die historische Bedeutung des langen Kampfes, in dessen Rahmen die Parlamente (beziehungsweise zuvor die Standesvertretungen) den Herrschern dieses Recht abgerungen haben. In England hat das Parlament das Steuerbewilligungsrecht gegenüber der Krone in der Petition of Rights (1628) und in der Bill of Rights (1689) durchgesetzt; die Forderung der Neuenglandstaaten „no taxation without representation" führte 1765 zum Abfall der Kolonien vom Mutterland und zur Gründung der Vereinigten Staaten von Amerika. In Deutschland dauerte dieser Prozess bis ins 19. Jahrhundert hinein. Aus der Sicht der Regierung ist das Budget insbesondere ein Planungsinstrument (Planungsfunktion). Im Budget wird die Verteilung der staatlichen Ressourcen zur Erfüllung der Staatsaufgaben festgelegt.

Auch in Bezug auf den Staatshaushalt lassen sich Fragestellungen der positiven und der normativen Ökonomik unterscheiden. Versuche der Ökonomie, Aussagen zum optimalen Budgetumfang zu machen, erweisen sich jedoch als schwierig.[3] Realistischer sind Erklärungsansätze, wie staatliche Budgetentscheidungen zustandekommen,[4] so etwa das „Gesetz der wachsenden Staatsausgaben".

5.2   Staatsausgaben

5.2.1   Normative Bestimmung des optimalen Staatsanteils

Natürlich war und ist für die Ökonomik die (normative) Frage nach der optimalen Höhe des Staatsanteils von großem Interesse.[5] Vor diesem Hintergrund lassen sich einerseits Staatsaufgaben dem Umfang nach bestimmen, andererseits Überlegungen anstellen, wie die dafür notwendigen Einnahmen geschaffen werden könnten.

5.2.1.1   Wie lässt sich der Staatsanteil, die „Staatsquote" überhaupt bestimmen?

Zentrale wirtschaftswissenschaftliche Kennzahl für die Messung des Staatsanteils ist die „Staatsquote". Sie soll den Anteil der staatlichen und staatlich bedingten wirtschaftlichen Aktivität (Staatsausgaben) an der Gesamtleistung einer Volkswirtschaft aufzeigen und damit die Inanspruchnahme der gesamten Volkswirtschaft durch den öffentlichen Sektor aufzeigen.

Der Staatsanteil oder die „Staatsquote" wird üblicherweise definiert als das Verhältnis der gesamten öffentlichen Ausgaben zum Bruttosozialprodukt. Dieser Ausgangspunkt suggeriert vermeintliche Klarheit. Bei näherem Hinsehen wird deutlich, dass bereits die Klärung dieser Vorfrage Wertungselemente umfasst und damit streitanfällig ist. Das beginnt mit dem

---

[3] Blankart (2011), Kap. 6; vgl. dazu unten 5.2.1.

[4] Blankart (2011), Kap. 7, vgl. dazu unten 5.2.2.

[5] Vgl. dazu etwa Zimmermann/Henke/Broer (2011), Kap. 2 (insbes. B.).

Umstand, dass teils das Bruttoinlandsprodukt (BIP), teils das Bruttonationaleinkommen (BNE) als Vergleichsmaßstab herangezogen wird.

Festzulegen ist nämlich zunächst einmal, wie weit der Bereich des öffentlichen Sektors zu fassen ist, insbesondere der Kreis der zu berücksichtigenden Institutionen. Neben rein staatlichen Einrichtungen wie die Gebietskörperschaften gehören sicherlich die sogenannten Parafisci (zum Beispiel Sozialversicherungsträger) dazu. Unklar ist aber etwa, inwieweit etwa auch öffentliche Unternehmen einzubeziehen sind.

Auf einer zweiten Ebene stellt sich das Problem einer zutreffenden Erfassung der Finanzströme. So muss etwa darauf geachtet werden, dass im Falle föderaler Finanztransfers Doppelzählungen vermieden werden. An sich müssten auch versteckte Ausgaben wie etwa Steuervergünstigungen erfasst werden, stellen diese doch ein Steuerungsinstrument dar, das direkten Subventionen äquivalent ist (der Begriff „tax expenditures" hebt diesen Aspekt hervor); bekanntlich ist jedoch eine zutreffende Abgrenzung von Steuersubventionen von systemkonformen Reduktionen äußerst schwierig.[6]

Die Staatsquote bewegt sich in westlichen Industrieländern zwischen etwa 35 % in der Schweiz oder in Japan und 56 % in Frankreich beziehungsweise 58 % in Dänemark. Besonders aussagekräftig ist jedoch die Entwicklung der Staatsquote auf der Zeitachse; so ist die Staatsquote in Deutschland in den letzten 20 Jahren leicht rückläufig (von knapp 50 % auf etwa 43 %), während sie sich in den USA von etwa 37 % auf etwa 43 % erhöht hat. Damit hat sich die Staatsquote in beiden Ländern aus unterschiedlicher Richtung angeglichen. Spannend ist vor diesem Hintergrund die wertende Frage nach dem „optimalen" Staatsanteil, für die sich aus der Sicht der Ökonomik jedoch kaum eine verlässliche Basis finden lässt und so wohl eine politische Frage bleiben wird.

5.2.1.2 Die Theorie der öffentlichen Güter

Ein Ansatzpunkt für die Bestimmung eines optimalen Staatsanteils liegt in der Theorie öffentlicher Güter.[7] Diese kann jedoch auch nur erklären, welche Aufgaben der Staat zu erfüllen hat. Wie oben gezeigt,[8] ist die ökonomische Begründung von Staatsaufgaben selbst schon alles andere als eine exakte Wissenschaft, gerade in Randbereichen enthält sie vielfältige Elemente der Wertung. Zudem bestehen auch bei der Umsetzung erhebliche politische Handlungsspielräume, die ihrerseits wieder die Kosten der Aufgabenerfüllung beeinflussen.

Nimmt man alle diese Unsicherheiten zusammen, erscheint es kaum möglich, auf diese Art und Weise auch nur annähernd den „optimalen" Budgetumfang bestimmen zu können.

5.2.1.3 Die Theorie des Steuerpreises

Mit der Theorie des Steuerpreises[9] wird auf die Präferenzen der Einzelnen zurückgegriffen: wie viel Staatsleistung würden die Bürger zu welchen Kosten (Steuerpreis) nachfragen? Die

---

[6] Vgl. dazu unten 6.2.2.3.1.

[7] Vgl. dazu oben 1.2.3.3.

[8] Vgl. dazu oben 2.3.2.

[9] Vgl. dazu etwa Zimmermann/Henke/Broer (2011), 56 ff.

Nachfrage nach staatlichen Leistungen wird steigen, solange der „Grenznutzen" der nachgefragten Leistung über dem „Steuerpreis" liegt; angesichts unterschiedlicher Präferenzen und Interessen lässt sich das aber kaum exakt beantworten.

Damit lassen sich auch hieraus allenfalls sehr grobe Anhaltspunkte für den Umfang eines „optimalen" Budgets gewinnen.

5.2.2   Die staatliche Entscheidung über Staatsausgaben

Ein ebenso vielversprechender wie praktisch bedeutsamer Forschungsgegenstand der positiven Ökonomik liegt in der Frage, wie Haushaltsentscheidungen zustandekommen. Dabei soll hier zunächst die Ausgabenentscheidung im Mittelpunkt der Betrachtung stehen, dienen doch die Einnahmen der Finanzierung der für notwendig erachteten Ausgaben. Staatsausgaben beruhen auf kollektiven Beschlüssen, die sich ihrerseits auf individuelle Präferenzen gründen; so gesehen müssen sich Staatsausgaben letztlich auf individuelle Wertentscheidungen zurückführen lassen.[10]

Interessant ist dabei zunächst einmal ein (empirischer) Blick auf die historische Entwicklung der Staatsausgaben. Betrachtet man etwa in Bezug auf Deutschland, Großbritannien und USA die Gesamtausgaben in Prozent des Bruttosozialprodukts zu Marktpreisen beziehungsweise des Nettosozialprodukts zu Faktorpreisen, so zeigt sich im 20. Jahrhundert eine Tendenz zu kontinuierlich wachsenden Staatsausgaben; sie sind von etwa 10–15 % (1900) bis heute auf etwa das Drei- bis Fünffache gewachsen, in Deutschland auf knapp 50 % der Gesamtausgaben. Allerdings lässt sich in letzter Zeit häufig eine Stagnation (USA seit 1990) oder gar ein leichter Rückgang der Staatsquote (Deutschland ab 2000) beobachten.

Unter (1.) sollen zunächst das „Gesetz der wachsenden Staatsausgaben" und seine (möglichen) Ursachen behandelt werden. Weniger erforscht ist das aktuell zu beobachtende Phänomen der Stagnation (oder des Rückganges), für das eine Ursachenforschung aber nicht weniger interessant erscheint (dazu unten 2.).

5.2.2.1   Das Gesetz der wachsenden Staatsausgaben und seine Ursachen
Bereits 1876 hat der Finanzwissenschaftler *Adoph Wagner* in seiner „Grundlegung der politischen Ökonomie" die These vertreten, dass der Staat in „fortschreitenden Culturvölkern" im Vergleich zur gesamten wirtschaftlichen Aktivität eines Landes überproportional wachse.[11] Insbesondere führe die zunehmende Industrialisierung zu höherer Komplexität ökonomischer Transaktionen. Die dadurch bedingte Intensivierung der Arbeitsteilung und verstärkte Konkurrenz führe zu komplizierteren Verkehrs- und Rechtsverhältnissen, die vermehrte und gerade auch präventiv ansetzende Staatstätigkeit erforderlich machten. Verstärkt werde dieser Effekt durch die mittelbaren Folgen der Industrialisierung – steigende

---

[10] Zur Ökonomik der Staatsausgaben vgl. einführend Blankart (2011), Kap. 7 und 9.
[11] Zum sog. „Wagnerschen Gesetz" vgl. etwa Schneider, U. (2009), 20 ff.; Eschbach (2011), 27 ff.

Bevölkerungsdichte, zunehmende Urbanisierung und soziale Konflikte, die umverteilende Maßnahmen des Staates zur Folge hätten.

Die Theorie des „Gesetzes der wachsenden Staatsausgaben" hat sich über lange Zeit insbesondere mit Erklärungsmodellen für diese ständige Expansion beschäftigt. Da Staatsausgaben auf kollektiven Entscheidungen beruhen, können Aussagen über deren Zustandekommen nur vor dem Hintergrund der jeweiligen staatlichen Entscheidungsstrukturen getroffen werden. So macht es insbesondere einen wesentlichen Unterschied, ob die Entscheidungen im Rahmen einer direkten oder einer indirekten Demokratie getroffen werden. Vorliegend soll der typische(re) Fall einer repräsentativen Demokratie gewählt werden.[12]

5.2.2.1.1 Wählernachfrage nach Umverteilung

Bereits Wagner hat auf die Bedeutung der „Sozialen Frage" für das Wachstum der Staatstätigkeit hingewiesen.[13] Diese Triebkraft entsteht durch das Zusammenwirken von Industrialisierung, Bevölkerungswachstum und einer wachsenden Zahl von lohnabhängigen Geringverdienern einerseits und der Einführung des allgemeinen Wahlrechts andererseits. In der Folge wurde dieser Grundgedanke theoretisch untermauert und verfeinert. So sei die wachsende Nachfrage nach Gütern und Dienstleistungen, die der Staat bereitstellt, sowie nach Umverteilungsmaßnahmen auf den Einfluss des Medianwählers zurückzuführen.[14] Verstärkt werde dies durch Parteien, die sich als Koalitionen von Haushalten mit ähnlichen ökonomischen Charakteristika herausbildeten.[15] Parteiprogramme spiegeln danach das Medianeinkommen der Parteimitglieder wider.

Verstärkt wird dieser Effekt durch das sogenannte Stimmentauschmodell. Minderheitsgruppen können sich zu gegebenenfalls wechselnden Mehrheiten zusammenfinden. Es besteht dann die Tendenz, dass man sich in einer solchen Koalition auf die Erfüllung der jeweils wichtigen ausgabenrelevanten Vorhaben einigt. *Gordon Tullock* hat als Erster die Ausgabendynamik erkannt, die sich aus diesem Phänomen des „Stimmentausches" („Logrolling") gerade für parlamentarische Demokratien ergibt.[16] Er wies darauf hin, dass sich im Laufe der Zeit immer neue Stimmentauschmöglichkeiten ergeben und dann in einem „Karussell von Stimmentauschrunden" fortlaufend neue Staatsausgaben generiert werden. Kritisch ist hierzu anzumerken, dass zumindest im politischen System Deutschlands wechselnde Mehrheiten zu verschiedenen Abstimmungsvorlagen im Parlament kaum eine Rolle spielen. Die Theorie kann deshalb allenfalls auf Koalitionsverhandlungen Anwendung finden; zudem gibt es zumindest in Deutschland relativ wenige kleine Parteien.

---

[12] Zur Frage des Zustandekommens von Haushaltsentscheidungen in direkten Demokratien und insbes. zum sog. „Medianwählermodell" vgl. Blankart (2011), Kap. 7 C. und § 9 B.

[13] Schneider, U. (2009), 20 ff.

[14] Vgl. dazu Schneider, U. (2009), 56 ff.; grdl. Meltzer/Richard (1981).

[15] Vgl. dazu Schneider, U. (2009), 99 ff.

[16] Tullock (1959); vgl. dazu auch Blankart (2011), Kap. 9 C. 1.

5.2.2.1.2 Theorie der Interessengruppen (M. Olson 1965) und Modell der Lobbyaktivität (G.S. Becker 1983)

Es wurde bereits beschrieben, wie Interessengruppen im Rahmen des „rent-seekings" auf den politischen Prozess und staatliche Entscheidungen Einfluss zu nehmen versuchen.[17] Vor diesem Hintergrund beschäftigt sich eine Reihe von Autoren, allen voran *Olson* und *Becker*, spezifisch mit dem Einfluss von Interessen- und Lobbygruppen auf Entscheidungen über Staatsausgaben.[18] Ein positiver Zusammenhang zwischen der Aktivität von Interessengruppen und dem Wachstum der Staatsausgaben lässt sich empirisch nachweisen.[19]

Staatsausgaben, Steuern und Regulierungen sind nach Ansicht von *Becker*[20] das Ergebnis aufeinander prallenden Interessengruppendrucks, etwa des Widerstreits von Subventionsinteressen und Steuerzahlerinteressen. Lobby-Aktivitäten pendeln sich danach (mit jeweils abnehmendem Grenzertrag) bei einem „Lobbygleichgewicht" ein. Tendenziell sind dabei die partikularen Subventionsinteressen durchsetzungsfähiger.

Olson hat insbesondere darauf hingewiesen, dass sich die verschiedenen Interessen nicht gleich gut organisieren lassen, schlechter etwa die von großen Gruppen wegen der „Freifahrerproblematik".[21] Zudem lassen sich partikulare Interessen an Staatszuwendungen regelmäßig nach außen als öffentliche Güter darstellen; bereits oben wurde festgestellt,[22] dass diejenigen Lobbypositionen besonders durchsetzungsfähig sind, die sich zugleich als im öffentlichen Interesse stehend darstellen lassen (also als öffentliche Güter); so wird etwa der Druck der Lehrerlobby für mehr Lehrerstellen erfolgreicher sein als Begehren nach höheren Gehältern, ebenso die Initiative Krankenhauslobby zur Ausdehnung der Krankenhäuser im Vergleich zu einer Initiative der Tabakindustrie für Steuererleichterungen.

Eine weitere These von *Olson*[23] sagt aus, dass die Zahl und die Macht der Interessengruppen im Zeitablauf wachsen, wenn die institutionellen Rahmenbedingungen stabil bleiben; umgekehrt würden Umbruchzeiten wie Revolutionen und Kriege gewachsene Interessengruppenstrukturen aufbrechen. Als Resultat würde die Zahl möglicher Verteilungskoalitionen und Stimmentauschgeschäfte und damit letztlich die Höhe der Staatsausgaben steigen. Die empirische Belastbarkeit gerade dieser These ist nicht unumstritten. So ließe sich durchaus plausibel auch die Gegenthese vertreten: In „guten Zeiten" wachsen Staatseinnahmen und Interessengruppen können durch vermehrte „Wohltaten" besänftigt werden; in Krisenzeiten könnte es dagegen zu vermehrten Machtkämpfen zwi-

---

[17] Vgl. oben 3.3.2.2 sowie 4.2.2 in Bezug auf die Regulierung.

[18] Vgl. dazu im Überblick Schneider, U. (2009), 47 ff.

[19] Zu entsprechenden Studien vgl. Schneider, U. (2009), 150 f.

[20] Becker, G. (1983), 371 ff.; vgl. dazu auch Blankart (2011), Kap. 9 C. 2.

[21] Olson (1965).

[22] Siehe oben 3.3.2.2.

[23] Olson (1982), 46 ff.

schen Interessengruppen kommen, was gerade zu einer Stärkung von deren Aktivitäten und organisatorischen Strukturen führen könnte.[24]

5.2.2.1.3 Der Einfluss der Bürokratie

Bei der Behandlung von Bürokratie und Verwaltung wurde auf das „Gesetz der Budgetmaximierung" hingewiesen.[25] Das Interesse der Bürokratie an einer Maximierung der jeweiligen sachlichen und personellen Ausstattung, gepaart mit den Informationsvorsprüngen und Einflussnahmen auf die Budgeterstellung führen danach zu einem *„Treppeneffekt der Budgetausdehnung"* und zu einer Steigerung der Staatsausgaben.[26] Empirische Studien zeigen jedoch, dass dieser Effekt häufig überschätzt wird.[27]

5.2.2.1.4 Steuer- und Abgabenillusion

Wenn das Stimmentauschmodell und die These vom relativ großen Einfluss kleiner Interessengruppen stimmen, warum kommt es dann nicht zu einer „großen Koalition" aller Benachteiligter (vor allem der Steuerzahler)? Eine Antwort hierauf lautet, dass Politiker und Bürokraten als „politische Unternehmer" handeln und unter anderem das Instrument der „Fiskalillusion" nutzen.[28] Die Bürger meinen tendenziell, dass der Staat mehr für sie leiste, als sie ihm an Steuern entrichten, und begünstigen auf diese Weise das Wachstum der Staatsausgaben. Während Leistungen und Begünstigungen in der Regel sehr sichtbar und wählerwirksam sind, sind Belastungseffekte häufig undeutlicher (Beispiel: indirekte Steuern).

Diesen Effekt können Politiker in Verfolgung eigener Interesse fördern und ausnutzen. Sie versuchen möglichst unmerkliche Finanzierungswege zu wählen, um möglichst wenig Wähler zu verärgern. Dabei stehen ihnen mehrere Strategien zur Verfügung. Erstens können sie das Steuersystem möglichst komplex gestalten; Steuermittel werden aus vielen Quellen erzielt, so dass Pflichtige den Überblick verlieren und die Belastung zu niedrig einschätzen. Zudem nehmen Politiker den Effekt einer „kalten Progression", also Steuererhöhungen durch die Progressionseffekte der Inflation, in Kauf.[29] Zweitens werden bei Staatsausgaben möglichst sichtbare Projekte gewählt (weniger Aufmerksamkeit für „unsichtbare" Staatsleistungen). Drittens werden Wahltermine systematisch in die Betrachtung einbezogen (entsprechend dem Modell vom politischen Konjunkturzyklus[30]): nach Wahlen muss man sich vorübergehend nicht um die Wünsche der Wähler kümmern – es kommt zu

---

[24] Blankart (2011), Kap. 9 C. 3.

[25] Siehe oben 4.1.2.2.

[26] Vgl. dazu im Überblick Schneider, U. (2009), 51 ff.

[27] Vgl. zu diesen Studien im Überblick Schneider, U. (2009), 150 f.

[28] Zur Fiskalillusion als Beschleuniger der Staatsausgaben vgl. Blankart (2011), Kap. 9 C. 5.; kritisch zu den verschiedenen Erscheinungsformen der Fiskalillusion als treibende Kraft für wachsende Staatsausgaben Schneider, U. (2009), 42 f.

[29] Vgl. dazu Koester (2009), 126 ff.

[30] Vgl. dazu oben 2.2.3.2.2.

einer Art temporärer Alleinherrschaft – hier können Forderungen von Interessengruppen befriedigt werden, die zu Wahlerfolg beigetragen haben.

5.2.2.1.5 Schwierigkeiten bei der Begrenzung von Staatsausgaben

Angesichts des Gesetzes der wachsenden Staatsaufgaben wird zunehmend anerkannt, dass den Politikern bindende Handlungsbeschränkungen auferlegt werden müssen; dies erweist sich jedoch in der Praxis als problematisch. Die Schwierigkeiten Regelungen für eine Begrenzung der Staatsausgaben zu finden und zu implementieren kann im Ergebnis als Beitrag zu dem Phänomen wachsender Staatsausgaben gesehen werden. Dies gilt sowohl für quantitative fiskalische Begrenzungen als auch für verfahrensrechtliche Grenzen.

5.2.2.1.6 Materielle Begrenzung der Staatseinnahmen

In materieller und quantitativer Hinsicht kommt eine Steuerung der Staatsausgaben durch eine (verfassungsrechtliche) Begrenzung und Kappung der Einnahmen in Betracht, etwa die Festlegung zulässiger Steuergegenstände, Steuerhöchstsätze oder die Begrenzung der Steuerquote (in Prozent des Sozialprodukts). Als ein Beispiel hierfür kann auf die Verfassungsinitiative des Volkes in Kalifornien (sogenannte „proposition 13") verwiesen werden; danach wurde die Grundvermögenssteuer (property tax) auf 1 % des Grundstückswerts (von damals 2,5 %) begrenzt.[31]

Dieser Beschränkungsansatz kommt jedoch aus mehreren Gründen nicht für einen Einsatz in größerem Stil in Betracht. Auf der einen Seite ist er wegen vielfältiger Umgehungsmöglichkeiten kaum praktikabel; insbesondere lässt sich eine „Flucht aus dem Budget" etwa durch Errichtung rechtlich selbständiger Parafisci (zum Beispiel Versorgungsbetriebe, Forschungseinrichtungen oder Treuhandanstalt) kaum wirksam vermeiden. Auf der anderen Seite wäre mit ihm ein gravierender Eingriff in den Gestaltungsspielraum des demokratisch legitimierten Gesetzgebers verbunden, der sich verfassungsrechtlich wohl kaum rechtfertigen ließe.

Bemerkenswert ist in diesem Zusammenhang allerdings, dass der Verfassungsgeber mit einer Reform des Art. 115 GG Bund und Länder einer strengen Begrenzung der Kreditaufnahme unterworfen hat.[32] Man muss abwarten, inwieweit diese Schuldenschranke – im Gegensatz zu ihrer Vorgängernorm – Wirksamkeit erlangt und durch eine Begrenzung der Kreditaufnahme mittelbar auch die Staatsausgaben begrenzt werden.

5.2.2.1.7 Verfahrensmäßige Beschränkungen zur Begrenzung der Staatsausgaben

Neben quantitativen fiskalischen Beschränkungen sind sehr unterschiedliche verfahrensmäßige Beschränkungen zur Begrenzung der Staatsausgaben denkbar; allen ist gemeinsam, dass ihre Einführung und Umsetzung problematisch ist.

---

[31] Zur „Proposition 13" vgl. grdl. Folkers (1983).
[32] Vgl. dazu unten 5.2.2.2.

Noch einigermaßen praktikabel und auch zunehmend praktiziert ist die Koppelung von Ausgaben- und Einnahmenentscheidungen. Ausgabenrelevante Entscheidungen sind danach nur unter der Bedingung zulässig, dass zugleich über die Finanzierung entschieden wird.

Eine weitere Möglichkeit liegt in Beschränkungen des „Stimmentausches". Diese Idee liegt etwa Art. 113 GG zugrunde: ausgabenerhöhende oder einnahmenmindernde Zusätze zum Bundeshaushalt sind danach nur mit Zustimmung der Bundesregierung möglich. Diese Regelung, die ihr Vorbild in der Geschäftsordnung des britischen Parlaments findet, bedeutet eine erhebliche Beschränkung des parlamentarischen Budgetrechts.

Eine Ausgaben begrenzende Wirkung wird weiter der Föderalisierung von Einnahmen- und Ausgabenentscheidungen zugeschrieben.[33] Durch Wettbewerb im Finanzföderalismus sollen Präferenzen der Bürger stärker zur Geltung kommen.

Tilgungspläne für öffentliche Schulden sind ein Ansatz Staatsausgaben durch eine Begrenzung von Kreditaufnahmen zu reduzieren. Verbindliche Schuldentilgungspläne können etwa entsprechend der Nutzung der damit finanzierten Investitionen aufgestellt werden („pay as you use").

Begrenzende Wirkung käme weiter dem Erfordernis qualifizierter Mehrheiten für Ausgaben-, Besteuerungs- oder Verschuldungsentscheidungen zu. Dieser Weg wurde etwa in Kalifornien im Rahmen der „proposition 13" beschritten und eine 2/3-Mehrheit für die Einführung neuer Steuern etabliert. Allerdings liegt hierin eine bedenkliche Beschränkung des demokratisch legitimierten Gesetzgebers.

Die Idee einer „sunset legislation" setzt schließlich an der Überlegung an, dass oft in die Zukunft wirksame Ausgabenentscheidungen getroffen werden, ohne dass Maßgaben für deren künftige Überprüfung vorgesehen werden. Dem Treppeneffekt der Budgetausdehnung soll durch zeitliche Befristung ausgabenrelevanter Entscheidungen entgegengewirkt werden (zum Beispiel bei Subventionen).

5.2.2.2 Gründe für eine mögliche Trendumkehr

Das „Gesetz wachsender Staatsausgaben" schien lange Zeit von dauerhafter Gültigkeit zu sein. Deshalb hat die Frage, welche Gegenmaßnahmen getroffen werden können, die akademische Literatur dominiert. Wie eingangs festgestellt, zeichnet sich in den letzten Jahrzehnten (mit Ausnahme der Zeit nach dem zweiten Weltkrieg) eine Trendumkehr ab. Damit stellt sich nunmehr die Frage, ob diese dauerhaft ist und welche Ursachen sie bedingt haben. Im Vordergrund stehen dabei externe Begrenzungen bei den Staatseinnahmen – etwa bei direkten Steuern als Folge eines internationalen Steuerwettbewerbs[34] oder bei der Kreditaufnahme vor dem Hintergrund der sich durchsetzenden Erkenntnis über deren negative Folgen[35]. Allerdings ist angesichts der Finanz- und Wirtschaftskrise(n) der letzten Jahre ohnehin fraglich, ob diese „Trendumkehr" von Dauer ist, oder nicht vielmehr im Rahmen des Krisenmangagements eine Rückkehr zum alten Ausgabenwachstum eingeläutet wurde.

---

[33] Zu entsprechenden Fragen des Finanzföderalismus vgl. unten 5.4.3 sowie oben 2.4.2.2.1.

[34] Vgl. dazu unten 5.3.1.5.

[35] Vgl. dazu unten 5.3.2.

Zunächst ist festzustellen, dass bereits *Wagner* seine Theorie der wachsenden Staatsausgaben an die Erscheinung der Industrialisierung und ihrer Folgen geknüpft hat. Das
bedeutet, dass die Aussagen heute in westlichen Industriestaaten auf der Schwelle zum
post-industrialisierten Staat ohnehin keine Geltung mehr beanspruchen und nach neuen
theoretischen Ansätzen gesucht werden muss.[36] Dem entspricht, dass die vorliegenden empirischen Studien mit einer relativen Bestätigung des Wagnerschen Konzeptes die Endphase
des Industrialisierungsprozesses, nicht aber die Zeit danach betreffen.[37]

Interessant ist die Überlegung, ob sich das Wagnersche Gesetz von den wachsenden
Staatsausgaben nicht selbst außer Kraft setzt. Die entscheidende Überlegung dabei ist
der Zusammenhang von Staatsausgaben und Wirtschaftswachstum.[38] Während der wachsende Staatsanteil in der Anfangsphase der Industrialisierung einen positiven Effekt auf
das Wirtschaftswachstum hat, kehrt sich dies im Laufe des Wachstumsprozesses um.
Ausgangspunkt dieser Überlegungen war ein Modell von *Barro*, der auf die negativen
Wirkungen zunehmender konsumtiver (und nicht investiver) Staatsausgaben hingewiesen
hat.[39] So bekommt der Medianwähler (bei steigendem Einkommensniveau) nicht nur die
Konsequenzen steigender Steuern zu spüren, sondern längerfristig auch die negativen Einkommenswirkungen zurückgehenden Wirtschaftswachstums. Dieser Effekt wird durch die
– in allen Industriestaaten in der Spätphase zu beobachtende – Alterung der Bevölkerung
verstärkt.[40]

5.3   Staatsfinanzierung

Im Grunde sind die Möglichkeiten, wie Staaten die Erfüllung von Staatsaufgaben finanzieren können, begrenzt. Einige klassische historische Vorbilder scheiden für den modernen
Staat aus naheliegenden Gründen aus, so etwa Krieg zu führen und sich die notwendigen Finanzen mit Gewalt anzueignen (zum Beispiel Römisches Reich) oder Kolonien
auszubeuten.

Andere historische Herangehensweisen spielen heute aus verfassungsrechtlichen Gründen nur noch eine untergeordnete Bedeutung. Dies gilt etwa für die Indienstnahme Privater
(auf deren Kosten), wie sie heute noch in Form der Feuerwehrpflicht in Süddeutschland
fortlebt. Das gilt ebenso für unternehmerische Aktivitäten des Staates, die etwa in Zeiten
des Merkantilismus bedeutend zu den Staatsfinanzen beigetragen haben (aber auch noch
bis in das 20. Jahrhundert hinein, etwa im Energie- oder Eisenbahnwesen); sie lassen sich

---

[36] In diesem Sinne wohl auch Schneider, U. (2009), 25 f.

[37] Vgl. zu den Ergebnissen im Überblick Schneider, U. (2009), 135 ff.

[38] Vgl. dazu Schneider, U. (2009), 81 ff.

[39] Barro (1990); dieser Dieser Zusammenhang ist inzwischen empirisch bestätigt worden, vgl.
Schneider, U. (2009), 152 ff.

[40] Vgl. dazu empirisch Schneider, U. (2009), 182 ff.

heute nur noch zur Erfüllung öffentlicher Aufgaben, nicht aber mehr allein zur Erzielung von Einnahmen rechtfertigen.

Zunehmender Popularität erfreut sich dagegen die Kreditaufnahme. Allerdings setzt sich auch die Erkenntnis durch, dass damit letzendlich eine Generation auf Kosten der nachfolgenden lebt, die die Staatsschulden zurückzubezahlen oder zumindest die Zinslasten zu tragen hat. Gerade in letzter Zeit wurden zudem die verheerenden Folgen von staatlichen Finanzkrisen und (drohenden) Staatsbankrotten deutlich. Vor diesem Hintergrund wird heute anerkannt, dass die Staatsverschuldung (und damit auch die Kreditaufnahme) durch Setzen eines bindenden Rechtsrahmens begrenzt werden muss; darauf wird bei der Behandlung von Kreditaufnahmen als Weg der Staatsfinanzierung zurückzukommen sein.[41]

Was damit letztendlich in modernen Verfassungsstaaten als Regelfinanzierung öffentlicher Aufgaben übrig bleibt, ist die Erhebung von Steuern und Abgaben. Der moderne Verfassungsstaat ist ein Finanz- und insbesondere Steuerstaat.[42] Der „Steuerstaat" ist der Staat, der seinen Finanzbedarf im Wesentlichen aus Steuern deckt, Steuern stellen für ihn die typische Einnahmequelle dar. Diese Steuerstaatlichkeit ist zugleich eine *beschreibende* Charakterisierung und eine *normative* Forderung.

So kann in beschreibender Hinsicht etwa Deutschland (wie auch andere moderne Staaten) als Steuerstaat in einem tatsächlichen Sinn bezeichnet werden. Der Anteil des Steueraufkommens an den gesamten staatlichen Einkünften liegt bei etwa 85 % (beim Bund sogar 90 %, bei den Ländern etwa 70 %, bei den Kommunen dagegen deutlich unter 50 %). Das Steueraufkommen beträgt insgesamt etwa 620 Mrd. € (2013). Die Steuerquote (= prozentualer Anteil des Steueraufkommens am Bruttosozialprodukt) beträgt damit etwas mehr als 25 %; dabei ist jedoch zu berücksichtigen, dass in Deutschland die Sozialversicherung im Wesentlichen beitrags- und nicht steuerfinanziert ist. Die Abgabenquote, bestehend aus Steuerquote und Sozialbeitragsquote, beträgt knapp 45 %.

Darüber hinaus ist Deutschland Steuerstaat auch in einem normativen Sinn: staatliche Ausgaben sind in der Regel aus Steuern zu finanzieren. Zu Recht folgert das Bundesverfassungsgericht aus dem Grundgesetz, insbesondere der Finanzverfassung und den Freiheitsrechten, normativ, dass Deutschland ein Steuerstaat ist, die Finanzierung staatlicher Aufgaben in der Regel durch Steuern zu erfolgen habe.[43] Andere Einnahmenarten, insbesondere auch andere Abgaben, haben sich daher besonders zu rechtfertigen. Damit soll den (freiheitsgefährdenden) Versuchen des Staates entgegengetreten werden, immer wieder neue Finanzierungsquellen des Staates zu erschließen (Beispiele: UMTS-Lizenzen, Studiengebühren, Straßenmaut, Sonderabgaben). Zur Begründung lassen sich mehrere verfassungsrechtliche Wertungen heranziehen, wobei den ersten zwei besonderes Gewicht zukommt: 1.) Finanzverfassung: Die (bundesstaatliche) Ordnungsfunktion der Art. 105 ff. GG setzt Steuern voraus. „Die Finanzverfassung des Grundgesetzes geht davon

---

[41] Vgl. dazu unten 5.3.2.

[42] Vgl. hierzu etwa Wienbracke (2005).

[43] BVerfGE 55, 274, 300 ff.; 78, 249, 266 f.

aus, dass Gemeinlasten aus Steuern finanziert werden".[44] Das auf Steuern zentrierte und fein ausdifferenzierte System der Steuerverfassung würde aus den Angeln gehoben, würde die Bedeutung der Steuern als Einnahmequelle relativ gesehen deutlich zurückgehen. 2.) Grundrechte: Die verfassungsrechtlich vorgesehene Lastengleichheit bei öffentlichen Lasten lässt sich am besten durch Steuern herstellen. 3.) Rechtsstaatlichkeit: Steuern gewährleisten am besten die Unabhängigkeit des Finanzstaates von seinen „Finanziers" und sind vor diesem Hintergrund vorzugswürdig. 4.) Wirtschaftsverfassung: Steuern gewährleisten die Teilhabe des Staates am wirtschaftlichen Erfolg Privater. 5.) Demokratie und Haushaltsverfassung: Steuern sichern das System der Haushaltsverfassung und insbesondere die parlamentarische Gesamtverantwortung über Einnahmen und Ausgaben (Art. 110 GG) ab.

Vor diesem Hintergrund sollen im Folgenden Steuern und Abgaben als staatliche Einnahmequelle näher betrachtet werden (1.). Als zweite bedeutsame Einnahmequelle wird die Kreditaufnahme behandelt (2.).

5.3.1 Steuern und Abgaben

Das Steuersystem ist in vielerlei Hinsicht Gegenstand ökonomischer Analyse.[45] Gerade im Steuerrecht dürfen Rechtsanwender und Gesetzgeber ökonomische Erkenntnisse nicht unbeachtet lassen.

Das Steuerrecht knüpft an wirtschaftliche Tatbestände an; seine Ratio richtet sich darauf, hieran zutreffende steuerliche Rechtsfolgen zu knüpfen. Daher ist die *wirtschaftliche Betrachtungsweise*, wie sie auch in mehreren Bestimmungen der Abgabenordnung zum Ausdruck kommt, eine zentrale Auslegungsmethode des Steuerrechts. So sind bei der Gewinnermittlung nach §§ 4 ff. EStG eine Reihe von Tatsachenprognosen zu treffen, für die es nur vage rechtliche Vorgaben gibt; dies sollte durch anerkannte ökonomische Formeln ausgefüllt werden. Der Gesetzgeber hat im Rahmen seiner Haushaltswirtschaft und damit auch bei der Setzung von Steuerrecht gemäß Art. 109 Abs. 2 GG „den Erfordernissen des gesamtwirtschaftlichen Gleichgewichts Rechnung" zu tragen; damit hat der Verfassungsgeber unmittelbar auf ökonomische Theorien Bezug genommen.[46]

Wie auch sonst lässt sich das Steuersystem mit Hilfe der Ökonomik in positiver (tatsächlicher) wie auch normativer Hinsicht analysieren; dabei sollen im Folgenden einige Schwerpunkte gesetzt werden:

---

[44] BVerfGE 91, 186, 201.

[45] Vgl. einführend Blankart (2011), Kap. 10 und 11 und Ismer (2003), 69 ff. sowie vertiefend Homburg (2010); Kaplow (2008); Koester (2009); Brennan/Buchanan (1980); Franke (1993); Becker; H: (1990), Kap. 4 (105–225), zu Besteuerungszielen und -wirkungen; Keuschnigg (2005).

[46] Vgl. dazu grdl. Rodi (2004), zu Art. 109 Abs. 2 GG a.F.

1. Ausgangspunkt ist zunächst die Frage nach dem Wesen von Steuern, möglichen Anknüpfungspunkten und den Wirkungen von Steuern.
2. Mit der normativen Ökonomik lässt sich nach dem idealen Steuersystem fragen und eine Perspektive für die Kritik des bestehenden Steuersystems entwickeln.
3. Die Ökonomik bietet auf der Grundlage von Steuertheorien (empirisch überprüfbare) Begründungen an, wie es zu dem real existierenden Besteuerungssystem kommt; hieraus lassen sich rechtspolitische Lehren, insbesondere auch hinsichtlich möglicher verfassungsrechtlicher Vorgaben, ziehen.
4. Mit der Ökonomik lassen sich die Erscheinung des internationalen Steuerwettbewerbs deuten und daraus rechtspolitische Folgerungen ableiten.

5.3.1.1 Wesen und Wirkungen von Steuern
Die Ökonomik setzt sich natürlich auch mit Fragen nach dem Wesen und den Wirkungen von Steuern auseinander, also mit Fragen der Steuertheorie.

5.3.1.1.1 Steuerbegriff
Über den Begriff von Steuern besteht zwischen Ökonomen und Juristen weitgehend Einigkeit. Eine entsprechende Begriffsbestimmung findet sich in der Legaldefinition des § 3 der Abgabenordnung: „Steuern sind Geldleistungen, die nicht eine Gegenleistung für eine besondere Leistung darstellen und von einem öffentlich-rechtlichen Gemeinwesen zur Erzielung von Einnahmen allen auferlegt werden, bei denen der Tatbestand zutrifft, an den das Gesetz die Leistungspflicht knüpft; die Erzielung von Einnahmen kann Nebenzweck sein."

Dieser einfachrechtliche Steuerbegriff stimmt im Wesentlichen mit dem Begriffsverständnis der Ökonomen und der Verfassung (wie er insbesondere von Art. 105 ff. GG vorausgesetzt wird) überein.[47]

5.3.1.1.2 Steuerwirkungen
Hinsichtlich der Steuerwirkungen lassen sich insbesondere die Belastungswirkungen, die Gestaltungswirkungen und die Vereinfachungswirkungen unterscheiden.

Steuern kommt notwendig *Belastungswirkung* in dem Sinne zu, dass sie bestimmten (natürlichen oder juristischen) Personen (direkt oder indirekt) Geldmittel entziehen. Dies ist insoweit schwierig festzustellen, als die Steuerlast mehr oder weniger weitgehend auf Dritte überwälzt werden kann, wie das typischerweise bei indirekten Steuern der Fall ist.[48]

Daneben hat jede Steuer *Gestaltungswirkungen*, soweit sie individuelle Entscheidungen oder gesellschaftliche Zustände beeinflusst, zum Beispiel

---

[47] Vgl. dazu Schaefer (1997).
[48] Vertiefend zur Steuerinzidenz Blankart (2011), Kap. 16.

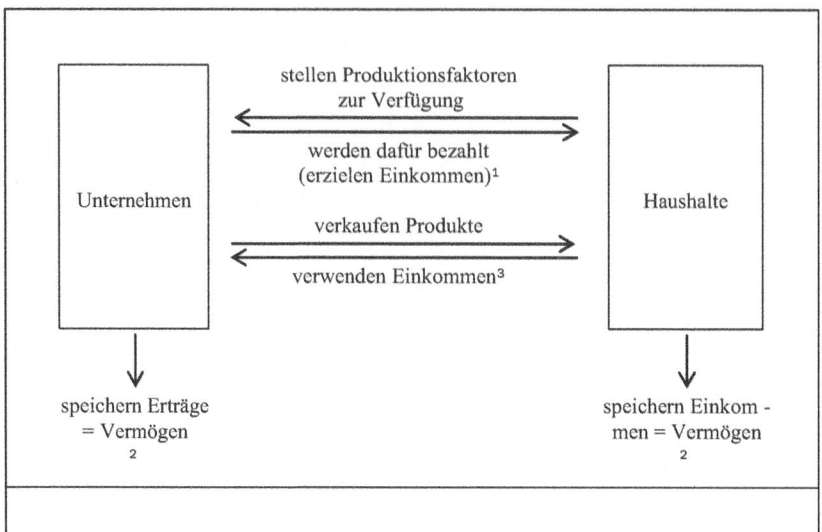

Abb. 5.1 Makroökonomische Ansatzpunkte des Steuerzugriffs

- eine Firma wählt die Rechtsform auch aus Steuergründen;
- ein Ehegatte verzichtet auf eine Arbeitsstelle, da die Familie mit dem Zusatzeinkommen zu hoch in die Progression gerät;
- ein Handwerker wird schwarz beschäftigt, um die Umsatzsteuer zu vermeiden.

Der Staat kann sich Gestaltungswirkungen gezielt zu Nutze machen, indem er damit politische Ziele verfolgt, etwa hohe Energiesteuern erhebt, um Anreize zur Energieeinsparung zu geben; in diesem Fall spricht man von Lenkungswirkungen oder Lenkungssteuern.

Vereinfachungswirkungen haben technische Regelungen, denen keine materielle Wertung zugrundeliegt und die lediglich die Anwendung des Steuerrechts vereinfachen sollen. Das gilt etwa für Normen, die im Fall von Jahressteuern die jährliche Berechnung und Erhebung regeln (Periodizitätsprinzip).

5.3.1.2 Zugriffsmöglichkeiten staatlicher Besteuerung und Steuertypen

Abstrakt gesprochen bestehen drei Möglichkeiten des Steuerzugriffs (vgl. Abb. 5.1): die Einkommenserzielung, die Einkommensverwendung und schließlich das Vermögen als „gespeichertes Einkommen".

Vor diesem Hintergrund lassen sich die bestehenden Steuern in drei Kategorien einteilen: Steuern auf den Hinzuerwerb (Einkommen), den Vermögensbestand sowie die Vermögensverwendung (Konsum). Darunter lassen sich grundsätzlich alle existierenden Steuern fassen (vgl. Abb. 5.2 für Deutschland).

In Deutschland findet man somit eine bunte Vielfalt von Steuern vor, die sich in ihrer Bedeutung für die staatliche Finanzierung erheblich unterscheiden (vgl. für Deutschland Abb. 5.3).

Steuerquelle	Beispiele		Steuergegenstand
Hinzuerwerb (am Markt erwirtschaftetes Vermögen)	1. Einkommens- und Körperschaftssteuer (EStG, KStG)		Einkommen von Induviduen, beziehungsweise juristischen Personen
	2. Erbschafts- und Schenkungssteuer (ErbStG)		von Todes wegen oder durch Schenkung zugewendetes Vermögen
	3. Gewerbesteuer (GewStG)		Erträge gewerblicher Unternehmen
Vermögensbestand	1. Vermögensteuer (nichtig vgl. BVerfGE 93, 121)		Besteuerung des Vermögens als Ganzes
	2. Grundsteuer		Grundbesitz als besonderer Vermögensgegenstand
Vermögensverwendung (Konsum)	Verbrauchsteuern	Umsatzsteuer (UStG)	allgemeiner Verbrauch
	(Verbrauch oder Verzehr von Wirtschaftsgütern)	Stromsteuer, Tabaksteuer	besonderer Verbrauch (häufig mit Lenkungszweck): Konsum von Strom, Tabak
	Aufwandsteuern	bundesgesetzlich nur KFZ-Steuer	Halten eines Kraftfahrzeugs
	(Aufwand für die Aufrechterhaltung eines tatsächlichen oder rechtlichen Zustands	kommunale (Art. 105 IIa GG i.V.m. KAG), z.B. 1. Hunde- oder 2. Zweitwohnungssteuer	1. Halten eines Hundes 2. Besitz einer Zweitwohnung
	Verkehrsteuern (knüpfen an einen Akt des Rechtsverkehrs an)	1. Grunderwerbsteuer 2. Versicherungsteuer	1. Erwerb eines Grundstücks oder erwerbsähnliche Rechtsgeschäfte 2. Zahlung von Versicherungsprämien oder beitragen

Abb. 5.2 Steuern in Deutschland – Systematisierung nach Steuerzugriff

Wie in anderen Staaten auch ist die deutsche Steuerordnung durch ein Vielsteuersystem geprägt. Das ist zunächst historisch zu verstehen. Wurden neue Steuern oder Steuertypen „erfunden", traten sie ergänzend zu den bestehenden hinzu ohne diese zu ersetzen. Spätestens mit der Entwicklung der Einkommensteuer im 19. Jahrhundert wurde diese Entwicklung in Frage gestellt, galt und gilt doch die Einkommensteuer wegen der Orientierung an der persönlichen Leistungsfähigkeit als geeignetster Kandidat für ein „Alleinsteuersystem".[49] Zwar hat der Gesetzgeber in den letzten Jahren eine Reihe kleiner Steuern abgeschafft, am bestehenden Vielsteuersystem hat er damit aber nicht strukturell gerüttelt.

5.3.1.3 Steuergerechtigkeit und Besteuerungsprinzipien

Steuern sollen als Finanzzwecksteuern oder Lastenausteilungssteuern in erster Linie Belastungswirkungen gerecht verteilen; zur Konkretisierung von Steuergerechtigkeit wurden Besteuerungsprinzipien entwickelt. Hier geht es um die Frage, wie die Steuerlast gerecht auf die Einzelnen zu verteilen ist. Dabei ist über abstrakte Grundprinzipien schnell Einigung zu erzielen: Gleichheit und Gerechtigkeit. Dies ist jedoch durch anwendungsorientierte

---

[49] Vgl. dazu sogleich unten 5.3.1.3.2.

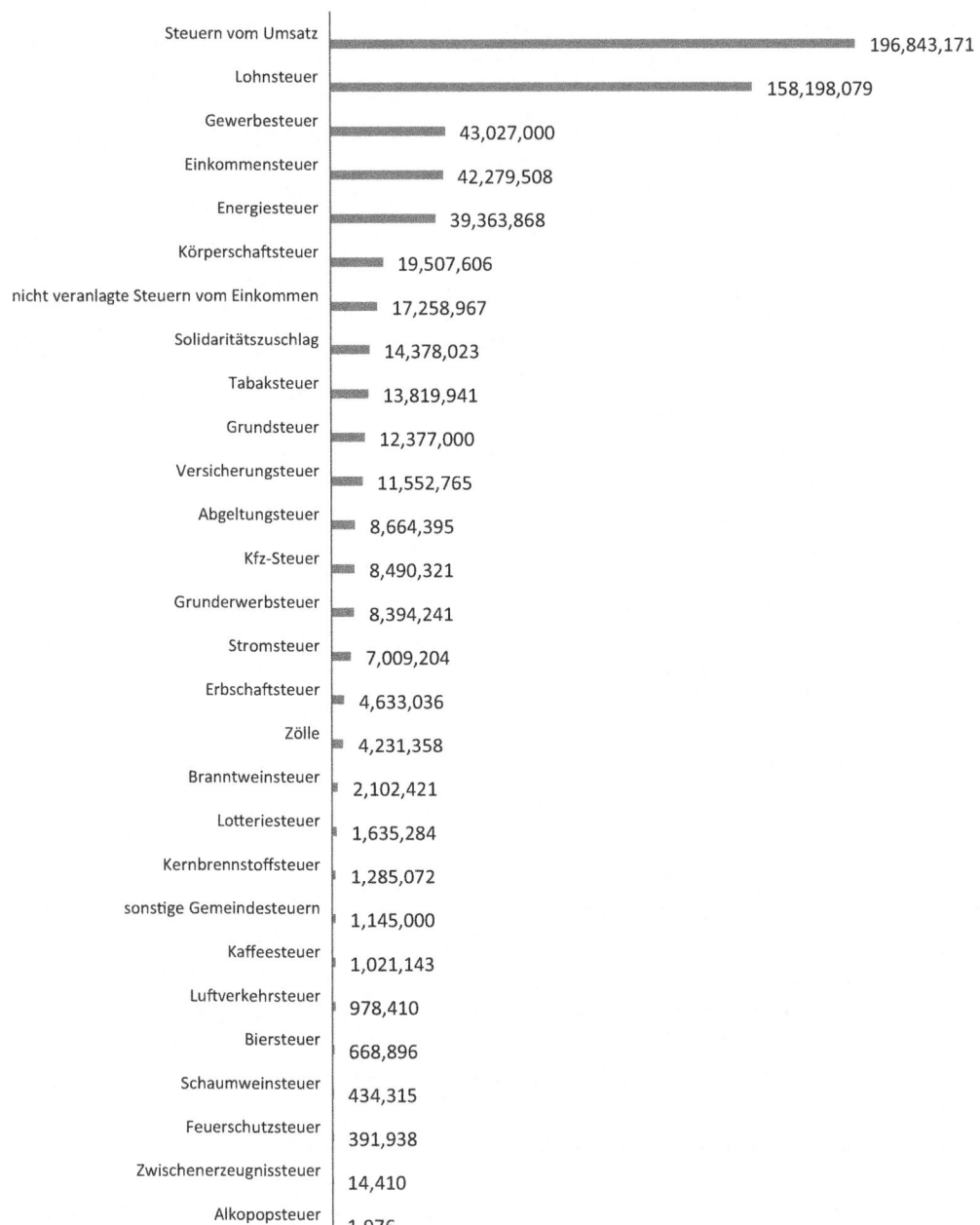

Abb. 5.3 Steuern in Deutschland – Steueraufkommen. (Quelle: Eigene Darstellung nach Angabe der Zahlen durch BMF und Statistisches Bundesamt (in Tsd Euro bezogen auf das Jahr 2013))

Besteuerungsprinzipien zu konkretisieren, deren Gerechtigkeitsgehalt mehr oder weniger umstritten beziehungsweise konsentiert ist.

So wäre es denkbar, Besteuerungsgleichheit so zu verstehen, dass jeder Steuerpflichtige eine absolut gleiche Steuerlast zu tragen hat. Dieses sogenannte Kopfsteuerprinzip wird heute jedoch überwiegend als ungerecht empfunden (so hat die sogenannte poll tax als kommunale Kopfsteuer in Großbritannien in den 80er Jahren zu erheblichen Kontroversen geführt).

5.3.1.3.1 Äquivalenzprinzip

Historisch große Bedeutung hatte das steuerliche Äquivalenzprinzip, das den Rechtfertigungsgrund und die Steuerbemessung an staatlichen Leistungen für Einzelne beziehungsweise Gruppen von Steuerpflichtigen orientiert (nicht zu verwechseln mit dem Äquivalenzprinzip des Gebührenrechts, das auf ein konkretes individuelles Leistungs-/Gegenleistungsverhältnis abstellt).[50] Danach ist für Personen eine höhere Steuer gerechtfertigt, die stärker von staatlicher Aufgabenerfüllung profitieren. Aus der individuellen Rationalität ergibt sich, dass Bürger je nach „nachgefragten" öffentlichen Gütern entsprechende Steuerpreise zu zahlen bereit sind.

Das Äquivalenzprinzip ist heute in den Hintergrund getreten und wird nur noch ergänzend zur Begründung von Steuern herangezogen. So wird etwa bei der Gewerbesteuer darauf verwiesen, dass sie als Bestandteil eines „Interessenbandes" zwischen Gewerbebetrieben und Kommunen gesehen werden kann: einerseits mit Lasten für die Kommunen (Infrastruktur, Ausweisung von Gewerbegebieten), andererseits mit Vorteilen (Steuern einschließlich des Anteils an der Einkommensteuer, Arbeitsplätze).[51]

5.3.1.3.2 Leistungsfähigkeitsprinzip

Seit dem 19. Jahrhundert gilt das Leistungsfähigkeitsprinzip als das gerechteste Steuerprinzip:[52] Wer gleich leistungsfähig (zahlungsfähig) ist, hat den gleichen Steuerbetrag zu leisten (horizontale Steuergerechtigkeit); wer leistungsfähiger ist, hat entsprechend seiner höheren Leistungsfähigkeit mehr zu leisten und umgekehrt (vertikale Steuergerechtigkeit). Auch ohne ausdrückliche Normierung[53] gilt das Leistungsfähigkeitsprinzip als ein Verfassungsprinzip.[54] Ebenfalls seit dem 19. Jahrhundert gilt die Einkommensteuer als ideale Verwirklichung des Leistungsfähigkeitsprinzips.

---

[50] Vgl. dazu Blankart (2011), Kap. 10 C.

[51] Vgl. dazu grdl. Rodi (1994b), 23 ff.

[52] Vgl. dazu grdl. Rodi (1994b), 15 ff., 25 f.

[53] So in den meisten Verfassungen wie auch dem Grundgesetz; anders noch Art. 134 der Weimarer Reichsverfassung: „Alle Staatsbürger ohne Unterschied tragen im Verhältnis ihrer Mittel zu allen öffentlichen Lasten nach Maßgabe der Gesetze bei".

[54] Vgl. etwa BVerfGE 66, 214, 223: „Es ist ein grundsätzliches Gebot der Steuergerechtigkeit, dass die Besteuerung nach der wirtschaftlichen Leistungsfähigkeit ausgerichtet wird".

Besonders heikel ist die Frage, ob nicht vor diesem Hintergrund ein Alleinsteuersystem basierend auf der Einkommensteuer das gerechteste Steuersystem darstellen würde und wie sich dann das bestehende Vielsteuersystem rechtfertigen ließe. Überwiegend wird argumentiert, dass ein Alleinsteuersystem nicht durchsetzbar wäre, verschiedene Steuern sind danach notwendig, um die staatlichen Finanzen zu sichern; zudem würden sich so Defizite der einzelnen Steuern ausgleichen. In rechtlicher Hinsicht ist diese Frage ohnehin im Sinne eines Vielsteuersystems gelöst, wie die Nennung unterschiedlicher Steuern im Rahmen der Gesetzgebungskompetenz (Art. 105 GG) sowie der Ertragsverteilung (Art. 106 GG) belegt.

Auch wenn dem Grundsatz nach Einigkeit besteht, dass das Leistungsfähigkeitsprinzip am ehesten der Steuergerechtigkeit entspricht, gehen die Meinungen doch erheblich auseinander, was das im Einzelnen für die Ausgestaltung des Steuersystems bedeutet: Umstritten ist etwa, welche Rolle ihm für die Ausgestaltung anderer Steuern als der Einkommensteuer zukommt; gibt es etwa eine spezifische Leistungsfähigkeit von Körperschaften, die eine eigenständige Körperschaftsteuer rechtfertigt?

Selbst bei der Ausgestaltung der Einkommensteuer bleiben viele Fragen offen. Ist dem Leistungsfähigkeitsprinzip etwa schon dann entsprochen, wenn die Steuern proportional nach dem Einkommen bemessen werden? Bereits *John Stuart Mill* hat gefordert, dass in diesem Zusammenhang auf die Gleichmäßigkeit der „Opfer" abzustellen ist.[55] Danach wird gefordert, eine Steuer müsse allen Steuerbürgern das „gleiche Opfer" abverlangen, also den gleichen Wohlfahrtsverlust bewirken. Damit ließe sich insbesondere ein progressiver Steuersatz begründen. Im Einzelnen dürfte aber die Ermittlung einer kardinalen Nutzenfunktion des Einkommens praktisch kaum möglich sein.[56]

5.3.1.4 Besteuerungstheorien

Vor dem Hintergrund der Steuerwirkungslehre und normativer Prinzipien der Besteuerung versucht die Ökonomik konsistente Besteuerungstheorien zu formulieren, die eine systematische Analyse des Steuerwesens ermöglichen sollen.[57] Auf ihrer Grundlage lassen sich dann Reformvorschläge erarbeiten.

5.3.1.4.1 Wohlfahrtsökonomische Theorie der Besteuerung

Die klassische Wohlfahrtsökonomie geht von der Annahme aus, es lasse sich ein wohlfahrtsmaximierendes Niveau der staatlichen Einnahmen und Ausgaben feststellen.[58] Restriktionen aus dem politischen Bereich (nutzenmaximierende Regierung) werden dabei ausgeblendet. Es wird jedoch anerkannt, dass alle Steuern Gestaltungswirkungen haben, die sich auf das Verhalten der Steuerpflichtigen auswirken. Dabei kommt es zu Verzer-

---

[55] Mill (1921–1924), Buch V, Kap. 2, 468.

[56] Blankart (2011), Kap. 10 B.

[57] Für einen Überblick zu den verschiedenen Besteuerungstheorien vgl. Blankart (2011), Kap. 11.

[58] Zur wohlfahrtsökonomischen Theorie der Besteuerung vgl. einführend Blankart (2011), Kap. 11 B. sowie vertiefend Salanié (2003), Kap. 1–3.

rungen und Wohlfahrtsverlusten. Insoweit gilt es die Steuern zu optimieren (unerwünschte Nebenwirkungen zu minimieren). Zentraler Ausgangspunkt für dieses Vorhaben ist die Identifizierung von Steuerwirkungen.[59]

Die damit zusammenhängenden Schwierigkeiten erkannte die Wohlfahrtsökonomie bereits selbst: neben bezifferbaren direkten Wohlfahrtsverlusten durch die Steuerzahlung entstehen direkt nicht sichtbare Mehrbelastungen („excess burden"), die etwa durch die Höhe der Verwaltungskosten oder durch unerwünschte Lenkungseffekte der Besteuerung bedingt werden.[60]

Wohlfahrtsökonomische Analysen der Besteuerung haben auch gegenwärtig noch große Bedeutung.[61] So können auf dieser Grundlage etwa Aussagen zur allgemein anerkannten Forderung nach einer rechtsformneutralen Besteuerung erarbeitet werden.

5.3.1.4.2 Neue Politische Ökonomie und normative Besteuerungstheorien

Die Hauptkritik an den wohlfahrtsökonomischen Besteuerungstheorien zielt darauf ab, dass diese nutzenmaximierendes Verhalten der Akteure auf der Seite des Staates ausblenden. Daraus ergibt sich eine Reihe von Konsequenzen, die ihrerseits Ansatzpunkte für Besteuerungstheorien bilden. Die Politiker sind insbesondere an einer Wiederwahl interessiert. Das legt nahe, dass sie sich an den Präferenzen der Wähler orientieren. In diesem Zusammenhang kam es insbesondere zu einer Übertragung des Medianwähler-Modells[62] auf das Steuerrecht.[63] Politiker gehen dabei allerdings opportunistisch vor und führen unpopuläre Steuererhöhungen bevorzugt nach den Wahlen durch.[64] Zudem nutzen sie die sogenannte Fiskalillusion der Steuerbürger aus und versuchen, Steuerbelastungen in einem wenig transparenten Vielsteuersystem zu verbergen.[65] Darüber hinaus lässt sich empirisch belegen, dass die Parteien bei der Steuerpolitik ihre Spielräume zur Durchsetzung ihrer ideologischen Anschauungen nutzen („Ideologiemaximierung").[66] Normative Besteuerungstheorien leiten daraus vor allem die Forderung ab, dass der Steuergesetzgeber konstitutionell gebunden werden muss.

Die *Theorie der demokratischen Besteuerung* knüpft an der uralten Forderung nach einer demokratischen Rückbindung des Steuergesetzgebers an.[67] Sicherlich hatte die Forderung „no taxation without representation" im Laufe der Geschichte sehr unterschiedliche Hintergründe; neben der Forderung nach politischer Unabhängigkeit war das insbesondere die Forderung nach demokratischer Teilhabe an wesentlichen Entscheidungen des Staates.

---

[59] Vgl. dazu etwa Salanié (2003), Kap. 1.

[60] Dazu Blankart (2011), Kap. 11 B. 2.

[61] Vgl. etwa Kaplow (2008).

[62] Vgl. dazu oben 2.2.3.3.3.

[63] Koester (2009), 3.2, v. a. Fn. 225.

[64] Zu empirischen Befunden in der deutschen Steuerpolitik siehe Koester (2009), 3.5.

[65] Zu empirischen Befunden in der deutschen Steuerpolitik siehe Koester (2009), 3.4.

[66] Zu empirischen Befunden in der deutschen Steuerpolitik siehe Koester (2009), 3.6.

[67] Zur Theorie der demokratischen Besteuerung vgl. Blankart (2011), Kap. 11 D.

Die Theorie der demokratischen Besteuerung geht darüber hinaus und fordert eine stärkere demokratische Rückbindung von Besteuerungsentscheidungen über Referenden zu
Budgetentscheidungen (Beispiele: Schweiz, einige US-Bundesstaaten) beziehungsweise
qualifizierte Mehrheiten. In ihrer Reinform wurde sie von *Knut Wicksell* am Ende des 19.
Jahrhunderts (1886) entwickelt. Sie stößt allerdings auf vielfältige praktische Schwierigkeiten und ist in den meisten Verfassungsstaaten – so auch unter dem Grundgesetz – nicht
möglich.

Nach der *Leviathantheorie der Besteuerung* kann der Staat wie ein Monopolist Steuererhöhungen durchsetzen und verhält sich tendenziell als Budgetmaximierer.[68] Die
Steuerbürger sind dagegen machtlos und können sich der Belastung (außer durch Steuerhinterziehung) nicht entziehen. Dieses insbesondere von *Brennan* und *Buchanan* entwickelte
Konzept dient in erster Linie dazu, die Notwendigkeit konstitutioneller Begrenzungen
zu begründen, etwa durch Festlegung der Steuerbasis in der Verfassung. Neben diesem
begrenzten Erkenntniswert für die Begründung der Notwendigkeit und der Konzeption von Steuerverfassungen ist die Leviathantheorie der Besteuerung wegen ihrer etwas
grobschlächtigen Annahmen vielfältiger Kritik ausgesetzt.[69]

5.3.1.4.3 Rückkopplungstheorien der Besteuerung

Die vorgenannten Theorien haben einen je eigenen spezifischen Erkenntniswert. Sie tau-
gen jedoch nicht zu einer umfassenden Analyse des Steuersystems. Wie bereits mehrmals
betont, ist für die Rechtspolitik die Ökonomik insbesondere in ihrer positiven Variante
von Bedeutung. Dies gilt auch für die Steuerpolitik. Versteht man erst einmal besser, wie
Besteuerungsentscheidungen tatsächlich zustandekommen, so lassen sich daraus durchaus grundlegende normative Forderungen ableiten. Dies gilt für die Erscheinung der
Fiskalillusion ebenso wie den Einfluss von Bürokratie oder Interessengruppen.

Eine rechtspolitisch bedeutsame Erkenntnis ist die *Trägheit steuerpolitischer Refor-
mentscheidungen*.[70] Gründe dafür sind insbesondere die Unbeliebtheit von Steuerent-
scheidungen und die hohen „politischen Kosten" (zum Beispiel Ringen der Parteien um
eine Durchsetzung ihrer ideologischen Positionen). Dies erklärt, dass bei der Einführung
neuer Steuern alte nicht etwa abgeschafft werden; so ist das heutige Steuersystem ein
Vielsteuersystem, das Steuertypen aus allen historischen Perioden der Steuerpolitik enthält.

Den wohl besten Erkenntniswert hat eine Theorie, die mögliche „Rückkopplungseffekte" näher betrachtet, insbesondere die (legale, gegebenenfalls auch illegale) Einflussnahme
der Steuerpflichtigen auf die Besteuerung durch Steuergestaltung, Steuervermeidung,

---

[68] Zur Leviathantheorie der Besteuerung vgl. Brennan/Buchanan (1980) und Blankart (2011), Kap.
11 C.

[69] Vgl. dazu etwa Blankart (2011), Kap. 11 C. 5.

[70] Zu empirischen Befunden in der deutschen Steuerpolitik siehe Koester (2009), 3.3.

Steuerflucht oder Steuerhinterziehung.[71] *Blankart* nennt diesen Ansatz „Theorie der evolutorischen Besteuerung";[72] man könnte auch von einer „Rückkopplungstheorie der Besteuerung" sprechen. Ausgangspunkt ist die Kritik an den oben genannten Theorien: Die Theorie der demokratischen Besteuerung ist oft verfassungsrechtlich nur äußerst eingeschränkt anwendbar. Die These von der optimalen Besteuerung geht an der Realität eigennutzorientierter Akteure vorbei. Das Leviathanmodell schließlich unterschätzt den Einfluss der Wähler und Steuerzahler.

5.3.1.4.3.1 Steuergestaltung und Steuervermeidung

Steuerzahler haben vielfältige Möglichkeiten ihr Verhalten so einzurichten beziehungsweise zu ändern, dass sie weniger oder gar keine Steuern zahlen müssen. So können sie etwa auf steuerpflichtige Tätigkeiten zugunsten von mehr Freizeit verzichten oder auf den Kauf beziehungsweise Konsum von nicht oder weniger besteuerten Produkten ausweichen (zum Beispiel Wein statt Bier trinken, das der Biersteuer unterliegt). Dieses Verhalten kann man als Steuergestaltung oder Steuervermeidung bezeichnen.

So können Steuerpflichtige das Jährlichkeitsprinzip vieler Steuern ausnutzen und steuerpflichtiges Einkommen in ein Jahr verlegen, in dem weniger Einkommen erwartet wird und deshalb im Rahmen der Progression ein niedrigerer Steuersatz erwartet wird (zum Beispiel durch Vereinbarung entsprechender Zahlungstermine). Besonders bedeutsam ist die Möglichkeit international agierender Konzerne Preise für Leistungen innerhalb des Konzerns festzusetzen (sogenannte „Verrechnungspreise") und so Verschiebungen des Gewinns in Länder mit niedrigeren Steuern zu erreichen.

Bereits dieser legale Weg Steuern zu vermeiden oder zu optimieren hat erhebliche Auswirkungen auf das Verhalten der Steuerpflichtigen und in der Folge die Wirtschaft und die Gesellschaft insgesamt. Dies wiederum hat Rückwirkungen auf den Gesetzgeber: Zu hohe Ausweichreaktionen können im Einzelfall einen Steuerzugriff wenig sinnvoll erscheinen lassen; dies gilt etwa für eine (zu hohe) Besteuerung von weltweit agierenden Unternehmen, da diese dann schlichtweg ihre Gewinne (legal) ins Ausland verlagern werden.[73]

5.3.1.4.3.2 Steuerhinterziehung

Über diese legalen Formen der Steuervermeidung hinaus besteht natürlich auch die faktische Möglichkeit die beschränkte Kontrollkapazität der Steuerbehörden auszunutzen und Steuern illegal zu verkürzen oder nicht zu bezahlen; dies erfüllt dann regelmäßig den Straftatbestand der Steuerhinterziehung.

---

[71] Einen Überblick über Studien und Ergebnisse für eine Quantifizierung dieser Effekte gibt Giertz (2009); zu Bedeutung und Auswirkung des „Steuerwiderstandes" vgl. Frey/Kirchgässner (2002), 225 ff.

[72] Vgl. dazu etwa Blankart (2011), Kap. 11 E.

[73] Vgl. dazu unten 5.3.1.5 (Internationaler Steuerwettbewerb).

Mit ökonomischen Erklärungsansätzen zu „optimaler Steuerhinterziehung"[74] wurde versucht die Entscheidung eines Steuerpflichtigen aus der Perspektive individueller Rationalität zu erklären. Ein Individuum maximiert danach sein erwartetes Einkommen dann, wenn die erwarteten Grenzkosten der Einkommensverheimlichung, das heißt der mit der Entdeckungswahrscheinlichkeit gewichtete marginale Steuersatz, dem erwarteten Grenzeinkommen aus der Verheimlichung, das heißt dem vermiedenen marginalen Steuersatz entsprechen.[75] Danach würde sich ein Steuerpflichtiger in folgendem Beispielsfall für eine Steuerhinterziehung entscheiden und etwa steuerpflichtige Einnahmen in Höhe von 2000 € nicht deklarieren: Der marginale Steuersatz (Grenzsteuersatz) beträgt 50 %, die erwartete Aufdeckungswahrscheinlichkeit liegt bei 25 % und es gilt ein „Strafsteuersatz" von 100 %.

Natürlich wirkt das Steuerstrafrecht abschreckend.[76] Es lässt sich jedoch empirisch leicht nachweisen, dass die „Theorie der optimalen Steuerhinterziehung" von stark vereinfachten Annahmen ausgeht und so nicht der Realität entspricht. Das liegt bereits ganz lapidar an dem Umstand, dass die Steuerpflichtigen oft gar nicht über genügend Wissen hinsichtlich der Möglichkeiten der Steuerhinterziehung verfügen. Insbesondere blendet die „Theorie optimaler Steuerhinterziehung" weitere für die Steuerzahlung relevante Umstände aus, allen voran die Frage der „Steuermoral" und Motive „freiwilliger" Erfüllung von Steuerpflichten. Das Ausmaß dieser Steuermoral hängt eng mit der allgemeinen Neigung zur Rechtsbefolgung zusammen,[77] die wiederum in erheblichem Umfang rechtskulturell bedingt ist.[78] Dabei kann die Angst vor sozialer Verachtung eine Rolle spielen. Auffallend ist der enge Zusammenhang von Steuerehrlichkeit und Religionszugehörigkeit; so sind etwa Katholiken wegen früherer Konfrontationen zwischen Staat und Kirche dem Staat gegenüber skeptischer eingestellt, während das bei Protestanten wegen der engen historischen Verbindung von Kirche und Staat genau umgekehrt ist.[79] Als besonders wichtig gerade für die Steuermoral hat sich die Loyalität des Einzelnen zum Staat (seiner Haltung zu „Bürgerpflichten") erwiesen, insbesondere seine Überzeugung von der Sinnhaftigkeit und der Legitimität des Staatshandelns.[80] Ein als „fair" empfundenes Steuersystem erhöht damit die Steuermoral signifikant.[81] Interessant ist in diesem Zusammenhang die von *Bizer* auf der Grundlage experimenteller Analysen vertretene These, dass Steuerhinterziehung mit

---

[74] Grdl. zur klassischen Theorie „optimaler Steuerhinterziehung" Allingham/Sandmo (1972).

[75] Vgl. dazu etwa Blankart (2011), Kap. 11 E. 2.

[76] Vgl. etwa die Studie bei Feld/Schneider (2011), 85 f., die aber auch auf die negativen Rückwirkungen auf die Steuermoral hinweisen.

[77] Vgl. dazu im Überblick Orviska/Hudson (2006).

[78] Vgl. dazu etwa Torgler (2003), 504; mit einem Überblick über vorliegende Studien Kirchgässner (2011), 347 ff.; zu kulturellen Differenzen mit Einfluss auf die Steuermoral innerhalb von Staaten (Schweiz, Belgien, Spanien) vgl. Torgler/Schneider (2006), S. 2 ff.; zur Steuermoral in Deutschland umfassend Schöbel (2008).

[79] Vgl. zu entsprechenden Studien Kirchgässner (2011), 351 ff.

[80] Vgl. dazu etwa Orviska/Hudson (2006); Torgler/Schneider (2006).

[81] Mit Nachweis zu entsprechenden Studien Kirchgässner (2011), 347 ff.

wachsender Komplexität des Steuerrechts zu- und nicht abnimmt (wie bisher überwiegend angenommen). Bizer begründet dies damit, dass durch zunehmende Intransparenz die Befürchtung von Steuerzahlern wächst, andere könnten dies zu ihren Gunsten ausnutzen, und so die Steuermoral abnimmt.[82]

5.3.1.4.3.3 Schattenwirtschaft

Ein anderer, ökonomisch besonders bedeutsamer Blickwinkel auf das Phänomen der Steuerhinterziehung ist die Erscheinung der Schattenwirtschaft.[83] Es geht hier um Wertschöpfungen, die wegen fehlender Deklaration nicht im Bruttosozialprodukt erscheinen. Mit der Schattenwirtschaft entgehen dem Staat in erheblichem Umfang Steuereinnahmen; daneben sind natürlich auch die Sozialversicherungssysteme negativ betroffen.[84]

Ein zentrales Bestreben der Ökonomik zielt darauf ab, eine Vorstellung vom Umfang dieses verborgenen Teils der Wirtschaftstätigkeit zu gewinnen. Dies ist natürlich schwierig, handelt es sich dabei doch um per se illegale (kriminelle) Tätigkeiten oder aber legale Tätigkeiten, die gesetzeswidrig nicht deklariert werden. Direkte Verfahren (Befragungen) sind fehlerträchtig, da sich niemand gerne rechtswidrigen Verhaltens bezichtigt. Für indirekte Verfahren fehlt es an zuverlässigen Kriterien; so wird unter anderem auf den Umfang von Bargeldhaltung abgestellt, in der Annahme, dass Schattenwirtschaft und die damit verbundenen rechtswidrigen Handlungen typischerweise bar abgewickelt werden.[85] Fest steht, dass der Umfang der Schattenwirtschaft zwischen verschiedenen Ländern erheblich variiert, insbesondere zwischen entwickelten und sich entwickelnden Staaten (vgl. Abb. 5.4). Der Umfang der Schattenwirtschaft wird im OECD-Bereich zwischen unter 10 % (Japan, Schweiz, USA) und knapp 30 % (Griechenland) angenommen.[86]

Für die Wirtschafts- und Finanzpolitik ist es von großer Bedeutung, die Gründe für das Entstehen und Wachsen von Schattenwirtschaft zu identifizieren. Neben der herausragenden Bedeutung der Höhe der Steuerbelastung kommen dabei insbesondere der Umfang staatlicher Reglementierung, die Steuermoral, das verfügbare pro-Kopf-Einkommen sowie die Arbeitslosenquote in Betracht.

5.3.1.4.3.4 Steuerflucht

Steuerpflichtige können schließlich Steuerbelastung durch Steuerflucht vermeiden, indem sie ihren Wohnsitz (beziehungsweise Unternehmenssitz) in das Gebiet einer anderen steuererhebenden Körperschaft (mit geringerer Steuerlast) verlegen; als Folge des Ansässigkeitsprinzips ändert sich damit ihr Status als Steuerpflichtiger.[87]

---

[82] Bizer (2008); ebenso schon Koch/Ewringmann (2007), 120 ff. m. Nachw.

[83] Vgl. dazu etwa Blankart (2011), Kap. 11 E. 3.; Orviska/Caplanova/Medved/Hudson (2006).

[84] Zu abweichenden Definitionen des Begriffs „Schattenwirtschaft" vgl. Feld/Schneider (2011), 80.

[85] Einen guten Überblick über verwendete Methoden geben Orviska/Caplanova/Medved/Hudson. (2006).

[86] Vgl. dazu etwa Schneider, F./Buehn/Montenegro (2011) sowie Feld/Schneider (2011), 100 ff.

[87] Zu Motiven der Steuerflucht vgl. etwa Orviska/Hudson (2006).

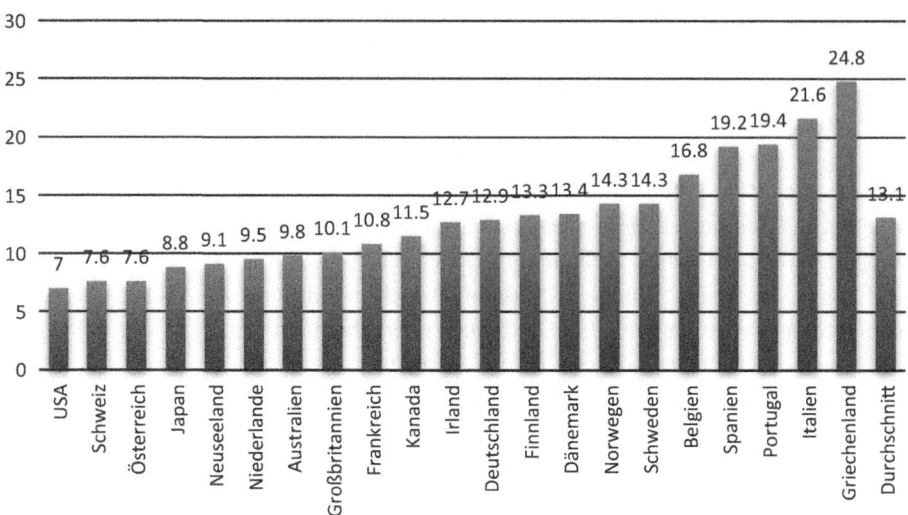

Abb. 5.4 Schattenwirtschaft in OECD-Staaten. (Quelle: Zahlen nach IAW, Prognose zur Entwicklung der Schattenwirtschaft in Deutschland im Jahre 2012)

Grundsätzlich ist Steuerflucht auf der Grundlage von Grundrechten und Grundfreiheiten legal. Allerdings sehen viele nationale Steuerordnungen Wegzugssteuern vor (vgl. Außensteuergesetz). Illegal ist Steuerflucht insbesondere dann, wenn der Wohnsitz im Inland beibehalten wird und nur die Besteuerungsgrundlage zum Zwecke der Verheimlichung ins Ausland wandert (etwa Kapital nach Luxemburg) oder der Wohnsitz nur scheinbar aufgegeben wird („Boris Becker").

Der Zusammenhang zwischen der Höhe der Besteuerung und den Ausweichreaktionen der Steuerpflichtigen hat sich in der berühmten „Laffer-Kurve" niedergeschlagen (vgl. Abb. 5.5). Mit entsprechenden Modellen wird die Relation der Steuerhöhe zum Umfang der Schattenwirtschaft dargestellt.

In jedem Fall hat die Gefahr des Verlustes von Steueraufkommen durch Steuerflucht erhebliche Rückwirkungen auf die staatliche Steuerpolitik. Hierin ist etwa ein wichtiger Grund für die internationale Tendenz hin zu niedrigen Körperschaftsteuersätzen zu sehen.[88] Großen Einfluss hat die Möglichkeit zur Steuerflucht schließlich auch auf die Besteuerung von Kapitalerträgen. Steuerflucht ist im Zusammenhang mit der Diskussion über Steuerwettbewerb zu sehen; dort ist sehr umstritten, ob die positiven Wirkungen („Bändigung des Leviathans") oder die negativen Wirkungen („race to the bottom"; Erodieren der Sozialstaatlichkeit) überwiegen.[89]

---

[88] Rodi (2008).
[89] Vgl. dazu näher unten 5.3.1.5.

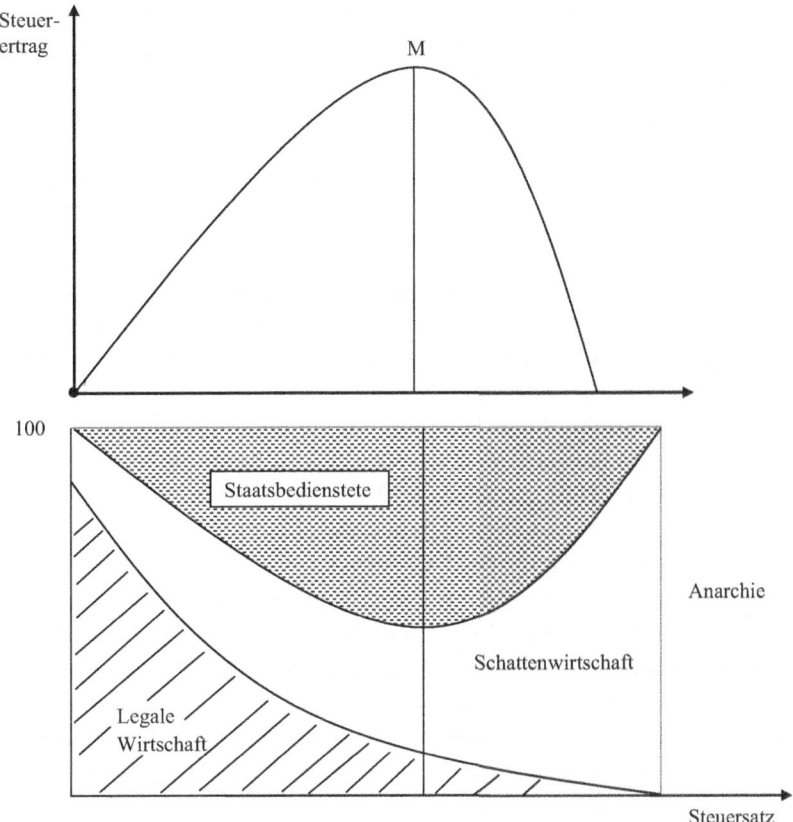

Abb. 5.5 „Laffer-Kurve". (Quelle: Blankart 2011, Abb. 11.15)

5.3.1.5 Internationaler Steuerwettbewerb

Steuerpolitik stellt neben Ordnungs-, Infrastruktur- und Prozesspolitik (etwa im Wege von Subventionen) das bedeutendste Instrument im Wettbewerb zwischen Staaten dar.[90] Internationaler Steuerwettbewerb[91] ergibt sich aus dem Versuch der Staaten, durch eine unternehmensfreundliche Ausgestaltung des Steuerrechts Investitionen (oder Unternehmensfunktionen) anzuziehen. Er lässt sich empirisch etwa anhand der Senkung von Körperschaftsteuersätzen nachweisen.[92]

Die Gründe für den zunehmenden Steuerwettbewerb sind vielschichtig. Ausgangspunkt ist natürlich die zunehmende Mobilität von Produktionsfaktoren insbesondere von Kapital

---

[90] Vgl. dazu im Überblick Gerken (1999), 26 ff.

[91] Vgl. zum internationalen Steuerwettbewerb einführend Müller, R. (2006), 173 ff.; Koester (2009), V.1.; Rodi (2008) sowie vertiefend Gerken/Märkt/Schick (2000); Koester (2006); Nicodème (2007), 185 ff.; Rixen (2007); Hemmelgarn (2007).

[92] Vgl. dazu Rodi (2008).

und damit der Besteuerungsgrundlagen. Die Mobilität wird durch den Umstand gefördert, dass sich die Standortbedingungen weltweit erheblich angeglichen haben (besonders stark etwa im Bereich der Europäischen Union). In Bezug auf das mobilitätshemmende Problem der Doppelbesteuerung wurden durch ein dichtes System von Doppelbesteuerungsabkommen erhebliche Fortschritte erzielt. Für internationale Konzerne besteht schließlich die Möglichkeit, Spielräume bei der Bewertung von internen Geschäften zu nutzen („Verrechnungspreise") und so Gewinne in Länder mit niedrigeren Steuern zu verlagern.

Die Bewertung von internationalem Steuerwettbewerb ist äußerst umstritten. Die Befürworter von (mehr) Steuerwettbewerb verweisen insbesondere auf eine vermeintlich wohlstandssteigernde Wirkung.[93] Steuerwettbewerb führe zu einer Begrenzung der ansonsten unbegrenzten Steuergewalt der Staaten und einer Beschränkung der Macht der Politiker.[94] Positive Folgen seien eine Begrenzung der Staatstätigkeit und der Staatsausgaben sowie (auf der anderen Seite des Budgets) eine Beschränkung der Steuerhöhe und gegebenenfalls Steuersenkungen. Steuerwettbewerb würde so die Staaten zwingen, die Präferenzen der Steuerpflichtigen stärker zu berücksichtigen.

Die Kritiker von Steuerwettbewerb machen vor allem geltend, dass dieser Gefahren für den Wohlfahrtsstaat bergen würde.[95] Die erzwungenen Steuersenkungen könnten auf der einen Seite zu einer schmerzhaften Reduzierung staatlicher Leistungen, auf der anderen Seite zu einer Gefährdung der Staatsfinanzen, insbesondere zu einer Steigerung der Staatsverschuldung, führen. Steuerwettbewerb bedrohe zudem das Recht souveräner Staaten, die Struktur ihrer Steuerrechtsordnung zu gestalten.[96] Steuerwettbewerb bewirke in der Tendenz eine Reduktion direkter Steuern, insbesondere auf Unternehmensgewinne und Kapitalerträge. Erhöht werden dagegen die sozial ungerechte Besteuerung von Konsum sowie die beschäftigungspolitisch unerwünschte Besteuerung des Faktors Arbeit[97]. Die Staaten können sich gegen diese Entwicklungen praktisch nicht wehren. Ihre politische Handlungsfähigkeit ist insoweit beschränkt, da sie sich in einem typischen Gefangenendilemma befinden.[98] Tendenziell wollen alle Staaten Kapitalexport verhindern und Kapitalimport fördern; auch wenn sie abstrakt akzeptieren, dass das Steuerrecht diesbezüglich neutral sein sollte, sind sie individuell versucht, Vorteile aus einer spezifischen Gestaltung (zu Lasten der anderen) zu ziehen. Daraus ergibt sich in Bezug auf das Steueraufkommen sowie die Produktion öffentlicher Güter die Gefahr eines „ruinösen Wettbewerbs" beziehungsweise eines „race to the bottom"[99]. Das individuell rationale Verhalten einzelner Staaten führt

---

[93] Diese vor allem in der Neoklassik vertretene These geht vor allem auf Tiebout (1956) zurück.

[94] Brennan/Buchanan (1974); vgl. dazu Rixen (2007), 64.

[95] Vgl. etwa ILO (2004), 19.

[96] Grdl. zu strukturellen Veränderungen des Steuersystems als Folge des Steuerwettbewerbs Gerken/Märkt/Schick (2000), 158 ff.

[97] Rixen (2007), 67 m. Nachw.

[98] Rixen (2007), 70; OECD (1998), 37.

[99] Nicodème (2007), 179 f. m. Nachw.

zu einer Schädigung anderer („fiscal externalities"[100]), möglicherweise auch insgesamt zu einem Wohlfahrtsverlust.

Vor diesem Hintergrund lässt sich feststellen, dass eine übergreifende pauschale Bewertung der Erscheinung des Steuerwettbewerbs wohl kaum möglich ist. Im Folgenden sollen dazu sechs Thesen formuliert werden:

1. Das Phänomen des Steuerwettbewerbs lässt sich empirisch klar nachweisen.[101] Dies gilt sowohl für den Umstand, dass Investitionsentscheidungen jedenfalls auch an den Steuerbedingungen ausgerichtet werden,[102] als auch für den Umstand, dass Staaten dies systematisch zur Erzielung individueller Vorteile einsetzen.[103]
2. Die Frage der Wohlstandswirkung von Steuerwettbewerb lässt sich nicht pauschal beantworten, denn es gibt unter den Staaten Gewinner und Verlierer. Gewinner sind dabei in der Tendenz kleinere Staaten (und eher auch Entwicklungsländer), Verlierer sind in der Tendenz größere Staaten (und eher Industrieländer);[104] man spricht insoweit von einem „asymetrischen Steuerwettbewerb" („asymetric tax competition")[105].
3. Das Ausmaß der Wirkungen von Steuerwettbewerb auf die Besteuerung wird oft überschätzt. So sind in der Europäischen Union die Steuersätze im Bereich der Unternehmens- und Kapitalertragssteuer deutlich gesunken.[106] Dies hatte jedoch nur geringe Auswirkungen auf das reale Aufkommen dieser Steuern, denn mit der Senkung der Steuersätze ging eine Verbreiterung der Steuerbasis einher. Das befürchtete „race to the bottom" ist deshalb ausgeblieben.[107]
4. Bei allen Unterschieden einschlägiger Untersuchungen im Einzelnen kann man wohl insgesamt davon ausgehen, dass die effektiven Steuersätze auf marginale Investitionen durch eine gleichzeitige Verbreiterung der Steuerbasis relativ stabil geblieben sind.[108]
5. Empirische Hinweise gibt es darüber hinaus auch auf Reaktionen von Unternehmen in Bezug auf ihre Investitionsentscheidungen. Veränderungen im Bereich der Körperschaftsteuer ändern zwar kaum etwas an den realen Investitionen, wohl aber daran, in welchen Ländern die Gewinne ausgewiesen werden.[109] Gefördert werden damit vor allem die Gewinnverschiebungsstrategien internationaler Konzerne.[110]

---

[100] Rixen (2007), 63.

[101] Nicodème (2007), 185 f. m. Nachw.

[102] Mutti (2003), 5 ff., 49 ff.

[103] Gerken/Märkt/Schick (2000), 135 ff.

[104] Mutti (2003), 12 ff.; Nicodème (2007), 182 f. m. Nachw.

[105] Rixen (2007), 64; zu anderen Faktoren dieser Asymetrie vgl Nicodème (2007), 181 f.

[106] Rixen (2007), 64 f.; Nicodème (2007), 184.

[107] Rixen (2007), 64 f.

[108] Nicodème (2007), 185 ff.

[109] Vgl. etwa Liebert (2006), 63 f.; Nicodème (2007), 192 ff. m. Nachw.

[110] Liebert (2006); Gerken/Märkt/Schick (2000), 92 ff.

6. Letztlich lässt sich internationaler Steuerwettbewerb kaum vermeiden. Eine Harmonisierung der Besteuerungsordnungen ist unrealistisch (in der Europäischen Union
gilt hier das Einstimmigkeitsprinzip). Eine Unterscheidung zwischen akzeptablem
und schädlichem („harmful") Steuerwettbewerb ist schwer zu treffen.[111] Der Versuch,
im Rahmen von Doppelbesteuerungsabkommen Prinzipien für die Feststellung von
Verrechnungspreisen aufzustellen, greift nur bedingt.

5.3.2 Staatsverschuldung

Die Kreditaufnahme ist zwar gegenüber Steuern und Abgaben eine im Umfang deutlich
geringere Quelle der Staatsfinanzierung, ihr prominenter Rang in der politischen Diskussion
ergibt sich jedoch aus dem Problem der Staatsverschuldung.[112]

5.3.2.1 Grundlagen

Öffentliche Schulden sind ein Phänomen, das seit Jahrhunderten zu beobachten ist und
das ebenso lange wissenschaftlich äußerst kontrovers behandelt wird. So ist die Staatsverschuldung nach *Ricardo* (1820) eine der schrecklichsten Geißeln, die je zur Plage
einer Nation erfunden worden ist. *Diebel* bemerkte in der Zeit der Industrialisierung und
der entsprechenden Aufbruchstimmung, dass der Staatskredit der großartigste Hebel des
mächtigen volkswirtschaftlichen Fortschritts und damit der hohen Kultur der europäischen
Völkerfamilie sei.[113]

5.3.2.1.1 Begriff und Entwicklung der Staatsverschuldung

Der Begriff der öffentlichen Schulden bezeichnet alle Verbindlichkeiten des Staates und
seiner Untergliederungen gegenüber Dritten. Er wird auf explizite Schulden, also Finanz-
schulden bezogen. Nicht umfasst sind davon etwa künftige Rentenansprüche, obwohl die
Entstehung entsprechender Verbindlichkeiten heute schon feststeht; darin wird teilweise eine „verdeckte Staatsverschuldung" gesehen. Staatsschulden lassen sich als Bestandsgröße
von der jährlichen Nettoneuverschuldung als Stromgröße unterscheiden.

Die Entwicklung der Staatsverschuldung zeigt eine Tendenz zum Anstieg. Besondere
Ereignisse führen immer wieder zu besonderen Wachstumsschüben, so einen markanten
Anstieg in den 70er Jahren, in den 90er Jahren (Wiedervereinigung) und um die weltweite

---

[111] Ausgangspunkt war die Studie der OECD (1998); vgl. zur Entwicklung Gerken/Märkt/Schick
(2000), 200 ff.

[112] Vgl. hierzu einführend Blankart (2011), Kap. 17; Ryczewski (2011), C.V. sowie vertiefend Leach-
man/Guillermo/Lange/Bester (2007), 369 ff.; Göke (2006); Vanberg (1998); Döring/Thiesen (2004),
151 ff.; Hansmann (2007); Wieland (2006); Wucherpfennig (2007).

[113] Zitate nach Höfling (1993), 106 f., 109.

Finanz- und Wirtschaftskrise 2009 herum.[114] Die Gesamtverschuldung Deutschlands stieg so von unter 20 % (1970) knapp 80 % des Bruttosozialproduktes (2012).

5.3.2.1.2 Wirkungen der Staatsverschuldung

In der klassischen Wohlfahrtstheorie wurde angenommen, dass die Finanzierungsstruktur des Staates (Steuern, Kreditaufnahme...) keinen Einfluss auf die gesellschaftliche Wohlfahrt habe. Das nach *D. Ricardo* (1817) und *R. J. Barro* (1974) benannte Ricardo-Barro-Äquivalenztheorem[115] besagt, dass der Anteil der Schuldenfinanzierung von Staatsausgaben für die Bürger irrelevant sei, weil sie dies früher oder später doch im Wege von Steuern bezahlen müssten; das Voraussehen der Last würde gegenwirkende Transaktionen der Bürger hervorrufen; sie würden insbesondere im Hinblick auf die künftige Steuerlast verstärkt sparen und etwa Staatsanleihen kaufen. Dies wird heute überwiegend abgelehnt; nach der Neuen Politischen Ökonomie gibt es gute Gründe, warum die Staatsverschuldung ständig wächst und dies zu negativen Konsequenzen führt.

Zunehmend wird auf das *Problem „intertemporaler Lastengerechtigkeit"* hingewiesen: Zins- und Rückzahlungen müssen aus dem künftigen Sozialprodukt erwirtschaftet werden; damit kommt der Nutzen der Nettokreditaufnahme im Wesentlichen der heutigen Generation zugute, während die Lasten auf künftige Generationen verschoben werden können.[116]

Ein weiteres bedeutsames Problem von Staatsverschuldung wird in der Folgewirkung von *zukünftigen Budgetbeschränkungen* gesehen: Zukünftige Haushalte sind zunehmend durch Zins- und Tilgungszahlungen belastet. So stieg die Zinslast Deutschlands bereits von 1 % des BSP 1970 auf etwa 4 % 2009; damit wurden 42 Mrd. € für Zinszahlungen aufgewendet, ohne dass Schulden getilgt worden wären – damit bindet der Schuldendienst etwa 20 % der nicht kreditären Einnahmen (bis 2013 gingen die Zinszahlungen bedingt durch niedrige Zinsen auf etwa 35 Mrd. € zurück).[117] Wenn darüber hinaus wiederum durch Steuern nicht gedeckter Finanzierungsbedarf besteht, kann das den Staat letztlich in die Schuldenfalle führen. Dann würde der Staat Zinsen und Rückzahlungen aus fortgesetzter Neuverschuldung bezahlen – ein sogenanntes „Ponzi-Spiel" (nach dem amerikanischen Finanzjongleur *Charles Ponzi*, der Kunden hohe Renditen aus Anlagen versprach, die fälligen Ausschüttungen aber jeweils aus den Einlagen neuer Anleger beglich).

Nun hat sich in der Vergangenheit gezeigt, dass der Markt nicht oder nur sehr moderat auf die wachsende Staatsverschuldung mit steigenden Zinsen reagiert.[118] Die gegenwärtige Kreditkrise einiger europäischer Staaten hat aber nachdrücklich belegt, dass sich dies

---

[114] Vgl. Blankart (2011), Tab. 17.1 (Schuldenstand der öffentlichen Haushalte in Deutschland); Übersicht für OECD-Staaten (1995) – 2008: OECD (2010), 199; Döring/Thießen (2004), 153 (Tab. 1).

[115] Vgl. dazu Blankart (2011), Kap. 17 D. 1.

[116] Dies ist aus ökonomischer Perspektive allerdings nicht so evident, wie es auf den ersten Blick erscheint; vgl. zur Begründung grdl. Blankart (2011), Kap. 17 D. 4.

[117] Ryczewski (2011), 19.

[118] Burman/Rohaly/Rosenberg/Lim (2010).

schlagartig ändern kann und ein solcher Stimmungsumschwung auf den Märkten dann zu einer Kostenexplosion bei den verschuldeten Haushalten führen kann. Damit ginge dann auch eine rapide steigende Inflation einher.

Im Ergebnis wären bei zunehmenden Budgetrestriktionen negative Auswirkungen auf die wirtschaftliche Entwicklung unvermeidlich.[119] Sie würden zu sinkenden Staatsausgaben führen; auch die Bürger hätten angesichts dann steigender Steuern und wohl auch geringerer Sozialleistungen weniger Einkommen zur Verfügung. Das Wirtschaftswachstum würde entsprechend zurückgehen.

5.3.2.1.3 Ursachen der Staatsverschuldung

Die Kreditaufnahme und damit Staatsverschuldung ist am Ende des Verfahrens zur Aufstellung eines Haushaltsplans typischerweise der einzige Ausweg, die Lücke zwischen Staatsausgaben und den (niedrigeren) Staatseinnahmen (ohne Kreditaufnahme) zu schließen.[120] Treibende Kräfte für eine zunehmende Staatsverschuldung sind damit alle Ursachen für wachsende Staatsausgaben.[121]

Aus politikökonomischer Sicht lassen sich aber auch Gründe dafür anführen, dass die wachsenden Staatsausgaben gerade mit Krediten finanziert werden: Die vor allem an der (kurzfristigen) Wiederwahl interessierten Politiker können ihre Popularität durch ausgabenrelevante Versprechen und „Wohltaten" steigern, während die korrespondierenden Staatsschulden zumindest nicht sofort und in gleichem Ausmaß spürbar sind („Fiskalillusion").[122] Gerade in Bezug auf die Staatsverschuldung ist das Informationsdefizit der Wähler und damit einhergehend die Informationsasymmetrie (Prinzipal-Agenten-Problem[123]) gegenüber der Politik besonders ausgeprägt, somit auch die „Schuldenillusion".[124] Auch wenn konkurrierende Politiker oder Parteien von langfristig negativen Auswirkungen überzeugt sind, können sie nicht entsprechend handeln – sie befinden sich hier in einem klassischen Gefangenendilemma: Aus Angst, dass die Gegenseite weiter die Fiskalillusion der Wähler ausnutzt, tun sie das auch selbst weiterhin. Zudem werden die Vorteile von höheren Staatsausgaben der jetzigen Regierung zugeschrieben, während die Nachteile (budgetäre Restriktionen durch höhere Zinsen) möglicherweise Nachfolger einer anderen politischen Richtung trifft. Aber auch für die Wähler ist es rational, die Finanzprobleme per Staatsverschuldung in die Zukunft zu verlagern.[125] Sie partizipieren jetzt an den Vorteilen der staatlichen Ausgaben, wissen aber nicht, ob sie an der Rückzahlung als Steuerzahler noch

---

[119] Burman/Rohaly/Rosenberg/Lim (2010), 575 ff.

[120] Vgl. oben 5.1.

[121] Vgl. dazu oben 5.2.2.1.

[122] Vgl. dazu Ryczewski (2011), 103 ff., 125 f.; grdl. hierzu Buchanan/Wagner (1977), die hier auch den Begriff der Fiskalillusion geprägt haben.

[123] Ryczewski (2011), 128 ff.

[124] Ryczewski (2011), 125 f.

[125] Vgl. dazu Schlingen (2012), 244 ff.; Ryczewski (2011), C.V.3., 118 ff. (Interessen der Wähler).

teilnehmen werden.[126] Besondere Bedeutung haben in diesem Zusammenhang Sozialausgaben als treibende Kraft für Staatsverschuldung;[127] mit steigender Tendenz nehmen
bereits fast 50 % der Bevölkerung Sozialleistungen in Anspruch, so dass ein großer politischer Einfluss gerade dieser Wählergruppe auf die Staatsfinanzen nahe liegt.[128] In die
gleiche Richtung wirkt der demographische Wandel mit einer alternden Gesellschaft, denn
gerade für die ältere Generation ist es rational die Kosten für gegenwärtige Ausgaben in
die Zukunft zu verlagern. Es ist in diesem Zusammenhang bemerkenswert, dass sich in
den USA gerade Sozialverbände und Vereinigungen älterer Menschen (mit Erfolg) gegen
die Einführung einer Schuldenbegrenzungsregelung in die Verfassung engagiert haben.[129]
Damit erweist sich die Annahme des Ricardo-Barro-Äquivalenztheorems von intergenera-
tionell verknüpften Nutzenfunktionen als unzutreffend; vielmehr hat der Gegenwartswert
eines bestimmten Betrages an Staatsschulden für Bürger mit endlichem Zeithorizont je
nach Lebenserwartung einen unterschiedlichen Wert.[130]

Es gibt vielfältige weitere Erklärungsversuche, in welchen Konstellationen steigende
Staatsverschuldung begünstigt wird.[131] Eine empirische Studie von *Leachman et al*[132]
zeigt, dass schwache Regierungen (aus mehreren Parteien bestehend und/oder mit knappen
Mehrheiten) eher zu Staatsverschuldung neigen; dies lässt sich mit der Erscheinung von
Stimmentausch und einem stärkeren Einfluss von Interessengruppen auch begründen. Nicht
erhärten lassen sich dagegen die „klassischen" Thesen, dass die Staatsverschuldung im Falle
„linker" Regierungen sowie in föderalen Staaten höher ausfällt (im letzteren Fall gibt es
sogar gegenteilige Anhaltspunkte).

Nun wäre es denkbar, dass die Märkte durch steigende Zinsen Signale in den politischen Raum senden, dass Staatsverschuldung langfristig nicht nachhaltig ist. Es lässt
sich aber empirisch belegen, dass sie das lange Zeit nicht tun, vielmehr häufig wachsende
Staatsverschuldung sogar mit sinkenden Zinsen einhergeht.[133] Ein Grund hierfür können
Erwartungen der Gläubiger sein, dass im Zweifelsfall andere für die Schulden einstehen
werden („bündische" oder andere Einstandspflichten).[134] Dies hat sich jüngst im Rahmen
der europäischen Finanzkrise eindrucksvoll bestätigt.[135]

---

[126] Zur Erscheinung der „Entkopplung von Zahlern und Nutzern" Stalder (1997), 652; dazu auch
Ryczewski (2011), 123 ff.

[127] Vgl. hierzu grdl.Schneider, U. (2009), 3.2. und 4. mit Begründung und Empirie.

[128] Ryczewski (2011), 119 ff.

[129] Bach (1993), 4 f.; vgl. dazu auch Ryczewski (2011), 123 f.

[130] Vgl. dazu Blankart (2011), Kap. 17 D. 4.

[131] Vgl. im Überblick Leachman/Guillermo/Lange/Bester (2007), 371 ff.; hierzu und zu weiteren
empirischen Studien vgl. Ryczewski (2011), 114 ff.

[132] Leachman/Guillermo/Lange/Bester (2007), 375 ff.

[133] Burman/Rohaly/Rosenberg/Lim (2010), 567 ff.

[134] Zu Fehlanreizen durch bündische Einstandspflichten vgl. Ryczewski (2011), 130 ff.

[135] Vgl. dazu Rodi (2012), Rn. 1–4 zu Art. 125 AEUV.

Zudem wird die Einnahmenentwicklung von Haushaltspolitikern und dem Haushaltsgesetzgeber systematisch überschätzt. Auf der Einnahmenseite stößt der Staat zunehmend auf Grenzen, diese entsprechend nach oben anzupassen. So erzwingt die Globalisierung Anpassungsprozesse wie geringere Löhne (weniger Steuern und Abgaben) und niedrigere Steuern (Steuerwettbewerb). Ein chronisch ineffizientes Steuer- und Abgabensystem begünstigt Steuervermeidung und Schattenwirtschaft.[136] Zudem steht der Staat häufig vor der (realen oder vermeintlichen) Notwendigkeit, kurzfristig kostenrelevante Ausgabenentscheidungen von erheblichem Umfang zu treffen, etwa zur Bekämpfung von Wirtschaftskrisen oder zur Bewältigung der Probleme der deutschen Einheit. Verstärkt wird die Schere zwischen Einnahmen und Ausgaben durch die Überalterung der Gesellschaft (demographischer Faktor). Zudem erschweren strukturelle politische Gegebenheiten die Problemlösung, etwa ein auf Wahlperioden fixiertes Regierungssystem; für Deutschland lassen sich dabei auch Gesichtspunkte des Föderalismus anführen, etwa die fehlende Verantwortung der Länder für Einnahmen.[137]

5.3.2.2 Materielle Ansätze zur Begrenzung der Staatsverschuldung

Will man Staatsverschuldung wirksam beschränken, steht man zunächst vor dem Problem, Kriterien für eine angemessene Staatsverschuldung zu formulieren. Dafür gibt es unterschiedliche Ansätze. Im vorliegenden Zusammenhang bietet es sich an, diese Fragen anhand des alten sowie des mit der Föderalismusreform II eingeführten Schuldenbegrenzungsregimes des Grundgesetzes zu diskutieren. Eine explizite Schuldenbegrenzungsklausel enthielt Art. 115 GG (a.F.) nur für den Bund.[138] Art. 109 GG n.F. enthält nunmehr in Absatz 3[139]

---

[136] Siehe dazu oben 2.4.2.3.2.

[137] Übersicht in Anlehnung an Göke (2006), 16 f.

[138] Art. 115 GG (a.F.) GG lautete: „1) Die Aufnahme von Krediten sowie die Übernahme von Bürgschaften, Garantien oder sonstigen Gewährleistungen, die zu Ausgaben in künftigen Rechnungsjahren führen können, bedürfen einer der Höhe nach bestimmten oder bestimmbaren Ermächtigung durch Bundesgesetz. Die Einnahmen aus Krediten dürfen die Summe der im Haushaltsplan veranschlagten Ausgaben für Investitionen nicht überschreiten; Ausnahmen sind nur zulässig zur Abwehr einer Störung des gesamtwirtschaftlichen Gleichgewichts. Das Nähere wird durch Bundesgesetz geregelt. 2) Für Sondervermögen des Bundes können durch Bundesgesetz Ausnahmen von Absatz 1 zugelassen werden."

[139] Art. 109 Abs. 3 GG n.F. lautet: „Die Haushalte von Bund und Ländern sind grundsätzlich ohne Einnahmen aus Krediten auszugleichen. Bund und Länder können Regelungen zur im Auf- und Abschwung symmetrischen Berücksichtigung der Auswirkungen einer von der Normallage abweichenden konjunkturellen Entwicklung sowie eine Ausnahmeregelung für Naturkatastrophen oder außergewöhnliche Notsituationen, die sich der Kontrolle des Staates entziehen und die staatliche Finanzlage erheblich beeinträchtigen, vorsehen. Für die Ausnahmeregelung ist eine entsprechende Tilgungsregelung vorzusehen. Die nähere Ausgestaltung regelt für den Haushalt des Bundes Artikel 115 mit der Maßgabe, dass Satz 1 entsprochen ist, wenn die Einnahmen aus Krediten 0,35 vom Hundert im Verhältnis zum nominalen Bruttoinlandsprodukt nicht überschreiten. Die nähere Ausgestaltung für die Haushalte der Länder regeln diese im Rahmen ihrer verfassungsrechtlichen Kompetenzen mit der Maßgabe, dass Satz 1 nur dann entsprochen ist, wenn keine Einnahmen aus Krediten zugelassen werden."

eine für Bund und Länder geltende Begrenzung, die in 115 GG n.F. für den Bund modifiziert wird.[140]

5.3.2.2.1 Die Berücksichtigung des Zukunftsnutzens im Rahmen der Intergenerationengerechtigkeit

Sieht man das Hauptproblem der Staatsverschuldung in der intergenerationellen Lastenverschiebung, so könnten getätigte Investitionen ein mögliches Begrenzungsmaß bilden. Dieser Gedanke, wie er etwa der „Investitionsklausel" (oder „Junktimklausel") des Art. 115 Abs. 1 S. 2 Hs. 1 GG (a.F.) zu Grunde lag,[141] ist aus ökonomischer Sicht zunächst bestechend: Die zu Lasten künftiger Generationen gehende Kreditaufnahme ist insoweit gerechtfertigt, als damit bleibende Werte geschaffen werden, die auch diesen zugutekommen.

Diese Bestimmung wurde jedoch aufgegeben, weil die Probleme dieses Ansatzes evident sind:[142] Zunächst ist die These vom Zukunftsnutzen von Investitionen (Grundsatz „pay as you use") weitgehend Illusion; Investitionen sind teilweise nur Ersatzbeschaffungen oder verlieren bald ihren Wert (zum Beispiel Kraftfahrzeuge). Zudem bestehen demokratietheoretische Bedenken für Entscheidungen über Zukunftsnutzen (Atomkraftwerke auf Kredit!?).[143] Der entscheidende Mangel war aber in der Unbestimmtheit und damit geringen Justiziabilität des Begriffes zu sehen. So hat ihn die Staatspraxis im Sinne eines „Bruttoinvestitionsbegriffs" verstanden, also Abschreibungen und „Deinvestitionen"

---

[140] Art. 115 GG n.F. lautet: „1) Die Aufnahme von Krediten sowie die Übernahme von Bürgschaften, Garantien oder sonstigen Gewährleistungen, die zu Ausgaben in künftigen Rechnungsjahren führen können, bedürfen einer der Höhe nach bestimmten oder bestimmbaren Ermächtigung durch Bundesgesetz. 2) Einnahmen und Ausgaben sind grundsätzlich ohne Einnahmen aus Bürgschaften auszugleichen. Diesem Grundsatz ist entsprochen, wenn die Einnahmen aus Krediten 0,35 vom Hundert im Verhältnis zum nationalen Bruttoinlandsprodukt nicht überschreiten. Zusätzlich sind bei einer von der Normallage abweichenden konjunkturellen Entwicklung die Auswirkungen auf den Haushalt im Auf- und Abschwung symmetrisch zu berücksichtigen. Abweichungen der tatsächlichen Kreditaufnahme von der nach den Sätzen 1 bis 3 zulässigen Kreditobergrenze werden auf einem Kontrollkonto erfasst; Belastungen, die den Schwellenwert von 1,5 vom Hundert im Verhältnis zum nominalen Bruttoinlandsprodukt überschreiten, sind konjunkturgerecht zurückzuführen. Näheres, insbesondere die Bereinigung der Einnahmen und Ausgaben um finanzielle Transaktionen und das Verfahren zur Berechnung der Obergrenze der jährlichen Nettokreditaufnahme unter Berücksichtigung der konjunkturellen Entwicklung auf der Grundlage eines Konjunkturbereinigungsverfahrens sowie die Kontrolle und den Ausgleich von Abweichungen der tatsächlichen Kreditaufnahme von der Regelgrenze, regelt ein Bundesgesetz. Im Falle von Naturkatastrophen oder außergewöhnlichen Notsituationen, die sich der Kontrolle des Staates entziehen und die staatliche Finanzlage erheblich beeinträchtigen, können diese Kreditobergrenzen auf Grund eines Beschlusses der Mehrheit der Mitglieder des Bundestages überschritten werden. Der Beschluss ist mit einem Tilgungsplan zu verbinden. Die Rückführung der nach Satz 6 aufgenommenen Kredite hat binnen eines angemessenen Zeitraums zu beginnen."

[141] Vgl. dazu grdl. Ryczewski (2011), 30 ff.

[142] Vgl. etwa Göke (2006), 19 ff.

[143] Ryczewski (2011), 38 ff. m. Nachw.

nicht berücksichtigt.[144] Aber selbst wenn man (systemgerecht) nur Nettoinvestitionen berücksichtigen würde, würde man bei der konkreten Zurechnung und Berechnung doch auf kaum überwindbare praktische Schwierigkeiten stoßen.

5.3.2.2.2 Die Berücksichtigung von Gesichtspunkten des gesamtwirtschaftlichen Gleichgewichts

Wirkkräftig wenn auch nicht unumstritten ist die Konjunkturtheorie von *John Maynard Keynes*: Danach sind die Staatsausgaben bei rückläufiger Wirtschaftsentwicklung (Rezession) auszudehnen, um das Wachstum durch öffentliche Nachfrage zu fördern; dies sollte durch neue Schulden finanziert werden, da Steuererhöhungen den gegenteiligen Effekt haben („deficit spending"). Die entstandenen Schulden sollten in Zeiten der Hochkonjunktur durch Ausgabenkürzungen oder zusätzliche Belastungen der Wirtschaftssubjekte (zum Beispiel Steuerzuschläge) zurückbezahlt werden, um eine Überhitzung der Konjunktur zu vermeiden.

Dieser Gedanke lag Art. 115 Abs. 1 S. 2 Hs. 2 GG (a.F.) zugrunde. Aber auch hier stieß man in der praktischen Umsetzung auf erhebliche Probleme – *Göke*[145] spricht in diesem Zusammenhang plastisch von einer „Lebenslüge zur Rechtfertigung der Staatsverschuldung". Der Hauptgrund ist darin zu sehen, dass der Begriff „gesamtwirtschaftliches Gleichgewicht" viel zu unbestimmt ist, um die Politik anzuleiten oder ihr justiziable Grenzen aufzuerlegen.[146] Die Wirtschaft leidet heute weniger unter klassischen Konjunkturzyklen, was die Begrenzungsregel rechtfertigen würde, als vielmehr unter struktureller Arbeitslosigkeit. Schließlich berufen sich nutzenmaximierende Politiker zwar gerne auf den ersten Teil der Theorie, um neue Staatsschulden zu begründen; sie „vergessen" jedoch den zweiten Teil in Zeiten der Hochkonjunktur, da Ausgabenkürzungen und Steuererhöhungen unpopulär sind. Dafür enthielt Art. 115 GG (a.F.) ebenso wenig konkrete Direktiven wie hinsichtlich der Frage, in welchem Umfang im Falle einer Störung des gesamtwirtschaftlichen Gleichgewichts Kredite aufgenommen werden dürfen.

Nach der neuen Rechtslage ist für die Länder in Art. 109 Abs. 3 GG zumindest vorgeschrieben, dass die Auswirkungen einer von der Normallage abweichenden konjunkturellen Entwicklung im Auf- und Abschwung „symmetrisch" zu berücksichtigen sind und für die Ausnahmeregelung eine entsprechende Tilgungsregelung vorzusehen ist. Für den Bund sieht Art. 115 Abs. 2 GG vor, dass die Abweichungen der tatsächlichen Kreditaufnahme von der zulässigen Kreditobergrenze auf einem Kontrollkonto zu erfassen sind. Im Verhältnis zu den Vorgaben für die Länder großzügiger wird jedoch festgestellt, dass nur Belastungen, die den Schwellenwert von 1,5 vom Hundert im Verhältnis zum nominalen Bruttoinlandsprodukt überschreiten, konjunkturgerecht zurückzuführen sind. Damit bleibt den Akteuren erheblicher Spielraum zur weiteren Steigerung der Gesamt-

---

[144] Dies wurde aus verfassungsrechtlicher Sicht kontrovers diskutiert, vom Bundesverfassungsgericht aber letztlich akzeptiert, vgl. dazu Ryczewski (2011), 34 ff.

[145] Göke (2006), 14 ff.

[146] Vgl. dazu grdl. Ryczewski (2011), 41 ff.

verschuldung und die politökonomischen Anreizstrukturen sprechen dafür, dass dieser auch ausgenutzt werden wird.[147] Innerhalb des Sockelwertes von 0,35 % ist sogar eine prozyklische Neuverschuldung denkbar.[148]

5.3.2.2.3 Sanktionen

Art. 115 GG (a.F.) litt schließlich auch unter der geringen Sanktionsbewehrung.[149] Wie auch geschehen, konnte ein Verstoß durch das Bundesverfassungsgericht im Normenkontroll-verfahren festgestellt werden.[150] Diese Feststellung, die in der Regel erst viele Jahre nach dem Verstoß ergeht, wenn möglicherweise die vormals antragstellende Opposition nun-mehr selbst in Regierungsverantwortung steht, ist jedoch ein äußerst „stumpfes Schwert". Eine „Wiedergutmachung" war nicht vorgesehen.[151]

Die Neuregelung von Art. 109 und 115 GG hat hieran – abgesehen von der bereits erwähnten – Tilgungspflicht nichts Wesentliches geändert. *Ryczewski* hat in diesem Zu-sammenhang den aus politökonomischer Sicht interessanten Vorschlag gemacht, dass überhöhte Defizite durch automatische Steuerzuschläge im folgenden Jahr ausgeglichen werden könnten.[152] Damit würden die Lasten der Kreditaufnahme unmittelbar bei den Wählern spürbar und die Anreize der Politiker den Weg der Neuverschuldung zu gehen würden reduziert. Er weist darauf hin, dass damit in Schweizer Kantonen beachtliche Erfolge bei der Rückführung der Staatsverschuldung erzielt worden sind.[153]

5.3.2.2.4 Begrenzung der Staatsverschuldung im Recht der Europäischen Union

Der Europäische Stabilitäts- und Wachstumspakt (Art. 126 AEUV i. V. m. dem Protokoll Nr. 12 über das Verfahren bei einem übermäßigen Defizit) sieht eine Regel-Obergrenze von 3 % BIP (jährliche Nettoneuverschuldung) und 60 % (öffentlicher Schuldenstand) vor. Dies wird allgemein als vernünftig angesehen, zumal der recht formale numerische An-satz Vorteile bei der Anwendung bietet. Allerdings lässt er sich ökonomisch kaum sinnvoll begründen. Vielmehr wurden die Zahlen aus der Verschuldungspraxis einerseits und reali-stischen Sparmöglichkeiten andererseits entwickelt.[154] Anzumerken ist allerdings, dass im Rahmen des Europäischen Stabilitäts- und Wirtschaftspaktes beim Setzen von Rechtsfolgen

---

[147] Ryczewski (2011), 187.

[148] Ryczewski (2011), 191 ff.

[149] Vgl. dazu Ryczewski (2011), 53 ff., 70 ff.

[150] Eine Verfassungsbeschwerde schied wegen fehlender Antragsberechtigung ohnehin regelmäßig aus, vgl. Ryczewski (2011), 71 f.

[151] Ryczewski (2011), 70.

[152] Ryczewski (2011), 198 ff.

[153] Vgl. dazu auch Glaser (2007), 106.

[154] Zu den Haushaltskriterien, der Kritik an ihnen sowie zu ihrer Rechtfertigung vgl. Ryczewski (2011), 85 ff.

erhebliche Spielräume und eine erhebliche Einflussnahme der Mitgliedstaaten bestehen;[155] große Länder konnten dabei Sanktionen eher verhindern als kleine.[156] Die politische Prägung des Defizitverfahrens wird spiegelbildlich auch daran erkennbar, dass Verstöße nicht vor dem Europäischen Gerichtshof gerügt werden können (Art. 126 Abs. 10 AEUV); in Betracht kommt allenfalls eine Untätigkeitsklage gegen Kommission oder Rat, wenn diese sich weigern die in Art. 126 AEUV vorgesehenen Maßnahmen gegen einen Mitgliedstaat zu ergreifen. Theoretisch drohen „Defizitsündern" (im Euroraum) gemäß Art. 126 Abs. 11 AEUV erhebliche Sanktionen bis hin zu „angemessenen" Geldbußen. Fraglich ist jedoch wie realistisch das ist, würde doch mit einer solchen Sanktion die Haushaltssituation des betroffenen Mitgliedstaates zumindest kurzfristig weiter verschlechtert.[157] Die geringe Glaubwürdigkeit der europäischen Haushaltsaufsicht lässt sich plastisch an dem Umstand ablesen, dass Ende 2009 gegen 20 der 27 EU-Staaten Defizitverfahren anhängig waren.

Die gegenwärtige Eurokrise belegt, wie gefährlich der schwache Rechtsrahmen für die Begrenzung nationaler Staatsverschuldung angesichts einer gemeinsamen Währung ist. Die Asymmetrie zwischen einer integrierten Währungsunion und einer locker koordinierten Wirtschaftsunion wurde von Anfang an als ökonomisch nicht tragfähig kritisiert.[158] Der Schritt in Richtung einer echten Wirtschaftsunion oder „europäischen Wirtschaftsregierung" scheint unausweichlich. Die für die Eurozone auf der Grundlage des neuen Art. 136 AEUV sekundärrechtlich (durch das sogenannte „Six Pack") erfolgte Stärkung der wirtschafts- und währungspolitischen Zusammenarbeit[159] und die Bemühungen um eine gemeinsame Bankenaufsicht („Bankenunion")[160] zeigen die Grenzen der Möglichkeiten nach dem gegenwärtigen Integrationsstand auf. Erst mit einer grundlegenden primärrechtlichen Reform der Wirtschafts- und Währungsunion wird auf europäischer Ebene das Problem der explodierenden Staatsverschuldung zu lösen sein.

Dies erscheint umso dringlicher, da die Eurokrise einen zweiten rechtlichen Grundpfeiler der Wirtschafts- und Währungsunion faktisch weggespült hat: die Regel, dass die Mitgliedstaaten nicht wechselseitig für ihre Schulden haften („No-bail-out-Klausel" gemäß Art. 125 AEUV). Diese Regelung war zwar konsequent, da die Europäische Union eben keinen Bundesstaat mit Finanzausgleich und wechselseitiger finanzieller Einstandspflicht darstellt. Sie hielt sich zudem in der Logik, dass Mitgliedstaaten im Falle einer zu hohen Staatsverschuldung durch steigende Zinslasten „bestraft" und zu einer Umkehr bewogen werden sollen. Von Anfang an wurde aber befürchtet, dass darauf kurzfristig nicht reagiert wird, die marktvermittelten Wirkungen bei einer zugespitzten Haushaltslage dann zu plötz-

---

[155] Das Ermessen des Rates im Defizitverfahren wurde durch eine Grundsatzentscheidung des Europäischen Gerichtshofs vom 13. Juli 2004 bestätigt (EuGH, Rs. C-27/04, Kommission/Rat, Slg. 2004 I-6679).

[156] Vgl. dazu Rodi (2012), Rn. 16 ff. zu Art. 126 AEUV.

[157] Vgl. dazu Ryczewski (2011), 98 ff.

[158] Rodi (2012), Rn. 2 und 4 zu Art. 119 AEUV.

[159] Vgl. dazu Antpöhler (2012).

[160] Vgl. dazu Kämmerer (2011).

lich und drastisch greifen und auch so ihre disziplinierende Wirkung verlieren.[161] Getrieben von der Macht des Faktischen wurde der „Euro-Rettungsschirm" weitgehend praeter und contra legem errichtet.[162]

5.3.2.3 Formelle Ansätze zur Begrenzung der Staatsverschuldung

Historisch gesehen stellt die Tatsache, dass die staatliche Kreditaufnahme einer gesetzlichen Ermächtigung bedarf (vgl. Art. 115 Abs. 1 S. 1 GG), eine bedeutende formelle Begrenzung der Staatsverschuldung dar.[163] Aus den dargelegten Gründen können sich aber die im Parlament vertretenen Personen und Parteien den politökonomischen Triebkräften zugunsten der Staatsverschuldung nicht wirksam entziehen. Im Sinne einer Selbstbindung ist es jedoch denkbar, dass sich die Politik auf verfassungsrechtlicher oder einfachgesetzlicher Ebene weiteren formellen Bindungen unterwirft.

Das demokratische Zustimmungserfordernis kann durch die Einführung von Volksabstimmungen über die Kreditaufnahme oder durch qualifizierte Entscheidungsquoren für das Parlament ersetzt werden. Gegen Ersteres spricht, dass nur das Parlament als Haushaltsgesetzgeber in der Lage ist, alle Einnahmen und Ausgaben zum Ausgleich zu bringen. Gegen Letzteres sprechen demokratietheoretische Bedenken, die Freiheit des Haushaltsgesetzgebers einzuschränken.

Als weiterer formeller Ansatz zur Begrenzung der Staatsverschuldung kommt die Einsetzung informell-beratender Sachverständigengremien in Betracht wie zum Beispiel der Sachverständigenrat zur Begutachtung der gesamtwirtschaftlichen Entwicklung oder die Bundesbank in Deutschland. Weitere denkbare Maßnahmen sind Zustimmungserfordernisse durch sachverständige Kommissionen (Finanzplanungsrat). Allerdings hängt deren Einfluss wesentlich von der Autorität der sachverständigen Mitglieder ab. Im Falle bindender Zustimmungserfordernisse stößt man wiederum auf demokratietheoretische Bedenken.

Große Tradition, insbesondere in den US-Bundesstaaten, haben Budgetausgleichsregeln (balanced budget rules).[164] Danach sind Kreditaufnahmen zwingend nach festen Regeln wieder auszugleichen, etwa durch automatische Steueranpassungsregeln. Solche Regelungen können beschränkende Wirkung auf die Staatsverschuldung haben, indem den Bürgern so zeitnah die negativen Effekte der Verschuldung vor Augen geführt werden.

5.3.2.4 Trendumkehr zum Abbau von Staatsverschuldung?

Möglicherweise stehen wir gegenwärtig hinsichtlich der Staatsverschuldung vor einer Trendumkehr; eine solche zeichnet sich in vielen Ländern der OECD seit etwa 1995 ab.[165]

---

[161] Vgl. Rodi (2012), Rn. 3 f. zu Art. 125 AEUV.

[162] Rodi (2012), Rn. 9 ff.

[163] Blankart (2011), Kap. 17 F.

[164] Blankart (2011), Kap. 17 F. 2.

[165] Vgl. Blankart (2011), Tab. 17.2 (Schuldenstand der öffentlichen Haushalte in Deutschland); Döring/Thießen (2004), 153 (Tab. 1); Übersicht für OECD-Staaten 1995–2008: OECD (2010), 199.

Allerdings lässt sich angesichts der globalen Finanz- und Wirtschaftskrise nach 2008 nicht absehen, ob diese Entwicklung dadurch nur unterbrochen oder aufgehoben ist.

Über mögliche Gründe wird sehr kontrovers diskutiert.[166] Am politischen Diskurs lässt sich ablesen, dass sich Politiker wie Bürger zunehmend der negativen Langzeitwirkungen von Staatsverschuldung bewusst zu werden scheinen. So tendieren Politiker nunmehr öfter dazu, (unerwartete) Mehreinnahmen zur Schuldenrückzahlung (und nicht zu Steuersenkung) zu verwenden, um sich künftige Handlungsspielräume zu erhalten. Soweit Bürger zunehmende Staatsverschuldung als nachteilig erleben, nimmt die Erscheinung der sogenannten „Schuldenillusion" ab und wird Einfluss des „Medianwählers" auf die Politiker ausgeübt. Allerdings bleibt es dabei, dass Wähler spezifische Interessen an der Staatsverschuldung (im Vergleich zur Besteuerungsalternative) haben.[167] Denkbar ist schließlich, dass neue Anreizstrukturen in der Verwaltung („new public management") den Druck auf jährliche Erhöhungen des Haushaltsansatzes senken. Für Europa macht sich schließlich vielleicht auch die Rolle der Europäischen Union und der Kommission als Hüter der Haushaltsstabilität bemerkbar.

5.4 Staatsfinanzen im Föderalismus

Auf die besondere Bedeutung der ökonomischen Theorie des Föderalismus wurde bei der Behandlung der Staatlichkeit bereits eingegangen.[168] In diesem Zusammenhang spielt die Organisation der Staatsfinanzen eine zentrale Rolle, mit der sich die ökonomische Theorie des Finanzföderalismus befasst:[169] Das Einnehmen, Verausgaben oder Leihen von Geld beziehungsweise der föderale Ausgleich von Einnahmen und Ausgaben. Wenn man etwa die Konstruktion der Europäischen Union betrachtet, so ist die sehr restriktive Entscheidungsgewalt der Union über eigene Einnahmen bezeichnend für die noch fehlende Staatlichkeit.

5.4.1 Grundlagen

Selbst für Fragen des Finanzföderalismus gilt, dass diese nicht gleichsam „am Reissbrett" auf der Grundlage ökonomischer Theorien beantwortet werden können. Viel zu heterogen sind die historisch gewachsenen Ansätze, die vor dem Hintergrund der jeweiligen Verfassung zwar weiterentwickelt, nicht aber von einem Tag auf den anderen völlig neu konzipiert

---

[166] Döring/Thießen (2004), 151 ff.

[167] Dazu Ryczewski (2011), 116 ff.

[168] S. oben 2.4.2.

[169] Vgl. dazu grdl. Anderson (2010); Ahmad/Brosio (2008); Boadway/Shah (2009).

werden können. Neben ökonomischen Effizienzerwägungen und Traditionen kommen insbesondere auch Gerechtigkeitserwägungen sowie Aspekte der politischen Transparenz und Stabilität zum Tragen.

Angesichts der bunten Vielfalt praktisch gewachsener föderaler Strukturen hat eine vergleichende Analyse nicht von föderalen Phänotypen, sondern vielmehr von föderalen Strukturen und Problemen auszugehen (funktionaler Vergleich). Einzelne bundesstaatliche Erfahrungen sollten dabei nach Möglichkeit typologisch aggregiert werden. Auch das fällt allerdings angesichts der in der Praxis vorgefundenen Heterogenität äußerst schwer und lässt sich nur sehr grobmaschig realisieren. So kann man etwa den Typus eines fiskalischen Zentralismus (Beispiel: Deutschland) dem Typus des fiskalischen Wettbewerbs (Beispiel: USA) gegenüberstellen. Weiterhin lassen sich dualistische Modelle des Föderalismus, die für bestimmte Sachfragen Gesetzgebungskompetenz, Verwaltungskompetenz, Ertragsheit und Ausgabenverantwortung in eine Hand legen, von integrierten Modellen unterscheiden (die diese nach unterschiedlichen Kriterien auf verschiedene Ebenen und Einheiten übertragen).[170]

5.4.2 Finanzierungskompetenz, Finanzierungsverantwortung, Finanzierungspflicht

Eine zentrale Grundentscheidung im Rahmen föderaler Strukturen zielt auf die Frage, wie Aufgaben (und Kompetenzen) auf die verschiedenen staatlichen Ebenen verteilt werden.[171] Eng damit verknüpft ist die Frage der Finanzierung, wer also die für die Aufgabenerfüllung anfallenden Ausgaben trägt. Dabei sind weiterhin die Fragen zu unterscheiden, wer die Ausgaben tragen kann oder darf (Finanzierungskompetenz) und wer sie zu tragen hat (Finanzierungsverantwortung oder Finanzierungspflicht).

Intuitiv würde man annehmen, dass derjenige, der die Aufgaben wahrnimmt, auch die Ausgaben zu tragen hat. Schon vor dem Hintergrund der eben vorgestellten Differenzierung ist diese Antwort aber zu einfach. Das mag für konsequent dualistische Föderalismusmodelle in etwa richtig sein, taugt aber sicher nicht für integrierte Modelle (bei denen Aufgaben und Kompetenzen der einzelnen Ebenen in Bezug auf eine Sachaufgabe ineinander verwoben sind). Aber auch in einem deutlich dualistischen Modell stellt sich die Frage, ob und inwieweit etwa der Bund Aufgaben finanzieren darf, die an sich in die Zuständigkeiten der Bundesstaaten fallen, und damit auf die Aufgabenerfüllung Einfluss nehmen kann (im deutschsprachigen Raum spricht man in diesem Zusammenhang von der „Politik der goldenen Zügel"). In diesem Fall ist die Finanzierungskompetenz also keine ausschließliche.[172] Die Einflussnahme des Finanziers ist dabei besonders groß, wenn die Zahlungen unter Bedingungen (etwa der Ko-Finanzierung) erfolgen. Im Gegensatz zur amerikanischen Verfassung hat das Grundgesetz diese Möglichkeit des Zentralstaates deutlich beschnitten (vgl. Art. 104b GG).

---

[170] Anderson (2010), 2.3.

[171] Vgl. dazu oben 2.4.2.

[172] Vgl. hierzu unter dem Stichwort „Spending Power" Anderson (2010), 2.4.

Im Übrigen ist die Verteilung der Finanzierungskompetenzen und -verantwortung auf die einzelnen Ebenen in den Bundesstaaten sehr unterschiedlich geregelt. Grundsätzlich lassen sich aus der Ökonomik Kriterien für die Zuordnung ableiten.[173] Allerdings ist zu beachten, dass es hierfür neben Wohlfahrts- und Effizienzkriterien weitere politische Maßstäbe (insbesondere Verteilungsgerechtigkeit) gibt. Soweit es sich deutlich um nationale öffentliche Güter handelt, wie im Falle der Verteidigung, liegt natürlich eine gesamtstaatliche Finanzierung nahe; aber selbst hier gibt es Ausnahmen (so haben Bundesstaaten in Australien oder den USA beschränkt das Recht Militär zu rekrutieren). Im Ergebnis führt das dazu, dass der Finanzierungsanteil des Zentralstaates zwischen 30 und 40 % (Belgien, Deutschland, Kanada, Schweiz) bis hin zu 80 % und etwas darüber (Venezuela, Malaysia) liegen kann.[174]

Schließlich lässt sich beobachten (etwa in den USA), dass der Zentralstaat die Gliedstaaten zur Finanzierung bestimmter Aufgaben verpflichtet, ohne dafür notwendigerweise die nötigen Finanzmittel zur Verfügung zu stellen.[175] Auch diese Möglichkeit wurde in Deutschland durch Einführung des sogenannten Konnexitätsprinzips deutlich beschnitten (gemäß Art. 106 Abs. 8 GG hat der Bund von ihm veranlasste Mehrausgaben oder Mindereinnahmen der Länder und Gemeinden grundsätzlich auszugleichen).

5.4.3 Einnahmenhoheit

Im Mittelpunkt der Diskussionen in der Literatur des Finanzföderalismus steht die Frage, auf welcher Ebene die Entscheidungsgewalt über Einnahmen und Ausgaben angesiedelt werden soll.[176] Dazu gibt es neben eher einfachen Regeln (zum Beispiel das Subsidiaritätsprinzip oder das Theorem von der Kongruenz von Nutzern und Zahlern[177]) zunehmend ausgefeilte Modelle auf der Grundlage von Effizienzgesichtspunkten, öffentlichen Gütern und/oder externen Effekten.

Im Rahmen föderaler Strukturen muss entschieden werden, ob eine Ebene nur oder im Wesentlichen von zugewiesenen Einnahmen „leben" (so etwa die deutschen Bundesländer im Verhältnis zum Zentralstaat oder umgekehrt die Europäische Union im Verhältnis zu den Mitgliedstaaten) oder über das Recht zur Erhebung eigener Einnahmen verfügen soll. Ein Mittelstück dazwischen sind „geteilte Steuern" (in Deutschland „Gemeinschaftssteuern"), die in der Gesetzgebungskompetenz einer Ebene liegt, an deren Erträgen aber eine andere Ebene nach bestimmten Kriterien partizipiert;[178] für ökonomische Grundsatzfragen soll dies aber als Zuweisung behandelt werden.

---

[173] Vgl. dazu Anderson (2010), 2.2.

[174] Anderson (2010), 2.5.

[175] Vgl. dazu Anderson (2010), 2.6.

[176] Vgl. etwa Boadway/Shah (2009), Kap. 3 (zu Ausgaben) und Kap. 4 (zu Einnahmen).

[177] Vgl. dazu Brümmerhoff (2011), 26. Kap. 2. a. bzw. b.

[178] Vgl. dazu Anderson (2010), 3.1.

In vielen Bundesstaaten sind mehreren staatlichen Ebenen bestimmte Steuerquellen zur eigenständigen und exklusiven Nutzung zugewiesen. Problematisch hieran ist oft, dass diese Zuweisung historisch vor dem Hintergrund eines anderen Steuersystems erfolgt ist und sich die Bedeutung der Steuern seither grundlegend verändert hat.[179] Aus der Fülle der mit einer starren Zuordnung verbundenen Probleme seien an dieser Stelle zwei herausgegriffen: Werden mobile Steuerquellen zugewiesen, kann es zu unerwünschten Folgen eines Steuerwettbewerbs, im schlimmsten Fall sogar zu einem „race to the bottom" und einem Versiegen der Steuerquelle kommen: historisch konnte dies in mehreren Fällen bei der Erbschaftsteuer beobachtet werden.[180] Aber auch die Alternative, die Zuweisung nicht mobiler Steuerquellen (zum Beispiel Grundsteuern) kann zu Problemen führen, insbesondere zu ungerechten Verteilungswirkungen; besonders deutlich wird dies im Falle von Ressourcensteuern, deren Ertrag vom Vorhandensein entsprechender Ressourcen abhängt.[181]

Eine weitere Möglichkeit besteht darin, mehreren Ebenen die gleiche Steuerquelle (zum Beispiel Einkommen- oder Unternehmenssteuern) zur konkurrierenden Nutzung zuzuweisen.[182] Das kann sinnvoll sein, um beide Ebenen an bedeutenden Steuerquellen teilhaben zu lassen. Allerdings ist hier zu sehen, dass sich beide Seiten einen „gemeinsamen Steuerraum" teilen, der nicht beliebig zu erweitern ist; die Expansion einer Seite legt somit der anderen Seite Restriktionen auf. Dieses System wird daher nur funktionieren, wenn beiden Seiten hinsichtlich ihres Anteils Beschränkungen auferlegt werden. Zudem droht den Steuerpflichtigen die Konfrontation mit zwei verschiedenen Steuersystemen in Bezug auf eine Steuerquelle und damit ein erhöhter Verwaltungsaufwand; dies spricht dafür, Regeln über die Harmonisierung der konkurrierenden Steuern aufzustellen. Im Extremfall führt das dazu, dass der Zentralstaat die Steuer regelt und die Gliedstaaten ein Zuschlagsrecht eingeräumt bekommen.

Wie bereits angedeutet, führt die Zuweisung eigener Steuerquellen an die Gliedstaaten im Falle mobiler Steuerquellen zu der zentralen ökonomischen Frage nach Vor- und Nachteilen föderalen Steuerwettbewerbs.[183] Die Befürworter nationalen Steuerwettbewerbs betonen die Chancen, die sich daraus ergeben, dass die Gliedstaaten so entsprechend der ökonomischen Theorie spezifische Bündel öffentlicher Güter zu spezifischen Steuerpreisen anbieten können; erst damit können sie ein umfassendes Politikkonzept anbieten und dafür Verantwortung übernehmen. Die Gegner betonen mögliche Nachteile wie fiskalische Externalitäten oder die Gefahr eines „race to the bottom" oder „Steuerdumpings". In den USA lässt sich beobachten, dass Steuerwettbewerb grundsätzlich funktioniert, die Schweiz fungiert hier in gewisser Weise als Vorbild. Empirische Untersuchungen ergeben hinsichtlich der Abschätzung der Vor- und Nachteile kein klares Bild, so dass die Entscheidung für nationalen Steuerwettbewerb grundsätzlich als politische Entscheidung anzusehen ist.

---

[179] Anderson (2010), 3.3.

[180] Vgl. dazu Anderson (2010), 3.3.

[181] Vgl. dazu Anderson (2010), 5.5.

[182] Vgl. hierzu Anderson (2010), 3.4.

[183] Nücken (2013); Wilson (2006); vgl. auch oben 5.3.1.5 zu internationalen Steuerwettbewerb.

5.4.4   Transferzahlungen und Finanzausgleich

Angesichts großer praktischer Bedeutung spielen daneben innerstaatliche Transferzahlungen sowie Fragen des Finanzausgleichs eine besondere Rolle in der Theorie des
Finanzföderalismus.[184]

Ausgangspunkt hierfür ist die Grundentscheidung, ob das jeweilige finanzföderale
System eher wettbewerbsorientiert oder eher unitarisch auszurichten ist; hier spielen au-
ßerökonomische Kriterien wie Tradition oder Gerechtigkeitsvorstellungen des jeweiligen
Gemeinwesens eine tragende Rolle.[185]

Für den Finanzausgleich stehen verschiedene Methoden zur Verfügung, die sich anhand
der deutschen Rechtslage gut aufzeigen lassen. Schon in der Zuweisung von Steueraufkommen und Steuerquellen lässt sich ein Finanzausgleichscharakter erkennen (in Deutschland
spricht man hier im Zusammenhang mit Art. 106 GG von „primärem Finanzausgleich");
dies gilt insbesondere dann, wenn bei der Zuweisung (abstrakte) Bedarfskriterien eine Rolle
spielen (so in Deutschland in Bezug auf die Umsatzsteuer in Art. 106 Abs. 3 S. 2–4 GG). An
zweiter Stelle sind Steuerertragszuweisungen auf der Grundlage spezifischer Bedarfslagen
zu nennen (vgl. in Deutschland die Ergänzungszuweisungen des Bundes gemäß Art. 106
Abs. 2 S. 3 GG als „sekundärer vertikaler Finanzausgleich"). Besonders streitanfällig sind
schließlich Mechanismen eines sekundären horizontalen Finanzausgleichs (in Deutschland
gemäß Art. 107 Abs. 2 S. 1 und 2 GG).[186]

Viele föderale Gemeinwesen verzichten weitgehend oder vollständig auf Ausgleichsmechanismen. Interessant ist in diesem Zusammenhang der radikale Ansatz des Europäischen
Unionsrechts. Die Euro-Krise hat deutlich werden lassen, wie problematisch eine eigenständige Fiskalpolitik der Gliedstaaten im Rahmen einer Währungsunion verbunden mit
einem weitgehenden Ausschluss von Ausgleichsmechanismen sein kann.

5.4.5   Gesamtwirtschaftliche Verantwortung

Eine spezifische Frage des Finanzföderalismus zielt auf die gesamtwirtschaftliche Steuerung in Föderalstaaten.[187] Es besteht die Gefahr, dass eine unabhängige Fiskalpolitik der
Gliedstaaten diesbezüglich uneinheitliche oder gar widersprüchliche Impulse setzt.

Relativiert wird das Problem zunächst dadurch, dass auch Bundesstaaten typischerweise über eine gemeinsame Währungspolitik und institutionell über eine gemeinsame
Zentralbank verfügen.[188] Gelegentlich finden sich darüber hinaus einheitliche Vorgaben,
wie die Fiskalpolitiken im Sinne eines „gesamtwirtschaftlichen Gleichgewichts" auszuü-

---

[184] Boadway/Shah (2009), Kap. 9 und 10.

[185] Zu entsprechenden Verfassungsprinzipien vgl. Anderson (2010), 5.2.

[186] Zu unterschiedlichen Ausgleichsprogrammen vgl. Anderson (2010), 5.8.

[187] Boadway/Shah (2009), Kap. 14.

[188] Vgl. dazu Anderson (2010), 6.2.

ben sind (so etwa Art. 109 GG in Deutschland[189]). Dies gilt insbesondere für die Frage der Kreditaufnahme.[190]

5.5 Zusammenfassung

Im Mittelpunkt der ökonomischen Analyse der öffentlichen Finanzen steht der Staatshaushalt und damit die Entscheidungen über Staatsausgaben und Staatseinnahmen. Normative Aussagen über deren Höhe und damit über die optimale Höhe des Staatsanteils lassen sich auf der Grundlage der Theorie der öffentlichen Güter und der Theorie des Steuerpreises nur sehr grob treffen.

Die positive Analyse der Staatsausgaben war lange Zeit durch das „Gesetz der wachsenden Staatsausgaben" dominiert. Als wesentliche Triebkräfte wurden die Tätigkeit der Interessengruppen, der Einfluss der Bürokratie, die Steuer- und Abgabenillusion auf Seiten der Wähler sowie deren Nachfrage nach Umverteilung identifiziert; zudem erweisen sich materielle und verfahrensmäßige Begrenzungen der Staatsausgaben durch die Verfassung als problematisch.

In Bezug auf die Staatseinnahmen stehen im modernen Verfassungsstaat Abgaben und hier insbesondere Steuern im Mittelpunkt des Interesses. Anknüpfend an die finanzwissenschaftliche Steuerlehre können deren vielfältige Wirkungen (Belastungs- und Gestaltungswirkungen) ermittelt sowie Fragen ihrer gerechten Verteilung (Leistungsfähigkeitsprinzip, Äquivalenzprinzip) behandelt werden. Unter den positiven Besteuerungstheorien hat sich die Aufmerksamkeit von klassischen wohlfahrtsökonomischen Theorien hin zu Rückkopplungstheorien der Besteuerung gewendet. Fragen von Steuergestaltung, Steuerhinterziehung, Steuerflucht und Schattenwirtschaft und damit Reaktionen der Steuerpflichtigen haben bedeutende Rückwirkungen auf die Ausgestaltung des Steuerrechts. Ein zweiter wichtiger Einflussfaktor ist der internationale Steuerwettbewerb, dessen normative Bewertung jedoch weiter umstritten bleibt.

Die Staatsverschuldung als weitere wichtige Einnahmequelle des Staates wird heute dagegen deutlich negativ bewertet. Ihre Triebkräfte decken sich weitgehend mit denen des „Gesetzes der wachsenden Staatsausgaben". Auch hier scheiterten bisher alle Bemühungen um eine verfassungsrechtliche Begrenzung; es bleibt abzuwarten, ob dies auch für die neuerdings eingeführten strikten Obergrenzen gelten wird.

Deutlich anspruchsvoller noch ist die ökonomische Analyse der Staatsfinanzen im Föderalismus. Das gilt insbesondere für das Mischsystem des Grundgesetzes, das Gesetzgebungs-, Finanzierungskompetenzen und die Aufkommenshoheit auf Bund und Länder aufteilt und zudem Transferzahlungen und einen Finanzausgleich kennt. Ein föderaler Steuerwettbewerb wird damit weitgehend ausgeschlossen.

---

[189] Vgl. dazu Rodi (2004), Art. 109 GG.
[190] Vgl. dazu bereits oben 5.3.2.2.2 sowie Anderson (2010), 5.4.

Literatur

Ahmad, Ehtisham/Brosio, Giorgio, eds. (2008), Handbook of Fiscal Federalism, Cheltenham et al. (Elgar).

Allingham, M./Sandmo, A. (1972), Income Tax Evasion: A Theoretical Analysis, Journal of Public Economics, Bd. 1, S. 323–338.

Anderson, George (2010), Fiscal Federalism: A Comparative Introduction, Oxford (Oxford University Press).

Antpöhler, Carolino (2012), Emergenz der europäischen Wirtschaftsregierung. Das Six Pack als Zeichen supranationaler Leistungsfähigkeit, ZaöRV, S. 353–393.

Bach, Stefan (1993), Institutionelle Beschränkungen der Staatsverschuldung vor dem Hintergrund der Auseinandersetzungen um das "Balanced Budget Amendment" in den USA, der Maastrichter Verträge und der Rechtsprechung des Bundesverfassungsgerichts, Konjunkturpolitik, Bd. 39, S. 4–5.

Barro, Robert J. (1990), Government Spending in a Simple Model of Endogenous Growth, The Journal of Political Economy, Bd. 98, S. 103–125.

Becker, Gary S. (1983), A Theory of Competition among Pressure Groups for Political Influence, Quaterly Journal of Economics, Bd. 98, S. 371–400.

Becker, Hennig (1990), Finanzwirtschaftliche Steuerlehre: Steuerwirkung, Steuerfinanzierung, Steuerpolitik, München (Vahlen).

Bernholz, Peter/Breyer, Friedrich (1994), Grundlagen der Politischen Ökonomie, Bd. 2: Ökonomische Theorie der Politik, Tübingen (Mohr Siebeck).

Bizer, Kilian (2008), Steuervereinfachung und Steuerhinterziehung. Eine experimentelle Analyse zur Begründung von Steuervereinfachung, Berlin (Duncker & Humblot).

Blankart, Charles (2011), Öffentliche Finanzen in der Demokratie. Eine Einführung in die Finanzwissenschaft, München (Vahlen), 8. Aufl.

Boadway, Robin/Shah, Anwar (2009), Fiscal Federalism: Principles and Practices of Multiorder Governance, Cambridge (Cambridge University Press).

Brennan, Geoffrey/Buchanan, James M. (1974), Towards a Tax Constitution for Leviathan, Journal of Public Economics, Bd. 8, S. 255–273.

Brennan, Geoffrey/Buchanan, James M. (1980), The Power to Tax: analytical foundations of a fiscal constitution, Cambridge u. a. (Cambridge University Press).

Buchanan, James M./Wagner, Richard E. (1977), Democracy in Deficit. The Political Legacy of Lord Keynes, London u. a. (Academic Press).

Burman, Leonard E./Rohaly, Jeffrey/Rosenberg, Joseph/Lim, Katherine C. (2010), Catastrophic Budget Failure, National Tax Journal, Bd. 63, S. 561–583.

Döring, Thomas/Thießen, Friedrich (2004), Politökonomische Erklärungen zum Abbau der Staatsverschuldung – eine erweiterte Perspektive, Zeitschrift für Wirtschaftspolitik, Bd. 53, S. 151–169.

Eschbach, Alexander (2011), Pfade in den Leviathanstaat? Determinanten der öffentlichen Sozialausgaben in 21 OECD-Ländern 1980–2005, Berlin (Duncker & Humblot).

Feld, Lars Peter/Schneider, Friedrich (2011), Survey on the Shadow Economy and Undeclared Work in OECD Countries, in: Schneider, F., ed. (2011), Handbook on the Shadow Economy, Cheltenham, UK/Northampton, MA, USA (Edward Elgar), S. 78–130.

Folkers, Cay (1983), Begrenzung von Steuern und Staatsausgaben in den USA: eine Untersuchung über Formen, Ursachen und Wirkungen vorgeschlagener und realisierter fiskalischer Restriktionen, Baden-Baden (Nomos).

Franke, Siegfried F. (1993), Steuerpolitik in der Demokratie: das Beispiel der Bundesrepublik Deutschland, Berlin (Duncker & Humblot).

Frey, Bruno S./Kirchgässner, Gebhard (2002), Demokratische Wirtschaftspolitik: Theorie und Anwendung, München (Vahlen) 3. Aufl.

Gerken, Lüder (1999), Der Wettbewerb der Staaten, Tübingen (Mohr Siebeck).

Gerken, Lüder/Märkt, Jörg/Schick, Gerhard (2000), Internationaler Steuerwettbewerb, Tübingen (Mohr Siebeck).

Giertz, Seth H. (2009), The Elasticity of Taxable Income: Influences on Economic Efficiency and Tax Revenues, and Implications for Tax Policy, in: Viard, ed. (2009), Tax Policy. Lessons from the 2000s, Washington D.C. (Publisher for the American Enterprise Institute), S. 101–136.

Glaser, Andreas (2007), Begrenzung der Staatsverschuldung durch die Verfassung – ein Vergleich deutscher und schweizerischer Regelungen, DÖV, S. 98–107.

Göke, Wolfgang (2006), Staatsverschuldung – Zur desolaten Lage des Finanzverfassungsrechts des Bundes und der Länder, ZG, S. 1–27.

Hansmann, Marc (2007), Wege in den Schuldenstaat: die strukturellen Probleme der deutschen Finanzpolitik als Resultat historischer Entwicklungen, Vierteljahresschrift für Zeitgeschichte, Bd. 55, S. 425–461.

Hemmelgarn, Thomas (2007), Steuerwettbewerb in Europa: die Rolle multinationaler Unternehmen und die Wirkungen einer Koordination, Tübingen (Mohr Siebeck).

Höfling, Wolfram (1993), Staatsschuldenrecht: Rechtsgrundlagen und Rechtsmaßstäbe für die Staatsschuldenpolitik der Bundesrepublik Deutschland, Heidelberg (Müller).

Homburg, Stefan (2010), Allgemeine Steuerlehre, München (Vahlen), 6. Aufl.

ILO (2004), A fair Globalization – Creating Opportunities for All, Genf.

Ismer, Roland (2003), Zur Rolle der Ökonomik im Steuerrecht, in: Van Aaken/Schmid-Lübbert, Hrsg. (2003), Beiträge zur ökonomischen Theorie im Öffentlichen Recht (Ökonomische Analyse des Rechts), Wiesbaden (DUV), S. 69–88.

Kaplow, Louis (2008), The Theory of Taxation and Public Economics, Princeton/Oxford (Princeton University Press).

Kämmerer, Jörn Axel (2011), Das neue Europäische Finanzaufsichtssystem (ESFS) – Modell für eine europäisierte Verwaltungsarchitektur?, NVwZ, S. 1281–1288.

Keuschnigg, Christian (2005), Öffentliche Finanzen: Einnahmenpolitik, Tübingen (Mohr Siebeck).

Kirchgässner, Gebhard (2011), Tax Morale, Tax Evasion and the Shadow Economy, in: Schneider, F., ed. (2010), Handbook on the Shadow Economy, Cheltenman, UK/Northampton, MA, USA (Edward Elgar), S. 347–374.

Koch, Lars/Ewringmann, Dieter (2007), Die Auswirkungen von Verhaltensannahmen auf die Politik-beratung am Beispiel von Steuerkomplexität und Steuervereinfachung, in: Führ/Bizer/Feindt, Hrsg. (2007), Menschenbilder und Verhaltensmodelle in der wissenschaftlichen Politikbera-tung. Möglichkeiten und Grenzen interdisziplinärer Verständigung, Baden-Baden (Nomos), S. 120–131.

Koester, Gerrit B. (2006), Steuerwettbewerb – eine ökonomische Perspektive, Berlin (Comdok).

Koester, Gerrit B. (2009), The political economy of tax reforms. An empirical analysis of new German data, Baden-Baden (Nomos).

Leachman, Loril/Guillermo, Rosas/Lange, Peter, and Bester, Alan (2007), The Political Economy of Budget Deficits, Economics & Politics, Bd. 19, S. 369–420.

Liebert, Nicola (2006), Der internationale Steuerwettbewerb und seine Folgen, WISO, S. 53–70.

Meltzer, Allan H./Richard, Scott F. (1981), A Rational Theory on the Size of Government, Journal of Political Economy, Bd. 89, S. 914–927.

Mill, John Start (1921–1924), Principles of Political Economy with Some of their Applications to Social Philosophy, 1848; deutsch: Grundsätze der politischen Ökonomie mit einigen Anwendungen auf die Sozialphilosophie, Jena.

Mutti, John H. (2003), Foreign direct investment and tax competition, Washinton D.C. (Inst. For International Economics).

Müller, Regina (2006), Steuersysteme im Wettbewerb, StuW, S. 173–181.

Nicodème, Gaëtan (2007), Cooperate Tax Competition and Coordination in the European Union: What do we know? Where do we stand?, in: Read, ed. (2007), International Taxation Handbook: Policy, Practice, Standards, and Regulation, Amsterdam u. a. (Elsevier), S. 171–208.

Nücken, Sandro (2013), Nationaler Steuerwettbewerb. Eine rechtsvergleichende Analyse des bundesstaatlichen Steuerwettbewerbs in der Schweiz, den Vereinigten Staaten von Amerika und der Bundesrepublik Deutschland, Baden-Baden (Nomos).

OECD (1998), Harmful Tax Competition: An Emerging Global Issue, Paris (OECD Publishing).

OECD (2010), Die OECD in Zahlen und Fakten 2010. Wirtschaft, Umwelt, Gesellschaft, Paris (OECD Publishing).

Olson, Mancur (1965), The Logic of Collective Action, Boston (Harvard University Press); deutsch: Die Logik des kollektiven Handelns, Tübingen (Mohr) 1968.

Olson, Mancur (1982), The Rise and Decline of Nations: Economic Growth, Stagflation, and Social Rigidities, New Haven (Yale University Press); deutsch: Aufstieg und Niedergang von Nationen. Ökonomisches Wachstum, Stagflation und soziale Starrheit, Tübingen (Mohr) 1985.

Orviska, Marta/Caplanova, Anetta/Medved, Jozef/Hudson, John (2006), A cross-section approach to measuring the shadow economy, Journal of Policy Modeling, Bd. 28, S. 713–724.

Orviska, Marta/Hudson, John (2006), Quiet in the Cathedral: Who is the Law Abiding Citizen?, in: Homo Oeconomicus, Bd. 23, S. 129–152.

Rixen, Thomas (2007), Taxation and Cooperation – International Action against harmful Tax Competition, in: Schirm, Hrsg. (2007), Globalization – State of the Art and Perspectives, London u. a. (Routledge).

Rodi, Michael (2008), Internationaler Steuerwettbewerb, StuW, S. 327-336.

Rodi, Michael (2012), Energiepolitik, Transeuropäische Netze, Wirtschafts- und Währungsunion, Europäische Investitionsbank, Statistik, in: Vedder/Heintschel v. Heinegg, Hrsg. (2012), Europäisches Unionsrecht. EUV, AEUV, Grundrechte-Charta, Baden-Baden (Nomos).

Ryczewski, Christoph (2011), Die Schuldenbremse im Grundgesetz. Untersuchung zur nachhaltigen Begrenzung der Staatsschulden unter polit-ökonomischen und bundesstaatlichen Gesichtspunkten, Berlin (Duncker & Humblot).

Salanié, Bernard (2003), The Economics of Taxation, Cambridge, Mass, USA/London (The MMIT Press).

Schaefer, Horst (1997), Der verfassungsrechtliche Steuerbegriff, Frankfurt a. M. (Lang).

Schlingen, Gideon (2012),Warum Wähler Schulden wollen, in: Müller/Trosky/Weber, Hrsg. (2012), Ökonomik als allgemeine Theorie menschlichen Verhaltens: Grundlagen und Anwendungen, Stuttgart (Lucius & Lucius), S. 243–255.

Schneider, Udo (2009), Staatsausgaben und Sozialtransfers. Theoretische und empirische Analyse der Entwicklung der Staatstätigkeit, Baden-Baden (Nomos).

Schneider, Friedrich/Buehn, Andreas/Montenegro, Claudio E. (2011), Shadow Economies all over the Word: new estimates for 162 countries from 1999 to 2007, in: Schneider, F., ed. (2011), Handbook of Shadow Economy, Cheltenham, UK/Northampton, MA, USA (Edward Elgar), S. 9–77.

Schöbel, Enrico (2008), Steuerehrlichkeit. Eine polit-ökonomische und zugleich finanzsoziologische Analyse der Einkommensteuerrechtsanwendung und -befolgung in Deutschland, Frankfurt a. M. (Haag + Herchen).

Stalder, Inge (1997), Staatsverschuldung in der Demokratie: eine politökonomische Analyse, Frankfurt a. M. (Lang).

Tiebout, Charles (1956), A Pure Theory of Local Expenditures, in: Journal of Political Economy, Bd. 64, S. 416–424.

Torgler, Benno (2003), Does Culture Matter?, Finanzarchiv, S. 504–528.

Torgler, Benno/Schneider, Friedrich (2006), What Shapes Attitudes towards Paying Taxes? Evidence from Multicultural European Countries, Bonn (IZA Discussion Papers No. 2117, May 2006).

Tullock, Gordon (1959), Problems of Majority Voting, Journal of Political Economy, Bd. 67, S. 571–579.

Vanberg, Viktor (1998), Staatsverschuldung und konstitutionelle Ökonomik, in: Engel/Morlok, Hrsg. (1998), Öffentliches Recht als Gegenstand ökonomischer Forschung, Tübingen (Mohr Siebeck), S. 111–117.

Wieland, Joachim (2006), Die Staatsverschuldung als Herausforderung für die Finanzverfassung, JZ, S. 751–756.

Wienbracke, Mike (2005), Das grundgesetzliche Steuerstaatsprinzip, StuW, S. 81–86.

Wilson, John D. (2006), Tax Competition in a Federal Setting, in: Ahmad/Brosio, eds. (2006), Handbook of Fiscal Federalism, Cheltenham, UK/Northampton, MA, USA (Edward Elgar), Kap. 13, S. 339–354.

Wucherpfennig, Lutz (2007), Staatsverschuldung in Deutschland: ökonomische und verfassungsrechtliche Problematik, Baden-Baden (Nomos).

Zimmermann, Horst/Henke, Klaus-Dirk/Broer, Michael (2011), Finanzwissenschaft: eine Einführung in die Lehre von der öffentlichen Finanzwirtschaft, München (Vahlen), 10. Aufl.

Wirtschaftsrecht

6

Großer Erkenntnisgewinn ist von einer ökonomischen Analyse auch in Bezug auf all diejenigen Normen zu erwarten, die sich mit Wirtschaft und Wirtschaftspolitik beschäftigen.

6.1 Grundlagen

6.1.1 Wirtschaftsgeschichte

Das globale Wirtschaftssystem und seine regionalen Teilsysteme sind Ergebnis insbesondere auch der gesellschaftlichen und technischen Voraussetzungen; deshalb können sie auch nur vor dem Hintergrund der historischen Entwicklungen verstanden werden. Anhand einiger Fragestellungen soll aufgezeigt werden, welch wichtige Beiträge der historische Blickwinkel zur ökonomischen Analyse leisten kann.

Eine deutliche historische Perspektive hat zunächst die Frage nach den entscheidenden gesellschaftlichen Einflüssen auf die Entwicklung von Wirtschaftssystemen. Beispielhaft sei hier auf die Thesen von *Karl Marx* verwiesen, der dies in den Produktionsmethoden und den damit zusammenhängenden Eigentumsverhältnissen an Produktionsmitteln erklärte, oder auf *Max Weber*, der den Einfluss der protestantischen Ethik auf die Entwicklung des Kapitalismus betonte. Gegenwärtig gerät zunehmend der Einfluss der Globalisierung auf die nationalen Wirtschaftsordnungen in den Blick.[1]

Auch heute noch von großem Interesse ist weiterhin die Frage, ob es eine konsistente oder gar zwingende historische Entwicklung von Wirtschaftssystemen gibt. Dies wurde insbesondere in den Arbeiten von Karl Marx und dem historischen Materialismus angenommen. Dieser Sichtweise wird heute kaum mehr gefolgt.

---

[1] Vgl. dazu unten 6.4.1.

M. Rodi, *Ökonomische Analyse des Öffentlichen Rechts*,
DOI 10.1007/978-3-662-43594-6_6

6.1.2   Verfassungs- und europarechtlicher Rahmen für Wirtschaftspolitik

Eine ökonomische Analyse von Wirtschaftsrecht und Wirtschaftspolitik hat natürlich zur
Kenntnis zu nehmen, welche diesbezüglichen Entscheidungen durch höherrangiges Recht
getroffen worden sind. Auch diese stehen einer Bewertung offen, sind jedoch zu beachten,
wenn es um Gestaltungsentscheidungen des „einfachen" Gesetzgebers geht. Diese Vorgaben sollen hier anhand der Normen des Grundgesetzes und des europäischen Primärrechts
skizziert werden.

6.1.2.1   Wirtschaftspolitische Vorgaben des europäischen Primärrechts

Der europarechtliche Rahmen für die Wirtschaftsordnung[2] wird von der Zielsetzung der
Verwirklichung eines Binnenmarktes dominiert (Art. 26 AEUV). Die Grundfreiheiten (Art.
45 ff. AEUV) bilden hierfür die wesentliche Grundlage. Hierauf beruht die europäische
Wirtschaftspolitik; sie ist dem „Grundsatz einer offenen Marktwirtschaft mit freiem Wettbewerb" verpflichtet (vgl. Art. 119 Abs. 1 AEUV). Im Hinblick auf Kompetenzen ist sie
relativ schwach ausgestaltet und zielt auf eine „enge" Koordinierung der Wirtschaftspolitik
der Mitgliedstaaten (Art. 121 AEUV). Von besonderer wirtschaftsverfassungsrechtlicher
Tragweite sind die Wettbewerbsregeln des 7. Titels des AEUV, mit ihren kartellrechtli-
chen Vorgaben für Unternehmen (Art. 101 ff. AEUV) sowie den Vorschriften über die
Beihilfeaufsicht (Art. 107 ff. AEUV).

Gleichwohl sieht das europäische Verfassungsrecht keine klare und eindeutige Syste-
mentscheidung zugunsten einer Markt- oder Wettbewerbswirtschaft vor. Auf der Tradition
einiger Mitgliedstaaten beruhend ist es nämlich zugleich von vielfältigen dirigistischen
(„interventionistischen") Ansätzen durchzogen. Zu nennen sind hier etwa die Landwirt-
schaftspolitik (Art. 39 ff. AEUV), die Verkehrspolitik (Art. 90 ff. AEUV) oder die
Strukturpolitik (Art. 174 ff. AEUV). Deutlichen Kompromisscharakter trägt schließlich
auch die Regelung zu öffentlichen Unternehmen (Art. 106 Abs. 2 AEUV).

Insgesamt ist es zutreffend, die Europäische Wirtschaftsverfassung als „gemischte Ordnung" mit marktwirtschaftlichen und interventionistischen Elementen zu bezeichnen, die
dem wirtschaftspolitischen Gesetzgeber einen erheblichen Spielraum eröffnet.

6.1.2.2   Die „Wirtschaftsverfassung" des Grundgesetzes

Anders als etwa die Weimarer Reichsverfassung enthält das Grundgesetz keinen Abschnitt
mit materiellen Vorschriften zur Wirtschaftsordnung. In den ersten Jahren seiner Geltung
war deshalb heftig umstritten, ob und inwieweit das Grundgesetz eine „Wirtschaftsverfassung" vorsieht, und insbesondere, ob und inwieweit darin die „soziale Marktwirtschaft"
verbindlich festgelegt ist.[3]

---

[2] Zur Wirtschaftsverfassung der Europäischen Union aus deutscher Perspektive vgl. Bruhn (2009);
zur Frage der Überformung der grundgesetzlichen Wirtschaftsverfassung durch Europäisches
Unionsrecht vgl. Jungbluth (2010).

[3] Vgl. dazu insbesondere Nipperdey (1965).

Das Fehlen von spezifischen Festlegungen bedeutet jedoch nicht, dass die Wirtschaftsverfassung des Grundgesetzes „offen" ist.[4] Vielmehr gelten die allgemeinen verfassungsrechtlichen Vorgaben (neben den Staatszielbestimmungen insbesondere die Grundrechte) auch für den Bereich der Wirtschaft. So lässt sich etwa aus dem objektiven Wertgehalt der wirtschaftlichen Grundrechte (Art. 12, 14, 2 GG) ableiten, dass die Wirtschaftsordnung auf Privateigentum aufbauen und eine grundsätzlich marktwirtschaftliche Struktur vorsehen muss. Eine zentrale Planwirtschaft wäre mit diesen Vorgaben nicht vereinbar.

6.1.3 Fragestellungen der Rechtsökonomik

6.1.3.1 Ökonomische Analyse des Wirtschaftsrechts

6.1.3.1.1 Wirtschaftsrecht als Werkzeug staatlicher Regulierung

Der vorliegenden Behandlung des Wirtschaftsrechts aus einer ökonomischen Perspektive liegen die Vorstellung und das Phänomen zugrunde, dass das gesellschaftliche Subsystem der Wirtschaft durch den Staat im Sinne von Gemeinwohlanliegen gesteuert wird.

Dabei ist regelmäßig von Regulierung die Rede. Regulierung soll hier verstanden werden als gezielte Beeinflussung individuellen Verhaltens durch den Staat.[5] Regulierung wird vorliegend allein auf wirtschaftliche Vorgänge bezogen.[6] Spezifischer gefasst wird die Erscheinung der Regulierung aus der Perspektive der Ökonomik als unmittelbare Marktinterventionen in Fällen von „Marktversagen" beziehungsweise Herstellung von Märkten in Fällen fehlender Märkte und damit: als wirtschaftspolitisch motivierte Eingriffe des Staates zur Beschränkung von Marktmechanismen oder zur Übernahme von Marktfunktionen (Produktion und Verteilung) bei fehlendem Markt".[7]

6.1.3.1.2 Wirtschaftrecht als öffentliches Gut

Wirtschaftsrecht hat die Funktion die wohlstandsfördernden Eigenschaften des Wettbewerbs zu aktivieren und Fälle des Markt- und Staatsversagens zu beseitigen. Von diesen positiven Wirkungen kann grundsätzlich niemand ausgeschlossen werden. Es liegt daher nahe, Wirtschaftsrecht als ein „öffentliches Gut" anzusehen, das die Politik auf dem „Regulierungsmarkt"[8] den Wählern oder Bürgern zu einem bestimmten Preis (vor allem Steuern)

---

[4] BVerfGE 4, 7 ff.: das Grundgesetz habe sich nicht ausdrücklich für ein bestimmtes Wirtschaftssystem entschieden.

[5] Vgl. dazu Morgan/Yeung (2007), Regulation, Kap. 1, die diesen engen Begriff der Regulierung von einem weiter gefassten abgrenzen.

[6] Dabei lässt sich im Sinne der angloamerikanischen Literatur ein engerer Begriff der „economic regulation" einem weiteren Begriff der „social regulation" gegenüberstellen, vgl. Ogus (1994), 4 ff.

[7] Kühling (2004), 13.

[8] Vgl. dazu oben 4.2.1.2.

anbietet.[9] Zutreffend hat *Peters* den analytischen Nutzen des Wettbewerbsparadigmas in Bezug auf den Wettbewerb mit der „Ware Rechtsordnung" betont.[10]

6.1.3.1.3 Wirtschaft als System

Die Auseinandersetzung mit Wirtschaftsrecht und Wirtschaftspolitik ist entscheidend von der Vorfrage geprägt, vor dem Hintergrund welcher Wirtschaftsordnung entsprechende Fragestellungen formuliert werden. Sicherlich gibt es grundlegende Forschungsfragen, die die Wirtschaft als solche beziehungsweise als soziales System betreffen. Für konkretere Fragestellungen ist jedoch eine Zuordnung konkreter Wirtschaftsordnungen zu Wirtschaftssystemen wie etwa der freien, sozialen oder sozialistischen Marktwirtschaft oder unterschiedlichen Formen zentraler Planwirtschaft notwendig.[11] Es liegt nahe, dass zumindest in westlichen Verfassungsstaaten grundsätzlich der Typus der freien oder sozialen Marktwirtschaft zugrunde gelegt wird.

Durch den Ausschluss einer zentralen Planwirtschaft wird die Wirtschaft als ein System außerhalb des Staates vorausgesetzt, das sich durch eigenständige Kommunikationsstrukturen nach Maßgabe eigenständiger Grundprinzipien konstituiert. Systemtheoretisch gesehen interveniert der Staat in dieses gesellschaftliche Subsystem, indem er „von außen" Impulse in Form von rechtlichen Vorgaben und Anreizen setzt. Andererseits, und auch das ist für die ökonomische Analyse des Rechts von Interesse, wirkt die Wirtschaft in nicht unerheblichem Ausmaß auf den Staat ein, sei es durch gezielten Einfluss (Lobbyismus) oder schlicht dadurch, dass der Staat die Funktionslogik der Wirtschaft anerkennen muss (etwa den Vorgang der Globalisierung). Es spricht daher einiges dafür, statt von bloßer Intervention von Interaktion zu sprechen.

6.1.3.1.4 Wettbewerb der Wirtschaftssysteme und Wirtschaftsordnungen

Gleichwohl bleibt die Frage relevant, warum es unterschiedliche und vor allem unterschiedlich erfolgreiche Volkswirtschaften gibt. Wegweisend für diese Fragestellung ist der institutionenökonomische Ansatz von *Douglass C. North*:[12] Im Gegensatz zur klassischen Theorie werden nicht mehr Knappheit und Wettbewerb, sondern das Wesen menschlicher Koordination und Kooperation in den Mittelpunkt der Betrachtung gestellt. Zur Ermöglichung von Kooperation entwickeln Gesellschaften einen institutionellen Rahmen, der in unterschiedlichem Maße effizient ist (insbesondere Anreize schafft). Mit diesem Ansatz können die Thesen von Marx (Bedeutung der Produktionsmittel) ebenso integriert werden wie die von Weber (Bedeutung kultureller Einflüsse). Auf dieser Grundlage kann dann gefragt werden, welche Auswirkungen das Design von Institutionen auf den Erfolg von

---

[9] Behrens (2009), 49 ff.

[10] Peters, A. (2010), 14 ff.

[11] Für eine entsprechende Typologie vgl. etwa Feldman (1999) B. II.

[12] Vgl. etwa North (1990a), 11 ff., 131 ff.

Wirtschaftsordnungen, insbesondere auf Wachstum und Entwicklung, hat.[13] Letztlich zielt diese Frage damit natürlich auch auf die (Aus-)Wirkungen des Wirtschaftsrechts selbst.[14]

6.1.3.2 Ökonomische Analyse von Märkten und Unternehmen

Im Mittelpunkt einer ökonomischen Analyse des Wirtschaftssystems steht der Koordinationsmechanismus „Markt". Dies war auch schon in der klassischen Ökonomie spätestens seit *Adam Smith* der Fall. Dieser Markt besteht „aus dem Zusammentreffen von Angebot und Nachfrage" (*Walter Eucken*[15]).

Allerdings wurde auch die Analyse von Märkten durch die Neue Institutionenökonomik deutlich weiterentwickelt.[16] Der Markt wird als Netzwerk von Verträgen (mehr oder weniger) rationaler Verträge zwischen Personen (potenziellen Käufern und Verkäufern, vertikal oder horizontal) gesehen.[17] Er sei eine Organisation, der aus institutionellen Regeln sowie den diese schaffenden und anwendenden Menschen besteht, die sich auf diesem Wege ein höheres Nutzenniveau erwarten. Im Gegensatz zur klassischen Ökonomie finden die „Marktunvollkommenheiten", insbesondere Informationsbeschränkungen und Transaktionskosten besondere Aufmerksamkeit.

Auch in Bezug auf die ökonomische Analyse von Wirtschaftspolitik und Wirtschaftsrecht ist die positive Analyse von einer normativen Analyse zu unterscheiden.[18] Mit der positiven Analyse werden auf der Grundlage rationaler Entscheidungskalküle beteiligter Akteure die Ursachen für die Entstehung und Veränderungen von Institutionen und Ordnungen erklärt.[19] Mit der normativen Analyse wird, aufbauend auf den Erkenntnissen der positiven Analyse der Versuch unternommen, existierende oder denkbare Wirtschaftsordnungen zu bewerten und Empfehlungen zu deren Umgestaltung oder Fortentwicklung abzugeben. In Deutschland besonders wirkkräftig war dabei der Ordoliberalismus der Freiburger Schule, der maßgeblich von *Walter Eucken* entwickelt wurde.[20] Sie geht bei der Suche nach effizienten Lösungen von der wertenden Leitidee aus, dass individuelle Freiheitsrechte im Bereich der Wirtschaftsordnung ebenso wichtig sind wie im Bereich der politisch-institutionellen Ordnung; damit plädiert sie für den Grundtyp der privatwirtschaftlichen Marktwirtschaft, in der die einzelnen Individuen eigenverantwortlich nach selbstgesetzten Zielen handeln und ihre wirtschaftlichen Entscheidungen über wettbewerbliche Marktprozesse koordiniert werden.

---

[13] Vgl. hierzu im Überblick Voigt (2009), 5.3. und 5.4.; zu den Auswirkungen föderalistischer Strukturen: Blume/Voigt (2011); zu den Auswirkungen von direkter Demokratie: Blume/Müller/Voigt (2007).

[14] Schanze (2009), 65 ff.

[15] Eucken (1950), 109.

[16] Vgl. hierzu etwa Fritsch (2014), Kap. 1 und 2; Richter/Furubotn (2010), Kap. VII (Die Neue Institutionenökonomik des Marktes).

[17] Vgl. dazu bereits oben 1.2.2.3.1.

[18] Vgl. dazu Feldmann (1999), 22 ff., 39 ff.

[19] Für einen systematischen Überblick über wirtschaftsrelevante Institutionen vgl. Feldmann (1999), 29 f.; für einen Überblick über Interdependenzen zwischen Institutionen und diesen und einzelnen Wirtschaftsakteuren vgl. Feldmann (1999), 32 ff.

[20] Vgl. dazu etwa Feldmann (1999), 1 ff.

6.2 Staat und Wettbewerb

6.2.1 Gewährleistung eines funktionierenden Wettbewerbs zwischen Privaten

Die Gewährleistung eines funktionierenden Wettbewerbs zwischen Privaten gehört zu den anerkannten Staatsaufgaben.[21]

Der Staat muss dafür sorgen, dass sich die Marktteilnehmer an bestimmte Grundregeln halten und „unlauterer" Wettbewerb ausgeschlossen wird (in Deutschland durch das Gesetz gegen unlauteren Wettbewerb – UWG). Insbesondere ist der natürlichen Tendenz von Marktteilnehmern entgegen zu treten, den Wettbewerb durch Absprachen, Fusionen oder gar Monopolbildungen außer Kraft zu setzen.[22] Nicht zufällig hat die Law-and-Economics Bewegung ihre Ursprünge[23] im Kartellrecht (antitrust law).[24]

Relativ neu ist die Aufgabe des Staates Wettbewerb in Bereichen zu schaffen, die bisher vor dem Hintergrund natürlicher Monopole monopolistische Strukturen aufgewiesen haben oder noch aufweisen; dazu zählen etwa die Bereiche der leitungsgebundenen Energieversorgung, der Eisenbahn oder der Telekommunikation. Entsprechend anspruchsvoll ist auch die Aufgabe, hierfür ein geeignetes Instrumentarium zu schaffen.[25] Man spricht in diesem Zusammenhang von „reguliertem Wettbewerb".[26]

6.2.2 Wettbewerbsrelevante Tätigkeiten des Staates

Aus ökonomischer Perspektive ist jedoch ein weiterer Blick auf das Verhältnis von Staat und Wirtschaft anzulegen. Betrachtet werden soll die gesamte wirtschaftsrelevante Staatstätigkeit und damit alle Ingerenzen des Staates selbst oder seiner ihm zuzurechnenden Untergliederungen in wirtschaftliche Märkte, die an der möglichen Rechtsbetroffenheit von Marktteilnehmern abzulesen ist.

Im Wesentlichen sollen damit vier Fallgruppen erfasst werden: 1) die unmittelbare Konkurrenzsituation, insbesondere die wirtschaftliche Betätigung der öffentlichen Hand; 2) die Beeinflussung der Wettbewerbsstellung privater Marktakteure durch staatliche Einflussnahme auf die Nachfrager (etwa Warnung vor Produkten, Warentests); 3) Beeinflussung der Wettbewerbsstellung privater Marktakteure durch belastende staatliche Maßnahmen gegenüber diesen; hierunter fällt insbesondere der Bereich der staatlichen Wirtschaftsaufsicht; 4) Beeinflussung der Wettbewerbsstellung privater Marktakteure durch begünstigende Maß-

---

[21] Siehe dazu bereits oben 2.3.; Behrens (2009), 45 ff.: „market enabling law".

[22] Zur Ursache von Marktmacht: Fritsch (2014), Kap. 7.2.

[23] Zur sog. Chicago School vgl. Mercuro/Medema (1997), Kap. 2.

[24] Vgl. dazu den grdl. Überblick von Kaplow/Shapiro (2007).

[25] Vgl. dazu unten 6.3.3.

[26] Vgl. dazu im Überblick Kersten (2010), 316 ff.

nahmen gegenüber Wettbewerbern, etwa durch Vergabe von Subventionen oder öffentlichen Aufträgen.

6.2.2.1   Der Staat als Unternehmer

Unternehmen stehen seit jeher im Mittelpunkt des Interesses der Ökonomik. Dies gilt heute entsprechend auch für die ökonomische Analyse der wirtschaftlichen Betätigung des Staates, also die Tätigkeit des Staates als Unternehmer.[27]

Seit es Staaten im modernen Sinne gibt, sind diese auch unternehmerisch tätig geworden. In der Zeit des Absolutismus und der damit einhergehenden Wirtschaftsordnung des Merkantilismus war das eine Selbstverständlichkeit, die geradezu für die Wirtschaftsordnung mitkonstituierend war. Über einen tieferen Sinn der wirtschaftlichen Betätigung des Staates musste man gar nicht nachdenken, es genügte die Tatsache, dass diese nicht unerheblich zu den Staatseinnahmen beitrug.

Auch heute noch ist der Staat wirtschaftlich aktiv, doch haben sich die Vorzeichen dafür grundlegend gewandelt. Seit der Realisierung der Gewerbefreiheit hat sich der Gedanke durchgesetzt, dass die Wirtschaftstätigkeit grundsätzlich in den Händen Privater liegen soll, der Staat diese überwacht und reguliert und insbesondere im Wege der Steuern am wirtschaftlichen Erfolg Privater partizipiert; dies spiegelt sich entsprechend in der Wertordnung moderner Verfassungen und auch der des Grundgesetzes wider. Damit ist jedoch die wirtschaftliche Betätigung des Staates rechtfertigungsbedürftig geworden und die Frage nach ihren Zwecken sowie der Zweckerreichung in den Mittelpunkt des Interesses gerückt.

6.2.2.1.1 Begriff und Erscheinungsformen von öffentlichen Unternehmen

Im Mittelpunkt eines Konzeptes sowie eines Rechtsrahmens für die wirtschaftliche Betätigung des Staates steht der Begriff des öffentlichen Unternehmens, der deren Reichweite und Grenzen näher bestimmt. Dieser ist, zumindest im Bereich des nationalen Rechts, nicht definiert und entsprechend umstritten. Zu Recht setzt sich jedoch zunehmend die Ansicht durch, öffentliche Unternehmen in Anlehnung an die Rechtsprechung des Europäischen Gerichtshofs funktional mit drei Kriterien zu bestimmen:

1. Vorliegen einer faktisch oder rechtlich verselbständigten Organisationseinheit;
2. Gegenstand des öffentlichen Unternehmens muss zumindest schwerpunktmäßig eine wirtschaftliche Tätigkeit sein;
3. Träger des Unternehmens ist die öffentliche Hand.

Das letztgenannte Merkmal ist bei allen Unternehmen gegeben, auf die die öffentliche Hand aufgrund Eigentums, finanzieller Beteiligung, Satzung oder sonstiger Bestimmungen, die die Tätigkeit des Unternehmens regeln, unmittelbar oder mittelbar einen beherrschenden Einfluss ausüben kann. Entscheidend ist dabei der Steuerungseinfluss der öffentlichen Hand und das Kriterium, ob diese das Unternehmen für ihre Interessen zu instrumentalisieren in

---

[27] Vgl. dazu einführend Backhaus (2005b) sowie vertiefend Blankart (2011), Kap. 22.

der Lage ist; dieser Gedanke liegt etwa auch Art. 87e Abs. 3 S. 3 Hs. 2 GG in Bezug auf die Deutsche Bahn zugrunde.

Erscheinungs- und Organisationsformen öffentlicher Unternehmen sind regelmäßig vielfältig, so auch in der deutschen Rechtsordnung. So hat die öffentliche Hand (als Ausfluss ihrer Organisationshoheit grundsätzlich Wahlfreiheit, ob sie eigene Unternehmen in öffentlich-rechtlicher oder privatrechtlicher Organisationsform betreibt; dies entspricht der Formfreiheit im Verwaltungsrecht. Will sich die öffentliche Hand bei ihrer wirtschaftlichen Betätigung einer privatrechtlichen Organisationsform (etwa AG oder GmbH) bedienen, spricht man von formeller Privatisierung. Für den Staat hat dies den Vorteil, dass er sich damit im Wettbewerb mit Privaten den engen Vorgaben staatlichen Organisations- und Haushaltsrechts entledigt und beispielsweise wettbewerbsfähige Gehälter zahlen kann. Dies kann in Form von Eigenunternehmen ohne private Beteiligung, aber auch in sogenannten gemischtwirtschaftlichen Unternehmen mit privater Beteiligung geschehen. Damit wird privates Kapital in die Erfüllung von Gemeinwohlaufgaben durch öffentliche Unternehmen eingebunden. Probleme wirft in solchen Konstellationen von Public-Private-Partnerships (PPP) die Grundrechtsberechtigung der Unternehmen auf, die ja im Falle rein öffentlicher Unternehmen zu verneinen ist, da diese als Teil des Staates anzusehen sind.[28] Zu Recht wird sie vom Bundesverfassungsgericht auch gemischtwirtschaftlichen Unternehmen abgesprochen, wenn die Unternehmen vom Staat beherrscht werden.[29]

Als öffentlich-rechtliche Organisationsformen (vgl. dazu Abb. 6.1) stehen Regie- und Eigenbetriebe zur Verfügung; in diesem Fall wird das Handeln der öffentlichen Unternehmen direkt dem Verwaltungsträger zugerechnet. Daneben können öffentliche Unternehmen als Anstalten des Öffentlichen Rechts oder – im Falle der interkommunalen Zusammenarbeit – als Zweckverbände organisiert werden.

6.2.2.1.2 Rechtfertigung und Aufgaben öffentlicher Unternehmen

Das Europarecht erkennt ebenso wie das nationale Recht öffentliche Unternehmen an.[30] Zugleich besteht Konsens, dass die rechtliche Sonderstellung öffentlicher Unternehmen

---

[28] Vgl. etwa BVerfGE 75, 192, 193 zu Sparkassen; etwas anderes gilt nur im Falle „grundrechtsspezifischer Gefährdungslagen", wie bei Universitäten oder Rundfunkanstalten.

[29] So etwa im Falle des Energieversorgungsunternehmens HEW (Hamburger Elektrizitätswerke AG), an denen die Stadt Hamburg zu 72 % beteiligt war (BVerfG, NJW 1990, 1783); anders etwa im Falle der Deutschen Telekom, an der der Bund zum Zeitpunkt der Entscheidung (14. März 2006) zu 43 % beteiligt war (BVerfGE 115, 205).

[30] Für das Europarecht ergibt sich die Neutralität gegenüber dem öffentlichen Sektor aus Art. 14 und 106 AEUV, ergänzend auch aus Art. 345 AEUV, demzufolge die nationalen Eigentumsordnungen unberührt bleiben. Für das Grundgesetz folgt dies bereits aus dem Wortlaut, werden doch Wirtschaftsunternehmen des Bundes in Art. 110 Abs. 1 GG („Bundesbetriebe") und Art. 135 Abs. 6 GG („Beteiligungen des ehemaligen Landes Preußen an Unternehmen des privaten Rechts gehen auf den Bund über") erwähnt; zudem kennt das Grundgesetz keine ausschließliche Steuerfinanzierung und erkennt das Subsidiaritätsprinzip nur (mittelbar) als Grundsatz an.

Regiebetriebe	Eigenbetriebe
• rechtlich und organisatorisch unselbständig • vollständig in Verwaltungsapparat integriert • erscheinen mit allen Einnahmen und Ausgaben im gemeindlichen Haushalt • Gemeinden führen als Regiebetrieb häufig etwa den Schlachthof	• haushaltsmäßig und organisatorisch verselbständigte Sondervermögen ohne eigene Rechtspersönlichkeit • lediglich der Ertrag der Eigenbetriebe wird in den Haushalt eingestellt • häufig kommunale Verkehrs- und Versorgungsbetriebe
Anstalten des öffentlichen Rechts	**Zweckverbände**
• eigenständige, durch Gesetz geschaffene oder zugelassene jur. Personen und damit rechtsfähig • Sparkassen nach den Sparkassengesetzen • Beispiel: Universitätsklinikum	• Organisationsform der interkommunalen Zusammenarbeit • organisatorisch und rechtlich verselbständigte Körperschaften des Öffentlichen Rechts • Beispiele: Wasserversorgung, Abwasserentsorgung, Krankenhäuser, Nahverkehr

Abb. 6.1 Öffentliche Unternehmen in öffentlich-rechtlichen Organisationsformen

einer objektiven Rechtfertigung durch öffentliche Interessen bedarf;[31] die Gewinnerzielung wird dabei nicht mehr als Rechtfertigungsgrund anerkannt.

Entsprechende im öffentlichen Interesse liegende Sachzwecke wurden früher insbesondere bei Vorliegen von Marktversagen infolge von Unteilbarkeiten und natürlichen Monopolen anerkannt; für diesen Bereich wird heute jedoch zunehmend davon ausgegangen, dass dies nicht notwendig eine wirtschaftliche Betätigung des Staates nach sich zieht. Aus ökonomischer Sicht wird insbesondere darauf abgestellt, ob und inwieweit öffentliche Unternehmen öffentliche Güter produzieren.[32] Dafür lässt sich für die deutsche Rechtsordnung nach wie vor das Konzept der Daseinsvorsorge nutzbar machen.[33]

6.2.2.1.3 Der Rechtsrahmen für öffentliche Unternehmen

Die Existenz öffentlicher Unternehmen stellt die Rechtsordnungen vor erhebliche Herausforderungen. Es stellt gleichsam die Quadratur des Kreises dar, die für wirtschaftliche Betätigung typische Freiheit mit der für staatliche Betätigung typische rechtlichen Bindung zu kombinieren.

Das Europarecht hat den Konflikt zwischen staatlicher Interessenverfolgung und Wettbewerbsrecht erkannt und in Art. 106 AEUV – zumindest auf den ersten Blick elegant – gelöst. Danach werden die Mitgliedstaaten „in Bezug auf öffentliche Unternehmen und auf Unternehmen, denen sie besondere oder ausschließliche Rechte gewähren, keine diesem Vertrag. . . widersprechende Maßnahmen treffen oder beibehalten" (Art 106 Abs. 1 AEUV). „Für Unternehmen, die mit Dienstleistungen von allgemeinem wirtschaftlichem Interesse

---

[31] EuGHE 93, 2533, 2569, für das Europarecht.

[32] Vgl. dazu Backhaus (2005b).

[33] Pielow (2006), 692.

betraut sind . . ., gelten die Vorschriften der Verträge, insbesondere die Wettbewerbsregeln, soweit die Anwendung dieser Vorschriften nicht die Erfüllung der ihnen übertragenen besonderen Aufgabe rechtlich oder tatsächlich verhindert" (Art. 106 Abs. 2 S. 1 AEUV). In Bezug auf konkrete Fallgestaltungen lebt das Spannungsverhältnis jedoch wieder auf und führt zu erheblichen Problemen.

Im deutschen Recht ist die Situation noch schwieriger, da das Recht der öffentlichen Unternehmen zumindest für den Bereich von Bund und Ländern nicht spezifisch geregelt ist; Regelungen finden sich lediglich für kommunale Wirtschaftsbetriebe in den Kommunalverfassungen der Länder. Auf einfachgesetzlicher Ebene bleibt es damit bei den vagen Festlegungen der Haushaltsordnungen, denen zudem keine Außenwirkung zukommt: Die Gründung privatrechtlicher Unternehmen oder die Beteiligung an solchen „soll" danach nur erfolgen, wenn ein wichtiges öffentliches Interesse vorliegt und der angestrebte Zweck nicht besser und wirtschaftlicher auf andere Weise erreicht werden kann (§ 65 Abs. 1 Nr. 1 BHO sowie die entsprechenden Bestimmungen der Haushaltsordnungen der Länder). Damit müssen die Konflikte zwischen staatlicher Aufgabenerfüllung einerseits und den Wettbewerbsinteressen Privater andererseits unmittelbar auf verfassungsrechtlicher Ebene gelöst werden. Exemplarisch sei an dieser Stelle auf einige zentrale Problembereiche hingewiesen: 1) Gesetzesvorbehalt: inwieweit hat die Gründung öffentlicher Unternehmen auf gesetzlicher Grundlage zu erfolgen?[34] 2) Inwieweit gilt in Bezug auf öffentliche Unternehmen die bundesstaatliche Kompetenzordnung (Art. 30, 83 ff.)? 3) Inwieweit sind öffentliche Unternehmen grundrechtsberechtigt und grundrechtsverpflichtet?[35] 4) Unter welchen Umständen können sich private Konkurrenten gegenüber öffentlichen Unternehmen auf ihre Wettbewerbsfreiheit aus Art. 12 GG berufen?[36]

6.2.2.2 Öffentliche Aufträge

Öffentliche Aufträge und damit das öffentliche Beschaffungswesen spielen nicht nur wegen ihrer quantitativen Bedeutung für öffentliche Haushalte, sondern auch wegen ihrer

---

[34] Nach zutreffender Meinung besteht über einzelne Vorschriften hinaus (Art. 87e Abs. 3, 87 f Abs. 2 GG) kein allgemeiner gesetzlicher Organisationsvorbehalt für öffentliche Unternehmen; es gilt damit die ebenso allgemeine wie vage Grenze der Wesentlichkeitstheorie, vgl. Ziekow (2010), § 7 Rn. 29; a. A. Schmidt/Vollmöller (2007), § 5 Rn. 34.

[35] Dies ist nach überwiegender Auffassung auf der Grundlage des Verwaltungsprivatrechts anzunehmen, wenn und soweit die öffentlichen Unternehmen unmittelbar öffentliche Aufgaben erfüllen, etwa im Bereich der Daseinsvorsorge, vgl. etwa BVerfGE 128, 226 ff. („Fraport").

[36] Die Rechtsprechung ist hierzu nach wie vor sehr restriktiv; danach schützen die Grundrechte eines privaten Anbieters grundsätzlich nicht vor dem Hinzutreten eines Wettbewerbers, auch wenn dieser der Staat ist, solange die private wirtschaftliche Betätigung nicht unmöglich gemacht oder unzumutbar eingeschränkt wird (sog. Erdrosselungs- oder Verdrängungswettbewerb), vgl. etwa BVerwG, DÖV 1996, 250. Nach Ansicht der Literatur müssen auch faktische Grundrechtsbeeinträchtigungen erfasst werden; so ist es ausreichend, „wenn die Möglichkeit der Konkurrenten, sich als verantwortliche Unternehmer zu betätigen, in einem erheblichen Maße eingeschränkt wird" (Ehlers (1990), 1090).

Bedeutung für den Wettbewerb eine zunehmend wichtige Rolle in der ökonomischen Diskussion.[37]

6.2.2.2.1 Grundlagen

Die Bedeutung öffentlicher Aufträge für Wirtschaft und Wettbewerb lässt sich schon an dem Volumen ablesen – europaweit beläuft sich das Marktvolumen auf etwa 1,5 Billionen Euro. Sie haben also erhebliche Relevanz für die staatlichen Haushalte, insbesondere für das Ziel einer sparsamen Haushaltsführung. Die Frage der Qualität der Leistungserbringung wiederum steht im Zusammenhang mit der Erfüllung staatlicher Aufgaben.

Ökonomische Bedeutung hat die Vergabe öffentlicher Aufträge auch hinsichtlich des zugrundeliegenden Mechanismus. Der Staat will das Ziel sparsamer Haushaltsführung und die Sicherung einer hohen Qualität der Leistungserbringung dadurch erreichen, dass Wettbewerb zwischen den Anbietern geschaffen oder zumindest simuliert wird. Auf der anderen Seite bergen öffentliche Aufträge erhebliches Störpotenzial für den privatwirtschaftlichen Wettbewerb, das möglichst vermieden oder minimiert werden soll.

Schließlich stellen öffentliche Aufträge ein bedeutendes Instrument zur Verfolgung von Gemeinwohlinteressen dar (von der Förderung mittelständischer Unternehmen bis hin zu Umweltschutzanliegen).[38]

Der Rechtsrahmen hierfür wird durch das Vergaberecht oder das Recht der öffentlichen Auftragsvergabe geschaffen. Es umfasst die Gesamtheit derjenigen Vorschriften und Regeln, die

* dem Staat, seinen Untergliederungen oder sonstigen öffentlichen Auftraggebern
* beim Kauf von Gütern oder der Inanspruchnahme sonstiger Leistungen am Markt mittels eines entgeltlichen Vertrags
* eine bestimmte Vorgehensweise vorschreiben.

6.2.2.2.2 Rechtsrahmen

Zwischen den Interessen des Staates an einer sparsamen und wirtschaftlichen Haushaltsführung bei der Vergabe der öffentlichen Aufträge, an dem Einsatz seiner Nachfragemacht zur Verfolgung von öffentlichen Interessen sowie schließlich den grundrechtlich gesicherten Wettbewerbsinteressen der Bieter und ihrer Konkurrenten besteht ein erhebliches Spannungsverhältnis. Es scheint klar zu sein, dass der Gesetzgeber dieses durch eine klare und rechtssichere Regelung der Rechte und Pflichten der Beteiligten sowie des Verfahrens auflösen muss. Um so erstaunlicher ist es, dass der deutsche Gesetzgeber bis heute an einer lediglich haushaltsrechtlichen Regelung des Vergaberechts festhält; diese entfaltet keine Außenwirkung und erfasst das Vergaberecht einseitig aus der Perspektive einer sparsamen

---

[37] Vgl. dazu einführend Kirchner (2010) sowie vertiefend Blankart (2011), Kap. 23.
[38] Vgl. dazu etwa Raasch (2009).

und wirtschaftlichen Haushaltsführung. Erst als das Vergabeverfahren (oberhalb erhebli-cher Schwellenwerte[39]) durch Richtlinien der Europäischen Union geregelt wurde[40] und der Europäische Gerichtshof eine Umsetzung der Richtlinie im Haushaltsrecht nicht akzep-tierte, wurde es insoweit als Bestandteil des Gesetzes gegen Wettbewerbsbeschränkungen (§§ 97 ff. GWB) normiert. Unterhalb der Schwellenwerte besteht damit die traditionelle Rechtsstruktur (Haushaltsrecht und Verdingungsordnungen) fort. Es ist im Lichte des Sub-sidiaritätsprinzips durchaus nachvollziehbar, dass die Europäische Union das Vergaberecht der Mitgliedstaaten nur oberhalb von Schwellenwerten harmonisiert. Kritikwürdig ist je-doch, dass der deutsche Gesetzgeber öffentliche Aufträge unterhalb der Schwellenwerte gar nicht (mit Außenwirkung) regelt und so eine rechtsstaatlich bedenkliche Zweiteilung des Vergaberechts bewirkt.

Problematisch sind aber auch die Regelungen der §§ 97 ff. GWB überhalb der Schwel-lenwerte. Mit ihrer minimalistischen 1:1-Umsetzung der Richtlinie enthalten sie nur einigermaßen befriedigende Regeln dort, wo die Richtlinie Details vorgibt (Anwendungs-bereich der Regeln mit den Begriffen des öffentlichen Auftraggebers und des öffentlichen Auftrags, Rechtsschutz sowie – mit Abstrichen – das Vergabeverfahren). Zentrale Funkti-onselemente eines fairen Vergabeverfahrens werden nur äußerst abstrakt normiert, so der Transparenzgrundsatz (§ 97 Abs. 1 GWB) oder das Gleichbehandlungsgebot (§ 97 Abs. 2 GWB).

6.2.2.2.3 Rechtsökonomische Probleme der Zuschlagserteilung („das wirtschaftlichste Gebot")

Eine weitere Fundamentalnorm findet sich in § 98 Abs. 5 GWB: „Der Zuschlag wird auf das wirtschaftlichste Gebot erteilt". Das klingt auf den ersten Blick einfach. Schwierigkei-ten ergeben sich dadurch, dass es dem nachfragenden Staat nicht nur um den niedrigsten Preis, sondern um ein optimales Preis-Leistungs-Verhältnis geht. Hinsichtlich der Qualität der Leistungen besteht – wie in vielen anderen Vertragsverhältnissen auch – eine struktu-relle Informationsasymetrie. Dazu muss der Staat die Anforderungen an Art und Qualität der Leistung möglichst präzise vorgeben. Dies kann jedoch dazu führen, dass weniger Unternehmen mit ihren Angeboten in Betracht kommen, bei einer sehr engen Leistungs-beschreibung im Extremfall nur noch ein Anbieter übrig bleibt. Dieser kann jedoch dann quasi als Monopolist den Preis bestimmen, der Wettbewerb wäre ausgeschaltet.

Verstärkt wird dieses Problem dadurch, dass zumindest bei Großaufträgen das Feld der Bieter häufig eine oligopolische Struktur aufweist. Jedenfalls dann kommt strategisches Bietverhalten (über den erwarteten Kosten) in Betracht.[41] Häufig wird es in diesen Fällen zudem zu Bieterkartellen kommen.[42] Schließlich ist die Vergabekonstellation nicht einseitig

---

[39] Gemäß § 100 Abs. 1 GWB i. V. m. § 2 der Vergabeverordnung liegen diese für Bauaufträge bei knapp fünf Millionen Euro, bei normalen Liefer- und Dienstleistungsaufträgen bei 193.000 Euro.

[40] EG-RL 17 und 18/2004, gegenwärtig EU-RL 30/2010.

[41] Vgl. hierzu Blankart (2011), Kap. 23 B. 2.

[42] Blankart (2011), Kap. 23 B. 4. sowie C. 2. und 3.

zuungunsten des Bieters nachteilig, weil das Vergabeverfahren einschließlich der Durchführung des Auftrags vielfältige Möglichkeiten opportunistischen Verhaltens bietet.[43] Dies gilt insbesondere für die Fälle, dass die Leistung vorab nicht exakt und abschließend beschrieben werden kann und es zu Nachverhandlungen kommt; der Auftraggeber kann dann wegen der „sunk cost" nur im Extremfall von der Durchführung des Auftrags Abstand nehmen und befindet sich so in gewisser Weise in den Händen des Auftragnehmers.

Die öffentliche Auftragsvergabe erfolgt in der Regel auf der Grundlage einer Ausschreibung mit verdeckten Geboten nach der Niedrigstpreisregel. Dieses im Interesse der Vergabestelle interessante Verfahren stellt die Bieter vor erhebliche Probleme, denn das Risiko einer richtigen Einschätzung der Kosten liegt bei ihnen: Unterstellt man vereinfachend gleiche Kosten bei allen Bietern, so wird deutlich, dass Bieter den Auftrag nicht erhalten werden, wenn sie ihre Kosten überschätzen. Unterschätzen sie diese dagegen, so erhöht das ihre Chancen auf den Zuschlag, zugleich aber auch ihr Risiko, den Auftrag mit Verlusten durchführen zu müssen. Man spricht in diesem Zusammenhang vom „Fluch des Gewinners" („winner's curse").[44] Die Gefahr zu niedriger Angebote folgt auch aus einer zweiten Überlegung: Um den Zuschlag zu erhalten, kann es für Unternehmen rational sein ein Angebot oderhalb des Preises abzugeben, der sich aus den variablen Kosten ergibt, der aber die langfristigen Grenzkosten nicht deckt.[45] Damit wird aber ein ökonomisch nicht nachhaltiger Preis erzielt, der die Investitionen nicht langfristig deckt und keine angemessene Kapitalverzinsung ermöglicht. Schließlich besteht die Gefahr, dass die Unternehmen angesichts ihrer beschränkten Haftung zu risikofreudig bieten; der Staat trägt dann das Risiko, dass Auftragnehmer während der Leistungserbringung in Konkurs gehen.[46]

Das Recht versucht dieser Gefahr durch Auswahlkriterien entgegenzuwirken. Gemäß § 97 Abs. 4 S. 1 GWB werden Aufträge an Unternehmen vergeben, die fachkundig, gesetzestreu, zuverlässig und insbesondere auch leistungsfähig sind. Damit kann der Auftraggeber das Risiko einer nicht vertragsgerechten Leistung reduzieren. Er muss eine Prognose anstellen, die natürlich mit erheblichen Unsicherheiten verbunden ist und zusätzliche Informationskosten bewirkt. Die Informationsasymmetrien führen aus ökonomischer Sicht zu der Gefahr, dass auf „bekannte und bewährte" Auftragnehmer zurückgegriffen wird und der Wettbewerb um das beste Angebot so beeinträchtigt wird. Zudem werden dem Staat Möglichkeiten opportunistischen Verhaltens eröffnet, wenn er aus vergabefremden Gründen bestimmte Unternehmen favorisiert.[47]

---

[43] Blankart (2011), Kap. 23 B. 3.

[44] Blankart (2011), Kap. 23 B. 1.

[45] Kirchner (2010), 734 f.

[46] Engel/Wambach (2007), 13. Dies ist ein praktisch äußerst relevantes Problem. So gingen in den USA in der Zeit von 1990 bis 1997 80.000 Auftragnehmer in Konkurs; die Nichtbeendigung der Aufträge führte für den Staat zu finanziellen Ausfällen in Höhe von über 21 Mrd. US Dollar, vgl. Piga/Thai (2007), 2.

[47] Vgl. dazu Kirchner (2010), 731 f.

6.2.2.2.4 Rechtsökonomische Probleme vergabefremder Kriterien

Darüber hinaus lässt das Recht die Verwendung vergabefremder Kriterien auch ausdrücklich zu, um dem Staat die Möglichkeit zu eröffnen, die Vergabe öffentlicher Aufträge als politisches Steuerungsinstrument einzusetzen.

Zunächst lässt § 97 Abs. 3 GWB eine positive Diskriminierung „mittelständischer Interessen" zu; insbesondere sind Leistungen in der Menge aufgeteilt (Teillose) und getrennt nach Art und Fachgebiet (Fachlose) zu vergeben. Auf den ersten Blick könnte man darin eine Mittelstandsförderung sehen und annehmen, dass durch die Aufteilung Größenvorteile (economics of scale) verloren gehen und dies zu Mehrkosten bei der Auftragsvergabe führt. Allerdings ist diese Konsequenz nicht zwingend; die Aufteilung kann auch wettbewerbsfördernd wirken, weil dadurch Unternehmen erst in die Lage versetzt werden, am Vergabeverfahren teilzunehmen.[48]

Etwas anders stellt sich die Lage bei der Verwendung sonstiger vergabefremder Kriterien dar, die § 97 Abs. 4 S. 2 und 3 GWB zulässt: „Für die Auftragsvergabe können zusätzliche Anforderungen an Auftragnehmer gestellt werden, die insbesondere soziale, umweltbezogene und innovative Aspekte betreffen, wenn sie im sachlichen Zusammenhang mit dem Auftragsgegenstand stehen und sich aus der Leistungsbeschreibung ergeben. Andere oder weitergehendere Anforderungen dürfen an Auftragnehmer nur gestellt werden, wenn dies durch Bundes- oder Landesgesetz vorgesehen ist". Damit wird der Staat in die Lage versetzt, die Vergabe öffentlicher Aufträge als politisches Steuerungsinstrument einzusetzen. Aus ökonomischer Sicht besteht allerdings die Gefahr, dass er diese Möglichkeit strategisch („opportunistisch") einsetzt, um bestimmte Unternehmen zu bevorzugen. Zudem wird dadurch der Bieterkreis eingeengt, die Wettbewerbsintensität reduziert, was zu Mehrkosten und aus ökonomischer Sicht einer suboptimalen Ressourcenallokation führen kann.[49]

6.2.2.3 Subventionen

Ähnlich wie öffentliche Aufträge sind auch Subventionen ebenso budget- wie wettbewerbsrelevant und für die Ökonomik von großem Interesse.[50]

6.2.2.3.1 Begriff und Erscheinungsformen

Der Begriff der Subvention leitet sich vom lateinischen Wort „subvenire" (= beistehen, zu Hilfe kommen) ab. Es gibt weder einen für alle Wissenschaftsbereiche geltenden Subventionsbegriff noch eine allgemeingültige rechtliche Definition von Subventionen. Damit sind Subventionsbegriffe eine Frage der Zweckmäßigkeit.

Bereichsspezifische Definitionen enthalten § 264 StGB (Wirtschaftssubventionen), § 12 Abs. 2 StabG (für Zwecke des Subventionsberichts) sowie § 14 HGrG und § 23 BHO beziehungsweise entsprechende Vorschriften der Haushaltsordnungen der Länder

---

[48] Vgl. dazu Kirchner (2010), 730 f.

[49] Vgl. dazu Kirchner (2010), 732 ff.

[50] Vgl. grdl. zu Subventionen Nieder-Eichholz (1995); Rodi (2000a); Claßen (2001), insbes. unter D.

(haushaltsrechtliche Zuwendungen). Für die hier interessierende Perspektive von Subventionen als Instrument der Wirtschaftspolitik eignet sich ein steuerungstheoretischer
Subventionsbegriff;[51] Subventionen sind danach vermögenswerte Zuwendungen, die ein
Träger öffentlicher Verwaltung einer Privatperson ohne eine entsprechende Gegenleistung
gewährt, um durch deren Verhalten einen im öffentlichen Interesse liegenden Zweck zu
fördern. Nach dieser Begriffsbestimmung weisen Subventionen folgende Merkmale auf:

- vermögenswerte Zuwendungen, die
- ein Träger öffentlicher Verwaltung (aus öffentlichen Mitteln)
- an Private zahlt,
- die weder eine angemessene Gegenleistung für privates Verhalten („Begünstigung")
- noch eine Ersatzleistung für erlittene Nachteile sind, durch die der Empfänger
- zur Erreichung eines bestimmten öffentlichen Zwecks
- zu einem konkreten Verhalten bestimmt werden soll.

Große Bedeutung hat die Begriffsbildung für die Zwecke von europäischen (Art. 107 ff.
AEUV) oder internationalen Rechtsregimen (Art. VI und XVI GATT, Übereinkommen
über Subventionen und Ausgleichsmaßnahmen = Subventionskodex 1994) zur Begrenzung nationaler Subventionen. Sie verwenden ein sehr weites Begriffsverständnis; so
soll dafür gesorgt werden, dass möglichst flächendeckend subventive Elemente in den
Rechtsordnungen aufgedeckt werden, um hier den Staaten Umgehungsstrategien zu
erschweren.

Nach Artikel I des Subventionskodex von 1994 („Begriffsbestimmung einer Subvention") gilt als Subvention: ein finanzieller Beitrag einer Regierung oder öffentlichen
Körperschaft im Gebiet eines Mitglieds (in diesem Übereinkommen „Regierung" genannt),
nämlich,

- eine Regierungspraxis, die direkten Kapitaltransfer (zum Beispiel Zuschüsse, Darlehen,
  Kapitalaufstockung), den möglichen direkten Transfer von Kapital oder Verbindlichkeiten (zum Beispiel Darlehensgarantien) umfasst;
- Verzicht auf oder Nichterhebung von fälligen staatlichen Einnahmen (zum Beispiel
  steuerliche Anreize wie Steuergutschriften);
- wenn eine Regierung Waren oder Dienstleistungen über den allgemeinen Infrastruktur-
  bedarf hinaus zur Verfügung stellt oder Waren ankauft;
- wenn eine Regierung Zahlungen an Fondseinrichtungen leistet oder ein privates Organ
  mit der Durchführung einer oder mehrerer Arten der in (i) bis (iii) dargestellten Tätigkeiten betraut oder dazu anweist, die normalerweise von der Regierung vorgenommen
  werden und diese Praxis sich materiell von den normalerweise von den Regierungen
  gepflogenen Praktiken nicht unterscheidet.

---

[51] Rodi (2000a), 41 ff.

Verlorene Zuschüsse	Darlehen	Gewährleistung für Darlehen	Realförderung
Geldleistungen, die nicht zurückzuzahlen sind, die also für die Staatskasse „verloren" sind.	Die unter günstigeren Voraussetzungen gewährt werden als im privatwirtschaft-lichen Bereich, etwa zu niedrigeren Zinsen oder zu besseren Rückzahlungs-bedingungen.	Insbesondere Bürgschaften, die der Subventionsnehmer von dritter Seite, insbesondere von Privatbanken, erhalten hat oder erhalten will.	D.h. die bevorzugte Berücksichtigung bei der Vergabe öffentlicher Aufträge oder bei der Veräußerung staatlicher Grundstücke.

Abb. 6.2 Arten von Subventionen

Ähnlich weit ist der Beihilfebegriff des Art. 107 Abs. 1 AEUV; eine Beihilfe liegt danach wenn

- dem begünstigen Unternehmen ein *wirtschaftlicher Vorteil* verschafft wird,
- der *„aus staatlichen Mitteln"* gewährt wird,
- bestimmte Unternehmen oder Produktionszweige (spezifisch) begünstigt,
- *„den Handel* zwischen den Mitgliedstaaten *beeinträchtigt"*
- und dadurch den *Wettbewerb verfälscht oder zu verfälschen droht.*

Allen diesen Begriffsbestimmungen ist – bei einigen Unterschieden im Detail – gemein-sam, dass sie von einem weiten Subventionsbegriff ausgehen. Es ist üblich und sinnvoll, die Vielfalt der Erscheinungsformen von Subventionen auf bestimmte Typen zu reduzieren, für die sich gleiche ökonomische und rechtliche Probleme ergeben und entsprechend typische Lösungsansätze zur Verfügung stehen. Eine übliche und nützliche Kategorisierung unter-scheidet verlorene Zuschüsse, Darlehen, Gewährleistungen von Darlehen und Formen der Realförderung (vgl. Abb. 6.2).

Auf dieser Grundlage ist es der Kommission gelungen, auch sehr implizite Subven-tionselemente zu identifizieren, etwa bei Steuervergünstigungen, öffentlichen Aufträge, Unternehmensbeteiligungen oder anderen privatrechtlich fundierten Geschäftsbeziehun-gen.[52] Dies ist alles andere als trivial, muss doch ein Maßstab gefunden werden, der eine Abweichung von marktüblichen Geschäften identifiziert, die ein Subventionselement belegt.

---

[52] Rodi (2000a), 152 ff.; zutreffend weist Jochum (2006), 74 ff. darauf hin, dass nicht jede Steu-ervergünstigung eine Subvention darstellt, da sie auch dem Zweck der Umverteilung oder sozialen Zwecken dienen können.

Besondere Schwierigkeiten ergeben sich bei der Feststellung von *Steuervergünstigungen*. Hier liegt die Herausforderung darin festzustellen, dass eine isolierte Regelung innerhalb eines insgesamt belastenden Steuerregimes für sich genommen begünstigend ist. Dabei muss nämlich von Tatbeständen abgegrenzt werden, die sich zwar formal auch als steuerentlastend darstellen, jedoch ein strukturelles Element des Steuertatbestandes bilden.[53] So ist in dem Grundfreibetrag der Einkommensteuer keine Steuervergünstigung und damit Subvention zu sehen, wohl aber im Fall der Steuerentlastung stromintensiver Unternehmen von der Stromsteuer. Damit ist das Vorliegen einer Steuervergünstigung in vielen Fällen umstritten.[54]

6.2.2.3.2 Rechtfertigung von Subventionen

Wie bei den Staatsaufgaben insgesamt beschäftigt sich die Ökonomik mit der Rechtfertigung von Subventionen und versucht so, legitime Einsatzfelder aufzuzeigen.[55]

Insbesondere sind Subventionen ein Instrument zur Internalisierung positiver externer Effekte. Das Aktivitätsniveau des Einzelnen fällt hier zu niedrig aus, da positive Auswirkungen des Handelns zum Teil anderen und nicht dem Handelnden zugute kommen; mit Subventionen kann das Aktivitätsniveau nach gesellschaftlichen Maßstäben korrigiert werden. Positive externe Effekte erzeugt etwa ein Landwirt, wenn durch seine Tätigkeit die Artenvielfalt erhalten oder vergrößert, das Landschaftsbild verschönert oder in Gebirgslandschaften Erosion vermieden wird. Mit Subventionen können auch negative externe Effekte vermieden werden; eine solche „Belohnung" des Schädigers ist jedoch verteilungspolitisch unerwünscht.

Positive externe Effekte beziehen sich häufig auf die Bereitstellung von Kollektivgütern. Will der Staat diese nicht selbst herstellen, kann die Bereitstellung durch Private mit Subventionen gefördert werden. Vorab wird zu prüfen sein, ob und inwieweit eine Bepreisung derjenigen denkbar ist, die Vorteile des öffentlichen Gutes in Anspruch nehmen (Beispiele: Autobahngebühren; Zwangsverband zur Bereitstellung eines öffentlichen Gutes, etwa eines Deiches). Dies kann jedoch im Einzelfall verteilungspolitisch unerwünscht sein. Wie bei (reinen) öffentlichen Gütern können Subventionen auch bei meritorischen Gütern[56] zur Korrektur der Präferenzen eingesetzt werden, etwa im Gesundheits- und Bildungswesen.[57]

Subventionen können weiter zur Reduktion von (zu großer) Marktmacht eingesetzt werden. Auch hier wäre eine Subventionierung des marktmächtigen Unternehmens (oder

---

[53] Vgl. dazu Rodi (1994a), 204 ff.

[54] Lehnert (2009); Jochum (2006).

[55] Nieder-Eichholz (1995), 75 ff.; Staiger (2009), 2.1.1.

[56] Vgl. dazu oben 2.3.2.4.

[57] Zutreffend verweist Nieder-Eichholz (1995), 86 f., darauf, dass hier die Gefahr besonders groß ist, dass Politiker diese Rechtfertigung für Subventionen „vorschieben" und die wahren Gründe verschleiern; dies lässt sich gut am Argument der „Versorgungssicherheit" bei der Kohle-Subventionierung aufzeigen.

gar Monopolisten) verteilungspolitisch unerwünscht. Es könnten aber etwa für potenzielle Konkurrenten Anreize zum Markteintritt gegeben werden (Starthilfeargument).

Schließlich können Subventionen der Anpassung an (schockartige) Veränderungen des Marktes oder des Rechts dienen.[58]

Von den aufgezählten Fällen allokativen Marktversagens lässt sich die Rechtfertigung von Subventionen zur Korrektur distributiven Marktversagens unterscheiden.[59] Es geht hier nicht um das Verfehlen effizienter Marktergebnisse, sondern um das Verfehlen sozial wünschenswerter Marktergebnisse. Reine Sozialtransfers sollten allerdings nicht unter der Rubrik der Subvention diskutiert werden (es fehlt hier das für Subventionen typische Element der Verhaltensbindung); damit lassen sich also Anpassungshilfen, nicht aber Erhaltungshilfen rechtfertigen.[60] Im Übrigen wurde zu Recht darauf hingewiesen, dass die Rechtfertigung von Subventionen zur Korrektur distributiven Marktversagens konturlos ist und keine Maßstäbe zur Begrenzung des Subventionswesens bietet.[61]

6.2.2.3.3 Positive Analyse des Einsatzes von Subventionen

Subventionen stellen ein (bedeutsames) politisches Steuerungsinstrument dar. Eine entsprechend große Bedeutung von Subventionswirkungsanalysen liegt daher auf der Hand.[62] Dabei kontrastieren die Feststellungen über das Ausmaß falsch oder ineffizient gestalteter Subventionsprogramme mit ihrer Beliebtheit als politisches Instrument.

6.2.2.3.3.1 Inzidenzprobleme und Ineffizienzen der Subventionspolitik

Wie bei den Staatsaufgaben geht es bei der Frage der Rechtfertigung von Subventionen nicht nur und auch nicht in erster Linie um die Frage des „Ob" ihres Einsatzes. Im Mittelpunkt stehen auch hier die Kritik ihres Einsatzes und Vorschläge für eine verbesserte Instrumentierung.

Unerlässliche Voraussetzung für die Bewertung von Subventionen ist die Wirkungsanalyse.[63] Subventionsinzidenzanalysen sind nicht weniger herausforderungsvoll als Steuerinzidenzanalysen.[64] Sie umfassen mikroökonomische Analysen (Reaktionen der Subventionierten und ihrer Wettbewerber) ebenso wie makroökonomische Analysen (Folgewirkungen auf die Gesamtwirtschaft). Dabei reichen empirische Ex-post-Analysen nicht aus (abgesehen davon, dass diese aufwändig sind), weil die Bewertung möglichst vor dem Einsatz der Subventionen und der damit verbundenen Verausgabung von Haushaltsmitteln erfolgen sollte. Ex-ante-Analysen sind aber anspruchsvoll, da sie Reaktionen hypothetisch

---

[58] Vgl. dazu Kommission der Europäischen Union, Gemeinschaftsrahmen für staatliche Umweltschutzbeihilfen, ABl. C 82 vom 1.4.2008.

[59] Nieder-Eichholz (1995), 87 ff.; Staiger (2009), 75 ff.

[60] Staiger (2009), 77.

[61] Kritisch Nieder-Eichholz (1995), 89 ff.

[62] Vgl. dazu Nieder-Eichholz (1995), 96 ff.

[63] Vgl. dazu grdl. Staiger (2009), 2.1.4.5.

[64] Vgl. dazu oben 5.3.1.1.2.

auf der Grundlage des Rationalverhaltensmodells feststellen müssen. In beiden Fällen wird die Aufgabe dadurch erheblich erschwert, dass die Subventionen typischerweise in einem wirtschaftspolitischen Instrumentenverbund mit vielfältigen Wechselwirkungen stehen.

Vor diesem Hintergrund beschäftigt sich die Ökonomik vor allem mit Ineffizienzen der Subventionspolitik.[65] Sowohl die ökonomische Analyse als auch die Anwendung des rechtlichen Rahmens leiden unter den Defiziten bei der Zielformulierung; insbesondere werden regelmäßig die hinter konkreten Verhaltenszwecken stehenden Sekundärzwecke und damit eigentlichen Gemeinwohlzwecke nicht oder nicht hinreichend benannt.[66] Zunächst haben Subventionen bekanntlich in erheblichem Umfang verzerrende Wirkungen auf den Wettbewerb[67] und beeinträchtigen den internationalen Handel[68] (daran orientieren sich ja auch die zentralen Merkmale des EU-Beihilfebegriffs). Obwohl Subventionen oft vordergründig aus beschäftigungspolitischen Gründen eingesetzt werden, haben sie in der Regel im Ergebnis negative Beschäftigungswirkungen.[69] Sie privilegieren und diskriminieren bewusst[70] und sind lediglich vordergründig ein „marktwirtschaftliches" Instrument; im Ergebnis beschränken sie die Freiheit der Wirtschaftsakteure erheblich.[71] Subventionen können bestehende Strukturen festigen und notwendigen Strukturwandel bremsen,[72] unerwünschte Verteilungswirkungen haben (etwa wenn durch Agrarsubventionen weniger bäuerliche Familienbetriebe als vielmehr landwirtschaftliche Großbetriebe profitieren),[73] Subventionsmentalität erzeugen[74] und so Folgesubventionen induzieren.[75] Zudem können Mitnahmeeffekte[76] und in föderalen Strukturen insbesondere Mehrfachsubventionen[77] und ein unerwünschter Subventionswettlauf[78] zu Ineffizienzen führen. All das schränkt den finanzpolitischen Handlungsspielraum des Subventionsgebers (über Gebühr) ein.[79]

Die negativen Wirkungen werden auf der fiskalpolitischen Seite der Subventionsvergabe verstärkt.[80] Soweit Subventionen ineffizient eingesetzt werden, fehlen die Haushaltsmittel entsprechend für den Einsatz anderer Instrumente der Wirtschaftspolitik. Soweit Subventio-

---

[65] Nieder-Eichholz (1995), 101 ff.; Staiger (2009), 2.1.4.; Claßen (2001), C. III.

[66] Grdl. zu Subventionszwecken und ihrer systembildenden Funktion Rodi (2000a), 57 ff.

[67] Vgl. dazu Claßen (2001), C. III.2.

[68] Claßen (2001), C. III. 4.

[69] Claßen (2001), C. III. 3.

[70] Claßen (2001), C. III. 5.

[71] Claßen (2001), C. III. 6.

[72] Nieder-Eichholz (1995), 103 f.; Staiger (2009), 2.1.4.4.2.

[73] Nieder-Eichholz (1995), 104 f.

[74] Nieder-Eichholz (1995), 109 ff.

[75] Nieder-Eichholz (1995), 107 ff.

[76] Nieder-Eichholz (1995), 111 f.; Claßen (2001), C. III. 7.

[77] Nieder-Eichholz (1995), 105 ff.; Claßen (2001), C. III. 9.

[78] Nieder-Eichholz (1995), 113 ff.; Staiger (2009), 2.1.4.4.4.

[79] Staiger (2009), 2.1.4.3.

[80] Vgl. dazu Staiger (2009), 2.1.4.3.

nen typischerweise steuerfinanziert sind, werden die Ineffizienzen der Subventionsvergabe durch Ineffizienzen der Steuererhebung verstärkt.[81]

6.2.2.3.3.2 Der politische Markt von Subventionen

Mit der politischen Ökonomie von Subventionen[82] wird das Verhalten der an der Subventionsvergabe beteiligten Akteure untersucht.[83] Man kann in diesem Zusammenhang vom „politischen Markt für Subventionen" sprechen.[84]

Im Mittelpunkt stehen dabei das Verhalten der Politiker und Bürokraten und die Frage, warum Subventionen ein überaus beliebtes Instrument zur Verwirklichung staatlicher Ziele sind.[85] Subventionsgeber können öffentlichkeitswirksam als Wohltäter auftreten, während sich die Lasten der Subventionsvergabe gut verbergen lassen („Fiskalillusion") und nachfolgenden Politikergenerationen zur Lösung überlassen werden können.[86] Gefördert wird das durch subventionsmaximierende Strategien der Subventionsnehmer sowie der Passivität geschädigter Dritter (die insbesondere auch auf fehlende Rechtsmittel zurückzuführen ist). Schließlich haben Interessengruppen und Verbände typischerweise einen erheblichen Informationsvorsprung gegenüber Politikern und Wählern[87] und können so erfolgreich Lobbypolitik zugunsten von Subventionsprogrammen durchführen.[88] Das entsprechende „rent seeking" führt zu gesamtgesellschaftlichen Wohlfahrtsverlusten.[89]

Am Beispiel von Anpassungssubventionen lässt sich das Zusammenspiel eigennutzorientierter Akteure mit seinen negativen Konsequenzen gut aufzeigen.[90] Diese mögen etwa zur Abfederung sozialer Konsequenzen in Strukturkrisen ihre Berechtigung haben. Schon in ihrer Erwartung und/oder Ankündigung nehmen sie Anreize zur Lösung des Strukturproblems. Lohnsenkungen werden vermieden und Arbeitgeber und Arbeitnehmer rücken im Kampf um (mehr) Subventionen zusammen. Es gibt eine Reihe zusätzlicher Gründe, dass der Einsatz von Verbänden gerade in kriselnden oder schrumpfenden Industrien besonders erfolgreich ist („the loser's paradox").[91] So signalisieren in wachsenden Industrien Gewinne, dass sich ein Markteintritt lohnt, während in schrumpfenden Bereichen die etablierten Unternehmen lieber in Lobby-Aufwendungen „investieren".

---

[81] Vgl. dazu Staiger (2009), 2.1.4.3.2.

[82] Nieder-Eichholz (1995), 141 ff.

[83] Nieder-Eichholz (1995), Kap. VII.

[84] Vgl. dazu Staiger (2009), 2.2.

[85] Zur Rolle von Politikern bei der Subventionsvergabe vgl. Staiger (2009), 2.2.2.1.; zur Rolle von Bürokraten Staiger (2009), 2.2.2.2.

[86] Staiger (2009), 83 f.

[87] Zur „rationalen Ignoranz" von Wählern in Bezug auf die Subventionspolitik vgl. Claßen (2001), 111 ff.

[88] Zum Einfluss von Interessengruppen auf die Subventionspolitik vgl. Claßen (2001), 113 ff.; Staiger (2009), 2.2.3.2.

[89] Vgl. dazu Staiger (2009), 2.2.3.

[90] Vgl. dazu Staiger (2009), 2.1.4.4.3.

[91] Dazu Staiger (2009), 2.2.3.2.

6.2.2.3.4 Rechtsrahmen für die Subventionsvergabe

Der Rechtsrahmen für Subventionen ist bezogen auf die deutsche Rechtsordnung durch die von der Rechtsprechung getroffene dogmatische Grundentscheidung geprägt, dass das Subventionsrecht nicht einem umfassenden Gesetzesvorbehalt („Totalvorbehalt") unterliegt.[92] Deshalb gibt es nur punktuell Subventionsgesetze, während im Übrigen sogenannte Haushaltssubventionen neben dem Ansatz im Haushaltsplan (und ausführenden Subventionsrichtlinien) nur allgemeinen rechtlichen Vorgaben unterliegen.

In beiden Fällen weist der Rechtsrahmen Defizite insbesondere in Bezug auf die Zweckerreichung mittels der Verhaltensbindung auf. Wenn etwa bei Haushaltssubventionen typischerweise nur die Rückzahlung der Subvention droht, ist eine Nichteinhaltung der Verhaltensbindung durchaus rational, zumal, wenn das Risiko entdeckt zu werden als gering eingeschätzt wird. Die Forderung nach weiterreichenden Sanktionen, etwa auch einem Ausschluss für künftige Subventionsprogramme, konnte sich bisher noch nicht durchsetzen.[93]

6.2.2.3.5 Empfehlungen für eine Verbesserung der Subventionsordnung

Interessant ist in diesem Zusammenhang die Perspektive, die Koordination des internationalen Subventionsabbaus als ein internationales öffentliches Gut anzusehen.[94] Ein Weg aus dem Subventionsdschungel kann darin gesehen werden, überstaatliche Restriktionen einzugehen, sich gleichsam wie Odysseus an den Mast binden zu lassen, um den Gesängen der Sirenen nicht zu erliegen. Die Erfolge der europäischen Beihilfeaufsichtspolitik lassen sich in diesem Lichte sehen.[95]

Im Übrigen gibt es eine Fülle von Vorschlägen, wie die Subventionsrechtsordnung verbessert werden könnte.[96] Vorschläge, qualifizierte Mehrheiten bei der Einführung von Subventionen zu verlangen[97] sind – ebenso wie bei Steuern – wegen des Eingriffs in das Demokratieprinzip zurückzuweisen. Quantitative Begrenzungen wie etwa ein langfristig wirksamer „Subventionsdeckel"[98] werfen erhebliche Probleme in Bezug auf die Praktikabilität auf. Sicherlich lohnt es sich, über den Erlass eines allgemeinen Subventionsgesetzes nachzudenken.[99] Allzu große Verbesserungen wird man sich davon jedoch auch nicht erwarten dürfen.

---

[92] Vgl. dazu im Überblick Rodi (2000a), 432 f.

[93] Vgl. dazu Rodi (2000a), 671 ff.

[94] Bingel (1996), 77 ff.

[95] Staiger (2009), Kap. 3.

[96] Vgl. ausführlich Claßen (2001), E. I.

[97] Vgl. dazu etwa Claßen (2001), E. I.

[98] Vgl. dazu etwa Claßen (2001), F. I.

[99] Claßen (2001); Rodi (2000a), 368 f.

6.3 Wirtschaftsregulierung

6.3.1 Grundlagen

Die bisherigen Ausführungen haben sich mit der Wettbewerbspolitik beschäftigt, insbesondere dem staatlichen Auftrag zum Schutz eines unverfälschten Wettbewerbs sowie den Ingerenzen des Staates in den Wettbewerb und deren Grenzen (öffentliche Unternehmen, öffentliche Aufträge und Subventionen). Nunmehr geht es um die Frage der Steuerung der Wirtschaft und der Regulierung von Märkten zur Erreichung staatlicher Gemeinwohlziele.[100] Dabei sollen zwei Aspekte besonders beleuchtet werden, ehe unter (6.3.4) auf Fragen der traditionellen Wirtschaftsaufsicht und -regulierung eingegangen wird: die Globalsteuerung der Wirtschaft, also der gesamtwirtschaftlichen Eckdaten wie Inflation oder Arbeitslosigkeit (Konjunktur- und Stabilitätspolitik) auf der einen Seite (unter 6.3.2) sowie (unter 6.3.3) die Regulierung der Märkte, die früher (als vermeintlich natürliche Monopole) durch private Monopole oder staatswirtschaftlich betrieben worden sind (Telekommunikation, Bahn, Energie etc.) auf der anderen Seite. In diesen Bereichen lässt sich gut der Antagonismus zwischen „ökonomischer" und „sozialer" Regulierung untersuchen, wie er in der angloamerikanischen Literatur entwickelt worden ist.[101] Unter ökonomischer Regulierung versteht man unmittelbare Marktinterventionen in Fällen von „Marktversagen"[102] beziehungsweise Herstellung von Märkten in Fällen fehlender Märkte und damit: alle wirtschaftspolitisch motivierten Eingriffe des Staates zur Beschränkung von Marktmechanismen oder zur Übernahme von Marktfunktionen (Produktion und Verteilung) bei fehlendem Markt.[103] „Soziale Regulierung" zielt umfassender auf Verhaltenskorrekturen zugunsten von Gemeinwohlbelangen (Umweltschutz, Verbraucherschutz, Arbeitnehmerschutz).

6.3.2 Globalsteuerung der Wirtschaft (Konjunktur- und Stabilitätspolitik)

6.3.2.1 Überblick

Das Konzept der Stabilität oder des Gleichgewichts wurde von der Ökonomie aus der Mechanik zur Analyse wirtschaftspolitischen Handlungsbedarfs entliehen. Gleichgewicht ist danach ein Zustand bestmöglicher Koordination der Wirtschaftspläne auf einem Einzelmarkt (teilwirtschaftliches Mikrogleichgewicht) oder in der Gesamtwirtschaft (gesamtwirtschaftliches Mikrogleichgewicht). Gesamtwirtschaftliches Gleichgewicht liegt damit bei einem idealen oder angemessenen Verhältnis gesamtwirtschaftlicher Daten vor, wie sie

---

[100] Vgl. zu Fragen der Wirtschaftspolitik Streit (2005); Heise (2010).

[101] Zu dem Begriffspaar „economic regulation" und „social regulation" vgl. Ogus (1994), 4 ff.

[102] Zur ökonomischen Analyse von Fragen des gesamtwirtschaftlichen Gleichgewichts vgl. einführend Homann/Suchanek (2005), 4.5.1. und 4.5.2. sowie vertiefend Rodi (2004), Rn. 188 ff.

[103] Kühling (2004), 13.

in der volkswirtschaftlichen Gesamtrechnung erfasst werden (Auslastung der Produktions-
kapazität, Wirtschaftswachstum, Inflation, Außenhandelsbilanz); die makroökonomische
Gleichgewichtsanalyse ist Gegenstand der Konjunkturtheorie.

Das Konzept des Gleichgewichts ist natürlich eine Fiktion, da es 1. im Wirtschaftspro-
zess kein statisches, sondern nur ein dynamisches geben kann (Anpassungsprozesse nach
Störimpulsen), und es 2. eine Wertungsfrage ist, ab wann ein Ungleichgewicht im Sinne
einer Störung anzunehmen ist, die wirtschaftspolitischen Handlungsbedarf signalisiert.

Die Stabilisierungspolitik zielt auf die Wiederherstellung von Gleichgewichtszuständen
durch staatliche Interventionen 1. auf Einzelmärkten, zum Beispiel durch staatliche Preisfi-
xierungen (ein ebenso wichtiges wie umstrittenes Beispiel sind die Agrarmarktordnungen)
und 2. in Bezug auf die Gesamtwirtschaft, etwa durch Konjunkturprogramme.

6.3.2.2 Gesamtwirtschaftliches Gleichgewicht und Konjunkturpolitik

Ausgangspunkt staatlicher Konjunkturpolitik ist die Erscheinung von *Konjunkturzyklen*.
Der Auslastungsgrad der Produktionskapazitäten ist ständigen Schwankungen unterworfen, mit zwei krisenhaften Erscheinungen: 1. Rückgang der Auslastung und Unter-
auslastung (Rezession etwa mit der Folge von Arbeitslosigkeit) und 2. Überauslastung
(Konjunkturüberhitzung etwa mit der Folge von hoher Inflation).

Über die richtige Analyse (Konjunkturtheorie) und Therapie (Stabilisierungspolitik)
herrscht in der Ökonomie Dissens.[104] Vor dem Hintergrund der Wirtschaftskrisen der ersten
Hälfte des 20. Jahrhunderts setzte sich zunächst die Überzeugung von der Notwendigkeit einer antizyklisch ausgerichteten stabilisierenden Interventionspolitik durch (auf der
Grundlage der Lehren von *John Maynard Keynes*). In dieser Tradition stehen auch die Vorschrift des Art. 109 Abs. 2 und 4 GG sowie das Stabilitätsgesetz. Allerdings gingen in der
Folge die theoretischen ökonomischen Ansätze erheblich auseinander (von neoklassischen,
monetaristischen, angebotsorientierten bis hin zu neokeynesianischen Theorien).[105] Auch
soweit diese am Rationalverhaltensmodell anknüpfen, weisen sie in sehr unterschiedliche
Richtungen:

Im Rahmen der neoklassischen Makroökonomie wurde eine „Theorie der rationalen
Erwartungen" entwickelt. Im Mittelpunkt steht dabei die These, dass der Staat infolge
der rationalen Erwartungen seiner Bürger diese mit systematischen wirtschaftspolitischen
Maßnahmen nicht „täuschen" könne („Theorem der Wirkungslosigkeit wirtschaftspoliti-
scher Maßnahmen").[106] Wirtschaftspolitik habe sich deshalb an vorsehbaren Regeln
zu orientieren, „diskretionäre", im Ermessen der wirtschaftspolitischen Akteure stehende
Entscheidungen werden abgelehnt.

---

[104] Für einen Überblick vgl. Rodi (2004), Rn. 191 ff. zu Art. 109 GG.

[105] Rodi (2004), Rn. 196 ff. zu Art. 109 GG.

[106] Grdl. hierzu Sievert (1979), 815 ff. Es wird dabei zwar konzediert, dass die Informationen teilweise unvollständig bzw. asymmetrisch verteilt sind; allerdings seien die Wirtschaftssubjekte über
grundsätzliche volkswirtschaftliche Zusammenhänge informiert, d. h. es unterlaufen ihnen keine
systematischen Fehler, vgl. dazu Conrad (1999), 206.

Eine völlig neue Perspektive wurde mit der Neuen Politischen Ökonomie (NPÖ) eingenommen, als auch das nutzenmaximierende Verhalten von Wirtschaftspolitikern in den
Blick genommen wurde.[107] Beginnend mit *William Nordhaus* (1975) wurden diese Ansätze
auch zur Erklärung von Konjunkturschwankungen herangezogen.[108] Interessante Einsich-
ten ergeben sich auf der Grundlage der Neuen Politischen Ökonomie insbesondere auch für
die Analyse des konjunkturpolitischen Verhaltens der verschiedenen Entscheidungsträger
im Bundesstaat, so etwa die Erscheinung eines „free-rider-Verhaltens" von Bundesländern
und Gemeinden.[109]

6.3.3 Natürliche Monopole und staatliche Regulierungsmöglichkeiten

Die wohl anspruchsvollste staatliche Regulierung betrifft natürliche Monopole.[110]

6.3.3.1 Grundlagen

Eine wesentliche Grundannahme für funktionierenden Wettbewerb liegt in dem Modell der
vollständigen Konkurrenz: sämtliche Güter oder Produktionsfaktoren sind danach beliebig
teilbar. Unteilbarkeiten führen dagegen zu einer beschränkten Zahl von Anbietern mit
entsprechend erhöhter Marktmacht und stellen einen Fall des Marktversagens dar. Solche
Unteilbarkeiten folgen vor allem daraus, dass die Kapazität bestimmter Ressourcen (zum
Beispiel Kraftwerke, Straßen, Schienenwege) aufgrund technischer Gegebenheiten nur in
großen Sprüngen variiert werden kann. Das Vorliegen von Unteilbarkeiten führt in der
Regel dazu, dass die Durchschnittskosten (= Stückkosten) für die Erstellung eines Gutes
infolge von Größenvorteilen bei seiner Bereitstellung abnehmen, die Skalenerträge dagegen
entsprechend zunehmen. Natürlich gibt es noch weitere Fälle, in denen hohe Fixkosten dazu
führen, dass die Gesamtkosten der Produktion von Teilmengen höher ist als die Kosten der
Produktion in einer Hand (sogenannte „Subadditivität von Kostenfunktionen").[111]

Im Extremfall kann die Nachfrage technisch beziehungsweise am kostengünstigsten nur
durch einen Anbieter bedient werden, etwa im Bereich der leitungsgebundenen Versorgung;
man spricht dann von einem natürlichen Monopol. *natürlichen Monopol* können auch dadurch entstehen, dass Marktzu- und -austritte durch hohe irreversible Aufwendungen („sunk
cost") erschwert werden; so kann es etwa zu einer Erschwerung des Marktzutritts kommen,
wenn Aufwendungen bereits abgeschrieben sind (typisch etwa im Fall von Atomkraftwer-
ken). Im Extremfall kann dies zu einer Verhinderung des Marktzutritts führen (typisch etwa
im Fall von Infrastrukturnetzen wie dem Eisenbahnstreckennetz).

---

[107] Rodi (2004), Rn. 201 zu Art. 109 GG.

[108] Vgl. dazu bereits oben 2.2.3.2.3 und 4.1.1.

[109] Vgl. hierzu etwa Huppertz (1977).

[110] Zur Ökonomik natürlicher Monopole vgl. einführend Fritsch (2014), Kap. 7 und 8 sowie vertiefend
Joskow (2007).

[111] Zu den Gründen vgl. Fritsch (2014), 7.2.1

Da natürliche Monopole einen Fall des Marktversagens darstellen, ist staatliches Handeln gerechtfertigt, um Wohlfahrtsverluste infolge monopolistischer Preisbildung zu verhindern.[112] Soweit der Grund für die Unteilbarkeit nicht beseitigt werden kann, ist zu überlegen, mit welchen Maßnahmen der Staat die „Ausbeutungsspielräume" der Monopolisten beseitigen oder wenigstens eindämmen kann.[113] Dabei geht es nicht nur um den Fall eines „privaten" Monopolisten; Maßnahmen müssen auch gegenüber öffentlichen Unternehmen getroffen werden, denn es ist keinesfalls selbstverständlich, dass der Staat allein durch seine Beteiligung öffentliche Interessen durchsetzt (zumal in föderalen Systemen das Unternehmen ja auch einer Ebene gehören kann, die nicht die Aufgabe der Regulierung wahrnimmt, etwa im Fall kommunaler Unternehmen).

Ein aktuell bedeutsamer Regulierungstyp richtet sich auf die Eingrenzung des Aktivitätsbereichs eines natürlichen Monopols durch Beschränkung auf eine Wertschöpfungsstufe.[114] Der monopolistische Engpassbereich beschränkt sich etwa in den Bereichen Energieversorgung, Bahn oder Telekommunikation typischerweise auf den Bereich der Infrastruktur (Energienetze, Schienennetz, Telekommunikationsnetze). Als Gegenmaßnahme können Netzzugangspflichten zu diskriminierungsfreien Preisen angeordnet werden (so etwa auch bei der Regulierung des Schienenverkehrs).[115] Weitergehend kann durch eine Entflechtung dieser Unternehmensbereiche von Aktivitäten in vor- oder nachgelagerten Märkten (zum Beispiel Energieproduktion, Energiedienstleistungen...) verhindert werden, dass die Gewinne in den Monopolbereichen auch den Wettbewerb auf diesen Märkten behindern. Die gegenwärtigen Bemühungen um eine Entflechtung der Energiekonzerne („Unbundling") bilden hierfür ein anschauliches Beispiel.[116] In diesem Zusammenhang ist auch die Diskussion zu sehen, ob man nicht den Infrastrukturbereich als eigenständiges öffentliches Unternehmen betreibt.[117]

Typischerweise wird der Staat im Bereich natürlicher Monopole den Marktzutritt beschränken, um eine Kostenvervielfachung und die Gefahr eines ruinösen Wettbewerbs zu verhindern. In diesem Fall wird es dann aber angezeigt sein, die Preissetzungsfreiheit der Monopolisten (oder Oligopole) durch eine Preisregulierung zu beschränken, sei es kosten- oder gewinnorientiert.[118] Entsprechende Systeme wurden in den Bereichen Energienetze und Schienennetz entwickelt und durch die Bundesnetzagentur durchgeführt. Diese Form der Regulierung ist äußerst anspruchsvoll, insbesondere wegen des hohen Informationsbedarfs der Regulierungsbehörde; noch komplexer wird dieses Vorgehen, wenn man im Rahmen der Regulierung dynamische Anreizwirkungen in Richtung kostensenkender In-

---

[112] Zu Einzelheiten vgl. Fritsch (2014), 7.3.1.
[113] Dazu ausführlich Fritsch (2014), 8.3.
[114] Vgl. dazu Fritsch (2014), 8.3.1.
[115] Vgl. hierzu Fritsch (2014), 8.3.2.1.5.
[116] Zum „Unbundling" auf den Energiemärkten vgl. De Wyl/Finke (2013).
[117] Zur Diskussion über eine öffentliche Netz AG im Eisenbahnsektor Schnöbel (2009), 73 ff.
[118] Vgl. dazu Fritsch (2014), 8.3.2.

novationen erreichen will.[119] Eine weitere Schwierigkeit ergibt sich dann, wenn der Staat einen Teil der Infrastrukturkosten in Form von Darlehen zu übernehmen bereit ist (so insbesondere im Bereich des Schienennetzes).[120]

Eine grundlegende Alternative zur Preisregulierung ist in einem Wettbewerb um die Monopolstellung (oder um das Netz) zu stehen. Dazu bietet sich an, dass die Anbieterstellung (in der Regel zeitlich befristet) im Rahmen von Ausschreibungsverfahren mit verdeckten Preisangeboten vergeben oder versteigert wird.[121] Dies wurde etwa bei der Versteigerung von UMTS-Lizenzen praktiziert. Im ersteren Fall kommt es zu einer Preissenkung, im letzteren Fall schöpft der Staat die Monopolrenten ab.

Schließlich kann der Staat die Freiheit von Monopolisten und Oligopolisten bei der Preissetzung indirekt dadurch beschränken, dass er gegengewichtige Marktmacht schafft oder fördert.[122] Problematisch hierbei ist, dass sich die Marktgegenseite von Seiten des Staates oft nur schwer steuern lässt und schließlich der Aufbau von „Machtspiralen" droht.

Die Herstellung von Wettbewerb zur Gewährleistung einer kosteneffizienten Leistungserbringung ist jedoch nur ein Aspekt des regulierten Wettbewerbs. Dieses Konzept zielt gerade auch auf die Herstellung „gemeinwohlpflichtigen Wettbewerbs". Regulierung will freien Wettbewerb in früheren Monopolstrukturen herstellen und dabei *zugleich* deren klassische Daseinsvorsorgeleistungen garantieren. Deshalb konstituiert das Regulierungsrecht von vornherein sozial, ökologisch, ökonomisch, technisch und territorial konditionierten Wettbewerb (vergleiche etwa § 1 und § 2 Abs. 2 TKD, § 1 EnWG, § 1 Abs. 1 S. 1 AEG).[123] Gerade im Fall von Preisregulierungen muss verhindert werden, dass das regulierte Unternehmen den Gewinn durch eine beliebige Absenkung des Qualitäts- und Leistungsniveaus zu erreichen versucht. Deshalb wird die Preisregulierung typischerweise mit Vorgaben hinsichtlich der Qualität der Leistung und/oder des Geschäftsgebarens verbunden.[124] Als Instrumente werden dazu etwa verteilungspolitisch motivierte Preisvorgaben eingesetzt, so im Bereich der Grundversorgung mit Dienstleistungen der Daseinsvorsorge.[125] Sogenannte Universaldienste werden gewährleistet (vergleiche §§ 78 ff. TKD, §§ 36 ff. EnWG).

6.3.3.2 Einzelfragen der Regulierung am Beispiel ausgewählter Netzsektoren

Einzelfragen der Regulierung sollen nunmehr am Beispiel der Telekommunikation, der Eisenbahn und der leitungsgebundenen Energiewirtschaft als netzbasierten Wirtschaftszweigen behandelt werden.[126]

---

[119] Vgl. etwa zur Anreizregulierung im Bereich der Eisenbahnen Mitusch/Beckers (2008).

[120] Zur Defizitabdeckung über Subventionen vgl. Fritsch (2014), 8.3.2.1.2.

[121] Fritsch (2014), 8.3.3.

[122] Fritsch (2014), 8.3.4.

[123] Kersten (2010), 316 ff.

[124] Fritsch (2014), 8.3.5.

[125] Dazu Fritsch (2014), 8.3.2.4.

[126] Vgl. dazu einführend Fritsch (2011), Kap. 9 sowie vertiefend Kühling (2004).

6.3.3.2.1 Telekommunikation

Die Telekommunikationsmärkte sind zumindest hinsichtlich der Vermittlungs- und Teilnehmeranschlussrechte von starker Subadditivität der Kostenfunktion geprägt:[127] Die Gesamtkosten der Produktion von Teilmengen des Gutes sind also deutlich höher als die Produktion der Kosten in einer Hand. Trotz der grundlegenden technologischen Innovationen besteht daher eine Tendenz hin zu natürlichen Monopolen (so insbesondere im Teilnehmeranschlussnetz).[128] Netzexternalitäten können insbesondere dadurch entstehen, dass sich der Nutzen des Netzes für alle Teilnehmer durch den Anschluss weiterer Teilnehmer erhöht; dies setzt Anreize, in der Aufbauphase eines Netzes zu unter den Kosten liegenden Preisen anzubieten (mit der Gefahr ruinösen Wettbewerbs), nach dem Vollausbau dagegen über den Kosten liegende Preise festzulegen. Schließlich besteht die Gefahr, dass der Markt verteilungspolitisch bedeutsame Leistungen wie die flächendeckende Versorgung nicht sicherstellt.

Unter den gegenwärtigen technischen Bedingungen stellen Teilnehmeranschlussnetze sowie lokale und regionale Vermittlungsnetze natürliche Monopole (in der Hand des ehemaligen Monopolisten Deutsche Telekom AG) dar; das kann sich natürlich im Falle technischer Innovationen ändern, etwa wenn Anschlüsse über das Stromnetz möglich werden. Soweit andere Anbieter auf die Nutzung dieser Netze angewiesen sind, muss der Staat diskriminierungsfreie Zugangsbedingungen festlegen. Zudem muss er dafür sorgen, dass verteilungspolitisch für erforderlich gehaltene Leistungen zu angemessenen Bedingungen erfolgen ("Universaldienstleistungen").

In den 90er Jahren hat der Gesetzgeber die bis dahin bestehenden Netz- und Dienstmonopole (der "Bundespost") aufgehoben; die aus dem ehemaligen Monopolisten "Bundespost" hervorgegangene Telekom wurde privatisiert. Bereits auf Verfassungsebene wurde eine Gewährleistung des Bundes normiert im Bereich der Telekommunikation für "flächendeckend angemessene und ausreichende Dienstleistungen" zu sorgen (Art. 87f Abs. 1 GG). Im Telekommunikationsgesetz (TKG) wird eine Marktregulierung für Märkte vorgesehen, in denen kein wirksamer Wettbewerb besteht, insbesondere mit einer Zugangsregulierung zu öffentlichen Telekommunikationsnetzen einschließlich der Preisregulierung[129] (Teil 2), einem Verfahren für die Vergabe von knappen Frequenzen (Teil 5) sowie der Bereitstellung von Universaldienstleistungen (Teil 6); zuständig ist die Bundesnetzagentur (Teil 8 TKG).

6.3.3.2.2 Bahn

Auch bei der Frage, inwieweit es beim Angebot von Verkehrsdienstleistungen auf der Schiene zu Marktversagen kommt, ist zwischen verschiedenen Märkten zu unterscheiden:[130] einerseits das Vorhalten der Schieneninfrastruktur (einschließlich Bahnhöfen),

---

[127] Zur Ökonomik von Telekommunikationsmärkten vgl. Fritsch (2014), Kap. 9.1.

[128] Vgl. dazu Fritsch (2011), 9.1.3.2.

[129] Zur Vorbildwirkung der Kostenregulierung im Telekommunikationssektor für andere Bereiche der Regulierung vgl. Ehrmann (2008).

[130] Zur ökonomischen Analyse der Eisenbahnregulierung vgl. einführend Fritsch (2011), Kap. 9.2.

andererseits der Bereich der Verkehrsdienstleistungen, also die Beförderung von Gütern und Personen durch Züge; dazwischen liegt der Bereich der Verkehrsleitsysteme, also im Wesentlichen das Zugkoordinations- und -überwachungssystem. Die Schieneninfrastruktur (wie auch die Verkehrsleitung) tragen klar die Züge eines natürlichen Monopols. Parallele Schienenverbindungen sind wegen der enorm hohen Fixkosten schon ökonomisch kaum denkbar; sie sind jedenfalls aus der Sicht des Staates unerwünscht. Im Bereich der Verkehrsdienstleistungen ist funktionierender Wettbewerb nur denkbar, wenn ein diskriminierungsfreier Zugang zum Schienennetz gewährleistet ist.

Der Schienenverkehr war über lange Jahre durch ein Staatsunternehmen geprägt, das als Monopolist alle Aktivitätsbereiche zum Angebot von Transportdienstleistungen inne hatte (die Deutsche Bundesbahn im Westen und die Deutsche Reichsbahn im Osten Deutschlands). Nach dem Vorbild anderer Länder[131] hat auch Deutschland den Weg einer Privatisierung der Eisenbahnen beschritten. Im Rahmen der Bahnreform wurde dieses Unternehmen 1994 formell privatisiert (Deutsche Bahn AG); dies sieht das Grundgesetz in Art. 87e Abs. 3 S. 1 auch zwingend vor. Infrastruktur, Verkehrsregelung und Verkehrsdienstleistungen werden also von einem Unternehmen angeboten, nur der Bereich der Verkehrsdienstleistungen ist für den Wettbewerb geöffnet. Eine materielle Privatisierung der Deutschen Bahn AG ist nach langen Diskussionen ebenso gescheitert wie die organisatorische Abtrennung des Schienennetzes.[132] Zentrale Bedeutung in dieser Diskussion hatte die Bestimmung des Art. 87e Abs. 3 S. 2 und 3 GG, wonach der Bund im Bereich der Schieneninfrastruktur eine Mehrheitsbeteiligung nicht verlieren darf.[133]

Die Regulierungs- und Gewährleistungsverantwortung des Bundes ist in Art. 87e Abs. 4 S. 1 GG ausdrücklich festgelegt; danach gewährleistet der Bund, dass dem Wohl der Allgemeinheit, insbesondere den Verkehrsbedürfnissen, beim Ausbau und Erhalt des Schienennetzes der Eisenbahnen des Bundes sowie bei deren Verkehrsangeboten auf diesem Schienennetz Rechnung getragen wird. In Bezug auf die Planung und Finanzierung des Schienenwegenetzes wird dies durch das Schienenwegeausbaugesetz (SchwAbG) umgesetzt.[134] Grundlagen der Eisenbahnregulierung finden sich insbesondere im Allgemeinen Eisenbahngesetz (AEG). Aufgabe der Regulierung ist es daher, diesen diskriminierungsfreien Zugang zum Schienennetz zu gewährleisten (§§ 14 – 14 g AEG) und zudem für eine effiziente Allokation der knappen Infrastrukturkapazitäten zu sorgen. Im Mittelpunkt steht dabei sicherlich der Ansatz der Preisregulierung (§ 12 AEG); angesichts der evidenten Defizite in der Qualität des Schienenwegenetzes[135] wird auch hier gegenwärtig nach Möglichkeiten einer verstärkten Anreizregulierung gesucht.[136] Ein weiterer Ansatzpunkt

---

[131] Vgl. für einen Überblick Böttger (2008); speziell zu Großbritannien Brenck/ Peter (2008), sowie zu den Niederlanden Elzinga (2008).

[132] Vgl. dazu Hermes (2008), 10 ff.

[133] Vgl. dazu näher Hermes (2008), 23 ff.

[134] Vgl. dazu Hermes (2008), 17 ff.

[135] Dazu Hermes (2008), 7 ff.

[136] Vgl. dazu Mitusch/Beckers (2008).

zur Behebung von Marktversagen liegt auch im Bereich des Schienenverkehrs in der Entflechtung von Unternehmen, die auf mehreren Teilmärkten tätig sind, also konkret der Deutschen Bahn AG.

6.3.3.2.3 Netzgebundene Energiewirtschaft

Auch in Bezug auf die Aufgabe der Energieversorgung hat die Analyse von Marktversagen differenziert in Bezug auf unterschiedliche Märkte zu erfolgen. Auf der einen Seite steht der Markt der Energieerzeugung. Auf der anderen Seite steht in Bezug auf die Versorgung mit Elektrizität und Gas und damit die netzgebundene Energiewirtschaft die Frage der Netzinfrastruktur; wesentliche Unterschiede ergeben sich hier wiederum in Bezug auf die Übertragungsnetze („Überlandleitungen") und die Verteilnetze mit ihrer Versorgungsfunktion. Exemplarisch sollen die Fragen hier am Beispiel der Stromversorgung dargestellt werden, wobei sich in Bezug auf die Gasversorgung strukturell gleich gelagerte Fragestellungen ergeben.

Bei den Übertragungs- wie auch den Verteilnetzen handelt es sich um natürliche Monopole. Damit ist hier jedenfalls eine Preisregulierung angezeigt. Es stellt sich, wie auch im Bereich der Telekommunikation sowie insbesondere des Schienennetzes, die Frage eines diskriminierungsfreien Netzzugangs. Aufgrund der historischen Entwicklung drängt sich zudem die Frage der Entflechtung von Energieunternehmen auf, sind diese doch traditionell integriert auf allen Teilmärkten tätig. Daraus folgen auch grundsätzlich mögliche Ansätze für wirtschaftspolitische Gegenmaßnahmen.

Anders als im Bereich der Telekommunikation und der Eisenbahn enthält das Grundgesetz keine Vorschrift über die Regulierung der Energiemärkte. Damit bleibt es grundsätzlich bei der Anwendung des allgemeinen Wettbewerbsrechts, das vormals Bereichsausnahmen für die Energiewirtschaft enthielt. Von besonderer Bedeutung für die Regulierung der Energiemärkte sind die sehr ins Detail gehenden Vorgaben des europäischen Sekundärrechts; mit dem Dritten Binnenmarktpaket (von 2009) erfolgte hier gerade eine neue „Regulierungswelle".

Eine besondere Bedeutung kommt auf dieser Grundlage im Energiewirtschaftsrecht der Entflechtung integrierter Energieversorgungsunternehmen zu (sogenanntes „Unbundling").[137] Traditionell nimmt in der Regulierung der Energiemärkte die Frage des diskriminierungsfreien Netzzugangs eine zentrale Rolle ein; besonders herausforderungsvoll ist dabei die Entwicklung einer Anreizregulierung.[138] In Bezug auf Verteilnetze geht es vor allem um den Rechtsrahmen für sogenannte Konzessionsverträge, durch die die Stellung als Grundversorger vergeben wird.[139]

---

[137] Vgl. dazu näher De Wyl/Finke (2013).
[138] Vgl. dazu näher Ruge (2013); Müller/Growitsch/Wissner (2011).
[139] Vgl. dazu näher Albrecht (2013).

6.3.4 Traditionelle Wirtschaftsaufsicht und -regulierung

Die traditionelle spezifische Wirtschaftsregulierung (jenseits des allgemeinen Wettbewerbsrechts) hatte vor allem die Zielsetzung der Gefahrenabwehr. Die Regulierungsziele
haben sich heute erheblich erweitert, insbesondere um Aspekte des Umweltschutzes.
Traditionelle Wirtschaftsregulierung erfolgte im Wesentlichen auf der Grundlage ordnungs-
rechtlicher Instrumentarien (Ge- und Verbote, Genehmigungsvorbehalte). Wie auch im
Umweltrecht wird heute jedoch der Ruf nach Regulierungsformen laut, die auf der einen
Seite wirksamer/effektiver, auf der anderen Seite aber auch effizienter sind (geringere
Transaktionskosten oder Vermeidungskosten).

Die Regulierung des Marktes für sexuelle Dienstleistungen ist ein interessantes Anschauungsbeispiel für eine Analyse der beteiligten Interessen einschließlich der Politiker.
Obwohl dieser Markt seit jeher ökonomisch eine große Bedeutung hat und erhebliche
Regulierungsnotwendigkeiten bestehen (Gesundheitsprobleme, Kriminalitätsprävention,
soziale Sicherheit der Anbieter), haben sich die Gesetzgeber lange Zeit auf ein Verbot und
eine strafrechtliche Sanktionierung beschränkt.[140] Gefördert wurde dies durch die Furcht
der Politiker vor Reaktionen konservativer Wähler und dem Verlust an eigener Reputation,
wenn sie sich positiv mit dem Thema auseinandersetzen. So wie in einigen anderen Ländern ist die Prostitution in Deutschland mittlerweile legalisiert,[141] allerdings nach wie vor
deutlich unterreguliert.

6.4 Internationale Wirtschaftsbeziehungen und Weltwirtschaftsverfassung

6.4.1 Grundlagen

6.4.1.1 Weltwirtschaftsverfassung und internationales Wirtschaftsrecht
Die internationalen Wirtschaftsbeziehungen haben in Zeiten der Globalisierung deutlich an
Bedeutung gewonnen. Sie werden eingehegt durch eine Weltwirtschaftsverfassung, die für
sie Regeln, Koordinationsmechanismen und Institutionen bereitstellt.[142] Ihr Gegenstand ist
der grenzüberschreitende Handel mit Waren und Dienstleistungen, der internationale Kapi-
talverkehr sowie die grenzüberschreitende Investitionstätigkeit. In rechtlicher Hinsicht wird
die Weltwirtschaftsverfassung durch das internationale Wirtschaftsrecht geregelt. Darunter
soll hier die Gesamtheit der Normen gesehen werden, die sich spezifisch auf die Produktion,
den Handel oder die Verteilung von Waren und Dienstleistungen beziehen, sofern davon
ein grenzüberschreitender Aspekt umfasst ist. Diese Wirtschaftsrechtordnung lässt sich in
unterschiedliche Regelungsbereiche gliedern:

---

[140] Vgl. hierzu Della Guista (2010), 1 ff.

[141] Gesetz zur Regelung der Rechtsverhältnisse der Prostituierten (Prostitutionsgesetz) vom 20. Dez.
2001, BGBl. I S. 3983.

[142] Zur Weltwirtschaftsverfassung als Ordnungsgedanke Behrens (2000).

- Recht des Waren- und Dienstleistungsverkehrs (einschließlich des internationalen Kauf- und Vertragsrechts);
- internationales Unternehmensrecht (internationales Gesellschafts-, Wettbewerbs- und Steuerrecht);
- internationales Eigentums- und Investitionsrecht, etwa Investitionsschutzverträge;
- internationales Währungsrecht (zum Beispiel Bretton Woods) und internationales Finanzrecht (Internationaler Währungsfonds, Weltbank).

Abgesehen von sektorspezifischen Spezialregelungen haben sich im Laufe der Zeit einige prägende und wirkkräftige Prinzipien des internationalen Wirtschaftsrechts herausgebildet. Zu ihnen gehören die Diskriminierungsverbote, das Meistbegünstigungsprinzip und natürlich auch das Gegenseitigkeitsprinzip, um die Balance der Bindungen zu wahren.

Vorliegend soll das Recht des freien Waren- und Dienstleistungsverkehrs (ohne das Kaufs- und Vertragsrecht) in den Mittelpunkt der Betrachtung gestellt werden (unten 6.4.2). Es geht dabei um die hoheitliche Regulierung des grenzüberschreitenden Handels mit Waren und Dienstleistungen.

6.4.1.2 Perspektiven der Ökonomik

Ökonomisch kann man die Weltwirtschaftsverfassung und das internationale Wirtschaftsrecht als ein öffentliches Gut sehen: wie das Design des nationalen Wirtschaftsrechts die ökonomische Wohlfahrt der Bürger (mit-)determiniert, hat das internationale Wirtschaftsrecht erheblichen Einfluss auf den Wohlstand und seine Verteilung.[143] Vor diesem Hintergrund zielt die zentrale Frage der Ökonomik darauf ab, zu ermitteln, welche Triebkräfte und Faktoren zur Entstehung dieses öffentlichen Gutes beitragen.

Etwas vereinfachend könnte man annehmen, dass Nationalstaaten an der Entstehung von internationalem Wirtschaftsrecht mitwirken, weil nur so grenzüberschreitender Handel von Waren und Dienstleistungen, an dem praktisch alle Staaten Interesse haben, effizient durchgeführt werden kann. Dies blendet aber die free-rider-Problematik ebenso aus wie den Umstand, dass die Interessen der Staaten je nach wirtschaftlicher Situation voneinander abweichen und hinter „dem" Interesse eines Staates unterschiedliche Partikularinteressen stehen (etwa der exportierenden Wirtschaft und der heimischen Industrie, ökonomische Interessen einzelner sowie deren soziale oder ökologische Interessen. . .).

In Bezug auf die Staateninteressen als solche kann etwa ein Motiv für die Schaffung von Weltwirtschaftsrecht darin gesehen werden, dieses möglichst nach den Strukturen des eigenen nationalen Rechts auszugestalten, weil man sich davon Vorteile für die heimische Wirtschaft verspricht. So kommt es zu einem internationalen Wettbewerb zwischen Wirtschaftsrechtsordnungen.[144]

In Bezug auf die Einzelinteressen wird die Entstehung von internationalem Wirtschaftsrecht dadurch begünstigt, dass sich die darauf gerichteten Interessen (etwa der

---

[143] Meessen (2009).
[144] Vgl. dazu etwa Kerber (2009).

exportierenden Industrie oder von international agierenden Unternehmen) in der Regel besser organisieren lassen als protektionistische Interessen. Zudem haben die Politiker zugunsten dieser Interessen besonders weite Handlungsspielräume, weil sich die Allgemeinheit der Wähler für außenwirtschaftliche Fragen weniger interessiert beziehungsweise auch weniger versteht.[145]

Ein weiterer wirkkräftiger Grund für das Zustandekommen bestimmter Regeln des internationalen Wirtschaftsrechts kann man gerade entgegengesetzt in der „innerstaatlichen Funktion" („constitutional function") sehen.[146] Politiker und Regierungen gehen internationale Bindungen ein, um sich später gegenüber ihren Bürgern und Lobbygruppen (oder auch den Wählern) darauf berufen zu können.[147] Dies wurde gerade auch in Bezug auf die Subventionsvergabe deutlich, wo es Politikern schwer fällt, Subventionswünsche abzuwehren.[148]

6.4.2 Welthandelsrecht

Staatliche Beschränkungen des grenzüberschreitenden Handels durch Zölle, mengenmäßige Beschränkungen etc. haben in der Geschichte der Wirtschaftspolitik eine lange Tradition; in der Zeit des Merkantilismus sind sie zu einem zentralen Instrument des staatlichen Interventionismus aufgestiegen. Eine fast ebenso lange Tradition hat der Versuch, diese Handelsbeschränkungen durch bi- oder multilaterale Vereinbarungen zwischen den Staaten abzubauen. Das so entstandene Welthandelsrecht ist ein bedeutender Forschungsgegenstand der Ökonomik.[149]

6.4.2.1 Theoretische Grundlagen der Handelsliberalisierung

Aus der Sicht der *positiven Ökonomik* stellen sich insbesondere die Fragen, warum die Staaten einerseits Handelsbeschränkungen einsetzen und warum sie andererseits Liberalisierungsvereinbarungen schließen.[150]

Die Neigung der Staaten zum Protektionismus („protectionist bias") wird üblicherweise mit dem Einfluss nationaler Interessenträger und Interessenverbände (Unternehmen, Gewerkschaften etc.) erklärt.[151] Auf dem nationalen „Markt für Protektionismus" stünde einer gut organisierten Nachfrage nach Protektionismus keine relevante Nachfrage nach Handelsliberalisierungen gegenüber. Soweit daran Interesse besteht, etwa bei den an Preissenkungen interessierten Verbrauchern, ist ein Engagement für diese Zielsetzung nicht

---

[145] Behrens (2000), 15 f.

[146] Vgl. dazu Rodi (2000a), 101 f.; Cottier (2009), 318 ff.

[147] Cottier (2009), 322.

[148] Zu den Gründen vgl. oben 6.2.2.3.3.2.

[149] Vgl. dazu Sykes (2007), 5. (786 ff.).

[150] Vgl. dazu Krajewski (2003).

[151] Krajewski (2003), 5 f.

rational, da Handelsliberalisierungen ein öffentliches Gut darstellen. Das Argument, dass Staaten per se Interesse an Handelsbeschränkungen hätten, insbesondere um nationalen Wohlstand zu mehren, tritt heute eher in den Hintergrund.[152]

Auf der anderen Seite ist zu fragen, warum sich Staaten dann doch auf eine Reduktion von Handelsbeschränkungen und auf Handelsliberalisierungen verständigen. Eine Triebkraft ergibt sich aus der eben skizzierten Theorie des Lobbyismus von Interessengruppen: es gibt zunehmend Unternehmen, die auf grenzüberschreitende Wirtschaftstätigkeit setzen und Handelsliberalisierungen wünschen. So konnte etwa in Bezug auf die Verhandlungen um das Abkommen über handelsbezogene Aspekte des geistigen Eigentums (TRIPS) Mitte der 80er Jahre eine aktive Lobby-Arbeit von Industrieverbänden und Unternehmenszusammenschlüssen in den USA beobachtet werden.[153] Die konstitutionelle Ökonomie verweist zudem darauf, dass Handelsabkommen ein Weg sind, um den nationalen Interessen an Protektionismus zu begegnen; die internationale Handelsordnung hätte insoweit eine binnenwirtschaftliche und innenpolitische Funktion („domestic policy function").[154]

Empirisch sind die Erklärungsversuche der Ökonomik für den Einsatz von Handelsbeschränkungen und für den Abschluss von Vereinbarungen über Handelsliberalisierungen bisher allerdings nur unzureichend untersucht.[155]

Eine Frage der *normativen Ökonomik* ist es dagegen, inwieweit Handelsabkommen mit dem Ziel der Handelsliberalisierung abgeschlossen werden sollten. Aus wohlfahrtstheoretischer Sicht wird traditionell darauf verwiesen, dass sich der Wohlstand durch internationale Arbeitsteilung mehren ließe (Theorie des „comparative advantage"). Umgekehrt träten durch regelloses Verhalten, etwa in Form von Handelskriegen, Wohlstandsminderungen ein („beggar-my-neighbour-policy"). Es steht außer Frage, dass der grenzüberschreitende Handel eines Rechtsrahmens bedarf. Darin wird eine typische Dilemmastruktur gesehen, die durch einen Rechtsrahmen aufgelöst werden muss. Dieser auf *Adam Smith* zurückgehende und von *David Ricardo* und *John Stuart Mill* auf den Außenhandel übertragene Gedanke[156] hat gerade in der zweiten Hälfte des 20. Jahrhunderts zu einer weitreichenden Liberalisierung des Welthandels geführt.

Nachdem heute jedoch zunehmend auch negative Folgen der Globalisierung deutlich werden, hat sich dieser Grundkonsens zumindest gelockert. Es wird immer deutlicher, dass mit der Liberalisierung des Welthandels auch negative Erscheinungen einhergehen, wie etwa die zunehmende Umweltzerstörung oder die Auswirkungen globaler Wirtschaftskrisen. Hoffnungen, dass die Liberalisierung des Welthandels zu der Durchsetzung von Menschen-

---

[152] Der preußische König Friedrich II. hat 1748 die Zielsetzung merkantilistischer Wirtschaftspolitik plastisch formuliert: „Es gereichen zwei Sachen zum wahren Besten eines Landes, nämlich (1.) aus fremden Landen Geld hereinzuziehen und (2.) zu verhindern, dass das Geld unnötigerweise aus dem Land gehen müsse"; zitiert nach Brandt (1981), 63.

[153] Krajewski (2003), 15.

[154] Grdl. Petersmann (1991); dazu Rodi (2000a), 111.

[155] Krajewski (2003), 13 m. Nachw.

[156] Vgl. dazu Hilf/Oeter (2010), § 1 Rn. 4, § 2 I. und Hansen (2008), 96 ff.

rechten oder der Armutsbekämpfung beitragen kann, sind weitgehend enttäuscht worden. Gerade die am wenigsten entwickelten Länder gehören zu den klaren Verlierern der Globalisierung. Deshalb ist eine grundlegende Neubewertung der Ziele einer internationalen Wirtschaftspolitik angezeigt.[157]

6.4.2.2 GATT/WTO

Ausgangspunkt des modernen Welthandelsrechts war die Atlantische Charta von 1941 mit einem Bekenntnis zum liberalen Ausbau der internationalen Wirtschaftsbeziehungen. Realisiert wurde das mit der Charta von Havanna 1947, von dessen komplexen Regelungswerk allerdings nur das allgemeine Zoll- und Handelsabkommen (GATT) in Kraft trat (vorgesehen war auch eine International Trade Organisation ITO). Zur Verwirklichung des Ziels eines freien Welthandels führen die Vertragsparteien in periodischen Abständen Handelsrunden durch (überwiegend in Genf, so 1947, 1961/1962 sogenannte Dillon-Runde, 1964–1967 sogenannte Kennedy-Runde, 1973–1976 sogenannte Tokio-Runde): der Schwerpunkt der Verhandlungen lag auf einer Reduzierung der Zölle; in der Tokio-Runde um es zu Verhandlungen über nicht-tarifäre Handelshemmnisse (etwa mengenmäßige Beschränkungen, Exportbeschränkungen, Subventionen) mit entsprechenden Zusatzvereinbarungen („GATT-Codices") zwischen einem je eigenen Kreis von Vertragsstaaten; dies lag daran, dass GATT-Vertragsänderungen einer 2/3-Mehrheit bedurften. Im Rahmen der sogenannten Uruguay-Runde Anfang der 90er Jahre wurde das Welthandelsrecht aufgewertet und ausgeweitet: aufgewertet, weil nunmehr eine Welthandelsorganisation geschaffen wurde (WTO) und ein obligatorisches Streitschlichtungsverfahren eingeführt wurde; ausgeweitet, weil das Rechtsregime über den Handel mit Waren hinaus auf den Handel mit Dienstleistungen (General Agreement on Trade in Services, GATS), aber auch den Schutz geistigen Eigentums erstreckt wurde (Agreement on Trade-Related Aspects of Intellectual Property Rights).[158]

Nach den anfänglich großen Erfolgen der Welthandelsordnung in Bezug auf Handelsliberalisierungen und einer Verfestigung und Verrechtlichung der Organisationsstruktur scheint diese Entwicklung nunmehr zu einem Stillstand gekommen zu sein. Ausdruck dessen ist, dass die aktuelle Verhandlungsrunde (Doha-Runde) seit 2001 weitgehend ergebnislos verlaufen ist, insbesondere auch die angestrebte Liberalisierung der Agrarmärkte.

6.4.2.3 Investitionsschutz

Das Recht des internationalen Investitionsschutzes[159] bezieht sich vor allem auf Direktinvestitionen. Darunter versteht man volkswirtschaftlich langfristige Kapitalbewegungen zum Erwerb von Vermögensgegenständen (in Abgrenzung dazu beziehen sich Portfo-

---

[157] In diesem Sinne auch Cottier (2009), 327 ff.; für einen Überblick zu den verschiedenen Argumenten der Kritiker eines freien Welthandels vgl. Hansen (2008), 112 ff.

[158] Zur Entstehungsgeschichte von GATT und WTO vgl. Hilf/Oeter (2010), § 3 und § 4.

[159] Zur ökonomischen Analyse des internationalen Investitionsschutzrechts vgl. Sykes (2007), 6. (810 ff.).

lioinvestitionen auf Forderungen). Im Rahmen der Globalisierung nehmen ausländische Direktinvestitionen rasant zu. Vordergründig dienen sie der Versorgung der Bevölkerung des Gaststaates. Praktisch liegt ihre Hauptfunktion in der Steigerung des Absatzes; mit Direktinvestitionen lassen sich Anteile auf Märkten gewinnen, die dem Handel aufgrund von Handelshemmnissen oder logistischen Problemen sonst nur schwer zugänglich wären. Politisch sind Direktinvestitionen seit jeher umstritten: Einerseits sind sie für die wirtschaftliche Entwicklung der Gastländer wichtig (gerade auch für Entwicklungsländer); andererseits sind werden mit ihnen die heimische Produktion oder die kulturelle Identität bedroht und es besteht die Gefahr einer Abhängigkeit von transnationalen Unternehmen.

Nicht zuletzt aus diesen Gründen haben die Staaten ein ausdifferenziertes Instrumentarium zur Regulierung ausländischer Direktinvestitionen entwickelt:[160] Der Marktzugang wird durch Genehmigungsvorbehalte an Voraussetzungen geknüpft wie etwa an die Verfassung oder Geschäftsführung des Unternehmers, an die Verwendung inländischer Vorprodukte oder die Beschäftigung inländischer Arbeitnehmer; hinzu treten Restriktionen bei Sektoren, die als sensibel oder strategisch angesehen werden (etwa Rüstung oder Medien).

Dagegen zielt das völkerrechtliche Investitionsschutzrecht vor allem auf Rechtssicherheit für Direktinvestitionen. Traditionell werden dazu bilaterale Investitionsschutzabkommen geschlossen; diese enthalten etwa Inländergleichbehandlungs- oder Meistbegünstigungsklauseln für Investoren, Gewinntransferklauseln, Entschädigungsregelungen für Enteignungen sowie Vereinbarungen zur Streitregelung.

Bemühungen zur Schaffung eines multilateralen Investitionsregimes sind bis heute gescheitert, etwa das unter der Federführung der OECD entwickelte Multilaterale Übereinkommen für Investitionen (Multilateral Agreement on Investment – MAI).[161] Der Entwurf enthält einen weiten Investitionsbegriff (auch Portfolioinvestitionen) und gewährt einen nahezu unbeschränkten Marktzugang. Gerade die Entwicklungsländer, die kaum Einfluss auf den Entwurf nehmen konnten, sahen darin einen zu weitgehenden Eingriff in ihre Souveränität; zudem wurden, auch von anderen Staaten, negative Auswirkungen auf die Umweltpolitik oder Arbeitnehmerrechte befürchtet.

Spezifische multilaterale Abkommen mit Bezug auf den Investitionsschutz enthält dagegen das WTO-Recht. Neben dem Übereinkommen über handelsbezogene Aspekte der Rechte des geistigen Eigentums (Agreement on Trade-Related Aspects of Intellectual Property Rights – TRIPS)[162] gilt dies insbesondere für das Übereinkommen über handelsrelevante Investitionsmaßnahmen (Agreement on Trade-Related Investment Measures – TRIMS). Dieses ist deutlich zurückhaltender als der Entwurf des MAI; es enthält lediglich ein Verbot bestimmter Auflagen für Direktinvestoren, nicht aber Maßstäbe für den Marktzugang. Es stellt sich damit weniger als Investitionsschutzabkommen dar, viel-

---

[160] Zur politischen Ökonomie internationaler Investitionsabkommen vgl. grdl. Schultheis (2010).

[161] OECD-Dok. DAFFE/MAI/NM(98)2/REV1.

[162] Dazu sogleich unten 6.4.2.4.2.

mehr als Legitimation restriktiver handelspolitischer Investitionsmaßnahmen.[163] Durch die Doha-Erklärung wurde auch das Mandat erteilt, Kernfragen eines umfassenden Investitionsabkommens unter dem Dach der WTO zu untersuchen; auch diese Bestrebungen wurden jedoch eingestellt (2004).

6.4.2.4 Geistiges Eigentum

Der Schutz von Immaterialgüterrechten und insbesondere von geistigem Eigentum spielt aus rechtsökonomischer Perspektive eine herausragende Rolle.[164]

6.4.2.4.1 Rechtsökonomische Grundlagen

Geistiges Eigentum ist ein klassisches Anwendungsfeld der Theorie vom Marktversagen.[165] Es ist durch Innovationen gekennzeichnet, deren Herstellung in der Regel mit viel (auch finanziellem) Aufwand verbunden ist; gleichzeitig bestehen Innovationen regelmäßig aus Ideen, die auch von anderen aufgegriffen und wirtschaftlich genutzt werden können. Besonders einsichtig ist dies im Falle neuer Computerprogramme, die einfach kopiert werden können. Deshalb stellen sich Innovationen und geistiges Eigentum im Regelfall als öffentliche Güter dar oder anders gewendet: ihre Herstellung erzeugt positive externe Effekte. Damit befinden sich Unternehmen in Bezug auf Innovationen in einem Gefangenendilemma – aus Angst, dass man selbst investiert und geistiges Eigentum schafft, andere jedoch nicht und die Innovationen nutzen, besteht eine Tendenz, dass Innovationen nicht im gesellschaftlich erwünschten Umfang erfolgen. Nichtinvestition bedeutet in diesem Sinne „Defektion".[166] Neben Subventionen stellt der Patentschutz das zentrale Instrument zur Bekämpfung dieses Marktversagens dar. Ökonomisch gesehen zielt dieser darauf, durch Internationalisierung externer positiver Effekte die Produktion von Innovationen und geistige Neuschöpfungen zu stimulieren.

Die Frage, ob, in welchen Fällen und in welchem Ausmaß heute *Patentschutz* gewährt werden sollte, wird von der Ökonomik heute zunehmend differenzierter und auch kritischer diskutiert. Das gilt insbesondere für die früher unangefochtene These, dass durch den Schutz die gesellschaftliche Wohlfahrt insgesamt maximiert würde.[167] Weiter wird der positive Zusammenhang zwischen einem starken Schutz geistigen Eigentums und Wirtschaftswachstum nach neueren Studien schwächer als früher eingeschätzt; dies gelte schon in relativ geschlossenen Märkten, stärker aber noch in grenzüberschreitenden Beziehungen.[168] Schließlich wird kritisch darauf hingewiesen, dass durch die Internationalisierung (positiver) externer Effekte durch ausschließliche Nutzungsrechte (temporäre) Monopole

---

[163] Michaelis/Salomon (2010), Rn. 19.

[164] Vgl. hierzu grdl. Menell/Scotchmer (2007).

[165] Vgl. dazu oben 1.2.3.

[166] Engel (2011), 279.

[167] Vgl. zu Zweifeln und Einwänden etwa Ostergard (2003), 13 f.

[168] Ostergard (2003), 33 ff.

geschaffen werden und dies mit spezifischen Nachteilen verbunden sei. Zunächst führe das mit Patenten einhergehende Wissensmonopol und das Imitationsverbot als Kehrseite zu höheren Preisen für die Konsumenten (die sich das patentierte Produkt – etwa ein Medikament – dann unter Umständen nicht mehr leisten können) sowie dazu, dass andere Unternehmen diese Errungenschaften nicht fortentwickeln und weitere Innovationen in die Wege leiten können. Zudem besteht die Gefahr, dass das Unternehmen, das im Besitz eines Patentes ist, diese Marktmacht strategisch ausnutzt. So hat ein Erfinder einen Anreiz, sich zunächst einen stabilen Kundenstamm aufzubauen; eine dann vergebene Lizenz kann nicht voll ausgenutzt werden, insbesondere wenn sie mit Bedingungen und Einschränkungen verbunden ist.[169] Es besteht damit einerseits die Gefahr einer „Unternutzung" des Patentes,[170] andererseits aber auch die Gefahr eines Wettrennens um das Patent mit insgesamt zu hohen volkswirtschaftlichen Kosten.[171] Schließlich bedeutet ein Patent ja noch nicht, dass andere die Innovationen nicht nutzen könnten, es werden lediglich die Kosten dafür – je nach Effektivität des Sanktionsmechanismus – erhöht. Die Errichtung eines wirksamen Patentschutzes stellt aber gerade im internationalen Kontext eine große Herausforderung dar, weil die Staaten unterschiedliches Interesse daran haben (dazu sogleich).

Damit stellt sich die Frage, ob und inwieweit Patentschutz heute durch andere Instrumente ersetzt werden sollte, etwa Subventionen oder Haftungsregime[172].

6.4.2.4.2 Internationaler Schutz von Immaterialgüterrechten

Die Sicherung von Immaterialgüterrechten erfolgt traditionell nach dem Territorialitätsprinzip (Schutzlandprinzip).[173] Das Schutzniveau unterscheidet sich dabei interessenbedingt erheblich: Länder mit vergleichsweise hoher Wertschöpfung durch Innovationen (insbesondere Industrieländer) tendieren zu einem umfassenden und langen Schutz, während andere Länder (insbesondere Entwicklungsländer sowie Schwellenländer) in der Regel niedrigere Schutzstandards wählen. Es lässt sich empirisch nachweisen, dass Entwicklungsländer praktisch keinen wirtschaftlichen Nutzen von einem starken Geistiges-Eigentum-Schutzregime haben.[174] Umgekehrt sind es häufig Länder mit einer starken Lobby international agierender Firmen mit innovativen Produkten, die für einen stärkeren Schutz von Immaterialgüterrechten eintreten.[175] Im Rahmen zunehmender Globalisierung sind hier entsprechend wachsende Spannungen vorprogrammiert.

---

[169] Engel (2011), 290.

[170] Colangelo (2012), 17 f. verweist hier auf die „tragedy of the anti-commons" (vgl. dazu bereits oben 1.2.4.2), zu der eine zu starke Aufspaltung von Verfügungsrechten führen könne.

[171] Dazu Colangelo (2012), 9.

[172] Dazu Colangelo (2012), 9.

[173] Zur politischen Ökonomie von Immaterialgüterrechten vgl. Granstand (2003); zur Ökonomik des internationalen Systems von Immaterialgüterrechten vgl. Ostergard (2003).

[174] Ostergard (2003), 61 ff.

[175] Ostergard (2003), 3 ff.

Wie im Bereich des Investitionsschutzes ist jedoch der multilaterale Schutz von Immaterialgüterrechten schwach ausgeprägt. Die Grundlage bilden die Pariser Verbandsüber-
einkunft zum Schutz des gewerblichen Eigentums (PVÜ) von 1883 sowie das Revidierte
Berner Übereinkommen zum Schutz von Werken der Literatur und Kunst (RBÜ) von 1886,
deren Verwaltungsaufgaben seit 1967 von der World Intellectual Property Organization
(WIPO) wahrgenommen werden.

Auch hier gelang den Industrieländern eine deutliche Anhebung des internationalen
Schutzniveaus im Rahmen der WTO durch das Übereinkommen über handelsbezogene
Aspekte der Rechte des geistigen Eigentums (Agreement on Trade-Related Aspects of
Intellectual Property Rights – TRIPS). Den Entwicklungsländern wurden im Gegenzug
Handelsliberalisierungen in den Bereichen Textilindustrie und Landwirtschaft zugestanden.
Das TRIPS sieht nunmehr Nichtdiskriminierungspflichten, Mindestschutzstandards für ein-
zelne Immaterialgüterrechte, Regeln über wettbewerbswidrige Lizenzpraktiken, Vorgaben
zur Durchsetzung der Rechte sowie schließlich Streitschlichtungsregelungen vor. Durch
den weltweit verstärkten Schutz geistigen Eigentums sollen Handelshemmnisse abgebaut
sowie technische Innovationen und ihre Verbreitung gefördert werden.

Die Industrieländer streben jedoch einen noch weitgehenderen Mindestschutz an; außerhalb der WTO drängen insbesondere die USA und die Europäische Union andere
Länder im Rahmen bilateraler oder regionaler Handelsabkommen sogenannte TRIPS-plus-
Verpflichtungen zu akzeptieren. Ebenfalls außerhalb der WTO wurde 2010 der Entwurf
eines völkerrechtlichen Vertrages über die Bekämpfung von Produktpiraterie und Raub-
kopien (Anti-Counterfeiting Trade Agreement – ACTA) veröffentlicht. Nach heftigen
weltweiten Protesten wurde 2012 in vielen Ländern der Ratifikationsprozess gestoppt –
auch das Europäische Parlament hat in diesem Zusammenhang das Abkommen abgelehnt.

6.5 Zusammenfassung

Wirtschaftsrecht ist nicht nur Werkzeug staatlicher Regulierung, für das gesellschaftliche
Subsystem der Wirtschaft stellt es sich auch als öffentliches Gut dar und steht im Wettbewerb
mit anderen Wirtschaftsordnungen. Wirtschaftsrecht will einen funktionierenden Wettbewerb zwischen privaten Wirtschaftssubjekten ermöglichen und die wettbewerbsrelevante
Tätigkeit des Staates einhegen.

Die wirtschaftliche Betätigung des Staates („öffentliche Unternehmen") hat sich aus
wirtschaftlicher und rechtlicher Perspektive ebenso zu rechtfertigen wie die Vergabe von
Subventionen. Öffentliche Aufträge und damit das Beschaffungswesen des Staates werden
heute zunehmend auch zur Erreichung vergabefremder Zwecke eingesetzt. Diese Rechtsge-
biete sind durch einen sehr fragmentarischen Rechtsrahmen gekennzeichnet, der im Widerspruch zu ihrer herausragenden wirtschafts- und wettbewerbspolitischen Bedeutung steht.

Wirtschaftsregulierung bezeichnet jenseits der klassischen ordnungsrechtlichen Wirtschaftsaufsicht sowie der Globalsteuerung der Wirtschaft („gesamtwirtschaftliches Gleich-

gewicht") heute auch die Regulierung von Märkten, die früher eine monopolistische Struktur aufwiesen. Auf der Grundlage der Lehre von den natürlichen Monopolen bilden sich gegenwärtig teils gemeinsame teils spezifische Regulierungsstrukturen für die netzgebundenen Wirtschaftssektoren Telekommunikation, Bahn und Energieversorgung aus.

In Zeiten der Globalisierung treten Fragen der internationalen Wirtschaftsbeziehungen und der Weltwirtschaftsverfassung in den Mittelpunkt des Interesses. In Bezug auf das Welthandelsrecht wird die frühere einseitige Betonung der Handelsliberalisierung heute zunehmend ökonomisch und juristisch auf den Prüfstand gestellt. Auch beim internationalen Investitionsschutz und dem Schutz geistigen Eigentums werden heute die beteiligten heterogenen Interessen und die Charakteristika des zugrundeliegenden Marktversagens differenzierter betrachtet und so Reformbedarf identifiziert.

Literatur

Albrecht, Mathias (2013), Kommunale Wegerechte, Konzessionsverträge, Stromnetzübernahmen, in: Schneider/Theobald, Hrsg. (2013), Recht der Energiewirtschaft, München (Beck) 4. Aufl., § 9.

Backhaus, Jürgen G. (2005b), Structures of Public Enterprises, in: Backhaus, ed. (2005a), The Elgar Companion to Law and Economics, Cheltenham, UK/Northampton, MA, USA (Edward Elgar), Kap. 21, 329–344.

Behrens, Peter (2009), Economic Law between Harmonization and Competition: The Law & Economics Approach, in: Meessen, ed. (2009), Economic Law as an Economic Good. Its Rule Function and its Tool Function in the Competition of Systems, Munich (Sellier European Law Publishers), S. 45–60.

Behrens, Peter (2000), Weltwirtschaftsverfassung, Jahrbuch für Politische Ökonomie, Bd. 19, S. 5–27.

Bingel, Diane (1996), Neue Politische Ökonomie des internationalen Subventionsabbaus, Berlin (Duncker & Humblot).

Blankart, Charles (2011), Öffentliche Finanzen in der Demokratie. Eine Einführung in die Finanzwissenschaft, München (Vahlen), 8. Aufl.

Blume, Lorenz/Müller, Jens/Voigt, Stefan (2007), The Economic Effects of Direct Democracy, München (CESifo).

Blume, Lorenz/Voigt, Stefan (2011), Federalism and Dezentralization - a critical survey of frequently used indicators, Constitutional Political Economy, Bd. 22, S. 238–264.

Böttger, Christian (2008), Internationale Erfahrungen mit Bahnprivatisierungs- und Bahnregulierungsmodellen, in: Rodi, Hrsg. (2008), Die Zukunft der Bahn. Privatisierung, Wettbewerb, öffentliche Verkehrs- und Umweltinteressen, Berlin (Lexxion), S. 111–146.

Brandt, Peter (1981), Preußen: zur Sozialgeschichte eines Staates, Reinbek bei Hamburg.

Brenck, Andreas/Peter, Benedikt (2008), Eisenbahnprivatisierung in Großbritannien: Regulierung des britischen Schienennetzbetreibers, in: Rodi, Hrsg. (2008), Die Zukunft der Bahn. Privatisierung, Wettbewerb, öffentliche Verkehrs- und Umweltinteressen, Berlin (Lexxion), S. 147–180.

Bruhn, Ralf (2009), Die Wirtschaftsverfassung der Europäischen Union aus deutscher Perspektive, Berlin (Logos).

Claßen, Uwe (2001), Subventionsbegrenzung durch institutionelle Reformen, Köln (Institut für Wirtschaftspolitik).

Colangelo, Margherita (2012), Creating property Rights. Law and Regulation of Secundary Trading in the European Union, Leiden/Boston (Martinus Nijhoff Publishers).

Conrad, Christian A. (1999), Entwicklungen der Konjunkturtheorie seit Keynes und ihr Beitrag zur Konjunkturpolitik - eine vergleichende kritische Bewertung, Konjunkturpolitik, Bd. 45, S. 188–220.

Cottier, Thomas (2009), The Constitutionalism of International Economic Law, in: Meessen/Bungenberg/Puttler, eds. (2009), Economic Law as an Economic Good, Munich (Sellier), S. 317–333.

Della Guista, Marina (2010), Simulating the Impact of Regulation Changes on the Market of Prostitution Services, European Journal of Law and Economics, Bd. 29, S. 1–14.

Ehlers, Dirk (1990), Die wirtschaftliche Betätigung der öffentlichen Hand in der Bundesrepublik Deutschland, JZ, S. 1089–1100.

Ehrmann, Thomas (2008), Betriebswirtschaftliche Probleme der Kostenregulierung in den Bereichen Eisenbahn und Telekommunikation, in: Rodi, Hrsg. (2008), Die Zukunft der Bahn. Privatisierung, Wettbewerb, öffentliche Verkehrs- und Umweltinteressen, Berlin (Lexxion), S. 77–90.

Elzinga, Renée (2008), Eisenbahnprivatisierung in den Niederlanden, in: Rodi, Hrsg. (2008), Die Zukunft der Bahn. Privatisierung, Wettbewerb, öffentliche Verkehrs- und Umweltinteressen, Berlin (Lexxion), S. 181–196.

Engel, Andreas/Wambach, Achim (2007), Public Procurement under Limited Liability, in: Piga/Thai, eds. (2007), The Economics of Public Procurement, Houndmill, Basingstoke, Hampshire/New York (Palgrave Macmillan), S. 11–38.

Engel, Christoph (2011), When is Intellectual Property Needed as a Carrot for Innovators? Journal of Competition Law and Economics, Bd. 7, S. 277–299.

Eucken, Walter (1950), Grundlagen der Nationalökonomie, Berlin, Jena (Fischer) 1940; Berlin (Springer).

Feldmann, Horst (1999), Opfertheoretische Aspekte der Institutionenökonomik, Berlin (Duncker & Humblot).

Fritsch, Michael (2014), Marktversagen und Wirtschaftspolitik. Makroökonomische Grundlagen staatlichen Handelns, München (Verlag Franz Vahlen), 9. Aufl.

Fritsch, Michael (2011), Marktversagen und Wirtschaftspolitik. Makroökonomische Grundlagen staatlichen Handelns, München (Verlag Franz Vahlen), 8. Aufl.

Granstand, Ove (2003), Economies, Law, and Intellectual Property: seeking strategies for research and teaching in a developing field, Boston, Mass. et al. (Kluwer).

Hansen, Hendrik (2008), Politik und wirtschaftlicher Wettbewerb in der Globalisierung. Kritik der Paradigmendiskussion in der internationalen Politischen Ökonomie, Wiesbaden (VS Verlag für Sozialwissenschaften).

Heise, Arne (2010), Einführung in die Wirtschaftspolitik. Grundlagen, Institutionen, Paradigmen, Berlin u. a. (LIT-Verlag), 2. Aufl.

Hermes, Georg (2008), Das Eisenbahnschienennetz - Staatliche Verantwortung und Status des Betreibers, in: Rodi, Hrsg. (2008), Die Zukunft der Bahn. Privatisierung, Wettbewerb, öffentliche Verkehrs- und Umweltinteressen, Berlin (Lexxion), S. 7–26.

Hilf, Meinhard/Oeter, Stefan (Hrsg.) (2010), WTO-Recht. Rechtsordnung des Welthandels, Baden-Baden (Nomos), 2. Aufl.

Homann, Karl/Suchanek, Andreas (2005), Ökonomik: eine Einführung, Tübingen (Mohr Siebeck), 2. Aufl.

Huppertz, Paul-Helmut (1977), Gewaltenteilung und antizyklische Finanzpolitik. Ein Beitrag zur Theorie institutioneller Bedingungen der Stabilisierungspolitik in der Bundesrepublik Deutschland, Baden-Baden (Nomos).

Jochum, Georg (2006), Die Steuervergünstigung: Vergünstigungen und vergleichbare Subventionsleistungen im deutschen und europäischen Steuer-, Finanz- und Abgabenrecht, Münster (LIT).

Joskow, Paul L. (2007), Regulation and Natural Monopoly, in: Polinsky/Shavell, eds. (2007), Handbook of Law and Economics, vol. II, Amsterdam et al. (Elsevier), S. 1227–1348.

Jungbluth, David (2010), Überformung der grundgesetzlichen Wirtschaftsverfassung durch Europäisches Unionsrecht?, EuR, S. 471–490.

Kaplow, Louis/Shapiro, Carl (2007), Antitrust, in: Polinsky/Shavell, eds. (2007), Handbook of Law and Economics, vol. II, Amsterdam et al. (Elsevier), S. 1073–1225.

Kerber, Wolfgang (2009), The Theory of Regulatory Competition and Competition Law, in: Meessen/Bungenberg/Puttler, eds. (2009), Economic Law as an Economic Good, Munich (Sellier), S. 27–44.

Kersten, Jens (2010), Herstellung von Wettbewerb als Verwaltungsaufgabe, VVDStRL, Bd. 69, S. 288–334.

Kirchner, Christian (2010), Zur Ökonomik des Vergaberechts, VergabeR, S. 725–735.

Krajewski, Markus (2003), Konstitutionelle Ökonomie des GATT/WTO-Rechts, in: Van Aaken/Schmid-Lübbert, Hrsg. (2003), Beiträge zur ökonomischen Theorie im Öffentlichen Recht, Wiesbaden (Deutscher Universitäts-Verlag), S. 1–24.

Kühling, Jürgen (2004), Sektorspezifische Regulierung im Rahmen der Netzwirtschaften. Typologie, Wirtschaftsverwaltungsrecht, Wirtschaftsverfassungsrecht, München (Beck).

Lehnert, Anne (2009), Die Korrektur von gemeinschaftswidrigen Beihilfen in Form von Steuervergünstigungen, Frankfurt a. M. (Lang).

Meessen, Karl M. (2009), Economic Law as an Economic Good. Its Rule Funktion and its Tool Function in the Competition of Systems, in: Meessen/Bungenberg/Puttler, eds. (2009), Economic Law as an Economic Good, Munich (Sellier), S. 3 ff.

Menell, Peter S./Scotchmer, Suzanne (2007), Intellectual Property, in: Polinsky/Shavell, eds. (2007), Handbook of Law and Economics, Vol. 2, Amsterdam u. a. (Elsevier), Kap. 19, S. 1473–1570.

Mercuro, Nicolas/Medema, Steven G. (1997), Economics and the Law. From Posner to Post-Modernism, Princeton (Princeton University Press).

Michaelis, Martin/Salomon Tim-René (2010), Handelsbezogene Investitionsmaßnahmen, in: Hilf/Oeter, Hrsg. (2010), WTO-Recht. Rechtsordnung des Welthandels, Baden-Baden (Nomos), 2. Aufl., § 15, S. 336–351.

Mitusch, Kay/Beckers, Thorsten (2008), Steuerung der Eisenbahninfrastruktur durch Leistungs- und Finanzierungsvereinbarung (LuFV) und Anreizregulierung, in: Rodi, Hrsg. (2008), Die Zukunft der Bahn. Privatisierung, Wettbewerb, öffentliche Verkehrs- und Umweltinteressen, Berlin (Lexxion), S. 91–109.

Morgan, Bronwen/Yeung, Karen (2007), An Introduction to Law and Regulation. Text and Materials, Cambridge (Cambridge University Press).

Müller, Christina/Growitsch, Christian/Wissner, Matthias (2011), Regulierung, Effizienz und das Anreizdilemma bei Investitionen in intelligente Netze, Z Energiewirtsch, Bd. 35, S. 159–171.

Nieder-Eichholz, Markus (1995), Subventionsordnung. Ein Beitrag zur wirtschaftlichen Ordnungspolitik, Berlin (Duncker & Humblot).

Nipperdey, Hans Carl (1965), Soziale Marktwirtschaft und Grundgesetz, Köln u. a. (Heymann) 3. Aufl.

North, Douglass Cecil (1990a), Institutions, Institutional Change and Economic Performance, Cambridge.

Ogus, Anthony (1994), Regulation - Legal Form and Economic Theory, Oxford (Hart).

Ostergard, Robert L. (2003), The Development Dilemma. The Political Economy of Intellectual Property Rights in the International System, New York (LFB Scholarly Publishing LLC).

Peters, Anne (2010), Wettbewerb von Rechtsordnungen, VVDStRL, Bd. 69, S. 7–53.

Petersmann, Ernst-Ulrich (1991), Constitutional Functions and Constitutional Problems of International Economic Law: international and domestic foreign trade law and foreign trade policy in the United States, the European Community and Switzerland, Fribourg (University Press Fribourg).

Pielow, Johann-Christian (2006), Öffentliche Daseinsvorsorge zwischen Markt und Staat, JuS, S. 692–694.

Piga, Gustavo/Thai Khi V. (2007), The Economics of Public Procurement, in: Piga/Thai, eds. (2007), The Economics of Public Procurement, Houndmill, Basingstoke, Hampshire/New York (Palgrave Macmillan), S. 1–10.

Raasch, Johanna (2009), Die Vergabe öffentlicher Aufträge als Instrument des Verwaltungshandelns, JA, S. 199–206.

Richter, Rudolf/Furubotn, Eirik G. (2010), Neue Institutionenökonomik, Tübingen (Mohr Siebeck), 4. Aufl.

Rodi, Michael (2004), Kommentierung des Art. 109 Grundgesetz, in: Dolzer/Vogel, Hrsg. (2004), Bonner Kommentar zum Grundgesetz, Heidelberg (HJR Verlag).

Rodi, Michael (2000a), Die Subventionsrechtsordnung. Die Subvention als Instrument öffentlicher Zweckverwirklichung nach Völkerrecht, Europarecht und deutschem innerstaatlichen Recht, Tübingen (Mohr Siebeck).

Rodi, Michael (1994a), Steuervergünstigungen als Instrument der Umweltpolitik, StuW, S. 204–213.

Ruge, Reinhard (2013), Rechtliche Umsetzung der Anreizregulierung, in: Schneider/Theobald, Hrsg. (2013), Recht der Energiewirtschaft, München (Beck) 4. Aufl., § 18.

Schanze, Erich (2009), Assessing the Impact of Economic Law, in: Meessen, ed. (2009), Economic Law as an Economic Good, Munich (Sellier European Law Publishers), S. 65–74.

Schmidt, Reiner/Vollmöller, Thomas (2007), Kompendium öffentliches Wirtschaftsrecht, Berlin u. a. (Springer) 3. Aufl.

Schnöbel, Christian E. (2009), Governance der Schieneninfrastruktur: Institutionenökonomische Analyse, konzeptionelle Vorschläge für ein effektives Governance-System und kritische Würdigung der Bahnreform in Deutschland, Aachen (Shaker).

Schultheis, Antje (2010), Politische Ökonomie internationaler Investitionsabkommen: Diskurs und Forum-Shifting der EU, Münster (Westfälisches Dampfboot).

Sievert, Olaf (1979), Die Steuerbarkeit der Konjunktur durch den Staat, in: von Weizsäcker, Hrsg. (1979), Staat und Wirtschaft (Schriften des Vereins für Socialpolitik n.F. Bd. 102), Berlin (Duncker & Humblot), S. 809–846.

Staiger, Birgit (2009), Die Kontrolle staatlicher Beihilfen in der Europäischen Union. Eine ökonomische Analyse der Kompetenzallokation, Hamburg (Kovac).

Streit, Manfred E. (2005), Theorie der Wirtschaftspolitik, Stuttgart (Lucius & Lucius), 6. Aufl.

Sykes, Alan O. (2007), International Law, in: Polinsky/Shavell, eds. (2007), Handbook of Law and Economics, vol. 1, Amsterdam et al. (North Holland), Kap. 11, S. 757–826.

Voigt, Stefan (2009), Institutionenökonomik, Paderborn (Fink), 2. Aufl.

Wyl, Christian de/Finke, Jasper (2013), Entflechtung von Energieversorgungsunternehmen, in: Schneider/Theobald, Hrsg., Recht der Energiewirtschaft, München (Beck), 4. Aufl., § 4.

Ziekow, Jan (2010), Öffentliches Wirtschaftsrecht: Ein Studienbuch, München (Beck), 2. Aufl.

Umweltökonomik

Die Umweltökonomik ist wohl das Gebiet, das die Rechtspraxis in den vergangenen Jahrzehnten am stärksten beeinflusst hat.[1]

7.1 Grundlagen der Umweltökonomik

7.1.1 Marktversagen in Bezug auf die Umwelt

Die Umweltökonomie knüpft an die klassische Mikroökonomie an und entwickelt sie fort. Der Ökonomik geht es hier im Kern um die Erforschung von Bedürfnissen und Präferenzen angesichts von Restriktionen. Gerade in der Umweltpolitik wird über den Marktmechanismus häufig der als optimal erkannte Zustand verfehlt; das Problem des „Marktversagens" spielt daher hier eine besondere Rolle – entweder besteht kein Markt in Bezug auf Umweltgüter oder er führt nicht zu den gewünschten Ergebnissen.

Eine saubere und intakte Umwelt wird allgemein als erstrebenswertes *öffentliches Gut* anerkannt.[2] Zugleich sind hier *Dilemmastrukturen* besonders ausgeprägt – Tendenz zum Nicht-Kooperieren und Ausbeutung der Vorleistungen anderer. Das Konzept der Dilemmastrukturen eignet sich, um zu erklären, dass die Aneignung von Kooperationsgewinnen nur durch Institutionen möglich ist; es erklärt jedoch nicht, wie diese am besten aussehen könnten (Kooperation kann etwa auch dadurch erreicht werden, dass Nicht-Kooperieren unter Strafe gestellt wird).

---

[1] Vgl. zur Umweltökonomik einführend Blankart (2011), Kap. 25; Fritsch (2014), Kap. 6 sowie vertiefend Faure/Skogh (2003); Endres (2013).

[2] Vgl. hierzu etwa Lueg (2010), 65 ff.

© Springer-Verlag Berlin Heidelberg 2014
M. Rodi, *Ökonomische Analyse des Öffentlichen Rechts*,
DOI 10.1007/978-3-662-43594-6_7

Schon die neoklassische Umweltökonomie hat sich dieser Herausforderung mit der *Theorie von den externen Effekten* angenommen.[3] Externe positive, vor allem aber negative Effekte (Umweltschäden) werden vom Markt oft nicht berücksichtigt. Externe positive Effekte resultieren etwa aus der Entwicklung neuer Umwelttechniken, soweit diese nicht patentiert werden; dies könnte durch die Gewährung von Subventionen kompensiert werden. Bei negativen externen Effekten wird ein Dritter vom Entscheidungsträger beeinträchtigt, ohne dass diese Entscheidungsfolgen auf den Urheber zurückfielen; hier greift das umweltpolitische Verursacherprinzip ein: da der Markt nicht für eine „Internalisierung externer Effekte" sorgt, muss dies durch politische Maßnahmen geschehen.[4]

Typischerweise sind Umweltprobleme zudem durch *asymetrische Informationsverteilung* gekennzeichnet.[5] Das gilt einerseits für das Verhältnis der Umweltbehörden zu den privaten Akteuren, die die Umweltprobleme durch ihr Verhalten verursachen. Andererseits bestehen aber auch zwischen Privaten in Bezug auf umweltrelevante Sachverhalte Informationsasymetrien: So weiß etwa der Produzent mehr über die Umweltverträglichkeit eines Produktes als der Käufer und Konsument.

Gerade auch im Bereich der Umweltpolitik lassen sich schließlich Defizite durch *Staatsversagen* im Lichte der Neuen Politischen Ökonomie (NPÖ) begründen.[6] So konnten etwa massive Defizite bei der Umsetzung des Umweltordnungsrechts auch durch einen Interessengleichklang zwischen Unternehmern (Verschmutzern) und lokalen Umweltbehörden erklärt werden, die zu einem rechtswidrigen Vollzug des Umweltrechts führen.[7]

Das Vorliegen multipler Marktversagen lässt sich exemplarisch an der Zielsetzung *der Energieeffizienz* veranschaulichen.[8] Eine darauf gerichtete Politik dient der Ressourcenschonung, der Versorgungssicherheit sowie schließlich dem Klimaschutz. In Bezug auf die Ressourcenschonung versagen die Märkte, weil der zukünftige Nutzen der (knapper werdenden) Ressourcen im individuellen Kalkül der heute Agierenden nicht angemessen berücksichtigt wird; die Preise signalisieren künftige Knappheit unzureichend. Die Frage der Versorgungssicherheit kann ökonomisch als Versicherungsproblem formuliert werden:[9] Es geht um die volkswirtschaftlichen Kosten, die durch Preisschwankungen bedingt durch Versorgungsengpässe hervorgerufen werden (können); nutzenmaximierende Akteure sind jedoch nicht bereit, dieses alle treffende Risiko individuell (auf eigene Kosten) zu bekämpfen – es liegt damit eine Dilemmasituation vor. Schließlich liegt gerade in Bezug auf Energieeffizienz ein Marktversagen in Form von Informationsasymmetrien vor: Akteuren fehlen oft die notwendigen Informationen, um (teurere) Investitionen vorzunehmen, die sich auf lange Sicht wegen der Energieeffizienzeigenschaften der Investitionsgüter amor-

---

[3] Vgl. hierzu etwa Lueg (2010), 55 ff., 74 ff.; Preiss (2012) zur Externalitätenforschung.

[4] Zu den möglichen Instrumenten der Umweltpolitik siehe unten 7.2

[5] Vgl. dazu Feess/Seeliger (2013), Kap. 11.

[6] Einen guten Überblick hierzu gibt Rudolph (2005), Kap. 4.

[7] Vgl. dazu näher unten 7.2.1.2.

[8] Vgl. hierzu Sturm/Mennel (2009), 9 ff.

[9] Sturm/Mennel (2009), 15 f., m. Nachw.

tisieren würden (oft wäre auch die Informationsbeschaffung schlicht zu aufwändig, würde also zu zu hohen Transaktionskosten führen); abgesehen davon berücksichtigen sie in der Regel zukünftige Nutzen ohnehin unzureichend.[10]

7.1.2   Das Coase-Theorem (Tausch- und Verhandlungslösungen)

Eine zentrale Rolle in der umweltpolitischen Diskussion spielt das sogenannte Coase-Theorem (zurückgehend auf den berühmten Aufsatz des britischen Ökonomen *Ronald H. Coase*, The Problem of Social Cost, 1960).[11] Im Kern wendet es sich gegen die Annahme, dass bei Auftreten (negativer) externer Effekte der Staat Instrumente einsetzen sollte, die eine Internalisierung bewirken (wie etwa Umweltsteuern). Das Problem des Marktversagens würde sich dann nicht mehr stellen, wenn es gelänge, öffentliche Güter in private property rights zu verwandeln; die Lösung der Almende-Problematik durch die Schaffung privater Nutzungsrechte dient insoweit als Vorbild.[12] Der Staat legt für die Ressource, über die externe Effekte vermittelt werden (zum Beispiel Luft), (grundsätzlich transferierbare) Nutzungsrechte („Eigentumsrechte") fest. Das „Marktversagen" wird überwunden, indem die Umweltressource direkt zu einem marktfähigen Gut gemacht wird und externe Effekte im Wege von Verhandlungen internalisiert werden können.[13] Da an bestimmten Umweltgütern, wie etwa der Luft, keine Verfügungsrechte eingeräumt werden können, wird dem in einer modifizierten Variante des Coase-Theorems der Fall gleichgestellt, dass Rechte an einer bestimmten Menge von Umweltschädigungen mit negativen Auswirkungen auf dieses Gut eingeräumt werden, etwa den Ausstoß einer bestimmten Menge luftverschmutzender Emissionen.

Coase stellte in Frage, dass der Staat das Umweltziel allein durch Einflussnahme auf das Emissionsverhalten des vermeintlichen Umweltschädigers erreichen kann; Fehlallokation kann vielmehr in der Folge einer ordnungspolitischen Grundsatzentscheidung des Staates durch Interaktion der Betroffenen beseitigt werden – diese legen dann in Verhandlungen das „optimale" („pareto-effiziente") Niveau von Emissionen/externen Effekten fest. In einer Welt ohne Transaktionskosten gelangen Ressourcen dort zur Verwendung, wo sie die größte Wertschätzung erfahren, sofern nur die Nutzungsrechte klar festgelegt sind. Für eine effiziente Allokation der Ressourcen spielt es keine Rolle, wem die Nutzungsrechte zugeordnet werden; damit stellt Coase in gewisser Weise das Verursacherprinzip in der Umweltpolitik in Frage.

---

[10] Dawnay/Shah (2011), 88 ff.: „People are bad at computation".

[11] Vgl. dazu einführend Müller, F. (2006), 333 ff.; Schäfer/Ott (2012), Kap. 3.6.; Parisi (2005); Hazlett (2009); Polinsky (2011), Kap. 3, sowie vertiefend Coase (1993), 129 ff.; Faure/Skogh (2003), 151 ff. (mit anschaulichen Beispielen etwa aus dem Bereich Abfall-Recycling).

[12] Vgl. dazu grdl. Ostrom (1999).

[13] Congdon/Kling/Mullainathan (2011), 130 f.

Das Coase-Theorem lässt sich am besten an einem Beispiel aufzeigen:[14] Am Oberlauf eines Flusses liegt ein Kraftwerk, am Unterlauf eine Fischzucht, die durch die Abwässer des Kraftwerks geschädigt wird. Ordnet der Staat die Eigentums- beziehungsweise Nutzungsrechte an der Ressource Flusswasser der Fischerei zu, so wird das Kraftwerk mit ihr verhandeln, wie viel und gegen welche Kompensationszahlung es weiter Abwässer einleiten darf. Werden die Nutzungsrechte dagegen dem Kraftwerk zugewiesen, so kann die Fischerei gegen entsprechende Zahlungen erreichen, dass das Kraftwerk die Abwässer reduziert. Theoretisch wird sich in beiden Fällen das gleiche Verhandlungsergebnis ergeben (gesellschaftlich optimales Emissionsniveau); der Grenznutzen für das Kraftwerk entspricht dem marginalen Schaden für die Fischzucht.

Das Coase-Theorem hat vielfache *Kritik* ausgelöst, vor allem in Hinblick auf seine praktische Umsetzbarkeit.[15] Diese ist jedoch häufig ungerechtfertigt, stellt es doch ein Gedankenmodell dar, das auf festen restriktiven Grundannahmen beruht.

Ein häufiger Vorwurf geht dahin, das Coase-Theorem sei ideologiebelastet und fröne einem Marktliberalismus.[16] Diese Kritik erstaunt bereits deshalb, weil Coase als junger Mann ideologisch stark von sozialistischem Gedankengut geprägt war.[17] Sie trifft aber auch inhaltlich nicht zu, da das Gedankenmodell der positiven Ökonomik zuzuordnen ist und lediglich Wirkungen staatlicher Handlungen abschätzen will.[18]

Dies gilt etwa für den Einwand, dass die Informations- und Transaktionskosten gerade im Umweltbereich besonders hoch sind und Verhandlungslösungen verhindern können.[19] Coase war sich dessen bewusst; in der politischen Realität muss der Umstand positiver Transaktionskosten natürlich einbezogen werden. Erst dann kann sinnvoll über den Einsatz von Verhandlungslösungen oder interventionistischer Internalisierungsmaßnahmen entschieden werden.

Ein weiterer häufig geäußerter Einwand lautet, dass das Erreichen eines optimalen Verhandlungsergebnisses von der Verhandlungsposition, dem Regelungsrahmen für die Verhandlungen und den Fähigkeiten der Akteure abhänge. Das Coasesche Gedankenmodell berücksichtige insbesondere nicht die Möglichkeit strategischen Verhaltens.[20] So könne eine schädigende Aktivität nur mit dem Ziel durchgeführt (oder auch nur angedroht) werden, sich für die Einstellung bezahlen zu lassen. Schwerer wiegt noch der Einwand, dass zwischen den Akteuren regelmäßig Informationsasymmetrien bestehen; so kennt der Geschädigte zwar seine Grenzschadenskosten, kann aber die Grenzvermeidungskosten des

---

[14] Für ein weiteres an Coase angelehntes Beispiel – Konflikt zwischen zwei Nachbarn, einem Kuh-Hirten und einem Bauern als Wiesenbesitzer – vgl. Lueg (2010), 113 ff.

[15] Vgl. etwa Arcuri (2005); Lueg (2010), 118 ff. mit einem systematischen Überblick.

[16] Siehe etwa Hazlett (2009), 37 f. m. Nachw.

[17] Hazlett (2009), 2 ff.

[18] Zutreffend Arcuri (2005), 227.

[19] Lueg (2010), 117 f.; Endres (2013), 2. Teil A. II. 4.; Polinsky (2011), 14 f., zum Problem der Transaktionskosten; Feess/Seeliger (2013), 11.4. zum Problem unterschiedlicher Informationsstände.

[20] Voigt (2009), 2.2. (59 f.).

Verursachers nur ungenau einschätzen (und umgekehrt).[21] Nun mag man argumentieren, dass die Vermeidung strategischen Verhaltens letztlich zu den Transaktionskosten zähle;[22] ganz befriedigen kann das jedoch noch nicht.

Weiter wird auf das Problem hingewiesen, dass das Modell von wenigen (im Extremfall nur zwei) Akteuren ausgehe. Das führt nicht nur zu dem Problem, die Interessen bei vielen Beteiligten aggregieren zu müssen (und damit zu Transaktionskosten); die Tatsache, dass es sich bei Schädigern und Geschädigten in der Regel um recht heterogene Gruppen handelt, ruft zudem die Gefahr des Trittbrettfahrertums Einzelner hervor, die von den Verhandlungen und Absprachen Anderer zu profitieren versuchen. Das sich daraus ergebende Gefangenen-Dilemma kann die Verhandlungen erschweren oder unmöglich machen.[23]

Optimale Verhandlungsergebnisse können schließlich dadurch verfehlt werden, dass es nicht nur auf die Zahlungsbereitschaft, sondern auch auf die Zahlungsfähigkeit ankommt.[24] Wird etwa die Almende Bauer A zur Nutzung zugewiesen, können Verhandlungen unmöglich werden, wenn Bauer B nicht die notwendigen finanziellen Mittel hat, um Nutzungsrechte daran zu erwerben.

Der wohl gewichtigste Einwand gegen das Coase-Theorem und seiner „Invarianzthese" geht jedoch dahin, dass die Frage der Erstallokation der Nutzungsrechte eine Reihe praktischer Konsequenzen hat. So ist empirisch nachweisbar, dass die Zahlungsbereitschaft für den Erwerb von property rights und die Bereitschaft, diese abzugeben, differieren; die Erstallokationen verändert damit die Präferenzen.[25] Zudem hat die Grundsatzentscheidung darüber erhebliche verteilungspolitische Auswirkungen (Verteilungsgerechtigkeit). Schließlich kann es für den Staat Gründe geben, Umweltschädigungen noch weiter zu reduzieren; in diesen Fällen sieht die Umweltpolitik das „Verhandlungs-Gleichgewicht" als nicht ausreichend an.

Zusammenfassend kann man feststellen, das dass Coase-Theorem allein sicherlich kein Allheilmittel zur Lösung von Umweltproblemen ist. Es ist aber ein wichtiges analytisches Instrument (neben anderen) Lösungswege vorzustrukturieren. Dies gilt in besonderer Weise dann, wenn – wie etwa im Rahmen internationaler Klimaschutzverhandlungen – eine Zentralgewalt fehlt. So kam man dort zu der Erkenntnis, dass die Industrieländer auch Lasten für die Emissionsreduktion von Entwicklungsländern mittragen sollten (etwa im Rahmen des Clean Development Mechanism[26]).[27]

---

[21] Lueg (2010), 119 f.

[22] Medema (1999), 140, 146.

[23] Endres (2013), 2. Teil A. II. 3.

[24] Vgl. hierzu Lueg (2010), 119 f.

[25] Grdl. Endres (2013), 2. Teil A. II. 1.; Arcuri (2005), 225 ff.; zu dem dahinterstehenden „endowment effect" aus der Sicht der „behavioral economics" und zu einschlägigen empirischen Untersuchungen Jolls (2007), 116 ff. (4.2.).

[26] Vgl. dazu unten 7.4.4.1.

[27] Bonus (1993), 70 f.

7.1.3 Bewertung von Umweltschäden

7.1.3.1 Grundlagen

Ein zentrales Problem der Umweltökonomie liegt darin, dass eine Abweichung des Markt-
ergebnisses von einem umweltpolitischen „Idealzustand" festgestellt werden muss. Davon
ist regelmäßig ein dritter Zustand der Umwelt zu unterscheiden, den die Umweltpolitik
als anzustrebende Zielsetzung ansieht – die Frage der „richtigen" Festlegung von Um-
weltqualitätsstandards. Eine rationale Umweltpolitik wird Umweltziele nicht „um jeden
Preis" verfolgen. Es geht vielmehr um eine Abwägung von Kosten und Nutzen des Einsatzes von umweltpolitischen Instrumenten. Einer Bewertung der Kosten ist eine Bewertung
des Nutzens gegenüberzustellen. Der Nutzen liegt in vermiedenen Umweltschäden. Dies
setzt aber voraus, dass diese in vergleichbarer Weise wie die Kosten bewertet werden können.[28] Bevor auf diese Frage näher eingegangen wird, ist zunächst die Bedeutung von
Kosten-Nutzen-Analysen allgemein zu klären.

Exkurs: Rationale Kosten-Nutzen-Analyse

Kosten-Nutzen Analysen (cost-benefit analysis, CBA) sind ein wichtiges ökonomisches Instrument zur Bewertung politischer Instrumente.[29] Sie sind immer dann nötig,
wenn Marktpreise die Knappheit der Ressourcen beziehungsweise die Präferenzen der
Marktteilnehmer nicht oder nicht zutreffend widerspiegeln, also in allen Fällen sogenannten Marktversagens. Sie stellen einen Rationalitätstest für die dann zu ergreifenden
staatlichen Maßnahmen dar, etwa bei der Frage, ob ein Infrastrukturprojekt (etwa
eine Autobahn) vom Staat geplant werden soll. Die Kosten-Nutzen-Analyse erfolgt
grundsätzlich in drei Stufen:

1. Folgenabschätzung: Welche (unerwünschten) Folgen würden bei einem Unterbleiben
   der Maßnahme eintreten (oder positiv gewendet: welche Folgen kann die Maßnahme
   vermeiden)? In der Diskussion über die Einführung eines generellen Tempolimits
   wären etwa einzubeziehen: Reduktion von Verkehrsunfällen, Rückgang der Schadstoffemissionen, mögliche Zeitverluste... Auf dieser Stufe ergeben sich natürlich
   zum Teil schwierige Fragen der Wahrscheinlichkeit, die in die Bewertung einfließen
   müssen.[30]
2. Kostenbewertung: Welche (staatlichen, gesellschaftlichen und individuellen) Kosten
   würde die Maßnahme bewirken?[31] Auf dieser Ebene ist auch eine Kosteneffizienz-

---

[28] Zur Bewertung von Umweltschäden vgl. einführend Umweltbundesamt (2007); Bartelmus/Albert/
Tschochohei (2003); Cansier (1996), Kap. 5, sowie vertiefend Endres/Holm-Müller (1998).

[29] Vgl. hierzu Feess/Seeliger (2013), Kap. 12; Faure/Skogh (2003), Kap. 10 (165 ff.); Revensz/Stavin
(2007), 508 ff.

[30] Zu Fragen der Risikobewertung und der Eintrittswahrscheinlichkeit (v.a. zu dem Problem der
Risikoaversion) vgl. grdl. Umweltbundesamt (2007), 2.5; exemplifiziert wird dies am Beispiel der
Risiken der Kernenergie (2.5.4).

[31] Zu einzelnen Kostenkategorien vgl. Umweltbundesamt (2007), 41 ff.

analyse (cost efficiency) durchzuführen: Kann das angestrebte Ziel möglicherweise mit geringeren Kosten erreicht werden?

3. Der schwierigste Schritt ist die Ermittlung des mit der Zielerreichung einhergehenden Nutzens, die auch einen Nutzenvergleich mit anderen Zielen zulässt, die mit den eingesetzten Ressourcen alternativ erreicht werden könnten.[32] Eine solche Bewertung kann nur auf der Grundlage einer allgemeinen Recheneinheit durchgeführt werden, für die letztlich nur Geldeinheiten in Betracht kommen (*Monetarisierung*).

7.1.3.2 Vorteile einer monetarisierten Umweltbewertung

Die Vorteile einer solchen Kosten-Nutzen-Bewertung für eine rationale Umweltpolitik liegen auf der Hand. Mit ihrer Hilfe lassen sich Schadens- und Vermeidungskosten gegenüberstellen und so die Effizienz umweltpolitischer Maßnahmen beurteilen. Darüber hinaus lassen sich dann auch verschiedene Schadensarten miteinander vergleichen (zum Beispiel Luftverschmutzung oder Artenschwund); damit kann man der Umweltpolitik Kriterien für das Setzen von Prioritäten zur Verfügung stellen. Schließlich wird so ein Vergleich des Nutzens der Umweltpolitik (vermiedene Schäden) mit anderen ökonomischen Größen, insbesondere dem Sozialprodukt möglich, etwa um Angaben darüber machen zu können, inwiefern wachsendes Sozialprodukt auch zu gesellschaftlichen Wohlfahrtssteigerungen führt.[33]

7.1.3.3 Probleme einer monetarisierten Umweltbewertung

Eine solche monetarisierte Nutzenbewertung führt gerade in der Umweltpolitik zu erheblichen Problemen.

Zunächst ist zu erkennen, dass viele Instrumente der Umweltpolitik nicht nur einer Verbesserung der Umweltqualität dienen, sondern ihrerseits zu Umweltbeeinträchtigungen führen. In diesem Fall sind *Ökobilanzen* aufzustellen, die positive und negative Umweltwirkungen bilanzieren. Ein gutes Anschauungsbeispiel ist die Förderung von Mehrwegverpackungen durch das deutsche Abfallrecht (Verpackungsverordnung).[34]

Da es sich bei den angestrebten Zielen regelmäßig um die Herstellung öffentlicher Güter handelt, muss man einen Ersatz für die nicht vorhandenen Marktpreise finden. Als weitere schwierige Vorfrage ist zu klären, auf welcher Grundlage man Umwelt bewertet. Dies führt zu der Auseinandersetzung zwischen einem ökozentrischen und einem anthropozentrischen Umweltverständnis und damit letztlich in einen philosophischen Streit.[35] Würde

---

[32] Besondere Schwierigkeiten kann die Frage bereiten, ob und inwieweit auch „sekundärer Nutzen" von Umweltschutzmaßnahmen in die Kosten-Nutzen-Analyse einzubeziehen ist; das wird etwa in Bezug auf Klimaschutzmaßnahmen kontrovers diskutiert, vgl. Lueg (2010), 52.

[33] Vgl. etwa zur sog. „integrierten Umweltgesamtrechnung" des Statistischen Bundesamtes Bartelmus/Albert/Tschochohei (2003).

[34] Vgl. zu diesem Beispiel und zur Frage von Ökobilanzen allgemein Feess/Seeliger (2013), 12.3.2.

[35] Vgl. hierzu in Bezug auf Klimaschutzmaßnahmen instruktiv Lueg (2010), 46 ff.

man der Umwelt – wofür durchaus gute Gründe sprechen – einen Eigenwert zuerkennen, wird eine rationale Kosten-Nutzen-Analyse in der Umweltpolitik wohl kaum denkbar sein. Ökonomen gehen jedoch von der Konsumentensouveränität und damit von einer anthropozentrischen Sichtweise aus. Grundlage ist damit die Frage, welchen Nutzen der Konsument alternativen Umweltqualitäten beimisst. Indikator ist die „Zahlungsbereitschaft" als individuelle Nachfragefunktion für die Umweltqualität. Das Maß für den Nutzen ist dann die sogenannte „Konsumentenrente", also der Vorteil, der aus einer konkreten Verbesserung der Umweltqualität folgt; diese wird mit zunehmender Verbesserung der Umweltqualität tendenziell abnehmen. Bei direkter Messung der Nutzenfunktion werden Zahlungsbereitschaft und Konsumentenrente übereinstimmen.

Eine weitere Grundsatzfrage ist die Frage nach *relevanten Nutzenkategorien*.[36] Kern der monetären Bewertung von Umweltzuständen ist die Wertschätzung für die tatsächliche Nutzung der betreffenden Umweltgüter, also die Zahlungsbereitschaft für ein bestimmtes Umweltgut. Ergänzend beziehungsweise alternativ werden jedoch weitere Nutzenkategorien anerkannt: Der „Optionsnutzen" erwächst daraus, dass die Möglichkeit zur Nutzung eines bestimmten Gutes besteht, unabhängig davon, inwieweit dieses Gut auch tatsächlich nachgefragt wird; so stiftet die Existenz eines Naherholungsgebietes auch dann Nutzen, wenn man es etwa aus Zeitgründen tatsächlich gar nicht nutzt. Unter dem „Existenznutzen" versteht man den Wohlfahrtseffekt, der aus dem reinen Vorhandensein bestimmter umweltrelevanter Gegebenheiten resultiert. So wird man etwa einen Nutzen der Artenvielfalt annehmen, obwohl gar nicht absehbar ist, ob das Vorhandensein bestimmter Arten einen bestimmten Nutzen bringen wird; dies ist aber möglich, wie die Entdeckung des Wirkstoffes Penicillin aus dem Pilz Penicillium 1928 eindrucksvoll bewies.[37]

7.1.3.4 Präferenzen und Nutzenerwägungen

Einige Grundsatzprobleme stellen sich auch vor dem Hintergrund, dass eine Bewertung von Umweltschäden auf der Grundlage individueller Präferenzen und Nutzenerwägungen zu erfolgen hat.

Der erste Problemkreis dreht sich um die Frage, ob es nicht moralische oder tatsächliche Grenzen für eine solche Vorgehensweise gibt. Aus moralischer Sicht stellt sich die Frage, ob Menschenleben, aber auch die menschliche Gesundheit überhaupt Gegenstand einer monetären Bewertung sein sollten oder sein dürfen. Wenn man dies letztlich akzeptiert, weil ansonsten eine monetäre Bewertung insgesamt unmöglich würde, so stellen sich sensible Anschlussfragen. Gibt es überhaupt rationale Bewertungskriterien für Todesfälle? Es überrascht wenig, dass die Bandbreite der Bewertung von Menschenleben in verschiedenen Studien erheblich voneinander abweicht (von 2,9 bis 4,4 Mio. €).[38] Ein zweites, ebenfalls moralisches Problem ergibt sich aus dem Umstand, dass bei einer Frage nach

---

[36] Vgl. hierzu Fritsch (2014), 6.2.2.

[37] Vgl. hierzu etwa Rao (2002), 180 f., 184 f.

[38] Umweltbundesamt (2007), 71 f.

individueller Wertschätzung die „Preise" für Menschenleben je nach deren Herkunft, Alter oder Ausbildung variieren können.

Schon dieses Problemfeld zeigt, dass der Rückgriff auf individuelle Präferenzen als Bewertungsmaßstab nicht immer gangbar ist. Weitere Beispiele lassen sich hinzufügen, gerade im Bereich komplexer Ursache-Wirkungs-Beziehungen oder erheblicher Unsicherheiten. In derartigen Fällen ist zu diskutieren, ob nicht die Grundlage individueller Präferenzen durch weitere Ansätze zu ergänzen ist, etwa konsentierte gesellschaftliche Bewertungen und/oder Expertenurteile.[39]

Zudem wird der Rückgriff auf individuelle Präferenzen durch (mehr oder weniger) bekannte Einschränkungen des Rationalverhaltens erschwert. Das gilt etwa für den Umstand, dass Menschen bei klassischen Risikobewertungen (Schadensausmaß/ Eintrittswahrscheinlichkeit) zu Risikoaversion neigen.[40]

Erhebliche Probleme schafft schließlich der Umstand, dass heutige und künftige Kosten und Nutzen nicht einfach miteinander verglichen werden können.[41] Gerade bei Umweltschutzmaßnahmen fallen diese jedoch typischerweise zeitlich auseinander: sofort anfallende Vermeidungskosten müssen etwa mit künftig vermiedenen Umweltschäden verglichen werden (die bei manchen Umweltproblemen – wie etwa der Klimaveränderung – sehr weit in der Zukunft liegen können). Einigkeit besteht dem Grunde nach darüber, dass hier eine *Diskontierung* zu erfolgen hat, wobei etwa der Zinssatz als Orientierungsgröße verwendet werden könnte.[42] Auch wenn man ethische Bedenken gegen ein solches Vorgehen beiseite schiebt,[43] bleibt diese Aufgabe doch mit erheblichen Unsicherheiten behaftet. Die „richtige" Höhe der Diskontraten ist eine Wertungsfrage, über die naturgemäß die Meinungen erheblich auseinandergehen (das Umweltbundesamt etwa schlägt für kurzfristige Zeiträume bis 20 Jahren einen Satz von 3 %, bei längerfristigen – und damit intergenerativen Aspekten – von 1,5 % vor).[44] Für die Bewertung von Klimafolgen schlägt dagegen etwa *Stern* mit guten Gründen eine Diskontrate von bis zu 0,1 % an; dementsprechend hoch fällt der heutige Nutzen von Klimaschutzmaßnahmen aus.[45] In der Folge gehen dann auch die Bewertungsergebnisse entsprechend weit auseinander.

7.1.3.5 Bewertungsverfahren

Die wohl schwierigste Grundsatzfrage ist jedoch die Frage nach den Bewertungsverfahren. Grundsätzlich stehen hier direkte Methoden (Befragungen) indirekten Methoden gegenüber, mit deren Hilfe aus anderen (Markt-)Daten Rückschlüsse auf individuelle Präferenzen gezogen werden.

---

[39] Vgl. dazu Umweltbundesamt (2007), 18 ff.

[40] Vgl. dazu etwa Umweltbundesamt (2007), 23 ff.

[41] Vgl. hierzu grdl. Rao (2002), 3.6.

[42] Vgl. dazu etwa Umweltbundesamt (2007), 34 ff.

[43] So etwa Rao (2002), 3.6.

[44] Umweltbundesamt (2007), 39.

[45] Stern (1997), 49 ff.; kritisch hierzu Nordhaus (2007); kritisch Lueg (2010), 50 ff. m. Nachw.

Die *direkte Methode* zielt auf die Ermittlung der individuellen Zahlungsbereitschaft (Wertschätzung für Umweltqualität) durch Befragungen.[46] Dies kann sich auf Verbesserungen konkreter Umweltsituationen durch darauf bezogenene Maßnahmen beziehen. Die Befragungsmethode kann aber auch eingesetzt werden, um Präferenzen für Umweltgüter (bzw. deren Veränderung zum Besseren oder Schlechteren) anhand hypothetischer Umweltsituationen zu ermitteln („Kontingente Evaluierungsmethode – KEM).[47] Die Präferenzen werden durch zwei Modalitäten ausgedrückt, die in der Regel nicht deckungsgleich sind: Die „willingness to pay" drückt aus, wieviel eine Person für die Erreichung eines bestimmten Umweltzustandes zu zahlen bereit ist; die „willingness to accept" zielt auf die Ermittlung des Mindest-Geldbetrages, für den jemand bereit wäre, eine Verschlechterung der Umweltqualität zu akzeptieren. Abgesehen von diesen Differenzen und dem Umstand, dass Interviewmethoden in der Regel kostspielig sind, ergeben sich für die Praxis der direkten Bewertungsmethode noch einige weitere Herausforderungen und Probleme. Zu nennen wären das Informationsproblem (eine direkte Befragung stellt hohe Anforderung an die Informiertheit der Befragten, etwa über die Zusammenhänge zwischen Umweltverschmutzung und Gesundheitsschäden oder zwischen Emissionen, etwa CO_2, und tatsächlichen Folgen), das Trittbrettfahrerproblem beziehungsweise die Gefahr strategischen Verhaltens (Anreiz zur Untertreibung der Zahlungsbereitschaft, wenn die Gefahr besteht, dass dies Grundlage für wirkliche Zahlungsverpflichtungen sein könnte), die Situationsbedingtheit der Aussagen (die Zahlungsbereitschaft hängt in hohem Maße von anderen Faktoren ab wie Alter oder Bildungsstand; besonders problematisch ist die Abhängigkeit von der individuellen Einkommens- und Vermögenssituation) sowie schließlich Gerechtigkeitsfragen (Langzeitschäden und Fragen der intergenerationellen Gerechtigkeit; kann die Erhaltung der natürlichen Lebensgrundlagen für die künftig Lebenden von der Zahlungsbereitschaft der jetzt Lebenden abhängen?).

Nicht weniger anspruchsvoll ist es jedoch, mit Hilfe *indirekter Methoden* aus anderen beobachtbaren Verhaltensweisen oder erfassbaren Daten zutreffende Rückschlüsse auf die individuelle Zahlungsbereitschaft zu ziehen. Hier kommen diverse Ansatzpunkte in Betracht, die sich nicht gegenseitig ausschließen, vielmehr wie ein Mosaik zusammenwirken können.

In vielen Fällen führen Umweltschäden zu *Kosten- und Ertragsdifferenzen*. Die sogenannten „Wertschöpfungsmethoden" knüpfen auf feststellbare Nutzeneinbußen für Unternehmen durch Umweltschäden an (erhöhte Produktionskosten oder verringerte Erträge).[48] Beispiele sind etwa Ernteschäden infolge des Klimawandels oder Ersatzkosten für Brennstoff, wenn nach einer umfassenden Abholzung keine Brennholz mehr vorhanden ist.

Eine weitere mögliche Berechnungsgrundlage für Umweltschäden sind die Kosten, die für das Rückgängigmachen von eingetretenen Umweltschäden aufgewendet werden müs-

---

[46] Vgl. hierzu etwa Fritsch (2014), 6.2.3.1.

[47] Vgl. dazu Schneider (2001), Kap. 7 sowie die Kritik an der Methode in Kap. 8.

[48] Vgl. dazu Umweltbundesamt (2007), 83 ff., mit einem Anwendungsbeispiel für Ertragsverluste im Agrarsektor (86 ff.).

sten (*Nachsorge- beziehungsweise Kompensationskostenansatz*).[49] Das kann sich etwa in den Kosten für passive Lärmschutzmaßnahmen (Schallschutzfenster), in Krankheitskosten oder in den Kosten für Ersatzmaßnahmen nach dem Bundesnaturschutzgesetz wiederspiegeln. Problematisch ist hier natürlich die Erscheinung irreversibler Schäden; zudem ist zu berücksichtigen, dass Vorsorgekosten geringer sein können als die Nachsorgekosten.

Mit der sogenannten *Aufwands- oder Reisekostenmethode* wird die Wertschätzung für Umweltgüter anhand des Aufwands ermittelt, der für die Nutzung des Gutes betrieben wird.[50] Dieses Verfahren kann zur Messung des Erholungs- und Freizeitnutzens intakter Naherholungsgebiete, Gewässer und Wälder herangezogen werden; gemessen werden die Aufwendungen für komplementäre Güter (Fahrtkosten, Zeitaufwand, evtl. Eintrittspreise).

Verfahren zur Ermittlung *hedonischer Preise (Immobilienwertmethode)* fragen nach den Auswirkungen alternativer Umweltzustände auf den Preis bestimmter Güter (etwa Immobilien).[51] So lassen sich etwa Einflüsse von Arbeitsbedingungen (Schadstoffbelastung der Luft oder Lärm) auf die vereinbarten Löhne feststellen. Hauptanwendungsfall in diesem Bereich ist die Immobilienwertmethode: Ausgangspunkt ist die Annahme, dass der Preis einer Wohnung oder Immobilie von den Umweltbedingungen abhängt (zum Beispiel Straßenlärm). Dies setzt natürlich voraus, dass entsprechende Märkte funktionsfähig sind und die Preise nicht durch staatliche Eingriffe (zum Beispiel Mietpreisbindungen) oder kollektive Vereinbarungen (zum Beispiel Tarifverträge) verändert sind. Zudem ist es häufig nicht einfach, die Einflüsse von Umweltbelastungen von anderen Wirkungen zu unterscheiden. So sinken etwa Immobilienpreise durch schlechtere Umweltbedingungen; sie können aber weiter dadurch sinken, dass in der Folge sozial unterprivilegierte Bevölkerungsschichten zuziehen.

Angesichts der genannten Probleme überrascht es nicht, dass die Bewertungen erheblich voneinander abweichen. So bewegen sich die Schätzungen für die durch eine Tonne CO_2 verursachten Klimafolgeschäden zwischen 14 und 300 €.[52]

Ein weiteres praktisches Problem der Bewertungsverfahren liegt in dem erheblichen (finanziellen) Aufwand verlässliche Studien zu erstellen. Das gilt natürlich gerade auch für die direkte Methode. Die daraus resultierende abschreckende Wirkung für die Akteure der Umweltpolitik versucht man dadurch zu lindern, dass man Ergebnisse früherer Studien auf neuere zu übertragen versucht. Ermittelte Zahlungsbereitschaften aus früheren Bewertungen werden mit Hilfe von Expertenmeinungen auf neue Problemlagen oder Projekte übertragen. Angesichts der vielen Einflussfaktoren auf die Zahlungsbereitschaft für Umweltgüter ist diese „Nutzentransfertechnik" aber ebenfalls alles andere als ein „Königsweg".[53]

---

[49] Vgl. hierzu Umweltbundesamt (2007), 88 ff.

[50] Vgl. dazu Fritsch (2014) 6.2.3.3.; Umweltbundesamt (2007), 90 ff.

[51] Vgl. dazu Fritsch (2014) 6.2.3.2.; Umweltbundesamt (2007), 90 ff.

[52] Umweltbundesamt (2007), 67 ff., wobei das Umweltbundesamt für einen Wert von 70 € plädiert (ähnlich Stern (1997), 322, mit 85 €).

[53] Für eine Darstellung und kritische Würdigung vgl. etwa Ahlheim/Lehr (2002).

7.1.4 Bewertungskriterien für die Umweltpolitik

Der anzustrebende Umweltzustand und die zur Erreichung einzusetzenden Instrumente können nicht wissenschaftlich festgestellt werden. Das Ziel muss letztlich politisch auf der Grundlage eines Abwägungsprozesses festgesetzt werden. Leitbildfunktion haben in diesem Zusammenhang die Kosten-Nutzen-Abwägung zwischen drohenden Umweltschäden und den Vermeidungskosten sowie der Gedanke der Internalisierung externer Kosten.[54]

Diese Grundsätze sind jedoch noch zu abstrakt, um daraus konkrete Schlussfolgerungen für die Ausgestaltung des Umweltrechts ableiten zu können. Vor diesem Hintergrund haben sich Prinzipien der Umweltpolitik entwickelt; sobald die Umweltpolitik in Recht gegossen ist, dienen diese dann als systematische und teleologische Grundlage und gewinnen für die Auslegung des Rechts Bedeutung. Diese Prinzipien sind sehr stark gerade auch von ökonomischen Argumenten geprägt; oft sind sie jedoch interdisziplinär begründet und es fließen Gesichtspunkte des Umweltrechts (beziehungsweise Umweltverfassungsrechts), der Umweltethik oder der Umweltpolitik ein. An anderer Stelle habe ich dazu vor etwa 20 Jahren Vorschläge gemacht,[55] die sich aus heutiger Sicht nicht wesentlich anders darstellen.

An erster Stelle ist der Gestaltungsspielraum des Gesetzgebers zu nennen. Verfassungs- oder europarechtswidrige Vorschläge für Instrumente der Umweltpolitik sind zwar nicht per se undenkbar, man muss jedoch berücksichtigen, dass ihre Verwirklichung eine Änderung höherrangigen Rechts voraussetzt. Pragmatisch besteht natürlich auch die Möglichkeit, dass der Gesetzgeber bewusst einen Konflikt mit höherrangigem Recht eingeht und wartet, ob dies (rechtliche) Konsequenzen, etwa in Form einer Gerichtsentscheidung mit sich bringt. Bei der Bewertung von Instrumenten ist zudem zu bedenken, dass häufig eindeutige Aussagen zur rechtlichen Kompatibilität nicht möglich sind. Vor diesem Hintergrund kann eine eindeutige Rechtmäßigkeit als Vorteil, europa- und/oder verfassungsrechtliche Bedenken dagegen als rechtliches Risiko und Nachteil gewertet werden.

An zweiter Stelle sind *umweltpolitische Bewertungskriterien* zu nennen. In materieller Hinsicht sind dies anerkannte Grundprinzipien der Umweltpolitik, die ihrerseits teilweise höherrangig fundiert sind, wie etwa das Prinzip der nachhaltigen Entwicklung, das Vorsorgeprinzip[56] oder das Verursacherprinzip[57] (vergleiche zu diesen zwei Prinzipien etwa Art. 191 Abs. 2 UAbs. 1 S. 2 AEUV). In formeller Hinsicht sind zu nennen: die ökologische

---

[54] Siehe dazu oben 1.2.3.2.

[55] Rodi (1993), 43 ff.

[56] „Vorsorgen ist besser als Heilen" stellt eine ökonomische Faustregel dar, da die Vermeidungskosten in der Regel niedriger sind als die Reparaturkosten. Zudem ist das Vorsorgeprinzip aus ökonomischer Sicht angesichts vieler Unsicherheiten (Kausalität etc.) sinnvoll, die einer exakten Internalisierung externer Kosten entgegenstehen. Für eine grds. Kritik des Verursacherprinzips vgl. Feess/Seeliger (2013), 8.8.

[57] Das Verursacherprinzip knüpft umweltpolitische Handlungspflichten (Vermeidung- oder Zahlungspflichten) an die negative Beeinträchtigung der Umwelt und führt so zu einer Internalisierung externer Kosten.

Treffsicherheit[58], die Variabilität, der Verwaltungsaufwand (administrative Praktikabilität) sowie die politische Durchsetzbarkeit und Akzeptanz. Die Frage der (Kosten-)Effizienz ist das wohl bedeutendste umweltökonomische Prinzip.[59] Es ist eng verbunden mit dem Gedanken der Kosten-Nutzen-Analyse. Umweltschutz verursacht in aller Regel Kosten, nicht nur für den Staat, sondern insbesondere auch für die privaten Akteure (Unternehmen) und damit für die Volkswirtschaft. Die angestrebten Umweltwirkungen können daher nicht isoliert bewertet werden – es geht immer darum, diese möglichst kostengünstig zu erreichen. Zunehmend findet daneben die dynamische Effizienz als umweltökonomisches Prinzip Anerkennung. Realistischerweise werden die umweltpolitischen Ziele weniger durch Verzicht (Suffizienz) als vielmehr durch technologische Effizienz erreicht werden. Bei der Frage, welche Instrumente in der Umweltpolitik eingesetzt werden, spielen daher deren innovationsfördernde Potenziale eine zunehmende Rolle („dynamischer Instrumentenvergleich").[60] Man kann in diesem Zusammenhang von „Innovationseffizienz" sprechen.[61]

Allerdings wurde die klassische Hypothese, dass Umweltschutzmaßnahmen unter dem Strich volkswirtschaftlich zu Kostennachteilen führen, durch die sogenannte „Porter-Hypothese" teilweise in Frage gestellt. *Porter* und *van der Linde* haben darauf hingewiesen, dass so eben auch Innovationen induziert werden können, deren Vorteile die Kosten teilweise oder auch ganz kompensieren, wenn nicht gar überkompensieren können.[62] Dies konnte in der Folge auch empirisch in Einzelfällen bestätigt werden; allerdings lässt sich gerade in diesem Bereich auch irrationales Verhalten nachweisen – Unternehmen investieren häufig auf der Grundlage traditionellen Denkens auch dann nicht in Umweltschutzmaßnahmen, wenn sich das langfristig auszahlen würde.[63]

Schließlich können auch *andere staatliche Zielsetzungen* zur Bewertung umweltpolitischer Instrumente herangezogen werden. Exemplarisch zu nennen sind Prinzipien der Rechtspolitik (konsistente Gesamtrechtsordnung; Einfachheit und Verständlichkeit des Rechts), der Finanzpolitik (konstante Staatsfinanzierung; Aufkommensneutralität), der Wirtschaftspolitik (gesamtwirtschaftliches Gleichgewicht, Marktkonformität, Wettbewerbsneutralität), der Sozialpolitik (Verteilungsgerechtigkeit) oder internationale Aspekte (internationale Harmonisierung von Politik und Recht).

---

[58] Vgl. dazu Endres (2013), 3. Teil C. III.

[59] Vgl. dazu Endres (2013), 3. Teil C. I.

[60] Vgl. dazu näher Rodi (2009b), Endres (2013), 3. Teil C. II. und 4. Teil E.; Holzer (2007), 56 f.

[61] Vgl. etwa Lueg (2010), 94 f.

[62] Porter/van der Linde (1995).

[63] Vgl. hierzu Michie/Oughton (2011), 58 ff., m. Nachw. von Studien.

7.2   Instrumente der Umweltpolitik

Die Umweltökonomie hat entscheidend zur Fortentwicklung des umweltpolitischen Instrumentariums beigetragen. Im Ausgangspunkt stand die Kritik am Umweltordnungsrecht als dem klassischen Instrument. Daneben wurden insbesondere ökonomische Instrumente der Umweltpolitik entwickelt und „hoffähig" gemacht.[64]

7.2.1   Das Umweltordnungsrecht und seine Kritik

Historisch gesehen ist das Umweltordnungsrecht das prägende und dominante Instrument der Umweltpolitik.[65] Trotz aller berechtigter Kritik wird es auch weiterhin die Grundlage des Umweltrechts bilden.[66] Umweltordnungsrecht muss das grundrechtlich geforderte Minimum an Gesundheits- oder Eigentumsschutz zwingend gewährleisten („ökologisches Existenzminimum").[67] Die große Herausforderung liegt darin, das Ordnungsrecht durch weitere Instrumente (insbesondere ökonomische Anreizinstrumente) sinnvoll zu ergänzen und seinerseits zu modernisieren und fortzuentwickeln.

7.2.1.1   Funktionsweise

Durch Umweltordnungsrecht werden dem Verhalten Einzelner verbindliche Vorgaben (Gebote und Verbote) gemacht, die notfalls mit Zwang durchgesetzt werden (Verwaltungsvollzug und Sanktionen). Das Verhalten des Einzelnen ist jedoch nicht Selbstzweck. Im Mittelpunkt stehen hier Umweltqualitätsziele oder Immissionsstandards, die durch den Gesetzgeber vorgegeben werden und sich zunächst an die Umweltbehörden richten; sie sind nicht unmittelbar vollziehbar, müssen vielmehr in konkrete Maßnahmen „übersetzt" werden. Diese „Übersetzungsarbeit" erfolgt im wichtigen Bereich des anlagenbezogenen Umweltrechts durch Verhaltensstandards; dabei lassen sich insbesondere zwei Kategorien unterscheiden: *Emissionsstandards* geben dem Einzelnen Grenzwerte für den Ausstoß von Schadstoffen vor; sie sind besonders praktikabel und belassen Freiheit hinsichtlich der zu ergreifenden Maßnahmen. mit Produktions- beziehungsweise Verfahrensstandards schreibt der Staat die für die Emissionsbegrenzung einzusetzenden Maßnahmen/Techniken vor.

7.2.1.2   Kritik

Die Umweltökonomie beschäftigte sich im Anfangsstadium intensiv mit einer Kritik des Umweltordnungsrechts.

---

[64] Vgl. zum Instrumentarium der Umweltpolitik im Überblick Blankart (2011), Kap. 25 D. und Revesz/Stavins (2007), 534 ff. sowie – programmatisch – Europäische Kommission (2007).

[65] Dafür lassen sich aus der Perspektive der Ökonomik auch plausible Gründe benennen, vgl. etwa Revesz/Stavins (2007), 558 ff.

[66] Vgl. dazu einführend Faure/Skogh (2003), 188 ff. sowie weiterführend Gawel (1994).

[67] Kloepfer (1979).

Theoretisch weist es eine hohe ökologische Treffsicherheit auf, da es exakte Verhaltensweisen vorschreibt, die gegebenenfalls mit staatlichen Sanktionen durchzusetzen sind. Allerdings ist seit einigen Studien aus den 70er Jahren bekannt, dass das Umweltordnungsrecht an erheblichen *Vollzugsdefiziten* leidet.[68] Dies liegt einerseits daran, dass es zu unflexibel ist und die Interessen der Beteiligten nicht einbezieht.[69] Andererseits ist seine Durchsetzung durch den Umstand erschwert, dass zwischen unteren Umweltordnungsbehörden und den Verpflichteten die Gefahr einer Kollusion besteht, etwa wenn es darum geht, umweltbelastende Betriebe wegen der Arbeitsplätze in der Region zu halten.[70] Zudem bestehen zwischen den Beteiligten erhebliche Informationsasymetrien.[71] Ein weiterer Grund für bestehende Vollzugsdefizite liegt darin, dass die im Umweltordnungsrecht vorgesehenen Sanktionen oft nicht optimal sind; ökonomisch kann es im Einzelfall sinnvoll sein einen geringeren Kontrollaufwand durch höhere Sanktionen zu kompensieren, um so Vollzugskosten zu sparen.[72] Insgesamt lässt sich zumindest tendenziell von einer „vollzugshindernden Ausgestaltung des Umweltrechts" sprechen.[73]

Ein zweiter Kritikpunkt bezieht sich auf *Defizite hinsichtlich der ökologischen Effektivität*. Das Ordnungsrecht gibt keine Anreize zu weiterreichendem Umweltschutz (fehlende dynamische Anreizwirkung).

Weiter wird die zu *geringe Kosteneffizienz* des Umweltordnungsrechts kritisiert.[74] Das Ordnungsrecht nimmt keine Rücksicht auf unterschiedliche Vermeidungskosten und ist daher volkswirtschaftlich ineffizient (zu hohe volkswirtschaftliche Kosten).

In letzter Zeit wurde zunehmend auch auf *Defizite hinsichtlich der dynamischen Effizienz* hingewiesen.[75] Ein zentrales Problem von Umweltordnungsrecht liegt darin, dass mit der ordnungsrechtlichen Technikregulierung („Stand der Technik") ein Agency-Problem einhergeht. Das Wissen um Innovationsmöglichkeiten liegt bei den Unternehmen als Agenten. Sie haben aber keinen Anreiz, dies dem Regulator als Prinzipal mitzuteilen (sogar im Gegenteil); das führt zu dem bekannten „Schweigekartell der Oberingenieure"[76] beziehungsweise dem „umwelttechnischen Stagnationskartell".[77] Damit entfaltet das Umweltordnungsrecht zu geringe Anreize für technische Innovationen.[78]

---

[68] Grdl. SRU (1974); Mayntz/Bohne/Berlien (1978).

[69] Bültmann/Wätzold (2002), 43 f.

[70] Grdl. zu Vollzugsdefiziten im Umweltrecht Bültmann/Wätzold (2002).

[71] Bultmann/Wätzold (2002), 46 f.

[72] Vgl. dazu grdl. Polinsky/Shavell (2007).

[73] Bültmann/Wätzold (2002), 47 ff.

[74] Fritsch (2014), 6.3.

[75] Dazu grdl. Feess/Seeliger (2013), Kap. 9.

[76] Bonus (1984), 337 f.

[77] Endres (1985).

[78] Zum Ganzen sehr gut Gawel (2009), 201 ff.

7.2.1.3 Modernisierung des Umweltordnungsrecht

Neuerdings wird zunehmend erkannt, dass die Internalisierung externer Effekte nicht nur durch sogenannte ökonomische Anreizinstrumente geleistet wird – auch dem Umweltordnungsrecht liegt das Verursacherprinzip zugrunde, da die Betroffenen Vermeidungskosten für die Einhaltung der Grenzwerte selbst tragen müssen. Zudem lassen sich einige der gegen das Umweltordnungsrecht vorgebrachten Kritikpunkte durch seine Modernisierung zumindest entschärfen.

Zunächst ist es nicht zwingend, dass das Umweltrecht starre Vorgaben für jeden einzelnen Betrieb macht. Als Beispiel sei auf die Kompensationslösungen im BImSchG (§ 17 Abs. 3a, § 7 Abs. 3 BImSchG) verwiesen: Danach können Anlagenbetreiber von Grenzwerten abweichen, wenn sie einen Plan vorlegen, nach dem durch mehrere Anlagen (auch Dritter) insgesamt weitergehendere Minderungen erreicht werden können. Eine Flexibilisierung lässt sich etwa auch mit Benutzervorteile erreichen, also der Befreiung von umweltrechtlichen Restriktionen im Falle der Benutzung besonders umweltfreundlicher Produkte oder Maschinen (zum Beispiel Befreiung vom Nachtflugverbot für besonders leise Flugzeuge).

Zudem kann das Ordnungsrecht durch „technology forcing" dynamisiert werden. Als Beispiel hierfür kann auf das japanische Top-Runner Programm von 1999 verwiesen werden. Danach werden die am Markt befindlichen effizientesten Technologien zum allgemein verbindlichen Standard erklärt. Die Unternehmen, die diesen eingeführt haben, erhalten so einen „first mover advantage". Die daraus folgenden Wettbewerbsvorteile setzen Anreize zur Innovationsförderung und zur Weitergabe der darauf bezogenen Informationen.[79]

7.2.2 Umwelthaftung

Im Umwelthaftungsrecht wird heute nicht mehr nur ein Mittel des Interessenausgleichs, sondern zunehmend auch ein wirkkräftiges Instrument zur Verfolgung umweltpolitischer Ziele gesehen.[80]

7.2.2.1 Grundlagen

Das (zivile) Haftungsrecht stellt seit jeher einen Schwerpunkt der ökonomischen Analyse des Rechts dar.[81] Eine spannende Frage ist, inwieweit diese Erkenntnisse – gegebenenfalls modifiziert – auf die ökonomische Analyse des Öffentlichen Rechts übertragen werden können, etwa bei der Bewertung des Staatshaftungsrechts.[82] Im Zusammenhang mit dem

---

[79] Jänicke/Lindemann (2009), 178 ff.

[80] Vgl. dazu einführend Faure/Skogh (2003), Kap. 14 (241 ff.); Endres (2013), 2. Teil B.; Fritsch (2014), 5.2.8.; sowie weiterführend Adams (2004), Teil 4; Schäfer/Ott (2012), Kap. 6 (allg. zu Verschuldens- und Gefährdungshaftung); Lach/Morbach (2010); Münter (2010); Feess-Dörr (2009); Eea (2005), 119 ff.; sowie grdl. Feess (1995) und Endres (1991).

[81] Vgl. dazu grdl. Schäfer/Ott (2012), Teil 2.

[82] Vgl. dazu Hartmann (2011).

Umweltrecht und speziell dem Umwelthaftungsrecht kommt jedoch das klassische zivilrechtliche Institut der Deliktshaftung in den Blick, die Schadenersatzpflicht für die Verletzung von Rechten Dritter, nur eben überlagert durch das Gemeinwohlanliegen des Umweltschutzes. Von Umwelthaftung spricht man dann, wenn die Schädigung durch umweltbelastendes Verhalten erfolgt. Häufig wurde das klassische Deliktsrecht für diesen Fall modifiziert und in eigenen Gesetzen geregelt (zum Beispiel EU-Umwelthaftungsrichtlinie, Umwelthaftungsgesetz).

Auch hierin liegt eine Internalisierungsstrategie – der Verursacher externer Effekte hat die damit verbundenen Schäden auszugleichen. Damit ist die Frage der Zuordnung von Property Rights auch für das Umwelthaftungsrecht eine wesentliche Vorfrage; besteht keine Umwelthaftung, wird dem Schädiger ein umfassendes Recht auf Schädigung zugesprochen. Im Sinne des Coase-Theorems würde es theoretisch auch in diesem Fall zu Verhandlungen zwischen dem Schädiger und potenziell Geschädigten über mögliche Schadensvermeidungsaktivitäten kommen. Auch im Fall einer umfassenden und strengen Umwelthaftung wird sich der Schädiger im Fall „bilateraler Externalitäten" darum bemühen, mögliche Geschädigte dazu veranlassen, Schadensvermeidungs- oder Schadensverringerungshandlungen vorzunehmen (die gegebenenfalls kostengünstiger sind als die Präventionskosten des Schädigers).[83]

Während in der rechtswissenschaftlichen Diskussion die damit verbundenen Distributionswirkungen im Vordergrund stehen, interessieren sich die Ökonomen mehr für die Vorwirkungen – die Präventionswirkungen des Haftungsrechts. (Potenzielle) Umweltschädiger werden die Bemühungen um die Vermeidung von Umweltschäden in dem Maße erhöhen, in dem Haftungsfolgen drohen (die Vermeidungskosten werden entsprechend steigen). Je strenger das Umwelthaftungsrecht ausgestaltet wird, werden sich auch die Vermeidungsanstrengungen entsprechend erhöhen. Daraus ergibt sich ein individuell optimales Sorgfaltsniveau. Für den Gesetzgeber interessant ist die Frage, ob oder inwieweit dieses auch gesamtgesellschaftlich optimal ist.

7.2.2.2 Umwelthaftungsrecht am Beispiel der deutschen Rechtsordnung

Das klassische Deliktsrecht geht davon aus, dass der Schädiger nur im Falle einer durch eigenes Handelns verursachten (Kausalität) und verschuldeten Schädigung von Rechtsgütern Dritter haftet; dies hat der Geschädigte im Zweifel zu beweisen. Nun kann der Gesetzgeber diese Anforderungen in unterschiedlicher Hinsicht und in unterschiedlichem Ausmaß reduzieren, etwa hinsichtlich der Kausalität Vermutungsregeln einführen, die zu einer Beweislastumkehr führen. Im Mittelpunkt stehen Differenzierungen in Bezug auf das Verschulden und damit hinsichtlich der aufzuwendenden Sorgfalt, um eine Haftung zu vermeiden. Klassischer Haftungsmaßstab ist die Verschuldenshaftung des Deliktsrechts (vergleiche etwa § 823 BGB) und damit die Haftung für den Fall, dass die „im Ver-

---

[83] Vgl. dazu Endres (2013), 2. Teil B. I., der in diesem Zusammenhänge auf die Unterschiede von Verhandlungslösungen bei der Umwelthaftung und im klassischen Property-Rights-Ansatz von Coase eingeht.

kehr erforderliche Sorgfalt" nicht eingehalten worden ist; für eine rechtsökonomische Analyse ist dabei von Interesse, wie die Rechtsprechung diesen unbestimmten Rechtsbegriff konkretisiert.[84] Den Gegenpol bildet die Gefährdungshaftung (so etwa § 22 WHG oder §§ 25 ff. AtG) – der Schädiger muss jeden ihm zurechenbaren Schaden ersetzen; dementsprechend wird er Anstrengungen zur Emissionsvermeidung unternehmen, bis die Grenzkosten weiterer Vermeidungsanstrengungen dem zu erwartenden Schaden (Höhe mal Wahrscheinlichkeit) entsprechen. Weitere Steuerungsmöglichkeiten hat der Gesetzgeber, indem er Mitverschuldensklauseln einfügt.

Im deutschen Umwelthaftungsgesetz (UmweltHG) von 1991 hat der Gesetzgeber in § 1 eine Gefährdungshaftung für Umwelteinwirkungen statuiert (die in § 3 Abs. 1 definiert werden). Zudem wurde in § 6 Abs. 1 S. 1 UmweltHG eine Kausalitätsvermutung vorgesehen, soweit eine Anlage nach den Gegebenheiten des Einzelfalls geeignet ist, den Schaden zu verursachen. Die Ursachenvermutung besteht nach § 6 Abs. 2 UmweltHG dagegen nicht, wenn die Anlage bestimmungsgemäß betrieben wurde (insbesondere, wenn die ordnungsrechtlich festgelegten Grenzwerte eingehalten worden sind); darin ist im Ergebnis natürlich eine erhebliche Einschränkung der Ursachenvermutung zu sehen.

Eine besondere Frage stellt sich für den Gesetzgeber, wie er mit häufig anzutreffenden Fall multipler Verursachung („Multikausalität") umgehen soll.[85] Im deutschen Umwelthaftungsrecht sieht dazu § 7 UmweltHG einen Vermutungsausschluss vor, wenn mehrere Anlagen geeignet sind, den Schaden zu verursachen; hierin ist eine weitere bedeutende Einschränkung der Umwelthaftung zu sehen.

Ein weiteres Problem der Umwelthaftung ergibt sich aus dem Umstand, dass das Ausmaß der Haftung naturgemäß durch das Vermögen und die Zahlungsfähigkeit des schädigenden Unternehmens begrenzt ist. Zudem sieht der Gesetzgeber häufig noch Haftungshöchstgrenzen vor, so etwa in § 15 UmweltHG (85 Mio. € jeweils für Personen- und Sachschäden).[86] Damit soll gesichert werden, dass schadensgeneigte Aktivitäten nicht wegen möglicher hoher Haftungsfolgen unterbleiben; zumindest sollen sie zu angemessenen Konditionen versicherbar bleiben.

Interessant ist natürlich die Frage, inwieweit das Umwelthaftungsgesetz trotz einiger deutlicher Haftungsbeschränkungen zu Präventionswirkungen geführt hat; zudem entspricht es einer gesicherten Erkenntnis, dass das Haftungsrisiko bei der Umwelthaftung systematisch unterschätzt wird.[87] In einer Studie für die Enquete-Kommission des Deutschen Bundestags kam *Schwarze* zu dem Ergebnis, dass die Unfälle mit umweltgefährdenden Anlagen zwischen 1993 und 1997 immerhin um jährlich 12 % zurückgegangen

---

[84] Zu Emissionsgleichgewichten im Fall von Verschuldungshaftung vgl. Endres (2013), 2. Teil B. II.1.

[85] Vgl. dazu Endres (2013), 2. Teil B. III. 3.

[86] Vgl. zu den ökonomischen Wirkungen von Haftungshöchstgrenzen etwa Endres (2013), 2. Teil B. III. 2.

[87] Vgl. zu diesem „Optimismus-Bias" etwa Jolls (2007), 127 ff.

sind.[88] Allerdings konnte Schwarze diese Ergebnisse in einer weiteren Studie – unter Berücksichtigung auch anderer Erhebungen – nicht bestätigen.[89] Zudem konnte die Vermutung, dass das Umwelthaftungsgesetz unterstützende Wirkung für die Einhaltung ordnungsrechtlicher Vorgaben haben könnte, nicht erhärtet werden.[90]

7.2.2.3 Rechtsökonomische Fragestellungen

Wie erwähnt, verwendet die Ökonomik ein besonderes Augenmerk auf die Frage, ob die Schadensprävention auf einem gesamtgesellschaftlich effizienten Maß ausbalanciert ist.[91] Wie das Haftungsrecht insgesamt soll auch das Umwelthaftungsrecht dafür sorgen, dass Schädigungen vermieden werden, aber nicht um jeden, die Schadensvermeidungskosten müssen vielmehr angemessen bleiben. So gesehen ist die Umverteilung des Schadens vom Geschädigten auf den Schädiger nur Mittel zum Zweck gesamtgesellschaftlicher Effizienzoptimierung.[92]

Wie dargelegt, geht das Umwelthaftungsgesetz von der Versicherbarkeit des Umweltrisikos aus (die es ja gerade auch fördert). Vor diesem Hintergrund stellt sich die Frage, wie eine (freiwillige oder vorgeschriebene) Versicherung des Umweltrisikos die Internalisierungs- und Präventionswirkung beeinflusst oder welche Allokationswirkungen die Versicherung des Umweltrisikos hat.[93]

Eine denkbare negative Folge könnte darin liegen, dass Vermeidungs- und Sorgfaltsanstrengungen auf das Niveau abgesenkt werden, bei dem die Versicherung (noch) zahlt. Zudem besteht die Gefahr, dass die Versicherten die regelmäßig vorliegenden Informationsdefizite der Versicherungen ausnützen (Principal-Agent-Situation).[94]

Positiv spricht für die Einschaltung von Versicherungen in der Umwelthaftung, dass diese Erfahrung mit Schadenskalkulationen und Schadensvermeidungsstrategien haben. Sie werden also versuchen, Anreize zur Schadensprävention etwa durch Prämiendifferenzierung zu setzen oder den Versicherten Auflagen machen, die die Versicherbarkeit herstellen sollen. Es existieren hierzu erprobte Strategien der Versicherungen, wie etwa Selbstbeteiligungen oder das Instrumentarium der Risikoanalyse und des Risikomanagements.[95]

---

[88] Schwarze (1998).

[89] Schwarze (2004); in diesem Sinne auch Hapke/Japp (2001).

[90] Endres (2013), 2. Teil B. V.

[91] Hartmann (2011), 63 f.

[92] Hartmann (2011), 63.

[93] Vgl. hierzu näher Faure/Skogh (2003), 263 ff.; Endres (2013), 2. Teil B. IV.

[94] Vgl. dazu Endres (2013), 2. Teil B. IV. 4.

[95] Vgl. etwa zur Wirkung von Selbstbeteiligungen auf das Sorgfaltsniveau der Versicherten Endres (2013), 2. Teil B. IV. 5.; zum Vorschlag eines „systematischen Öko-Audits" als Bonitätsmerkmal vgl. Münter (2010), 574 ff.

7.2.3 Umweltsteuern und -abgaben

7.2.3.1 Grundlagen

Umweltsteuern und -abgaben knüpfen an staatliche Finanzierungsinstrumente an und fügen diesen eine umweltpolitische Steuerungsfunktion zu.[96] An sich dienen diese der Finanzierung staatlicher Aufgaben, indem sie an die allgemeine Finanzierungsverantwortung der Bürger (im Fall von Steuern) oder an besondere Finanzierungsverantwortungen (im Falle von Abgaben) anknüpfen. Die staatlichen Finanzinstrumente haben jedoch nicht nur Finanzierungs- und damit Aufkommenswirkungen. Ihre Erhebung hat grundsätzlich auch Gestaltungswirkungen, denn die Betroffenen gestalten ihr Verhalten vor dem Hintergrund ihrer Zahlungspflicht, in erster Linie natürlich, um Abgabenlasten zu vermeiden oder zu reduzieren.[97] Diese Verhaltenswirkung macht sich der Staat zunutze, wenn er Steuern und Abgaben bewusst zur Verhaltenssteuerung einsetzt (Lenkungsabgaben).[98]

Arthur Cecil Pigou, ein Professor für Politische Ökonomie an der Universität Cambridge, hat hierfür in den 20er Jahren einen viel beachteten theoretischen Rahmen geschaffen.[99] Insbesondere hat er dargelegt, dass sich Steuern und Abgaben gut zur Internalisierung externer Effekte eignen.[100] Subventionen sah er dabei als „negative Steuern" an, mit denen sich entsprechend positive externe Effekte internalisieren lassen. Steuern und Subventionen sollten so bemessen werden, dass die Verursacher externer Effekte Aktivitäten auf einem sozial optimalen Niveau ausüben.[101] Seitdem spricht man gerade in Bezug auf Umweltsteuern in diesem Sinne häufig von „Pigou-Steuern".

Im weiteren Verlauf der Diskussion wurde jedoch deutlich, dass sich das Ziel einer optimalen Internalisierung externer Effekte durch Steuern und Abgaben praktisch kaum verwirklichen lassen wird, setzt das doch voraus, dass der Staat die Grenzschadens- und Grenzvermeidungskostenfunktionen genau kennt. Ein „optimaler Steuersatz", der zu exakter Internalisierung führt, ist eine Fiktion; für eine Pigou-Steuer wäre eine marginale Bewertung der externen Kosten aus der Sicht der Betroffenen vorzunehmen; dabei wären nicht die externen Kosten im Ausgangszustand, sondern im Endgleichgewicht nach erfolgten Anpassungen relevant. Da der Markt diese Daten nicht liefert, wird das Bewertungsproblem letztlich dem Staat zugeschoben. Als realistischere Alternative wurde daher von *Baumol* und *Oates* der sogenannte Standard-Preis-Ansatz entwickelt.[102] Das Ziel einer exakten Internalisierung externer Effekte wird durch einen bescheideneren Ansatz ersetzt, konkrete Emissionen auf ein politisch vorgegebenes Niveau zu senken. Der angestrebte

---

[96] Vgl. hierzu einführend Fritsch (2014) und EEA (2005), 40 ff. sowie weiterführend Rodi (1993); Määttä (2006) und jüngst die Beiträge des Handbuchs der Umweltsteuern von Milne/Andersen (2012).

[97] Vgl. dazu grdl. Rodi (1994b), 82 ff.

[98] Vgl. hiezu grdl. Rodi (2000c).

[99] Pigou (1920); vgl. dazu etwa Milne/Andersen (2012); Lueg (2010), 122 ff.

[100] Vgl. dazu grdl. Endres (2013), 2. Teil C.

[101] Pigou (1932), 224.

[102] Baumol/Oates (1971).

Umweltzustand wird auf kostenminimierende Weise erreicht, weil sich die Unternehmen entsprechend ihren individuellen Emissionsvermeidungskosten anpassen. Unternehmen mit relativ geringen Vermeidungskosten werden vergleichsweise mehr zur Erreichung des Standards beitragen – sie werden versuchen, die Steuerzahlung zu vermeiden; Unternehmen mit höheren Vermeidungskosten werden eher bereit sein, die Steuer zu zahlen.

7.2.3.2 Arten von Umweltsteuern und -abgaben

Denkbare Umweltsteuern und -abgaben sind so vielfältig wie das Steuer- und Abgabensystem insgesamt.[103] Im Folgenden sollen einige Grundtypen rechtssystematisch (also noch ohne Bezug auf ihre konkreten Einsatzfelder) und die mit ihnen verbundenen Vor- und Nachteile vorgestellt werden.[104]

Zunächst kann man Umweltabgaben im engeren Sinne und im weiteren Sinne unterscheiden. „Echte" Umweltabgaben sind solche, die unmittelbar am unerwünschten Umweltverhalten als Abgabentatbestand ansetzen, insbesondere bemessen nach Art, Ausmaß und Schädlichkeit von Emissionen (zum Beispiel Abwasserabgabe)[105] oder der Verwendung umweltschädlicher Produkte (zum Beispiel Einsatz von Pestiziden). Der Einsatz von Emissionsabgaben ist mit allen Problemen verbunden, die man von der Kontrolle der Einhaltung von Grenzwerten im Rahmen des Umweltordnungsrechts kennt. Umweltabgaben im weiteren Sinne knüpfen an einem an sich neutralen Verhalten an, der Umwelteffekt wird mittelbar erzielt (zum Beispiel Stromsteuer auf die Verwendung von Elektrizität). Erwägt der Gesetzgeber den Einsatz von Steuern und Abgaben als Instrument der Umweltpolitik sollte er ein weites Konzept von Umweltsteuern und -abgaben zugrundelegen; darunter kann man alle einseitig verpflichtenden und gegenleistungsfreien Zahlungen an den Staat verstehen, die aller Voraussicht nach eine spürbare Steuerungswirkung auf umweltrelevantes Verhalten haben.[106]

Steuersystematisch ist die Unterscheidung von fiskalisch gerechtfertigten Steuern und Abgaben, die auch eine umweltpolitisch erwünschte Wirkung haben, von reinen Umweltlenkungsabgaben notwendig und sinnvoll. In die erste Kategorie fallen insbesondere Verbrauchsteuern (etwa auf Energie), die eigenständig verfassungsrechtlich als Fiskalsteuern gerechtfertigt sind. Umweltlenkungsabgaben haben ein darüber hinausgehendes umweltpolitisch motiviertes Anliegen der Verhaltenssteuerung, das als Abweichung vom Leistungsfähigkeitsprinzip eigenständig verfassungsrechtlich (insbesondere grundrechtlich) gerechtfertigt werden muss. Auf die erheblichen rechtssystematischen Schwierigkeiten sei an dieser Stelle verwiesen.[107]

---

[103] Zum historisch gewachsenen Vielsteuersystem vgl. oben 5.3.1.2.

[104] Für einen Versuch Umweltsteuern zu definieren und zu klassifizieren Milne/Andersen (2012), 20 ff.

[105] Vgl. dazu etwa Feess/Seeliger (2013), 5.7.

[106] Vgl. dazu – in Übereinstimmung mit den Konzepten der OECD – Rodi (2012b), 60 ff.

[107] Vgl. dazu näher Rodi (1994b), 52 f., 194 f.

Sowohl im Rahmen von umweltpolitisch relevanten Fiskalsteuern als auch im Rahmen von Umweltlenkungsabgaben sind weiter Steuerbelastungstatbestände von Steuervergünstigungen und Steuerdifferenzierungen abzugrenzen.[108] Bei Umweltlenkungsabgaben handelt es sich grundsätzlich um die Belastung umweltpolitisch unerwünschten Verhaltens. Steuervergünstigungen zielen dagegen auf eine Entlastung umweltpolitisch erwünschten Verhaltens (zum Beispiel Absetzbarkeit von Aufwendungen für Umweltschutzinvestitionen von der Einkommensteuer); sie stellen damit funktionell Subventionen dar und unterfallen deshalb etwa dem europäischen Beihilferecht.[109] Steuerdifferenzierungen setzen differenzierte Steuersätze ein (zum Beispiel bei Mineralölsteuer in Bezug auf Blei- oder Schwefelgehalt), um umweltpolitische Wirkungen zu erzielen.

7.2.3.3 Rechtsökonomische Fragestellungen

Einige rechtsökonomisch relevante Fragestellungen wurden bei der Vorstellung verschiedener Kategorien von Umweltabgaben bereits angesprochen. Exemplarisch sei nunmehr auf eine Reihe weiterer Diskussionsschwerpunkte hingewiesen.

Ein Problem des Einsatzes von Steuern als Instrument der Umweltpolitik ist darin zu sehen, dass es regelmäßig schwierig ist, die Wirkungen von Steuern festzustellen beziehungsweise vorab abzuschätzen. Entsprechend schwierig ist es, die ökologische Wirkung von Umweltsteuern ("ökologische Treffsicherheit"[110]) sowie das Ausmaß der mit ihnen verbundenen Internalisierung externer Kosten festzustellen. Das gilt umso stärker, wenn – wie häufig – mehrere Steuern zur Internalisierung eingesetzt werden. Anschaulich lässt sich das am Beispiel der externen Kosten des Straßenverkehrs erkennen, wo neben Straßenbenutzungsgebühren Mineralölsteuern, die Stromsteuer sowie die Kraftfahrzeugsteuer dazu beitragen. Durch die Kombination mit nicht steuerlichen Instrumenten wird dieses Problem weiter verschärft.

Gerade in Bezug auf Umweltsteuern wird im Moment intensiv darüber diskutiert, ob sie nicht nur statisch, sondern auch dynamisch effizient sind.[111] Die Frage, inwieweit Umweltsteuern technologischen Wandel fördern, liegt natürlich im Falle von Forschungssubventionen besonders nahe.[112] Als gesichert kann gelten, dass auch belastende Umweltsteuern deutliche innovationsfördernde Wirkung haben können; allerdings ist festzustellen, dass dies ganz entscheidend von ihrer Ausgestaltung im Einzelnen abhängt.[113]

Umweltsteuern werden, wie oben dargestellt, in der Regel im Wege von Verbrauchsteuern erhoben. Damit kann es im Einzelfall äußerst schwierig sein festzustellen, wer die Steuerlast im Ergebnis trägt und welche Einkommenswirkungen die Steuern haben. Im

---

[108] Dazu Rodi (1994b), 204 ff.

[109] Zur Abgrenzung von Steuervergünstigungen als Subventionen von anderen Steuernnormen bereits oben 6.2.2.3.1.

[110] Vgl. dazu Feess/Seeliger (2013), 5.5.

[111] Zu diesem Kriterium für die Bewertung umweltpolitischer Instrumente siehe bereits oben 7.1.4.

[112] Hierzu mit dem Hinweis auf eine noch nicht zufriedenstellende Forschungslage Vollebergh (2012).

[113] Vgl. dazu Braathen (2009) mit einer Übersicht über die Forschungslage.

Rahmen meiner Tätigkeit als Berater der Vietnamesischen Regierung bei der Implementation einer ökologischen Steuerreform konnte ich selbst erleben, wie entscheidend diese Frage für den Erfolg einer solchen Reform ist.[114] So stehen Umweltsteuern im „Generalverdacht" untere und mittlere Einkommensschichten übermäßig zu belasten und insoweit regressiv zu wirken. Soweit Studien vorliegen, zeigt sich jedoch, dass dieser Effekt einerseits überschätzt wird und es andererseits auch hier auf die Steuerart und die Ausgestaltung im Einzelnen ankommt.[115] Die Intransparenz der Steuerwirkungen führt zu dem weiteren Problem, dass die Preissignale nicht immer ihre Wirkung entfalten.[116]

Im Zusammenhang mit Umweltsteuern und hier insbesondere Energiesteuern wird dabei besonders kontrovers über die Frage der *Wettbewerbsfähigkeit* der (einheimischen) Industrie diskutiert. Es überrascht nicht, dass die Industrie-Lobby gerade an diesem Punkt ansetzt,[117] und das mit Erfolg. So sind gerade bei Energiesteuern Steuerentlastungen üblich, um die Wettbewerbsfähigkeit der energieintensiven Unternehmen zu erhalten und zu sichern. Dem Grundsatz nach stellt sich diese Frage natürlich auch bei anderen Instrumenten der Umweltpolitik, die zu finanziellen Belastungen der heimischen Industrie führen (etwa dem Emissionshandel). In neuerer Zeit wird verstärkt darüber diskutiert, ob und inwieweit man diesem Problem auch durch einen Grenzsteuerausgleich begegnen kann („border tax adjustment – BTA").[118]

Traditionell als Vorteil von Umweltsteuern werden die relativ niedrigen Transaktionskosten angesehen. Das lässt sich etwa gut an der Alternative CO_2-Steuer und Emissionshandel als Instrument der Klimaschutzpolitik aufzeigen.[119] Dieser Vorteil kann sich aber schnell zu einem Nachteil wenden, wenn etwa statt Verbrauchsteuern direkte Emissionssteuern eingeführt werden, deren Transaktionskosten denen des Ordnungsrechts ähneln. Deshalb gilt auch hier, dass es auf die Ausgestaltung im Einzelfall ankommt und hier weiterer Forschungsbedarf besteht.[120]

Im Rahmen der Vorteile von Umweltsteuern wird immer wieder auf die *Idee der „double dividend"* verwiesen.[121] Umweltabgaben können und sollten so gestaltet werden, dass sie neben dem umweltpolitischen Ziel weitere Allgemeinwohlziele erreichen, vor allem zur Senkung der Arbeitslosigkeit beitragen, insbesondere durch eine entsprechende Verwendung des Aufkommens (so im Falle der Ökologischen Steuerreform in Deutschland); dies

---

[114] Zu den Hintergründen dieser Reform und Berechnungen zu ihrer Verteilungswirkung vgl. Rodi/Schlegelmilch/Mehling (2012), 134 ff.

[115] Mit einem Überblick über vorliegende Studien Kosonen (2012).

[116] Zu den Problemen der „bounded rationality" im Bereich von Umweltsteuern und hier insbes. Fragen der Motivation und Aufmerksamkeit vgl. Ørsted Nielsen (2012), 448 ff.

[117] Vgl. dazu Braathen (2009), 231 ff.

[118] Vgl. dazu unten 7.4.2.

[119] Dazu grdl. Crals/Vereeck (2005).

[120] Pavel/Vitek (2012) m. Nachw.

[121] Endres (1998), 4. Teil. D.; Jaeger (2012); Milne/Andersen (2012), 24 ff.; European Environmental Agency (2005), 83 ff. zur europäischen Praxis von ökologischen Steuerreformen.

kann bereits in ihrer Gestaltung angelegt sein (Belastung umweltschädlicher Aktivitäten statt einer Belastung des Faktors Arbeit durch Steuern und Sozialabgaben). Die Idee von der „double dividend" ist eng verknüpft mit dem Grundsatz der Aufkommensneutralität von Umweltsteuern, der sich mehr als politische denn theoretische Forderung in der Praxis durchgesetzt hat.[122] Im politischen Raum wird sie zur Steigerung der Akzeptanz von Umweltsteuern für erforderlich gehalten, um dem Verdacht zu begegnen, diese stellten nur Steuererhöhungen „im grünen Mäntelchen" dar.[123] Damit stellt sich notwendig die Frage des „revenue recycling" in einer Weise, die den größten gesamtgesellschaftlichen Nutzen erzeugt.

Gerade auch hinsichtlich von Umweltsteuern und -abgaben wird intensiv über das Verhältnis zu anderen Instrumenten der Umweltpolitik und das Design eines angemessenen Instrumentenverbundes diskutiert.[124]

7.2.4 Finanzielle Förderprogramme

7.2.4.1 Grundlagen

Finanzielle Förderprogramme basieren auf einem einfachen Kalkül: der Staat gewährt Privaten geldwerte Vorteile, um diese zu einem im Allgemeininteresse liegenden Verhalten zu bewegen. Bei der Behandlung von Subventionen als Instrument der Wirtschaftspolitik wurde bereits auf die Gründe für ihre weitere Verbreitung hingewiesen: der Staat macht sich bei den Begünstigten beliebt und „rennt hier offene Türen ein". Für die Allgemeinheit sind die daraus resultierenden Lasten über höhere Steuern und Abgaben nur sehr indirekt spürbar.[125]

7.2.4.2 Arten

Finanzielle Förderprogramme sind typischerweise Subventionen (einschließlich Steuervergünstigungen) sowie Einspeisevergütungen.

7.2.4.2.1 Subventionen

Subventionen sind nach wie vor ein beliebtes ökonomisches Instrument der Umweltpolitik.[126] Umweltsubventionen beruhen darauf, dass der Staat Unternehmen oder Einzelpersonen einen geldwerten Vorteil ohne marktmäßige Gegenleistung zukommen lässt, um sie zu

---

[122] Barker/Junankar/Pollitt/Summerton (2009), 83 ff.

[123] Zur Bedeutung dieses Topos etwa bei der Realisierung einer umfassenden ökologischen Steuerreform in Vietnam vgl. Rodi/Schlegelmilch/Mehling (2012), 133 f.

[124] Vgl. dazu unten 7.3.

[125] Vgl. zur sog. „Fiskalillusion" und der damit verbundenen Tendenz zur Erhöhung des Staatshaushalts (gerade auch durch Gewährung von Subventionen): 5.2.2.1.4.

[126] Vgl. hierzu einführend Fritsch (2014), 6.5 und EEA (2005), 101 ff. sowie vertiefend Nieder-Eichholz (1995).

einem umweltpolitisch erwünschten Verhalten zu veranlassen. Der Begriff der Subvention wurde bereits oben erörtert.[127]

Umweltsubventionen führen zu Verzerrungen des Wettbewerbs; sie sind daher rechtfertigungsbedürftig. Als Rechtfertigungsgründe sind anerkannt: 1. die Internalisierung positiver externer Effekte (etwa im Bereich der Umweltschutz-Grundlagenforschung); 2. Anpassungshilfen zur Anpassung an veränderte technische oder rechtliche Gegebenheiten (zum Beispiel Anpassung an neue strengere Umweltvorschriften).[128]

Bereits oben wurde festgestellt, dass Subventionen vielfältige unerwünschte Nebenwirkungen haben können, zum Beispiel Gefährdung von notwendigem Strukturwandel, Subventionsmentalität, Mitnahmeeffekte, Subventionswettlauf etc., und in der Regel auch haben. Auch für den Bereich der Umweltpolitik stehen diese Nachteile in deutlichem Gegensatz zur Beliebtheit von Subventionen, deren Gründe aus rechtsökonomischer Sicht bereits dargelegt worden sind.[129]

7.2.4.2.2 Förderung durch Preis- und Mengensteuerung

Besondere Förderinstrumente wurden zur Förderung des Ausbaus erneuerbarer Energien geschaffen.[130] In Europa stehen sich dabei mit Quotenmodellen sowie Abnahme- und Vergütungssystemen zwei grundsätzlich unterschiedliche Ansätze gegenüber.[131] Von einer europaweiten Harmonisierung hat die Erneuerbare-Energien-Richtlinie der EU bisher abgesehen und lässt damit einen Modellwettbewerb zwischen den Mitgliedstaaten zu.[132]

Im Fall von Quotenmodellen werden Elektrizitätsversorgungsunternehmen oder Verbraucher verpflichtet, einen bestimmten Prozentsatz der gelieferten (oder verbrauchten) Strommenge aus erneuerbaren Energiequellen zu beziehen; häufig wird die Erfüllung dieser Verpflichtung auch durch den Erwerb handelbarer Zertifikate ermöglicht.

Im Rahmen von Abnahme- und Vergütungssystemen werden Energieversorgungsunternehmen verpflichtet, Strom aus erneuerbaren Energiequellen abzunehmen (Abnahmepflicht) und zu bestimmten oberhalb des Marktpreises festgelegten Preisen zu vergüten (Vergütungspflicht). Diesem Modell folgt das deutsche Erneuerbare-Energien-Gesetz (EEG) (früher: Stromeinspeisungsgesetz).

7.2.4.3   Rechtsökonomische Fragestellungen

Beide Ansätze sind aus ökonomischer und juristischer Sicht durch klare Vor- und Nachteile gekennzeichnet, die sich in etwa die Waage halten; schon deshalb, aber auch wegen des jeweiligen Instrumenten-„lock-ins" der jeweiligen Staaten scheint eine europaweite

---

[127] Vgl. oben 6.2.2.2.3.1.

[128] Vgl. dazu etwa Vollebergh (2012), 364 ff.

[129] Vgl. oben 6.2.2.2.3.3.

[130] Vgl. hierzu Rodi (2012a).

[131] Vgl. hierzu Schneider, J.-P. (2013), Rn. 21 ff.; Ragwitz/Held (2012).

[132] Vgl. zu Inhalt und Entwicklungsgeschichte der Erneuerbare-Energien-Richtlinien Calliess/Hey (2012), 237 ff.

Harmonisierung auf absehbare Zeit unwahrscheinlich. Das Quotensystem hat den Vorteil, dass damit klar definierte Ziele erreicht werden können. Die Tatsache, dass sich auf dieser Grundlage ein „Marktpreis" für das Angebot erneuerbarer Energien bildet, erscheint zunächst als Vorteil; problematisch ist allerdings, dass die Preise nicht ohne Weiteres vorherzusehen sind und sich gerade in Übergangsphasen als volkswirtschaftlich zu hoch erweisen können. Zudem wird damit die „günstigste" erneuerbare Energiequelle unabhängig von ihren ökologischen und sonstigen Vorteilen (Landschaftsverbrauch, Ökobilanz) gefördert, es sei denn, der Gesetzgeber führt Quoten für einzelne Energiequellen ein – dann können wiederum die jeweiligen Märkte zu klein sein, um optimale Ergebnisse zu erzielen. Die Einspeisemodelle haben sich wegen der fehlenden Mengenbegrenzung als dynamisch und auch erfolgreich erwiesen; gerade in letzten Jahren wurde aber in Deutschland im Bereich der Photovoltaik der entscheidende Nachteil deutlich. Die Abnahmepreise müssen aus Rechtssicherheitsgründen auf Jahre hinaus fest gewährleistet werden; werden sie zu hoch festgesetzt, führt das bei einzelnen Energiequellen zu volkswirtschaftlich nicht vertretbaren Kosten.

Eine Grundsatzdebatte hat sich zu der Frage entzündet, ob die gezielte Förderung erneuerbarer Energien neben dem Emissionshandel überhaupt sinnvoll ist. Hierauf wird im Zusammenhang mit der Frage nach einem Instrumentenverbund noch einzugehen sein.[133]

Eng damit verbunden ist die Frage, wie sich die finanzielle Förderung juristisch und ökonomisch rechtfertigen lässt. Bei der Beantwortung ergibt sich eine interessante Divergenz zwischen der rechtlichen und der ökonomischen Betrachtung. Ökonomen sehen in der Förderung erneuerbarer Energien rechtfertigungsbedürftige Subventionen.[134] Dagegen sieht sie der Europäische Gerichtshof auf der Grundlage seiner umstrittenen Rechtsprechung nicht als Beihilfen (Subventionen) an, da sie nicht aus staatlichen Haushalten, sondern durch staatlich erzwungene Privatfinanzierung geleistet werden. Damit entfällt hier ein zentrales Instrument zur Vermeidung von Wettbewerbs- und Handelsbeschränkungen.[135]

7.2.5 Umweltzertifikate

Der Handel mit Umweltzertifikaten beschäftigt den umweltökonomischen Diskurs zwar schon lange, hat aber gerade in den letzten Jahrzehnten auch die Politik in Europa entscheidend geprägt.[136]

7.2.5.1 Grundidee
Während Umweltsteuern und -subventionen das umweltrelevante Verhalten im Wege einer Preissteuerung beeinflussen, zielen Umweltzertifikate auf eine Mengensteuerung („fixed

---

[133] Vgl. dazu unten 7.3.1.

[134] Vgl. etwa Lehmann (2010).

[135] Vgl. hierzu Behlau (2012).

[136] Vgl. zum Zertifikatehandel einführend Faure/Skogh (2003), 226 ff. und EEA (2005), 16 ff. sowie vertiefend Rudolph (2005); Tietenberg (2006); Lueg (2010); Piemonte (2010).

target Policy").[137] Sie beruhen auf der Grundidee der Einräumung von Verfügungsrechten über knappe öffentliche Ressourcen und Güter. Dieses Konzept lässt sich auf Sendefrequenzen im Telekommunikationsrecht[138] und auf Flughafen-Landerechte[139] ebenso anwenden wie auf Milchquoten im Landwirtschaftsrecht.[140] Der gegenwärtig wohl wichtigste Anwendungsbereich liegt jedoch im Umweltrecht – die Nutzung von Umweltgütern wird Privaten im Wege von handelbaren Nutzungsrechten zugeordnet.[141]

Dazu werden in einer bestimmten Region die zugelassenen Schadstoffemissionen oder der Umfang umweltbelastender Aktivitäten mengenmäßig begrenzt („cap"). Die Obergrenze kann sich auf bestimmte Emissionen (CO_2, SO_2 etc.) oder die Verwendung oder den Verbrauch bestimmter Gegenstände oder Produkte beziehen (Menge von Einwegflaschen, erlaubte Fischmenge etc.). Für diese Tätigkeiten werden Zertifikate oder Lizenzen (beziehungsweise Nutzungsrechte) ausgegeben (englisch „permits" oder „allowances"), die etwa zur Emission einer Tonne des regulierten Schadstoffes oder zum Fischen einer Tonne der regulierten Fischart berechtigen. Die Zertifikate, Lizenzen oder Nutzungsrechte sind handelbar; durch Angebot und Nachfrage entsteht ein Marktpreis („cap and trade"). Im Fall der Alternative „baseline and credit" werden ausgehend von einer festgelegten Standard-Performance Zertifikate ausgegeben, soweit diese übertroffen wird; Defizite müssen Unternehmen durch den Zukauf von Zertifikaten ausgleichen. Die Obergrenze wird im Anschluss in der Zeitachse durch die Politik – etwa im Wege der Abwertung – reduziert.

Der für den Zertifikatehandel benötigte Rechtsrahmen ist alles andere als trivial:[142] Zunächst müssen systemische Weichenstellungen vorgenommen werden: „cap and trade" vs. „baseline and credit" oder Mischmodelle; Festsetzung der Verpflichteten im Rahmen von Handels- und Produktionsketten („upstream" oder „downstream"); einzubeziehende Sektoren und Schadstoffe beziehungsweise Aktivitäten; Festlegung von Handelsperioden einschließlich der Frage der Übertragbarkeit von Lizenzen zwischen diesen („banking" und „borrowing"); Verfahren bei Änderungen im Anlagen- oder Unternehmensbestand (Stilllegungen, Anlagenerweiterungen sowie Rechteausstattung neuer Betreiber („newcomer"). Weiter sind Regeln über die Ausgabe von Zertifikaten (Allokation) aufzustellen, die durch Versteigerung, Ausgabe auf der Grundlage einer „baseline" oder in Relation zur bisherigen Nutzung („grandfathering") erfolgen kann.[143] Besonders herausforderungsvoll sind die Verknüpfungen mit anderen umweltpolitischen Instrumenten (etwa die Berücksichtigung von Reduktionen, die auf Förderprogramme zurückgehen)

---

[137] Feess/Seeliger (2013), 6.1.; es wird damit also nicht per se ein „Allokationsoptimum" angestrebt, sondern ein im politischen Prozess formuliertes Umweltziel, Lueg (2010), 166.

[138] Colangelo (2012), 33 ff.

[139] Colangelo (2012), 67 ff.

[140] Colangelo (2012), 105 ff.

[141] Rudolph (2005), 2.3.2.

[142] Für eine Auflistung der Herausforderungen für die Politik bei der Einführung von Zertifikatehandelsmodellen vgl. Lueg (2010), 175, Piemonte (2010), 30 ff.

[143] Vgl. dazu etwa Feess/Seeliger (2013), 6.2.

sowie mit internationalen ökonomischen Anreizsystemen (etwa den flexiblen Mechanismen des Kyoto-Protokolls). Rechtlich anspruchsvoll ist die Festlegung des Rechtsstatus der Zertifikate (eigentums-, bilanz- oder steuerrechtlich) und der Organisation des Handels (etwa durch Börsen). Schließlich muss natürlich kontrolliert werden, ob die Akteure über die Menge an Zertifikaten verfügen (beziehungsweise diese abgeben), die dem Umfang der Aktivität entspricht („monitoring") und Sanktionsmaßnahmen festgelegt und implementiert werden. Bei vielen Regelungsgegenständen (etwa SO_2-Ausstoß) muss zudem möglichen örtlichen Überbelastungen („hot spots") vorgebeugt werden, zu deren Vermeidung zusätzliche Regelungen notwendig sein können.[144] Schließlich ist auch der Gefahr des wettbewerbswidrigen Missbrauchs (zum Beispiel Marktzugangssperren durch Zertifikatshortung) entgegenzuwirken.[145]

7.2.5.2 Historische Entwicklung und Erscheinungsformen

Das Konzept des Zertifikatehandels ist wesentlich jünger als der ihm zugrunde liegende Gedanke der Internalisierung externer Kosten, der von Arthur Cecil Pigou (1920) zunächst auf Steuer- und Abgabenlösungen bezogen worden ist. Er wurde von den politischen Ökonomen *Terence D. Crocker* und *John H. Dales* Ende der 60er Jahre entwickelt[146] und in der Folge in den USA mehrfach in der praktischen Umweltpolitik eingesetzt (auf die Substitution verbleiter Kraftstoffe, die Kontrolle der Wasserqualität, den CFC-Handel sowie die Emission von SO_2).[147] Ein erster begrenzter, aber besonders erfolgreicher Anwendungsfall der Zertifikatsidee war dabei der Zertifikatehandel zur Beschränkung der Verwendung verbleiter Kraftstoffe (im Zeitraum von 1982 bis 1987). Größere Raffinerien erhielten die Möglichkeit zum Handel mit Rechten, dem Benzin Blei zuzusetzen. Raffinerien, die Benzin mit geringerem Bleigehalt herstellten, konnten Bleiguthaben schaffen und diese an andere Firmen verkaufen. Über die Hälfte der US-amerikanischen Raffinerien beteiligten sich an dem Programm. Mit diesem Instrument konnte das ökologisch motivierte Ziel der Senkung des Bleigehalts des Benzins fristgerecht zum Termin im Jahre 1987 erreicht werden. Im Vergleich zum Einsatz ordnungsrechtlicher Instrumente konnten damit gesamtwirtschaftlich Kosten in Höhe von etwa 200 Mio. $ pro Jahr eingespart werden.

Durch das sogenannte *Acid Rain Program* (Clean Air Act-Novelle von 1990) wurde der Handel mit SO_2- Emissionsrechten eingeführt.[148] Angestrebt wurde damit eine Emissionsreduktion gegenüber 1980 um mehr als 50 % bis zum Jahre 2010; dementsprechend wurde die Menge der ausgegebenen Zertifikate bemessen. Die Zertifikate wurden den Firmen auf der Grundlage einer Betriebserlaubnis jährlich nach dem System des sogenannten „grandfathering" ausgegeben; jedes Jahr wurde ein kleiner Teil (2,8 %) der jeder Firma zugewiesenen Emissionsrechte einbehalten; die Ausstellung erfolgte für ein bestimmtes Kalenderjahr,

---

[144] Rudolph (2005), 46.

[145] Rudolph (2005), 41 f.

[146] Crocker (1966); Dales (1968).

[147] Feess/Seeliger (2013), 6.6.1. und 6.6.2.

[148] Vgl. dazu Rudolph (2005), Kap. 3; Fritsch (2014), 6.7.; Feess/Seeliger (2013), 6.6.

ungenutzte Rechte konnten in das nächste Jahr übertragen werden („banking"). Neue-mittenten wurde der Markteinstieg durch die Versteigerung bestimmter Emissionsmengen auf einer nationalen Auktion ermöglicht. Die für eine Anlage festgelegten Emissions-Höchstgrenzen (und die entsprechend zugeteilte Zertifikat-Menge) orientierten sich an den tatsächlichen Emissionswerten der Anlage pro erzeugter Energieeinheit. Altanlagen erhielten dadurch entsprechend eine höhere Zuteilung pro erzeugter Energieeinheit als Neuanlagen (begrenzte Privilegierung). Als Pflichtteilnehmer des Zertifikatehandels wur-den Kraftwerke ab einer bestimmten Leistungsgrenze festgelegt; andere Unternehmen aus dem nicht-energiebezogenen Sektor konnten freiwillig teilnehmen („opt-in"). Die Kontrolle erfolgte durch kontinuierliche Messungen an allen Anlagen durch CEM (Continuous Emis-sion Monitoring)-Systeme. Bei Überschreitung der zugelassenen Emissions-Höchstmenge wurde eine Strafe in Höhe von 2000 $ pro Tonne und eine Verlust von Emissionsrechten i.H. der Überschreitungsmenge verhängt.

Bei dem sogenannten *RECLAIM-Programm* (Regional Clean Air Incentives Market) handelte es sich schließlich um ein regionales Programm in Kalifornien (seit Beginn 1994 in Kraft). Es zielte auf eine Reduzierung von NO_x (Stickoxide) und SO_2 (Schwefeldioxid) bis zum Jahr 2010 und dabei insbesondere auf eine Verringerung der Ozon-Belastung im Ballungsraum Los Angeles. Als Teilnehmer wurden nur Großemittenten zugelassen. Die Lizenzen waren ein Jahr gültig; die Ausgabe aller Jahreslizenzen bis 2010 erfolgte (kostenlos) bereits zu Beginn des Programms 1994. Ein Banking wurde – zur Vermeidung von Ozon-hot-spots – nicht zugelassen.

In der Klimaschutzpolitik stieg die EU von Umweltsteuern auf den Handel von Emissi-onszertifikaten um.[149] Dies bot sich an, da dieser an die Mechanismen des Rio-Prozesses (Kyoto-Protokoll) besonders anschlussfähig ist.[150] Zudem konnte die Kommission nach zehnjährigen Bemühungen wegen des Einstimmigkeitsprinzips bei der Harmonisierung von Energiesteuern nur einen Minimalkonsens erzielen. Inhaltlich hat ein auf die Redu-zierung von Treibhausgasen bezogener Emissionshandel zudem den Vorteil, dass hier die Problematik zu hoher lokaler Umweltbelastungen („hot spots") nicht entstehen kann.

In neuerer Zeit zeichnet sich mit sogenannten *„weißen Zertifikaten"* oder Energie-sparzertifikaten ein weiterer Anwendungsbereich des Zertifikatehandels ab.[151] Im Rahmen entsprechender Handelssysteme erhalten die verpflichteten Unternehmen – typischerweise Energieversorgungsunternehmen – die Vorgabe, Energie einzusparen, wobei regelmäßig der Weg der Einsparung freigestellt ist, sei es bei der Erzeugung oder beim Verbrauch. Die am Programm beteiligten Firmen können die Einsparverpflichtung entweder selbst er-füllen oder eben Energiesparzertifikate am Markt erwerben. Ihre Einführung auch in der Europäischen Union wird kontrovers diskutiert; insbesondere ist die Frage, wie Energie-effizienzmaßnahmen festgestellt, bewertet und kontrolliert werden sollen, alles andere als leicht zu beantworten.

---

[149] Vgl. dazu näher unten 7.2.5.3.
[150] Rodi (2009a), 200 ff.
[151] Vgl. dazu Sturm/Mennel (2009), 4 ff., 27 f.

7.2.5.3 Rechtsrahmen unter besonderer Berücksichtigung des Handels mit Treibhausgaszertifikaten in Europa

Es stellt sich als großer rechtspolitischer Kraftakt der Europäischen Union dar, dass mit der Richtlinie 2003/96/EG[152] ein Rechtsrahmen für den Handel mit Treibhausgasemissionszertifikaten erstellt und implementiert wurde; mit der Richtlinie 2009/29/EG[153] wurde dieser grundlegend überarbeitet und verändert.[154]

Damit wurde ein „cap and trade"-System zum Handel mit Treibhausgaszertifikaten errichtet (zunächst nur CO_2, ab 2013 auch für Perfluorkarbon – PFC – und Lachgas – N_2O). Es bezieht in einem „downstream"-Ansatz emittierende Anlagen ein (nicht „upstream" die Lieferanten der Brennstoffe oder die Verbraucher). Erfasst sind neben größeren thermischen Kraftwerken die Industriebereiche Eisen- und Stahlverhüttung, Kokereien und Raffinerien, Glas-, Keramik- und Ziegelherstellung sowie die Papier- und Zelluloseproduktion; hinzugetreten sind weitere Bereiche, allen voran die Aluminiumindustrie und der Luftverkehr. Wesentliche Änderungen ab 2013 betreffen das „cap" (europaweite statt nationaler Festlegungen) und das Allokationsverfahren; dieses beruhte zunächst zentral auf der kostenfreien Vergabe („grandfathering"), ab 2013 jedoch vorwiegend auf dem Versteigerungsprinzip (mit einer zunehmenden Umstellung von 2013 bis 2020 mit Ausnahmen von Sektoren, die von einem „carbon leakage" betroffen sind); interessant ist in diesem Zusammenhang die kostenfreie Zuteilung auf der Basis von EU-einheitlichen „top ten benchmarks" für die jeweils 10 % effizientesten Anlagen einer Branche. Der Handel findet in einem rein elektronischen System statt und erfolgt über Börsen, Makler oder „over the counter" (OTC).

7.2.5.4 Rechtsökonomische Bewertung

Gegen das Instrument der Umweltzertifikate bestanden früher ideologische Bedenken („Handel mit Verschmutzungsrechten"; „Ablasshandel"). Dies ist aber unberechtigt. Umweltzertifikate zielen gerade auf eine Bepreisung umweltpolitisch unerwünschter Handlungen, die ansonsten – entgegen dem Verursacherprinzip – kostenfrei wären (im Fall des Umweltordnungsrechts zumindest im Rahmen der festgelegten Grenzwerte), ab.[155]

Der Ansatz der Mengensteuerung gewährleistet eine große ökologische Treffsicherheit.[156] Unter der Voraussetzung eines effektiven Monitoring- und Sanktionsmechanismus gewährleistet der Zertifikatehandel eine „Punktlandung" in Bezug auf ein präzise formuliertes Ziel. Neben dieser Voraussetzung, die noch einer kritischen Würdigung bedarf, sind hier aus politökonomischer Sicht auch einige Vorbehalte zu machen: Bereits bei der Festlegung nationaler Obergrenzen („cap") hat sich eine hohe Anfälligkeit für Lobby- Einfluss bemerkbar gemacht; diese Gefahr wird sich mit der nunmehr zentralisierten europaweiten

---

[152] Vom 27. Okt. 2003, ABl. L 283/51.

[153] Vom 23. April 2009, ABl. L 140/63.

[154] Vgl. dazu einführend Rodi (2009a), 189 ff. sowie vertiefend Greb (2011).

[155] Zutreffend Rudolph (2005), 43, Fn. 29.

[156] Rudolph (2005), 2.2.3.

Entscheidung noch verschärfen.[157] Eine tatsächliche Emissionsreduktion wird weiterhin dadurch in Frage gestellt, dass der Emissionshandel in seinem Anwendungsbereich zu einem verminderten Verbrauch von fossilen Brennstoffen führt, dadurch möglicherweise deren Weltmarktpreis sinkt und das zu erhöhtem Verbrauch an anderer Stelle anreizt.[158] Soweit dies in anderen Ländern erfolgt, kann man darin einen Grund für das sogenannte „carbon leakage" sehen, also die Verlagerung treibhausgasrelevanter Aktivitäten in Drittstaaten.

Ein zentraler Ansatzpunkt politökonomischer Diskussionen liegt weiter im Bereich der *Allokationsverfahren*, also der Ausgabe von Zertifikaten.[159] Hier besteht eine klare Präferenz für Versteigerungslösungen, die allerdings wiederum rechtliche Probleme aufwerfen.[160] Viele Politiker zeigten sich überrascht, dass gerade der Stromsektor in Form von „windfall profits" erheblich von der kostenlosen Ausgabe von Emissionszertifikaten profitierte. Ökonomisch gesehen war das aber alles andere als überraschend, denn es war betriebswirtschaftlich legitim, dass die Kosten der Einlösung geldwerter Zertifikate als Opportunitätskosten auf die Verbraucher abgewälzt wurden.[161] Kaum lösbare Probleme wirft bei einer kostenlosen Vergabe auch das Problem auf, wie dann mit später in den Markt Eintretenden („newcomer") zu verfahren ist.[162] Die Ökonomik verschließt allerdings die Augen nicht davor, dass auch das bevorzugte Versteigerungsverfahren nicht problemfrei ist: Dabei geht es etwa um die Frage unterschiedlicher Zahlungsfähigkeiten und daraus folgender Wettbewerbsverzerrungen (Ausüben von Marktmacht etwa durch Horten von Zertifikaten), aber auch die Frage einer sachangemessenen Verwendung der Erlöse (der europäische Rechtsrahmen sieht dafür ab 2013 vor, dass mindestens 50 % der Erlöse für Klimaschutzprojekte zu verwenden sind).

Ein im Rahmen des Zertifikatehandels noch weitgehend ungelöstes Problem bewegt sich auf der Schnittfläche von Ökonomie und Recht: die Frage der rechtlichen Ausgestaltung und Einordnung der neu geschaffenen Güter als Rechte. Die klassische rechtliche Güter- und Eigentumsordnung erweist sich in ihrer Orientierung an körperlichen Gütern (und Forderungen) in vielerlei Hinsicht als wenig sachgerecht für die „neuen Güter", im konkreten Fall die Emissionszertifikate. Die theoretische Debatte in der Ökonomie über „*neues Eigentum*" reicht in die 60er Jahre des letzten Jahrhunderts zurück.[163] In diesem Zusammenhang sei auf die Probleme hingewiesen, die die deutsche Rechtsordnung mit der Anerkennung staatlicher Gewährleistungen als Eigentum hatte und hat.[164] Man hat hier ebenso darauf verzichtet eine neue Form des Eigentums zu schaffen wie im Bereich der öffentlichen Sachen. In Bezug auf den Zertifikatehandel gibt es nun auch Forderungen eine neue Kate-

---

[157] Lueg (2010), 160 ff.

[158] Piemonte (2010), 40 ff.

[159] Vgl. hierzu etwa Piemonte (2010), 32 ff.

[160] Zu europa- und verfassungsrechtlichen Problemen jüngst grdl. Greb (2011), 46 ff.

[161] Vgl. dazu im Einzelnen etwa Woerdman/Couwenberg/Nentjes (2009).

[162] Vgl. dazu etwa Lueg (2010), 181 ff.

[163] Vgl. insbes. Reich (1964), sowie Colangelo (2012), 4 ff.

[164] Vgl. etwa Von Ditfurth (1993).

gorie von „regulatorischem" Eigentum zu schaffen.[165] Da der Gesetzgeber dieser Forderung regelmäßig und so auch in Deutschland nicht nachkommen wird, wird die rechtliche Behandlung von Emissionsrechten auch weiterhin mit erheblichen zivil- und steuerrechtlichen Problemen behaftet bleiben, die zu Rechtsunsicherheit führen. Zu nennen sind etwa die Einordnung als materielle oder immaterielle Güter, Fragen der Übertragbarkeit der Rechte sowie der Einräumung von Sicherungsrechten, die bilanz- und steuerrechtliche Behandlung (Einkommensteuer, Umsatzsteuer...).[166] Für all diese Fragen enthält das Rechtsregime des Emissionshandels keine oder nur unzureichende Antworten.

Unter dem Blickwinkel der *ökonomischen Effizienz* wird der Emissionshandel in der Regel positiv bewertet.[167] Dies gilt einerseits für die Innovationseffizienz, denn das Handelssystem setzt technologieneutral Anreize zur Entwicklung umweltfreundlicher Technologien. Andererseits wird gerade auch die Kosteneffizienz als seine Stärke betont: Das Prinzip der handelbaren Nutzungsrechte hat zumindest in der Theorie zur Folge, dass die Emissionen oder sonstige Handlungen dort reduziert werden, wo dies gesamtwirtschaftlich am sinnvollsten ist (geringste Grenzvermeidungskosten beziehungsweise Grenznutzen). Es bildet sich ein Marktpreis für den Ausstoß einer Einheit eines Schadstoffes, der sich an den Grenzvermeidungskosten orientiert (oder für sonstige Handlungen am Grenznutzen). Natürlich kann man hier im Detail auch kritische Aspekte sehen. So können etwa Emissionsrechte, wie die Einräumung von Verfügungsrechten generell, im Einzelfall zu einer nicht rationalen und damit ökonomisch ineffizienten Verwendung führen („Unternutzung" oder „tragedy of the anticommons").[168] In der generellen Wirkrichtung wird das aber an der Gesamteinschätzung der ökonomischen Effizienz des Instruments wenig ändern.

Jedes umweltpolitische Instrument, und so auch der Emissionshandel, führt zu *Transaktionskosten*. In Bezug auf den Zertifikatehandel wird in diesem Zusammenhang auf das komplexe gesetzgeberische Regime und das anspruchsvolle institutionelle Vollzugssystem hingewiesen. *Crals* und *Vereeck* haben in einer Metastudie jedoch aufgezeigt, dass die „natürliche" umweltpolitische Alternative zum Emissionshandel, die Umweltsteuern nicht per se zu geringeren Transaktionskosten führen. In beiden Fällen hängt dies von der Ausgestaltung des Rechtsregimes im Einzelnen ab.[169]

Wie bei allen umweltpolitischen Instrumenten, die für die Unternehmen zu Kostensteigerungen führen, führt auch der Emissionshandel zu *internationalen Wettbewerbsproblemen*. Es besteht die Gefahr, dass Unternehmen ihre Produktion in Länder mit geringeren Umweltanforderungen verlagern und so Emissionen „exportiert" werden („carbon leakage").[170] Eine welthandelsrechtlich problematische Möglichkeit dem entgegenzuwirken

---

[165] Vgl. dazu Colangelo (2012), 21 ff.

[166] Vgl. dazu Colangelo (2012), 26 ff., 185 ff.

[167] Vgl. etwa Lueg (2010), 138 f.

[168] Vgl. dazu Colangelo (2012), 10 ff.

[169] Crals/Vereeck (2005), 207 ff.

[170] Vgl. entsprechend für Umweltsteuern oben 7.2.3.3; für den Emissionshandel Lueg (2010), 37 ff.

ist die „Bepreisung" von Produkten aus Ländern mit geringeren Umweltstandards (zum Beispiel „border tax adjustment").[171] Notgedrungen gehen viele Staaten – und so auch das europäische Emissionshandelssystem – einen anderen Weg und entlasten Industriebereiche, die von der Gefahr des „carbon leakage" betroffen sind (konkret durch kostenlose Allokation).

7.2.6 Informelle Instrumente der Umweltpolitik

Informelle Instrumente der Umweltpolitik[172] sind als Auffangkategorie dadurch gekennzeichnet, dass sie umweltrelevantes Verhalten weder durch Zwang noch durch ökonomische Anreize zu beeinflussen suchen. Sie stützen sich also in einem weiteren Sinne auf freiwilliges Verhalten der beteiligten Akteure. Wenn vorliegend informelle Instrumente der Umweltpolitik betrachtet werden, setzt dies immer eine staatliche Beteiligung sowie einen politischen und/oder rechtlichen Rahmen voraus.

Natürlich ist es denkbar, dass der Staat auf das Umweltbewusstsein der Akteure einwirkt und so ihre individuelle Nutzenfunktion verändert.[173] Die daraufhin ergriffenen Umweltmaßnahmen sind dann in einem engeren Verständnis freiwillig. Vorliegend soll jedoch die Veränderung der Präferenzen in den Mittelpunkt der Betrachtung gestellt und gefragt werden, welche „Anreize" Unternehmen zu mehr oder weniger „freiwilligen" Umweltmaßnahmen haben. Grob gesagt lassen sich dafür marktgestützte und staatlich gesetzte Anreize unterscheiden.[174] Wichtigster marktgestützter Anreiz ist natürlich die umweltbewusste Nachfrage durch die Kunden; in diesem Zusammenhang ergibt sich natürlich das Problem einer asymmetrischen Informationsverteilung mit regelmäßig unzureichenden Informationen der Kunden.[175] Marktseitige Anreize können natürlich schlichtweg auch in Kostenersparnissen durch eine verbesserte Umweltperformance gesehen werden (zum Beispiel geringere Energiekosten). Marktseitig in einem weiteren Sinne sind schließlich auch alle Wettbewerbsvorteile, die man sich durch „freiwillige" Umweltmaßnahmen verspricht, etwa den Versuch, Wettbewerbern eigene Umweltstandards aufzuzwingen und einen „firstmover-advantage" zu generieren.[176] Die Rolle des Staates ist es in diesem Zusammenhang natürlich zunächst darauf zu achten, dass die allgemeinen Regeln des Wettbewerbs eingehalten werden. Zudem kann er dazu beitragen, dass die Informationsasymetrien abgemildert oder aufgehoben werden.

---

[171] Vgl. dazu unten 7.4.2.

[172] Zur ökonomischen Analyse freiwilliger Instrumente der Umweltpolitik vgl. Brau/Carraro (2006), 593 ff.

[173] Zu Fragen der sog. „moral suasion" vgl. Lueg (2010), 97 ff.

[174] So etwa Alberini/Segerson (2002); für einen Literaturüberblick vgl. Brau/Carraro (2006), die ihrerseits eine Unterscheidung in nachfrageseitige und angebotsseitige Anreize vorschlagen.

[175] Vgl. dazu Brau/Carraro (2006), 596 ff.

[176] Vgl. dazu Brau/Carraro (2006), 618 ff.

Wesentlich deutlicher tritt die Rolle des Staates natürlich in Bezug auf staatlich gesetzte Anreize für informelle Umweltmaßnahmen hervor. Die Unternehmen streben dann
einen „Regulierungsvorteil" („regulatory gain") an.[177] Dieser kann etwa darin liegen,
dass der Staat eingreifende Regulierungsmaßnahmen (zum Beispiel ordnungsrechtliche
Grenzwerte) für den Fall androht, dass nicht „freiwillig" bestimmte Umweltziele erreicht
werden. Regulierungsvorteile können weiter dadurch vermittelt werden, dass der Staat
Schemata für „freiwillige" Maßnahmen bereithält und für eine entsprechende Glaubwürdigkeit sorgt („betriebliches Umweltmanagement") oder die Informationslage der Nachfrager
durch ein System der Produktkennzeichnung verbessert. Schließlich kann der Staat die
Unternehmen durch Inaussichtstellen von Subventionen und anderen Vorteilen zu Umweltmaßnahmen bewegen (die „Freiwilligkeit" ist auch in diesem Fall eine relative; zudem
besteht ein Abgrenzungsproblem zu Umweltsubventionen im engeren Sinne).[178]

7.2.6.1 Freiwillige Vereinbarungen/Selbstverpflichtungsabkommen

Freiwillige Vereinbarungen oder Selbstverpflichtungsabkommen[179] können zwischen einzelnen Unternehmen (etwa bei Monopolunternehmen) oder Unternehmensgruppen beziehungsweise Unternehmensverbänden mit staatlichen Stellen (typischerweise der Regierung oder einzelnen Ministerien) abgeschlossen werden; daneben sind auch einseitige
Erklärungen denkbar.[180]

Sie werden von der Wirtschaft aus verschiedenen Gründen abgeschlossen. Typisches
Motiv ist die Abwendung einer (kostenintensiveren) Regulierung; daneben können sie such
wettbewerblich motiviert sein, indem sich alle Unternehmen eines Sektors gleichermaßen
auf bestimmte Umweltstandards „verpflichten".

Sie sind regelmäßig nicht in dem Sinne bindend, dass das Recht im Falle der Nichter-
füllung eine Sanktion vorsehen würde. Deshalb besteht die Gefahr, dass sie nicht erfüllt
werden und der Staat dann nur in Bezug auf die notwendige Regulierung Zeit verloren
hat.[181] Im Fall von Verbändevereinbarungen besteht zudem das Problem, dass die Verbände
keine rechtlichen Instrumente zur Verwirklichung der Ziele durch die Mitgliedsunterneh-
men haben und auf weiche Sanktionen wie Gruppendruck und Reputationsverlust setzen
müssen.[182]

---

[177] Vgl. hierzu Brau/Carraro (2006), 605 ff.

[178] Vgl. hierzu Brau/Carraro (2006), 614 ff.

[179] Zur ökonomischen Analyse freiwilliger Instrumente der Umweltpolitik vgl. Brau/Carraro (2006),
593 ff.; zu Selbstverpflichtungsabkommen Voigt (2009), 9.3.; zu freiwilligem Umweltengagement
und dem „crouding-out"-Effekt Grepperud (2007).

[180] Zur Unterscheidung von „unilateral committments" und „negociated agreements" vgl.
Brau/Carraro (2006), 594.

[181] Vgl. dazu Voigt (2009), 232 f., mit dem Hinweis auf die Erscheinung von „cheap talks" als
Strategie in der Spieltheorie (Ankündigung von Verhaltensweisen, die als solche kostenlos ist).

[182] Voigt (2009), 232 ff.

Insgesamt wird man in freiwilligen Selbstverpflichtungen kein taugliches Instrument zur Internalisierung externer Effekte sehen können.[183]

7.2.6.2 Betriebliches Management

Betriebliche Umweltmanagementsysteme setzen darauf, dass sie einen verlässlichen und rechtssicheren Rahmen für freiwillige betriebliche Umweltmaßnahmen setzen.[184] Sie zielen auf die Erstellung und Veröffentlichung einer Umwelterklärung, wie ein Unternehmen zukünftig seine Umweltperformance verbessern will. Nach gesetzlich vorgegebenen Kriterien wird diese Erklärung bewertet und ihre Einhaltung von unabhängigen Gutachtern überprüft. Insofern spricht man auch von einem Umweltauditverfahren. Die Unternehmen können mit diesem Engagement Werbung betreiben; gelegentlich erhalten sie dafür vom Staat Vergünstigungen wie Subventionen oder Erleichterungen im Vollzug von Umweltrecht.

Weltweit ist ein entsprechendes Auditierungssystem durch die Industrienorm ISO 14001 anerkannt. In der Europäischen Union wird ein entsprechender Rahmen seit 1993 durch das Gemeinschaftssystem für Umweltmanagement und Umweltprüfung EMAS (Eco-Management and Audit Scheme) gesetzt (Öko-Audit-Verordnung).[185] Unternehmensstandorte der gewerblichen Wirtschaft formulieren nach einer Bestandaufnahme des betrieblichen Umweltschutzes ein Umweltprogramm. Darin werden Ziele der betrieblichen Umweltpolitik und konkrete, zeitlich fixierte Maßnahmen zu ihrer Erreichung festgelegt. Nach der Überprüfung durch externe Umweltgutachter und einer Registrierung sind die Unternehmen dann berechtigt, für den eingetragenen Standort eine sogenannte Teilnahmeerklärung zu führen und zu Werbezwecken einzusetzen (nicht aber auf Produkten); dafür dürfen sie das in der Verordnung festgelegte Logo mit dem Zusatz „geprüftes Umweltmanagement" einsetzen.

Es ist nicht ganz einfach die ökologische Wirksamkeit des europäischen Umweltmanagementsystems EMAS festzustellen. Enttäuschend war bisher die Zahl der teilnehmenden Unternehmen – bis April 2000 waren lediglich 6,5 % der potenziellen Standorte registriert. Soweit Unternehmen teilnehmen kann jedoch ein signifikanter Beitrag zu der Zielsetzung von EMAS – eine kontinuierliche Verbesserung des betrieblichen Umweltschutzes – festgestellt werden.[186]

Schwierigkeiten bereitet auch die Beantwortung der Frage nach der allokativen Effizienz des Systems, da damit ja keine konkreten Umweltziele im herkömmlichen Sinn verfolgt werden. Gesamtgesellschaftlich kann dies grundsätzlich bejaht werden, da die festgestellten Verbesserungen zu insgesamt niedrigen Kosten erreicht werden können. Aus

---

[183] Zutreffend Lueg (2010), 103 ff.

[184] Zur ökonomischen Analyse des betrieblichen Managements vgl. grdl. Adam (2011).

[185] Vgl. aktuell die Verordnung (EG) Nr. 1221/2009 über die freiwillige Teilnahme an einem Gemeinschaftssystem für Umweltmanagement und Umweltbetriebsprüfung (EMAS) vom 22. Dez. 2009, Abl. L 342, 1; dazu Schmidt-Räntsch (2010).

[186] Bültmann/Wätzold (2002), 212 ff.

unternehmerischer Sicht ist jedoch problematisch, dass diese Verbesserungen in der Regel externe positive Effekte darstellen. So erklärt sich auch die Zurückhaltung bei der Teilnahmeentscheidung und es ist verständlich, dass die Politik nach Wegen sucht, den teilnehmenden Unternehmen Anreize, etwa durch Gewährung von Subventionen, zu setzen.[187] Intensiv diskutiert wird insbesondere die Tendenz, den teilnehmenden Unternehmen Erleichterungen beim Vollzug umweltrechtlicher Bestimmungen zu gewähren.[188] Denn es ist umstritten, ob das deregulierte und privatisierte Überwachungssystem im Rahmen von EMAS ein funktionelles Äquivalent zu einer behördlichen Überwachung darstellt.[189]

7.2.6.3 Produktinformationen

Produktinformationen setzen an Informationsasymetrien als Form des Marktversagens an.[190] Durch verbindliche, standardisierte Kennzeichnungsvorschriften werden die Kunden in den Stand versetzt, das umweltfreundlichere Produkt zu wählen. Dies kann durchaus in ihrem eigenen wirtschaftlichen Interesse liegen, wenn sie etwa durch den Kauf verbrauchsärmerer Elektrogeräte ihre Verbrauchskosten senken.

Auch der kürzlich eingeführte Energiepass für Wohnungen und Gebäude setzt mit dem Nutzer-Besitzer-Dilemma an einer Informationsasymmetrie an. Indem Miet- oder Kaufinteressenten über die Energieeffizienz der Räume aufgeklärt werden, entsteht entsprechender Druck auf die Miet- und Kaufpreise; dadurch erhalten die Eigentümer Anreize für die Durchführung energetischer Maßnahmen.

7.2.6.4 Umweltinformationen

In zunehmendem Maße setzt sich in Europa der im anglo-amerikanischen und skandinavischen Raum entwickelte Gedanke der Informationsfreiheit als politisches Gestaltungsinstrument durch.[191] Dadurch soll bürgerschaftliches Engagement geweckt beziehungsweise gestärkt und so die Kontrolle von Staat und Verwaltung gestärkt werden.[192]

Die Europäische Union hat 1990 mit der Richtlinie über den freien Zugang zu Informationen über die Umwelt[193] einen Rechtsrahmen für die Umweltinformationsfreiheit geschaffen und in Umsetzung der Aarhus-Konvention 2003 fortentwickelt.[194] Vom deutschen Gesetzgeber wurde diese durch das Umweltinformationsgesetz umgesetzt. Damit soll nicht nur die Transparenz und Legitimation der Verwaltung erhöht, sondern gerade auch

---

[187] Vgl. zur Frage der allokativen Effizienz Bültmann/Wätzold (2002), 217 ff.; einen guten Überblick über alle dazu verwendeten Privilegierungen gibt Adam (2011), 61 ff.

[188] Vgl. dazu Adam (2011), 75 ff.

[189] Vgl. zu den Argumenten Bültmann/Wätzold (2002), 59 ff.

[190] Vgl. zur ökonomischen Analyse von Produktinformationen Heinzle/Wüstenhagen (2012); Ibanez/Grolleau (2008); Boström/Klintman (2011); Schumacher (2010).

[191] Klein (2012), 35 ff.

[192] Zu Umweltinformationen als staatliches Steuerungsinstrument vgl. Klein (2012), 77 ff.

[193] RL 1990/313/EWG, ABl. L 158, 56.

[194] RL 2003/4/EG, ABl. L 41, 26.

der Umweltschutz verbessert werden. Bürger und Umweltverbände sollen so in die Lage versetzt werden, sich wirksamer an Umweltverwaltungsverfahren beteiligen zu können und so zum „Anwalt der Umwelt" zu werden, sei es durch öffentliches Engagement oder durch Einlegen von Klagen. Insofern ist das Umweltinformationsrecht in Zusammenhang mit der Erweiterung der Klagebefugnisse für Umweltverbände zu sehen.[195]

7.3 Instrumentenvielfalt und Instrumentenverbund

Nicht zuletzt durch die Beiträge der Ökonomik hat sich in Umweltpolitik und -recht eine eindrucksvolle Vielfalt von Instrumenten etabliert. Dies birgt natürlich Nachteile und Gefahren, denn es ist zunehmend schwer zu überschauen, welche (negativen) Nebenwirkungen diese Instrumente haben und ob sie sich nicht im Zusammenspiel konterkarieren. Der Umweltgesetzgeber wurde treffend als Arzt beschrieben, der immer neue Medikamente verschreibt, ohne alte abzusetzen oder überhaupt zu hinterfragen. Ein zweiter schöner Vergleich bezieht sich auf das Billardspiel: Auch wenn jede Kugel (Instrument) gezielt angestoßen wird, so kann doch selbst ein Profi ihren weiteren Lauf und die Anstoßwirkungen nicht exakt vorhersagen und schon gar nicht steuern. Die Ökonomik hat die Frage zu beantworten, wie die tatsächlich vorhandene Instrumentenvielfalt zu bewerten ist. Im Übrigen hat sie Kriterien für die Optimierung ihres Zusammenspiels und damit für einen wirksamen und effizienten Instrumentenverbund zu entwickeln.[196] Als Referenzfeld soll hierfür die Klimaschutzpolitik herangezogen werden.

Ausgangspunkt ist die Annahme der neoklassischen Umweltökonomie, der zufolge ein einziges Instrument eingesetzt werden sollte, um ein Marktversagen effizient zu beheben; der Einsatz mehrerer Instrumente wäre zumindest redundant, typischerweise aber ineffizient und wohlstandsmindernd und damit kontraproduktiv.[197] Nach der berühmt gewordenen Tinbergen-Regel sollte eine bestimmte Zahl von unabhängigen politischen Zielsetzungen durch eine entsprechende Zahl von Instrumenten verfolgt werden.[198] Alles andere würde notwendig zu einem „Instrumentenchaos" führen. Erster Kandidat für diesen „Alleinvertretungsanspruch" ist im Bereich der Klimaschutzpolitik der Emissionshandel. Würde dieser so ausgestaltet, dass er die vollständige Internalisierung externer Effekte bewirken würde, so könnte Klimaschutz mit den denkbar geringsten (Vermeidungs-).

---

[195] Vgl. dazu etwa Koch (2007).

[196] Vgl. hierzu allg. bereits oben 4.2.4.2; zur Frage der Instrumentenvielfalt und des Instrumentenverbundes im Umweltrecht vgl. Rodi (2000b); zum Instrumentenverbund im Energieumweltrecht Rodi (2012a), 371 ff. sowie grdl. Zur ökonomischen Perspektive des Instrumentenmixes im Klimaschutzrecht Lehmann (2010).

[197] Gawel (1991), 7; Lehmann (2010), 66.

[198] Tinbergen (1952).

Kosten betrieben werden. Der dadurch entstehende Preis für die Zertifikate würde dann die Vermeidungskosten realitätsgerecht abbilden. Marktkräfte könnten dann bewirken, dass die Umstellung in eine emissionsarme Wirtschaftsform eingeleitet würde. Gleichsam automatisch würden damit die entsprechenden Technologien gefördert. Zudem würden damit die erforderlichen Anreize für Innovationen und die Entwicklung der dafür notwendigen Technologien unter Einschluss der Entwicklung erneuerbarer Energiequellen gesetzt.[199] Aus dieser Perspektive wird etwa das Erneuerbare-Energien-Gesetz als „ökologisch nutzloses Instrument" bezeichnet.[200]

Diese Argumentation ist in der Theorie richtig, taugt aber nicht für die Praxis. Der Instrumentenmix im Energieumweltrecht ist zunächst einmal politische und gesetzgeberische Realität. Er ist entstanden, indem neue, vor allem ökonomische und informationsbasierte zu bereits bestehenden, insbesondere ordnungsrechtlichen Instrumenten hinzugetreten sind oder indem andere klassische Instrumente wie Subventionen oder Steuern mit spezifischen neuen Steuerungszielen eingesetzt wurden.[201]

Zunächst ist in letzter Zeit überzeugend herausgearbeitet worden, dass die Tinbergen-Regel im Energieumweltrecht gerade zu einer Rechtfertigung der Instrumentenvielfalt unter Einschluss des EEG führt und dies durch eine Vielzahl weiterer (politischer, juristischer und politökonomischer) Argumente unterstützt wird.[202] Gleichsam in einer Metastudie hat Paul Lehmann kürzlich diese Argumentation nachgezeichnet und auf den Fall der Instrumentenvielfalt in der deutschen Klimaschutzpolitik im Stromsektor angewendet.[203]

Zu Recht wird bezweifelt, dass das in der Theorie beste Instrument notwendig das praktisch geeignetste sein muss, wenn man etwa die mit der Einführung einhergehenden Transaktionskosten realistisch einschätzt.[204] Soweit diese im Fall des umweltpolitisch geeignetsten Instruments zu hoch sind, sind ganz oder teilweise auch andere Instrumente einzusetzen, wenn dadurch ein positiver Saldo des Wertes der erreichten Internalisierung externer Kosten entsteht.[205] Zudem ist in Frage zu stellen, ob der Emissionshandel – selbst im Falle einer „idealen" Ausgestaltung – überhaupt in der Lage wäre, die notwendigen Preissignale für langfristige Systemwechsel und Strukturänderungen zu senden.[206]

Das Hauptargument zielt darauf, dass in der Praxis typischerweise mehrere Arten des Marktversagens unauflösbar ineinander verwoben sind und damit auch mehrere Instrumente gerechtfertigt sein können, um den einzelnen Formen des Marktversagens gezielt entgegen

---

[199] Zu dieser Argumentation und ihren Vertretern vgl. Gawel/Strunz/Lehmann (2013), 4 f.

[200] Häder (2010), 137.

[201] Vgl. hierzu Rodi (2012a), 373 ff.

[202] Einen guten Überblick über die Argumente geben etwa Gawel/Strunz/Lehmann (2013), 5 ff.

[203] Lehmann (2010), 183 ff.

[204] Lehmann (2010), 80 ff.

[205] Lehmann (2010), 72 ff.

[206] Gawel/Strunz/Lehmann (2013), 5 ff.

zu wirken; so sind negative externe Effekte oft mit Informationsasymetrien Spill-over-Effekten im Bereich der Technologieentwicklung („technological spillover") verbunden.[207]

Letztere entstehen dadurch, dass durch Innovation (oder Diffusion) gewonnenes Wissen zu einem bestimmten Teil auch anderen Marktteilnehmern zur Verfügung steht, ohne dass diese dafür bezahlen müssen. Die Einführung neuer klimaschonenderer und damit regelmäßig energiesparender Instrumente bewirkt auf der einen Seite Kostenreduktionen. Auf der anderen Seite führt die Einführung dieser Technologien durch einen Akteur, die ihrerseits mit Kosten verbunden ist, zu Lerneffekten („learning-by-doing"), von denen andere Akteure profitieren, die diese Technologien später übernehmen („technological spill-over"); diese positiven Externalitäten bremsen aber den erwünschten technologischen Wandel. Dieser klassische Fall positiver externer Effekte führt im Ergebnis dazu, dass zu wenig in Innovation (oder Diffusion) investiert wird. Diese Schlussfolgerung wird in der politischen Diskussion oft missverstanden – nach dem Motto: Wenn andere Akteure auch die neuen Technologien nutzen, ist das doch gut für den Umstieg in eine klimafreundlichere Wirtschaftsform. Das entscheidende Argument ist aber, dass Unternehmen, die in kostspielige Lernprozesse investieren, nur den eigenen Nutzen berücksichtigen, nicht aber den Nutzen der anderen Akteure. Individuelles Kosten-Nutzen-Kalkül führt daher dazu, dass aus volkswirtschaftlicher Sicht zu wenig in Lernprozesse investiert wird und damit zu wenige Lerneffekte („learning by doing") erzeugt werden. Damit ergibt sich eine grundsätzliche Rechtfertigung des EEG neben dem Emissionshandel aus der Tatsache, dass der durch den Emissionshandel (aber auch Energiesteuern) induzierte technologische Wandel zu positiven externen Effekten führt; werden diese nicht internalisiert, sind die primär auf Emissionsreduktion zielenden Instrumente nicht effizient, also suboptimal.[208]

Zudem können zusätzliche Instrumente erforderlich sein, um Informationsasymetrien zu beseitigen.[209] Das lässt sich gerade am Beispiel der Klimaschutzpolitik klar erkennen: Soweit Instrumente hier wie etwa der Emissionshandel oder Energiesteuern klimarelevantes Verhalten durch Verteuerung des Energieeinsatzes reduzieren wollen, wird das Ziel gleichwohl verfehlt, wenn die Akteure nicht ausreichend informiert sind, etwa über zur Verfügung stehende energiesparende Technologien; durch zusätzliche Informationsinstrumente wie etwa Energiekennzeichnungen von Produkten lässt sich in diesen Fällen erreichen, dass die Betroffenen auf die von der Klimaschutzpolitik gesetzten Anreize effizient reagieren.

Bestätigung finden diese ökonomischen Argumente für eine Instrumentenvielfalt aus juristischer und politökonomischer Perspektive. Überlegungen zur Instrumentierung können nicht „am Reißbrett" angestellt werden, sie müssen vielmehr vom Status Quo der politischen und rechtlichen Situation ausgehen. Zunächst ist darauf hinzuweisen, dass die Argumentationen zugunsten des Emissionshandels als alleiniges Instrument der Klimaschutzpolitik voraussetzungsvoll sind. Sie hängen insbesondere davon ab, dass es in der politischen Praxis gelingt, das Instrument auch entsprechend der klimaschutzpolitischen

---

[207] Lehmann (2010), 70 ff.

[208] Lehmann (2010), 80 ff., 185 ff.

[209] Lehmann (2010), 77 ff.

und ökonomischen Anforderungen „ideal" auszugestalten. Davon war man zumindest in den ersten Handelsperioden weit entfernt.[210] Sicherlich ist die Hoffnung berechtigt, dass die negativen Effekte der ersten Handelsperioden durch die weitgehende Europäisierung des Emissionshandels ab 2013 erheblich abgeschwächt werden. Doch bleiben einige systematische Defizite weiter bestehen und hier insbesondere auch die Lobby-Anfälligkeit der Festlegung des Caps (man kann allenfalls darüber streiten, ob dies auf europäischer Ebene geringer ist).[211] Sollten die ehrgeizigen Ziele der deutschen Energiewende allein mit dem Instrument des Emissionshandels angestrebt werden, wäre ein „Energiewende-CO_2-Preis" von mindestens 70 € pro Tonne CO_2 notwendig. Zutreffend wurde festgestellt, dass die politischen Widerstands-Kosten eines solchen „Dekarbonisierungs-Emissionshandels" aller Voraussicht nach prohibitiv wären.[212] Da die Akteure dies antizipieren würden, träte eine „regulatorische Unsicherheit" mit der Folge ein, dass an sich durch den Emissionshandel angezeigte Investitionen blockiert oder verschoben würden.[213]

Bei der Instrumentierung der Klimaschutzpolitik muss weiter zur Kenntnis genommen werden, dass gegenwärtige Entscheidungen über Gestaltung und Einsatz energieumweltpolitischer Instrumente (aber auch über Investitionen) durch vielfältige Entscheidungen des Staates oder Privater in der Vergangenheit geprägt sind. Ein Umsteuern kann so erschwert oder im Einzelfall gar unmöglich gemacht werden. Das bezieht sich in erster Linie auf die Tatsache, dass bestimmte Instrumente mit zum Teil erheblichen Aufwand bereits eingeführt sind und die Rechtsordnung in vielfältiger Weise darauf angepasst worden ist. Das gilt insbesondere für den CO_2-Emissionshandel, dessen Implementierung in der Tat einen politischen Kraftakt bedeutet hat.[214] Ökonomisch gesprochen würde ein Ausstieg aus diesem Instrument und ein Umstieg auf alternative Instrumente wie etwa steuerliche Lösungen („Pfadwechsel") zu erheblichen Transaktions- und Opportunitätskosten führen. Abgesehen davon wären derartige Änderungen nur auf europäischer Ebene möglich, dort aber politisch kaum realisierbar (etwa wegen des Einstimmigkeitserfordernisses in Bezug auf Steuern). Man kann in diesem Zusammenhang auch von einem instrumentellen „lock-in" sprechen.[215] Neben der präjudizierenden Wirkung des bestehenden Instrumentariums („Pfadabhängigkeit") ist die präjudizierende Wirkung weiterer früherer Entscheidungen der Politik zu würdigen. So ist der Wettbewerb zwischen Technologien etwa durch frühere Subventionen für „eingesessene" Technologien verzerrt (in Deutschland insbesondere für Atomenergie und Kohle).[216] Aus ökonomischer Perspektive ist zudem die nach wie vor weitgehende Freistellung fossiler Energieträger von der Begleichung externer Kosten oder der Kernenergie von einer realistischen Anrechnung externer Risiken als zumindest

---

[210] Zu diesem Argument vgl. Oschmann (2010), 120 f.

[211] Rodi (2009a), 190 ff.; Gawel/Strunz/Lehmann (2013), 5 ff.

[212] Gawel/Strunz/Lehmann (2013), 12 ff.

[213] Gawel/Strunz/Lehmann (2013), 7 ff.

[214] Rodi (2009a), 190 ff.

[215] Vgl. hierzu Michie/Oughton (2011), 62 f.

[216] Lehmann (2010), 204; zur Problematik grdl. Umweltbundesamt (2008).

subventionsähnlich anzusehen. In die gleiche Richtung wirkt die bestehende Infrastruktur und alle in der Vergangenheit in diese getätigte Investitionen. Diese ist mit Blick auf das konventionelle Energieversorgungssystem geschaffen worden, das wesentlich auf fossilen Energieträgern und Kernenergie beruht. Konkret bedeutet dies, dass etwa die Infrastruktur der Stromversorgung auf zentrale Produktion in Großanlagen angelegt ist und für eine dezentrale Energieversorgung mit erneuerbaren Energieträgern so nicht geeignet ist. Insgesamt führt dies zu einem „carbon-lock-in", also einer strukturellen Zementierung fossiler und nuklearer Energieversorgung.[217] Im Ergebnis bedeutet das, dass erneuerbare Energieträger eben nicht auf einem „level playing field" konkurrieren; Einspeisetarife lassen sich vor diesem Hintergrund auch als Instrument zur Beseitigung dieser Ungleichheit in der wettbewerblichen Ausgangslage interpretieren und rechtfertigen.[218]

Weiterhin muss man von der Realität ausgehen, dass bestehende Gesetze typischerweise mehrere Zwecke verfolgen (Zweckvielfalt); dies entspricht einer fest etablierten gesetzgeberischen Tradition, auch wenn dies Ökonomen gelegentlich beklagen mögen.[219] Es ist letztendlich auch nicht gänzlich vermeidbar, sind doch einzelne Instrumente bereits in ihrer theoretischen Grundkonzeption – also vor jeder realen gesetzgeberischen Implementation – von einer Wirkungs- und Funktionsvielfalt gekennzeichnet. Neben einer rein umweltpolitischen Wirkung treten typischerweise Aspekte einer dynamischen Effizienz, der Innovationsförderung,[220] der Industriepolitik, der Versorgungssicherheit sowie der Haushaltswirkung beziehungsweise damit korrespondierend der Distributionswirkung ein.[221] Die allgemeine Erscheinung der Zweckvielfalt von Umweltgesetzen manifestiert sich beim Erneuerbaren-Energien-Gesetz in ganz besonderer Weise: § 1 Abs. 1 EEG macht deutlich, dass das Gesetz auf dem Weg zu einer nachhaltigen Energieversorgung spezifisch den Zielen Klimaschutz, Umweltschutz, Schonung fossiler Ressourcen und Technologieförderung dient. Die ausdrücklich genannte Internalisierung externer Effekte ist zwar letztlich Mittel zum Zweck, hat aber als Ausgestaltung des Verursacherprinzips auch eine eigenständige Bedeutung. Lehmann hat zu Recht darauf hingewiesen, dass in den über reinen Klimaschutz hinausgehenden Zielsetzungen eigenständige Rechtfertigungsgründe für das Erneuerbare-Energien-Gesetz – auch im ökonomischen Sinne – zu sehen sind.[222] Zudem ist im Verhältnis zum Emissionshandel auch die im System des Erneuerbare-Energien-Gesetzes implizierte finanzpolitische Entscheidung zu würdigen: dessen Grundstruktur bedeutet eine implizite Finanzierungsentscheidung zuungunsten der Stromkunden mit einer Entlastung der Haushalte, wenn man insbesondere Subventionen als Alternative betrachtet.

---

[217] Rodi (2009a), 190 f. m. Nachw.; Rodi (2012a), 376 f. m. Nachw.

[218] So etwa Lehmann (2010), 194.

[219] Vgl. hierzu Rodi (2000b), 231 ff.

[220] Vgl. dazu Rodi (2009b), 147 ff.

[221] Zur Vielfalt und Legitimität solcher politischer Überlegungen vgl. Gawel/Strunz/Lehmann (2013), 14 ff.

[222] Lehmann (2010), 205 ff.; vgl. auch Gawel/Strunz/Lehmann (2013), 14 ff.

Schließlich sprechen auch Sachgesetzlichkeiten der CO_2- und Strommärkte für die Notwendigkeit einer Instrumentenvielfalt. Trotz aller Liberalisierungsbemühungen sind gerade die Strommärkte nach wie vor durch Erzeugeroligopole gekennzeichnet. Diese „Vermachtung" der Energiemärkte führt dazu, dass erhebliche Ressourcen im Sinne eines „rent-seekings" in alte hochprofitable Strukturen investiert wird und nicht etwa in kostenminimierende Zukunftslösungen.[223] Ein Emissionshandel allein kann diesen Zustand ebenso wenig grundlegend ändern wie das Wettbewerbs- und Ordnungsrecht. Das Erneuerbare-Energien-Gesetz lässt sich als flankierende Maßnahme zur Auflösung dieser „Vermachtung" interpretieren und rechtfertigen.

Auch der Kapitalmarkt wirkt in Bezug auf grundlegende System- und Strukturwechsel nicht reibungslos, sondern in der Tendenz strukturverfestigend. Aus vielfältigen Gründen haben neue Technologien Probleme mit einer ausreichenden Finanzierung.[224] Die Banken verlangen von Produzenten erneuerbarer Energien höhere Risikoaufschläge wegen der Unsicherheiten der künftigen Entwicklung, auch wegen größerer exogener Risiken (Windstärke, Sonnenscheindauer...), nicht zuletzt aber auch deshalb, weil die Betreiber klein sind und noch über keine längere Beziehung zu den Banken verfügen. Das trifft aber gerade diese Firmen besonders hart, weil sie im Gegensatz zu fossil betriebenen Kraftwerken wesentlich kapitalintensiver sind. Aus diesen Gründen ist es notwendig, durch gesetzgeberische Maßnahmen Vertrauen und Rechtssicherheit zu schaffen, um die notwendige Kapitalzufuhr zu erreichen. Genau dies strebt etwa auch das Erneuerbare-Energien-Gesetz (mit gutem Erfolg) an.

7.4 Internationale Aspekte der Umweltpolitik

Mit der Globalisierung einerseits und zunehmend grenzübergreifenden Umweltproblemen andererseits gewinnen internationale Aspekte der Umweltpolitik zunehmend an Bedeutung.[225]

7.4.1 Dilemmastruktur globaler Umweltprobleme

Bei vielen Umweltproblemen überschreiten die (negativen) externen Effekte die Grenzen von Staaten und Staatengemeinschaften. Entsprechend stellen sich viele Umweltgüter als

---

[223] Gawel/Strunz/Lehmann (2013), 7 ff.

[224] Vgl. dazu Lehmann (2010), 203 f.

[225] Vgl. dazu einführend Killinger/Schmidt (1998) sowie vertiefend Feess/Seeliger (2013), Kap. 10; Endres (2013), 5. Teil; Rao (2002); Mayr (2009), zur internationalen Klimapolitik.

globale öffentliche Güter dar, so etwa das Klima (die Atmosphäre), die Ozonschicht oder die Biodiversität.[226]

Die besondere Herausforderung liegt darin, dass die Weltgemeinschaft – anders als Staaten – keine zentralen Institutionen kennt, die zur Internalisierung externer Effekte oder zum Schutz/(Wieder)Herstellung von öffentlichen Gütern rechtlich bindende Instrumente einsetzen könnten. Die auf der Grundlage des geltenden Völkerrechts errichteten Institutionen (etwa die Vereinten Nationen mit ihren verschiedenen Unterorganisationen) sind bekanntlich äußerst schwach und kaum in der Lage, wirkkräftig für eine Art weltweites Gemeinwohl einzutreten; zutreffend wurde in diesem Zusammenhang darauf verwiesen, dass gute und funktionierende Institutionen selbst ein öffentliches Gut darstellen.[227]

Auf der Grundlage des geltenden Völkerrechts ist es im Wesentlichen die Aufgabe von Staaten, internationale politische und/oder rechtliche Regime im Bereich des Umweltschutzes aufzubauen.[228] Begreift man jedoch die Staaten (ebenso wie die in ihrem Namen handelnden Personen) als nutzenmaximierende rationale Einheiten („Staaten-Rationalität")[229], so erkennt man schnell, dass sich diese spieltheoretisch betrachtet in Bezug auf internationale Umweltschutzmaßnahmen in einem Gefangenendilemma befinden.[230] Für sie ist es nicht rational auf eigene Kosten und möglicherweise zum Nachteil der eigenen Wirtschaft oder der eigenen Staatsbürger die grenzüberschreitende Schadstofffracht zu reduzieren, wovon wiederum andere Staaten profitieren.[231] Häufig steht die Produktion externer Umwelteffekte mit wirtschaftlichen Aktivitäten (Produktion und Handel) in Zusammenhang. Hier besteht ein Interesse der Staaten, die internationale Konkurrenzfähigkeit der nationalen Unternehmen durch niedrige Umweltstandards zu erhöhen („Öko-Dumping")[232]; es droht ein „race to the bottom".[233] Umgekehrt bestünde bei einer einseitigen Erhöhung der Umweltstandards die Gefahr, dass emittierende Industrie ins Ausland abwandert („emissions leakage"), was weder wirtschafts- noch umweltpolitisch gerechtfertigt wäre.[234] Betrachten die Staaten Kosten und Nutzen von Emissionsreduktionen allein aus nationaler Perspektive, so stellt sich weltweit in Bezug auf umweltpolitische

[226] Vgl. dazu Rao (2002), 2.2. (48 ff.); Sykes (2007) zum Fischbestand als globales Umweltgut.

[227] Rao (2002), 156; Slaughter/Tulumello/Wood (1998), 375.

[228] Mayr (2009), 10; zu Begriff und Erscheinung von Regimen auf internationaler Ebene vgl. Rao (2002), 4.5.

[229] Natürlich kann man hier auch wieder hinter die einheitliche Fassade der Staaten nach außen blicken und innerstaatliche Interessen- und Verteilungskonflikte, insbes. auch spezifische Interessen der Staatenvertreter betrachten.

[230] Vgl. dazu bereits oben 2.5.3.2 sowie Endres (2013), 5. Teil B. I., insbes. unter 3.

[231] Killinger/Schmidt (1998), 228 ff.; Rao (2002), 155.

[232] Vgl. zum sog. „Öko-Dumping" als Instrument strategischer Handelspolitik Feess/Seeliger (2013), 10.4.

[233] Vgl. dazu Rao (2002), 280 ff.

[234] Killinger/Schmidt (1998), 240 ff.

Maßnahmen mit grenzüberschreitender Relevanz ein sogenanntes Nash-Gleichgewicht ein,[235] das von einem global optimalen Niveau deutlich abweicht.[236]

7.4.2   Unilaterale Maßnahmen der Staaten

Zunächst können die Staaten natürlich einseitig Umweltschutz betreiben (unilaterale Maßnahmen). Da es sich bei den Umweltgütern jedoch um öffentliche und in aller Regel grenzüberschreitende, wenn nicht globale öffentliche Güter handelt, spricht alles dafür, dass diese (unilateralen) Maßnahmen nicht in ausreichendem Umfang getroffen werden.

Auch vor dem Hintergrund einer „Staaten-Rationalität" heißt das aber nicht, dass überhaupt keine einseitigen Maßnahmen ergriffen werden. Unilaterales Vorgehen kann durch das Ziel motiviert sein, eine Vorreiterrolle einzunehmen und dadurch etwa internationale Anerkennung zu erlangen. Wirtschaftspolitisch können durch eine frühzeitige Entwicklung umweltfreundlicher Technologien zudem Wettbewerbsvorteile für die eigene Wirtschaft erstrebt werden.[237]

In gewissem Umfang haben Staaten zudem die Möglichkeit, Druck auf andere Staaten auszuüben, ebenfalls Maßnahmen zum Schutz der Umweltgüter zu ergreifen. Ein wichtiges Beispiel hierfür sind Grenzausgleichsmaßnahmen, insbesondere Grenzsteuerausgleich (border tax adjustment).[238] Mit ihnen soll ein Ausgleich dafür geschaffen werden, dass importierte Produkte geringeren Belastungen durch Klimaschutzmaßnahmen ausgesetzt sind. Damit wird zunächst Wettbewerbsgleichheit („level playing field") angestrebt; weitergehend kann auf diese Weise „carbon leakage", also die Verlagerung treibhausgasintensiver Produktion in Drittländer, vermieden werden. Aus polit-ökonomischer Sicht besonders interessant ist der Effekt, dass Drittstaaten so zu strengeren Klimaschutzmaßnahmen angereizt werden, da so ihre Exportwirtschaft ebenfalls belastet wird, ohne dass den Heimatstaaten entsprechende Einnahmen (etwa aus Umweltsteuern oder der Versteigerung von Emissionszertifikaten) zugute kommen.[239] Äußerst umstritten ist allerdings, unter welchen Voraussetzungen derartige Grenzausgleichsmaßnahmen welthandelsrechtlich zulässig sind.[240] In Europa werden gegenwärtig Grenzausgleichsmaßnahmen im Rahmen des Emissionshandelssystems diskutiert („border carbon adjustments").[241] Als erstes „Einfallstor" für diesen Gedanken kann die Einbeziehung des Luftverkehrs in das europäische Emissionshandelssystem angesehen werden.

---

[235] Zu Funktion und Hintergrund des Begriffs vgl. Endres (2013), 5. Teil B. I. 1.

[236] Vgl. dazu Mayr (2009), 23 ff., 39.

[237] Zu möglichen Motiven vgl. Killinger/Schmidt (1998), 240 ff.

[238] Vgl. hierzu Ruddigkeit (2009), 5 ff.

[239] Vgl. dazu Helm/Hepburn/Ruta (2012), 16 ff.

[240] Vgl. dazu Ruddigkeit (2009); Monjon/Quirion (2011); Low/Marceau (2011); Olsen (2012).

[241] Vgl. dazu grdl. Ismer/Neuhoff (2007); Monjon/Quirion (2011).

7.4.3 Internationale Kooperation

Die Staaten sind deshalb darauf angewiesen, globale Umweltgüter im Wege der Kooperation zu bewahren oder wiederherzustellen. Ziel der Kooperation ist die Festlegung einer weltweiten Gesamtschadstoffmenge sowie die Verteilung der Emissionsbeiträge auf die einzelnen Staaten.[242] Angestrebt wird damit ein kooperatives Vermeidungsniveau[243] mit einer insgesamt kostenminimalen Verteilung der Vermeidungsbeiträge. Für die Kooperation und Koordination lässt sich aus ökonomischer Sicht eine Reihe von Grundsätzen formulieren.[244] So kann man insbesondere auf der Grundlage der Spieltheorie Erfolgsbedingungen für internationale Verhandlungen benennen; mit dieser wird das Verhalten von (rationalen) Akteuren in interdependenten Entscheidungssituationen untersucht.[245]

Nicht zuletzt angesichts der Komplexität internationaler Umweltprobleme haben sich inhaltlich und zeitlich gestufte Verhandlungen bewährt. So kann man sich zunächst (etwa im Wege von Rahmenabkommen) auf allgemeine Grundsätze einigen, die dann später (etwa im Wege sogenannter „Protokolle") mit spezifischen Rechtspflichten konkretisiert werden. Gestufte Verhandlungen haben den Vorteil, dass sich Vertrauen zwischen den Parteien aufbauen kann und diese gegebenenfalls in einer Folgestufe auf Vertrauensbrüche anderer Parteien reagieren können; damit können konditional kooperative Strategien verfolgt werden.[246] Als eine Art gestuften Vorgehens kann man auch die Bildung von Koalitionen begreifen, durch die bei der Beteiligung vieler Akteure/Staaten die Verhandlungen befördert werden können.[247] Diese haben gerade im Rahmen der Klimakonferenzen große praktische Bedeutung erlangt.[248]

Inhaltlich sind Kriterien und Elemente für „optimale" internationale Umweltverträge zu entwickeln.[249] Diese sind für alle Beteiligten vorteilhaft und weisen daher auch einen hohen Grad an Verwirklichungswahrscheinlichkeit auf; sie sind insoweit „self-enforcing".[250] Der Rationalität von Vertragsbrüchen wird so entgegengewirkt.[251]

Positiven Einfluss auf die Vertragsbindung haben sicherlich Elemente der Flexibilisierung. Die Eingehung von vertraglichen Bindungen wird durch die Möglichkeit erhöht, Vorbehalte zu den Verträgen anzubringen.[252] Ein klassischer Hebel zur Erreichung von Vertragstreue ist die Reziprozität von Verpflichtungen, die bei gestuften und wiederhol-

---

[242] Vgl. dazu Endres (2013), 5. Teil B. I. 1.

[243] Mayr (2009), 37.

[244] Vgl. dazu Rao (2002), 2.7.

[245] Vgl. dazu Rao (2002), 78 ff.; Endres (2013), 5. Teil A. m. Nachw.

[246] Zu derartigen „dynamischen" Spielstrukturen vgl. Endres (2013), 5. Teil B. I. 4.a.

[247] Vgl. dazu Endres (2013), 5. Teil B. I. 6.

[248] Vgl. dazu Mayr (2009), 4.2.

[249] Vgl. dazu etwa Rao (2002), 9.6.

[250] Vgl. dazu etwa Rao (2002), 74 ff.

[251] Vgl. hierzu Rao (2002), 158 f.; Mayr (2009), 45 ff.

[252] Vgl. dazu Rao (2002), 4.4. („treaty reservations"); zu Vor- und Nachteilen vgl. a. a. O., 7.2.2.

ten Verhandlungen besondere Bedeutung gewinnt.[253] Ein in seiner Bedeutung zunehmend anerkanntes Element inhaltlicher Flexibilisierung ist der Grundsatz gemeinsamer, aber unterschiedlicher Verantwortlichkeiten („common but differentiated responsibilities").

Neben Flexibilisierungsmechanismen können zur Absicherung kooperativen Verhaltens sogenannte interne und externe Stabilisierungsmechanismen in den Vertrag eingebaut werden.[254] Interne Instrumente betreffen die vereinbarten umweltpolitischen Maßnahmen (zum Beispiel Emissionsreduktionen) selbst; dies ist etwa der Fall, wenn Vertragsparteien auf einen Vertragsbruch mit einer Verminderung der eigenen Internalisierungsbemühungen reagieren (dürfen); man spricht hier von Reoptimierungsstrategien, als insoweit die vereinbarten Reduktionsziele den neuen Gegebenheiten angepasst werden.[255] Mit Ratifizierungsklauseln wird gesichert, dass niemand einseitig „in Vorleistung gehen" muss; das Abkommen mit seinen Vertragspflichten tritt danach erst in Kraft, wenn das Abkommen in ausreichendem Maße ratifiziert worden ist.[256] Externe Stabilisierungsmechanismen wie etwa Transfers oder Sanktionen gehen über die Internalisierungsverpflichtungen hinaus und dienen ausschließlich dem Ziel der Anreizkompatibilität. Transfers (zum Beispiel Transferzahlungen) setzen dabei im Gegensatz zu Sanktionen positive Anreize für kooperatives Verhalten, indem sie die Wohlfahrtsgewinne aus der umweltpolitischen Kooperation in geeigneter Weise umverteilen.[257] Wenn die Vorteile der Transfers andere Politikbereiche (etwa der Entwicklungspolitik) betreffen, überschneiden sich die Maßnahmen mit dem „issue linking" (dazu sogleich). Ein weiteres Instrument zur externen Stabilisierung könnte schließlich in der Hinterlegung von Sicherheiten (etwa durch Einzahlung in einen internationalen Fonds) liegen.[258]

Das potenziell wohl wirksamste externe Stabilisierungselement ist die Verknüpfung von Rechten und Pflichten aus verschiedenen Politikbereichen (policy oder issue linking).[259] Man kann sich dann zu Nutze machen, dass die Staaten aus verschiedenen Abkommen unterschiedliche individuelle Nutzen ziehen. Besonders interessant ist dabei eine Verbindung von Umweltabkommen mit den Liberalisierungsgarantien des Welthandelsrechts,[260] weil hierdurch für die einzelnen Staaten doch ganz erhebliche ökonomische Vorteile generiert werden.

---

[253] Vgl. dazu Rao (2002), 76; zu „Tit-for-Tat-Strategien" vgl. Mayr (2009), 3.1.3.

[254] Vgl. dazu etwa Killinger/Schmidt (1998), 235 ff.; Endres (2013), 5. Teil B. I. 5.

[255] Dazu Endres (2013), 5. Teil B. II. 5. a.

[256] Dazu Endres (2013),5. Teil B. II. 5.a.

[257] Dazu, insbes. auch den damit verbundenen Problemen, vgl. dazu Endres (2013), 5. Teil B. II. 5. b.

[258] Killinger/Schmidt (1998), 238.

[259] Dazu Endres (2013), 5. Teil B. I. 5. b.

[260] Vgl. zur Verknüpfung von Verpflichtungen im Bereich Klimaschutz mit dem Welthandelsrecht in Form sog. „Superspiele" Mayr (2009), 3.2.1.5.

7.4.4 Klimapolitik als Anwendungsbeispiel internationaler Kooperation

Die Klimapolitik ist ein besonders interessantes Beispiel, um die Herausforderungen einer internationalen Kooperation im Bereich des Umweltschutzes zu untersuchen.[261] Das liegt zunächst an der Dimension der Gefährdungen, die der durch anthropogen verursachte Treibhausgase bewirkte Klimawandel mit sich bringt.[262] Insbesondere ist dies aber auch darin begründet, dass das Klima in reiner Form den Charakter eines öffentlichen Gutes besitzt; vergleichbar ist hier vielleicht noch die Problematik der Ozonschicht: die direkten negativen Auswirkungen der Emissionen vor Ort sind zu vernachlässigen (wenn man einmal die Problematik von Kuppelemissionen ausblendet); es ist für die Frage des Klimawandels beziehungsweise des Klimaschutzes unerheblich, wo auf der Erde die Emissionen erfolgen beziehungsweise vermieden werden. Theoretisch wäre es demnach denkbar, ein weltweit optimales Ausmaß von Treibhausgasen festzulegen und die Vermeidungsmaßnahmen dort durchzuführen, wo dies am kostengünstigsten ist. Theoretisch könnte dies durch eine weltweit harmonisierte CO_2-Steuer erreicht werden.[263]

Praktisch liegt gerade hierin die besondere Schwierigkeit internationaler Klimaschutzpolitik. Betrachtet man einmal deren Treiber oder Akteure,[264] so stellt man fest, dass diese eher bremsend wirken (Unternehmen bzw. Unternehmensverbände) oder relativ einflusslos sind (Umweltverbände, Bürger und Wähler). Es bleiben damit die Staaten als entscheidende Akteure der internationalen Klimaschutzpolitik. Hier ist zunächst festzuhalten, dass die durch den Klimawandel besonders hart betroffenen Staaten Entwicklungsländer sind, die relativ wenig internationalen Einfluss haben. Im Übrigen gilt, dass Regierungen einen relativ engen Zeithorizont haben und in Bezug auf das langfristige Problem des Klimawandels eine (zu) niedrige Diskontrate ansetzen und damit kein angemessener Handlungsdruck empfunden wird.[265]

Internationale Klimapolitik ist damit eine strategische Entscheidungssituation in Reinform, die beteiligten Staaten und ihre Regierungen befinden sich in einem klassischen Gefangenendilemma:[266] aus „individueller" Sicht wäre es vorzuziehen, dass andere Staaten wirksame Klimaschutzmaßnahmen ergreifen, von denen alle Staaten profitieren, selbst aber auf regelmäßig kostenwirksame Emissionsminderungen zu verzichten.[267] Damit ge-

---

[261] Zur Ökonomik der internationalen Klimapolitik grdl. Mayr (2009).

[262] Im Grundsatz ist dies heute – insbes. auf der Grundlage der Arbeiten des IPCC weitgehend unbestritten, vgl. Stern (2009), 29 ff.

[263] Zur Diskussion der Vor- und Nachteile einer internationalen CO2-Steuer vgl. Thalmann (2012).

[264] Vgl. dazu grdl. Mayr (2009), Kap. 4.

[265] Itzenplitz/Seifert-Schmidt (2010), 18 f.

[266] Mayr (2009), 3.1.1.; vgl. dazu auch bereits oben 2.5.3.2.

[267] An dieser Stelle ist anzumerken, dass die Staaten die theoretische Möglichkeit regelmäßig ausblenden, dass aktiver Klimaschutz und entsprechende Innovationen evtl. Wettbewerbsvorteile und am Ende Wohlstandsgewinne mit sich bringen könnten; vgl. dazu bereits oben 7.1.4.

hen verschiedene Formen unerwünschter Externalitäten einher.[268] Vor diesem Hintergrund kann die Spieltheorie unter Umständen helfen, Modelle für ein Rechtsregime zu entwickeln, das für alle Beteiligten akzeptabel ist.[269]

7.4.4.1 Grundstrukturen des internationalen Klimaschutzrechts aus ökonomischer Perspektive

Ausgangspunkt des internationalen Klimaschutzrechts ist ein gestuftes Vorgehen: zunächst wurde eine fast universell geltende Klimarahmenkonvention mit einer recht abstrakten Zielsetzung (Art. 2) und Grundprinzipien geschlossen, die durch konkretere „Protokolle" konkretisiert werden soll. Dem liegt die sicherlich zutreffende Überlegung zugrunde, dass Klimaverhandlungen ein „unendliches Spiel" darstellen und ständige Wiederholungen die Kooperationsbereitschaft erhöhen könnten.[270] In diesem festen Rahmen werden die Verhandlungen dadurch erleichtert, dass sich Staaten mit gleicher Interessenlage zu Koalitionen zusammenschließen (können).[271]

Mit dem Kyoto-Protokoll wurde ein erster (bescheidener) Versuch unternommen, ein verpflichtendes Abkommen zu schließen.[272] In mancher Hinsicht entspricht dieses einigen grundlegenden Forderungen der Ökonomik: 1.) Eine Ratifikationsklausel sah vor, dass dieses erst in Kraft tritt, wenn es von mindestens 55 Staaten ratifiziert worden ist, die mindestens 55 % der Treibhausgasemissionen der verpflichteten Staaten repräsentieren; damit sollte den Befürchtungen begegnet werden, einseitig unangemessen „in Vorleistung zu gehen. 2.) Mit den sogenannten „flexiblen Mechanismen" (Joint Implementation, internationaler Emissionshandel und Clean Development Mechanism) sollte ökonomisch dem Umstand Rechnung getragen werden, dass es unerheblich ist, wo auf der Welt es zu Emissionsreduktionen kommt.

7.4.4.2 Kritik und Fortentwicklungsmöglichkeiten

Das Kyoto-Protokoll muss als erster, leider weitgehend untauglicher Versuch zur Errichtung eines bindenden internationalen Rechtsregimes im Bereich des Klimaschutzes gewertet werden. Verpflichtet haben sich lediglich Industriestaaten mit minimalen Minderungszielen.

Die Gesamtkonzeption hat nicht dazu geführt, die richtigen Anreize zu setzen.[273] Im Kern war es dadurch getragen, dass die Staaten der Europäischen Union eine Vorreiterrolle

---

[268] Zu den verschiedenen Formen des Marktversagens in der Klimaschutzpolitik vgl. Piemonte (2010), 7 ff.

[269] Vgl. dazu Mayr (2009), Kap. 3.

[270] Itzenplitz/Seifert-Schmidt (2010), 17 f.

[271] Itzenplitz/Seifert-Schmidt (2010), 19 f.

[272] Für eine Darstellung vgl. Endres (2013), 5. Teil B. II. 1.; Lueg (2010), 207 ff.; zur Entstehungsgeschichte Lueg (2010), 203 ff.

[273] Zur fehlenden Anreizkompatibilität Endres (2013), 5. Teil B. II. 2.

im Bereich des Klimaschutzes eingenommen haben.[274] Der damals wichtigste Emittent, die USA, haben das Abkommen nicht ratifiziert, unter Hinweis darauf, dass es keine Verpflichtungen für bedeutende Schwellenländer wie China oder Indien enthält und so Wettbewerbsnachteile für die amerikanische Industrie zur Folge hätte. In Kraft getreten ist es 2005 letztlich durch den Beitritt Russlands, dass sich seiner strategischen Rolle bewusst war und entsprechend hoch gepokert hat (durch Anerkennung einer hohen Ausgangsposition erhielt es enorme Emissionsreserven, sogenannte „hot air").

Das Kyoto-Protokoll sah zwar grundsätzlich Sanktionen vor („Strafzuschläge" für überschüssige Emissionen; Ausschluss vom Emissionshandel); diese haben sich jedoch als völlig unzureichend herausgestellt.[275] Besonders deutlich wurde das am Beispiel Kanadas, das zunächst seine Reduktionsziele weit verfehlt hat um schließlich Ende 2011 förmlich aus dem Abkommen zurückzuziehen (Kündigung nach Art. 27). Hier bestätigt sich das oft zu beobachtende Phänomen, dass internationale Abkommen aus mehreren Gründen instabil sind:[276] zur Schonung der Staatensouveränität werden selten wirklich zwingende Sanktionssysteme etabliert, die geringe Höhe der Sanktionen sowie die reduzierte Wahrscheinlichkeit einer (zumindest zeitnahen) Sanktionierung setzen häufig zu starke Anreize für einen Vertragsbruch, insbesondere wenn andere Vertragspartner – wie im Falle des Kyoto-Protokolls – bereits irreversibel in Vorleistung gegangen sind.

Nicht zuletzt die grundlegenden Schwächen von Sanktionsmechanismen sprechen dafür, globale Umweltregimes durch Anreizsysteme zu ergänzen. Damit kann die Weltgemeinschaft zudem abgestuft unterschiedlichen Verantwortlichkeiten und unterschiedlicher Leistungsfähigkeit der Staaten gerecht werden. Das bestehende internationale Klimaschutzregime sieht das dem Grunde nach vor: Technologietransfer (Art. 4 Abs. 5 UNFCCC); Finanzierungsmechanismus (Art. 11 UNFCCC); auch die flexiblen Mechanismen des Kyoto-Protokolls enthalten ein Transferelement. Heute besteht Einigkeit darüber, dass diesem Aspekt bei der Weiterentwicklung des Rechtsregimes eine zentrale Bedeutung zukommt.

Große Hoffnungen werden weiterhin in das Konzept des „issue linking" gesetzt.[277] Die erhebliche Fragmentierung des Völkerrechts[278] führt dazu, dass die Staaten in den jeweiligen Foren getrennt agieren und so Möglichkeiten etwa von „package deals" verpasst werden. Theoretisch lassen sich damit komplexe Anreizstrukturen entwickeln.[279] Wenn etwa schon Einigkeit darüber besteht, dass aus entwicklungspolitischen Gründen Ressourcen von den Industrieländern auf die Entwicklungsländer übertragen werden müssen, warum sollten diese nicht an Fortschritte im Sinne der Weltgemeinschaft gebunden werden? Besonders interessant erscheint eine Kopplung an Handelsliberalisierungsmaß-

---

[274] Zu diesem Phänomen Mayr (2009), 3.1.1.

[275] Vgl. dazu Endres (2013), 5. Teil B. II. 2.

[276] Mayr (2009), 3.2.1.4.

[277] Vgl. bereits oben 2.5.4.2 und oben 7.4.3.

[278] Vgl. dazu oben 2.5.4.2.

[279] Vgl. Mayr (2009), 3.2.1.5. zu sog. Hyper- oder Superspielen.

nahmen (dazu gleich näher unter 5.). Es ist durchaus denkbar, dass dies etwa auf Staaten wie die USA enorm „motivierende" Wirkungen haben könnte. Um dem Gedanken eines „issue linking" im Rahmen des Welthandelsrechts wirklich gerecht werden zu können, müsste das Rechtsregime allerdings erheblich fortentwickelt werden, entweder innerhalb der WTO-Abkommen oder durch Zusatzabkommen.

7.5 Zusammenfassung

Das Umweltrecht ist das wohl interessanteste Anschauungsbeispiel, wie die Identifikation multipler Fälle des Marktversagens (öffentliche Güter, externe Effekte, Informationsasymetrien) zum Design eines komplexen rechtlichen Instrumentariums geführt hat. Das Coase-Theorem hat deutlich gemacht, warum die Potenziale von Verhandlungslösungen hier so wenig genutzt werden können und welche Bedeutung Transaktionskosten zukommen. Mit einem zunehmend ausgefeilten Instrumentarium zur Bewertung von (künftigen) Umweltschäden haben Umweltpolitik und Umweltrecht einen erheblichen Rationalisierungsschub erfahren (Kosten-Nutzen-Analyse).

Die Aufgabe einer Bewertung von Umweltpolitik, des Designs neuer effektiverer und effizienterer Instrumente und eines stimmigen Instrumentenverbundes ist eine andauernde Herausforderung. Ausgangspunkt war eine systematische Kritik des Umweltordnungsrechts mitsamt einer zunehmenden Flexibilisierung. Die umweltpolitischen Potenziale des Umwelthaftungsrechts wurden aufgedeckt, gleichzeitig aber auch seine Grenzen (Gefahr zu hoher Vermeidungskosten). Umweltsteuern und -abgaben leisteten in Bezug auf den Gedanken einer Internalisierung externer Kosten Pionierarbeit. Finanzielle Förderungsregime wurden durch den Gedanken einer Internalisierung positiver externer Kosten eingehegt und mit dem Regime der Förderung erneuerbarer Energien systematisch fortentwickelt. Mit Umweltzertifikaten wurde ein zentraler Gedanke der ökonomischen Theorie praktische Wirklichkeit. Informelle Instrumente der Umweltpolitik werden vor allem zur Beseitigung von Informationsasymetrien eingesetzt.

Die aktuell größten Herausforderungen für die Umweltökonomik bestehen in Bezug auf globale Umweltgüter wie insbesondere den Klimaschutz. Internationale Kooperationen können gegenwärtig Marktversagen, insbesondere Dilemma-Strukturen, nicht wirksam beheben. Notgedrungen muss sich die Ökonomik daher auch mit dem Design unilateraler Maßnahmen beschäftigen. Große Hoffnungen richtigen sich auf den Gedanken, mit der Verknüpfung von Interessen größere Zugeständnisse der Staaten zu erreichen („linking of issues").

Literatur

Adams, Michael (2004), Ökonomische Theorie des Rechts. Konzepte und Anwendungen, Frankfurt a. M.u. a. (Peter Lang), 2. Aufl.

Adam, Michael (2011), Die Privilegierung des EMAS-auditierten Unternehmens, Frankfurt a. M.u. a. (Lang).

Ahlheim, Michael/Lehr, Ulrike (2002), Nutzentransfer: Das Sparmodell der Umweltbewertung, Perspektiven der Wirtschaftspolitik, Bd. 3, S. 85–104.

Alberini, Anna/Segerson, Kathleen (2002), Assessing Voluntary Programs to Improve Environmental Quality, Environmental and Resource Economics, Bd. 22, S. 157–184.

Arcuri, Alessandra (2005), A Different Reason for "De-Coasing" Environmental Law and Economics, Journal of Law and Economics, Bd. 20, S. 225–246.

Barker, Terry/Junankar, Sudhir/Pollitt, Hector/Summerton, Philip (2009), The Macroeconomic Effects of Unilateral Tax Reforms in Europe, 1995 to 2012, in: Cottrell/Milne/Ashiabor/Kreiser/Deketelaere, eds. (2009), Critical Issues in Environmental Taxation. International and Comparative Perspectives, vol. VI, Oxford (Oxford University Press), S. 73–100.

Bartelmus, Peter/Albert, Jörg/Tschochohei, Heinrich (2003), Wie teuer ist (uns) die Umwelt?, ZfU, Bd. 26, S. 333–370.

Baumol, William J./Oates, Wallace E. (1971), The Use of Standards and Prices for Protection of the Environment, Swedish Journal of Economics, Bd. 73, S. 42–54.

Behlau, Volker (2012), Die Förderung der Stromerzeugung aus erneuerbaren Energien auf dem Prüfstand des europäischen Beihilferechts, in: Müller, Hrsg. (2012), 20 Jahre Recht der Erneuerbaren Energien, Baden-Baden (Nomos), S. 336–367.

Blankart, Charles (2011), Öffentliche Finanzen in der Demokratie. Eine Einführung in die Finanzwissenschaft, München (Vahlen), 8. Aufl.

Bonus, Holger (1993), Implications of the Polluter-Pays and the User-Pays Principles for the Developing Countries, in: Dommen, ed. (1993), Fair Principles for Sustainable Development, Aldershot et al. (Edward Elgar), S. 61–72.

Boström, Markus/Klintman, Mikael (2011), Eco-standards, Product Labeling and Green Consumers, Basingstoke, Hampshire (Palgrave Macmillan).

Braathen, Nils Axel (2009), Impacts of Environmental Policy Instruments on Technological Change, in: Cottrell/Milne/Ashiabor/Kreiser/Deketelaere, eds. (2009), Critical Issues in Environmental Taxation. International and Comparative Perspectives, vol. VI, Oxford (Oxford University Press), S. 25–45.

Brau, Rinaldo/Carraro, Carlo (2006), The Economic Analysis of Voluntary Approaches to Environmental Protection, in: Cavaliere/Ashiabor/Deketelaere/Kreiser/Milne, eds. (2006), Critical Issues in Environmental Taxation. International and Comparative Perspectives: vol. III, Richmond (Richmond Law & Tax), S. 593–626.

Bültmann, Alexandra/Wätzold, Frank (2002), Der Vollzug des Umweltrechts in Deutschland: ökonomische Analyse und Fallstudien, Marburg (Metropolis-Verlag).

Calliess, Christian/Hey, Christian (2012), Erneuerbare Energien in der Europäischen Union und das EEG: Eine Europäisierung "von unten"?, in: Müller, Hrsg. (2012), 20 Jahre Recht der Erneuerbaren Energien, Baden-Baden (Nomos), S. 223 ff.

Cansier, Dieter (1996), Umweltökonomie, Stuttgart (Lucius & Lucius), 2. Aufl.

Coase, Ronald H. (1993), Das Problem der sozialen Kosten, in: Assmann/Kirchner/Schanze, Hrsg. (1993), Ökonomische Analyse des Rechts, Tübingen (Mohr), S. 129–183.

Colangelo, Margherita (2012), Creating property Rights. Law and Regulation of Secundary Trading in the European Union, Leiden/Boston (Martinus Nijhoff Publishers).

Congdon, William J./Kling, Jeffrey R./Mullainathan, Senhil (2011), Policy and Choice. Public finance through the lens of Behavioral Economics, Washington D.C. (Brookings Institutional Press).

Crals, Evy/Vereeck, Lode (2005), Taxes, Tradable Rights and Transaction Costs, European Journal of Law and Economics, Bd. 20, S. 199–223.

Crocker, Terrence D. (1966), The Structuring of Atmospheric Pollution Control Systems, in: Wolozin, ed. (1966), The Economics of Air Pollution (W.W. Norton), S. 61 ff.

Dales, John H. (1968), Land, Water and Ownership, The Canadian Journal of Economics, Bd. 1, S. 791–804.

Dawnay, Emma/Shah, Hetan (2011), Behavioural Economics. Seven key principles for environmental policy, in: Dietz/Michie/Oughton, eds. (2011), The Political Economy of the Environment. An interdisciplinary approach, London/New York (Routledge), S. 44–98.

Endres, Alfred (1985), Umwelt- und Ressourcenökonomie, Darmstadt (Wissenschaftliche Buchgesellschaft).

Endres, Alfred (1991), Ökonomische Grundlagen des Haftungsrechts, Heidelberg (Physica-Verlag).

Endres, Alfred (2013), Umweltökonomie. Lehrbuch, Stuttgart (Kohlhammer), 4. Aufl.

Endres, Alfred/Holm-Müller, Karin (1998), Die Bewertung von Umweltschäden: Theorie und Praxis sozioökonomischer Verfahren, Stuttgart u. a. (Kohlhammer).

European Environmental Agency (2005), Market-based instruments for environmental policy in Europe, Copenhagen (EEA Technical report No 8/2005) (download www.eea.eu.int).

Europäische Kommission (2007), Grünbuch: Marktwirtschaftliche Instrumente für umweltpolitische und damit verbundene Ziele, KOM (2007) 140, S. 1–18.

Faure, Michael/Skogh, Göran (2003), The Economic Analysis of Environmental Policy and Law. An Introduction, Cheltenham, UK/Northampton, MA, USA (Edward Elgar).

FeesS, Eberhard (1995), Haftungsregeln für multikausale Umweltschäden. Eine ökonomische Analyse des Umwelthaftungsgesetzes, Marburg (Metropolis).

Feess-Dörr, Eberhard (2009), Die gemeinsame Nutzung von Auflagen und Haftungsregeln bei ungeklärter Kausalität, ZfU, S. 409–425.

FeesS, Eberhard, Seeliger, Andreas (2013), Umweltökonomie und Umweltpolitik, München (Verlag Franz Vahlen), 4. Aufl.

Fritsch, Michael (2014), Marktversagen und Wirtschaftspolitik. Makroökonomische Grundlagen staatlichen Handelns, München (Verlag Franz Vahlen), 9. Aufl.

Gawel, Erik (1991), Umweltpolitik durch gemischten Instrumenteneinsatz: Allokative Effekte instrumentell diversifizierter Lenkungsstrategien für Umweltgüter, Berlin (Duncker & Humblot).

Gawel, Erik (1994), Umweltallokation durch Ordnungsrecht: ein Beitrag zur ökonomischer Theorie regulativer Umweltpolitik, Tübingen (Mohr).

Gawel, Erik (2009), Technologieförderung durch "Stand der Technik": Bilanz und Perspektiven, in: Eifert/Hofmann-Riem, Hrsg. (2009), Innovationsfördernde Regulierung. Innovation und Recht II, Berlin (Duncker & Humblot), S. 197–220.

Gawel, Erik/Strunz, Sebastian/Lehmann, Paul (2013), Polit-ökonomische Grenzen des Emissionshandels und ihre Implikationen für die klima- und energiepolitische Instrumentenwahl, Leipzig/Halle (Helmholtz-Zentrum für Umweltforschung – UFZ Discussion Papers, Department of Economics, 2/2013).

Greb, Tobias (2011), Der Emissionshandel ab 2013: die Versteigerung der Emissionszertifikate auf europäischer Ebene, Baden-Baden (Nomos).

Häder, Michael (2010), Energiepolitik in Deutschland: eine Analyse der umweltpolitischen Rahmenbedingungen für den Strommarkt aus der Sicht der Ordnungspolitik, Bochum (Universitäts-Verlag Brockmeyer).

Hapke, Uwe/Japp, Klaus P. (2001), Prävention durch Umwelthaftung. Zur Soziologie eines modernen Haftungsregimes, Wiesbaden (Deutscher Universitäts-Verlag).

Hartmann, Bernd J. (2011), Perspektiven der ökonomischen Analyse des Haftungsrechts, Der Staat, S. 61–71.

Hazlett, Thomas W. (2009), Ronald H. Coase, in: Cohen/Wright, eds. (2009), Pioneers of Law and Economics, Cheltenham, UK/Northampton, MA, USA (Edward Elgar), S. 1–30.

Heinzle, Stefanie Lena/Wüstenhagen, Rolf (2012), Dynamic Adjustment of Eco-labeling Schemes and Consumer Choice: the revision of the EU energy label as a missed opportunity?, Business Strategy and the Environment, Bd. 21, S. 60–70.

Helm, Dieter/Hepburn, Cameron/Ruta, Giovanni (2012), Trade, climate change and the political game theory of border carbon adjustments. Working paper, Leeds/London (Centre for Climate Change Economics and Policy).

Holzer, Verena Leila (2007), Europäische und deutsche Energiepolitik. Eine volkswirtschaftliche Analyse der umweltpolitischen Instrumente, Baden-Baden (Nomos).

Ibanez, Lisette/Grolleau, Gilles (2008), Can Ecolabeling Schemes Preserve the Environment?, Environmental & Resource Economics, Bd. 40, S. 233–249.

Ismer, Roland/Neuhoff, Carsten (2007), Border Tax Adjustment: a feasible way to support stringent emission trading, Europan Journal of Law and Economics, Bd. 24, S. 137–164.

Itzenplitz, Anja/Seifferth-Schmidt, Nicole (2010), Warum Klimakonferenzen scheitern, aber dennoch zum Wohl des Weltklimas kooperiert wird, Ilmenau (Institut für Volkswirtschaftslehre, Diskussionspapier Nr. 67).

Jaeger, William K. (2012), The Double Dividend Debate, in: Milne/Andersen, eds. (2012), Handbook of Research on Environmental Taxation, Cheltenham, UK/Northampton, MA, USA (Edward Elgar), S. 211–229.

Jänicke, Martin/Lindemann, Stefan (2009), Innovationsfördernde Umweltpolitik, in: Eifert/Hofmann-Riem, Hrsg. (2009), Innovationsfördernde Regulierung. Innovation und Recht II, Berlin (Duncker & Humblot), S. 171–195.

Jolls, Christine (2007), Behavioral Law and Economics, in: Diamond et al., eds. (2007), Behavioral Economics and its Applications, Princeton (Princeton University Press).

Killinger, Sebastian/Schmidt, Carsten (1998), Nationale Umweltpolitik und internationale Integration – theoretische Ansätze im Überblick, Finanzarchiv, Bd. 55, S. 219–253.

Klein, Daniel R. (2012), Umweltinformation im Völker- und Europarecht: Aktive Umweltaufklärung des Staates und Informationszugangsrechte des Bürgers, Tübingen (Mohr Siebeck).

Kloepfer, Michael (1979), Staatsaufgabe Umweltschutz, DVBl, S. 639–645.

Koch, Hans-Joachim (2007), Die Verbandsklage im Umweltrecht, NVwZ, S. 369–379.

Kosonen, Katri (2012), Regressivity of Environmental Taxation: myth or reality?, in: Milne/Andersen, eds. (2012), Handbook of Research on Environmental Taxation, Cheltenman, UK/Northampton, MA, USA (Edward Elgar), S. 161–174.

Lach, Sebastian/Morbach, Johanna (2010), Aktuelle Entwicklungen des Umwelthaftungsrechts in den Vereinigten Staaten von Amerika – Der Klimawandel als Haftungsrisiko –, VersR, S. 442–446.

Lehmann, Paul (2010), Using a Policy Mix to Combat Climate Change – An Economic Evaluation of Policies in the German Electricity Sector, Leipzig/Halle (Helmholtz Centre for Environmental Research).

Low, Patrick/Marceau, Gabrielle (2011), The Interface between the Trade and Climate Change Regimes: Scoping the Issues, World Trade Organization, Paris (Staff Working Paper ERSD-2011-1 from 12.01.2011).

Lueg, Barbara (2010), Ökonomik des Handelns mit Umweltrechten. Umweltökonomische Grundlagen, Instrumente und Wirkungen – insbesondere in der EU, Frankfurt a. M.u. a. (Peter Lang).

Määttä, Kalle (2006), Environmental Taxes. An introductionary analysis, Cheltenham, UK/Northhampton, USA (Edward Elgar).

Mayntz, Renate/Bohne, Eberhard/Berlien, Hans-Ulrich (1978), Vollzugsprobleme der Umweltpolitik. Empirische Untersuchung der Implementation von Gesetzen im Bereich der Luftreinhaltung und des Gewässerschutzes, Wiesbaden (Kohlhammer).

Mayr, Christoph (2009), Erklärungshilfen zur Entwicklung der internationalen Klimapolitik: Spieltheorie und Public Choice Theorie, Hamburg (IGEL Verlag).

Medema, Steven G. (1999), Legal Fiction. The case of the Coase theorem in law and economics, Economics and Philosophy, Bd. 15, S. 209–233.

Michie, Jonathan/Oughton, Christine (2011), Managerial, Institutional and Evolutionary Approaches to Environmental Economics; Theoretical and policy implications, in: Dietz/Michie/Oughton, eds. (2011), The Political Economy of the Environment. An interdisciplinary approach, London/New York (Routledge), S. 44–73.

Milne, Janet E./Andersen, Mikael Skou (2012), Introduction to Environmental Taxation Concepts and Research, in: Milne/Andersen, eds. (2012), Handbook of Research on Environmental Taxation, Cheltenham, UK/Northampton, MA, USA (Edward Elgar), S. 15–32.

Monjon, Stéphanie/Quirion, Philippe (2011), A border adjustment for the EU ETS: reconciling WTO rules and capacity to tackle carbon leakage, Climate Policy, Bd. 11, S. 1212–1225.

Müller, Felix (2006), Ökonomische Theorie des Rechts, in: Buckel/Christensen/Fischer-Lescano, Hrsg. (2006), Neue Theorien des Rechts, Stuttgart (Lucius & Lucius), S. 323–344.

Münter, Andreas (2010), Ökonomische Analyse der Haftung nach der Umwelthaftungsrichtlinie, VersR, S. 567–581.

Nieder-Eichholz, Markus (1995), Subventionsordnung. Ein Beitrag zur wirtschaftlichen Ordnungspolitik, Berlin (Duncker & Humblot).

Nordhaus, William D. (2007), A Review of the Stern Review on the Economics of Climate Change, Journal of economic literature, Bd. 45, S. 686–702.

Olsen, Brigitte Egelund (2012), Gaining Intergovernmental Acceptance, in: Milne/Andersen, eds. (2012), Handbook of Research on Environmental Taxation, Cheltenham, UK/Northampton, MA, USA (Edward Elgar), S. 192–210.

Ørsted Nielsen, Helle (2012), Bounded rationality in an Imperfect World of Regulations: what if individuals are not optimizing?, in: Milne/Andersen, eds. (2012), Handbook of Research on Environmental Taxation, Cheltenham, UK/Northampton, MA, USA (Edward Elgar), S. 439–455.

Oschmann, Volker (2010), Zehn Jahre Erneuerbare-Energien-Gesetz (EEG) – Bilanz und Ausblick, ZNER, S. 117–125.

Ostrom, Elinor (1999), Die Verfassung der Allmende. Jenseits von Staat und Markt, Tübingen (Mohr Siebeck) (übersetzt von Ekkehard Schöller); engl. Original: Governing the Commons. The evolution of institutions for collective action, Cambridge et al. (Cambridge University Press) 1990.

Parisi, Francesco (2005), Coase Theorem and Transaction Cost Economics in the Law, in: Backhaus, ed. (2005a), The Elgar Companion to Law and Economics, Cheltenham, UK/Northampton, MA, USA (Edward Elgar), Kap. 1, 7–39.

Pavel, Jan/Vitek, Leoš (2012), Transaction Costs of Environmental Taxation, in: Milne/Andersen, eds. (2012), Handbook of Research on Environmental Taxation, Cheltenham, UK/Northampton, MA, USA (Edward Elgar), S. 273–282.

Piemonte, Tommy (2010), Emissionszertifikatehandel. Analyse aus Perspektive der Umweltökonomie, der internationalen Klimapolitik und des Finanzmarktes, Hamburg (Diplomica Verlag).

Pigou, Arthur C. (1920), Pigou, The Economics of Welfare, London (Macmillan).

Pigou, Arthur C. (1932), The Economics of Welfare, London (Macmillan), 3. Aufl.

Polinsky, A. Mitchell (2011), An Introduction to Law and Economics, New York (Wolter Kluwer) 4rd ed.

Polinsky, A. Mitchell/Shavell Steven (2007), The Theory of Public Enforcement of Law, in: Polinsky/ Shavell, eds. (2007), Handbook of Law and Economics, vol. 1, Amsterdam et al. (North Holland), Kap. 6, S. 403–454.

Porter, Michael E./van der Linde, Class (1995), Towards a New Conception of the Environment- Competitiveness Relationship, The Journal of Economic Perspectives (EP), Bd. 4, S. 97–118.

Preiss, Philipp (2012), Externalities Research, in: Milne/Anderen, eds. (2012), Handbook of Research on Environmental taxation, Cheltenham, UK/Northampton, MA, USA (Edward Elgar), S. 139–157.

Ragwitz, Mario/Held, Anne (2012), Einspeiseregelungen als effizienter Weg zum Ausbau der Erneuerbaren Energien – Die Erfahrungen aus und für Europa-, in: Müller, Hrsg. (2012), 20 Jahre Recht der Erneuerbaren Energien, Baden-Baden (Nomos), S. 321 ff.

Rao, P. K. (2002), International Environmental Law and Economics, Malden, Mass., USA/Oxford (Blackwell).

Reich, Charles A. (1964), The New Property, Yale Law Journal, Bd. 73, S. 733–787.

Revesz, Richard L./Stavins, Robert L. (2007), Environmental Law, in: Polinsky/Shavell, eds. (2007), Handbook of Law and Economics, vol. 1, Amsterdam et al. (North Holland), Kap. 8, S. 499–589.

Rodi, Michael (1993), Umweltsteuern. Das Steuerrecht als Instrument der Umweltpolitik, Baden-Baden (Nomos).

Rodi, Michael (1994b) Die Rechtfertigung von Steuern als Verfassungsproblem. Dargestellt am Beispiel der Gewerbesteuer, München (Beck).

Rodi, Michael (2000b), Instrumentenvielfalt und Instrumentenverbund im Umweltrecht, ZG, S. 231–247.

Rodi, Michael (2000c), Ökonomische, ökologische und andere öffentliche Zwecke im Abgabenrecht, JZ, S. 827–836.

Rodi, Michael (2009a), Die Fortentwicklung des EU-Emissionshandels vor dem Hintergrund der Kyoto-Nachfolge-Diskussion, in: Schulze-Fielitz/Müller, Hrsg. (2009), Europäisches Klimaschutzrecht, Baden-Baden (Nomos), S. 185–203.

Rodi, Michael (2009b), Innovationsförderung durch ökonomische Instrumente der Umweltpolitik, in: Martin Eifert/Wolfgang Hoffmann-Riem, Hrsg. (2009), Innovationsfördernde Regulierung. Innovation und Recht II, Berlin (Duncker & Humblot), S. 147–168.

Rodi, Michael (2012a), Das EEG im Instrumentenverbund des Energieumweltrechts, in: Müller, Hrsg. (2012), 20 Jahre Recht der Erneuerbaren Energien, Baden-Baden (Nomos), S. 371–407

Rodi, Michael (2012b), Legal Authority to Enact Environmental Taxes, in: Milne/Andersen, eds. (2012), Handbook of Research on Environmental Taxation, Oxford (Edward Elgar), S. 59–81

Rodi, Michael/Schlegelmilch, Kai/Mehling, Michael (2012), Designing Taxes in Countries in Transition: a case study of Vietnam, in: Milne/Andersen, eds. (2012), Handbook of Reesearch on Environmental Taxation, Cheltenham, UK/Northampton, MA, USA (Edward Elgar), S. 122–157.

Ruddigkeit, Dana (2009), Border Tax Adjustment an der Schnittstelle von Welthandelsrecht und Klimaschutz vor dem Hintergrund des Europäischen Emissionszertifikatehandels, Halle (Martin- Luther-Universität Halle-Wittenberg, Beiträge zum transnationalen Wirtschaftsrecht, Bd. 89).

Rudolph, Sven (2005), Handelbare Emissionslizenzen. Die politische Ökonomie eines umweltöko- nomischen Instruments in Theorie und Praxis, Marburg (Metropolis).

Schäfer, Hans-Bernd/Ott, Claus (2012), Lehrbuch der ökonomischen Analyse des Zivilrechts, Berlin u. a. (Springer) 5. Aufl.

Schmidt-Räntsch, Annette (2010) Die Novelle 2010 des Europäischen Umweltmanagements EMAS – Eine Partnerschaft mit Unternehmen als strategisches Konzept zur Erfüllung von Umweltzielen, EurUP, S. 123–128.

Schneider Jürgen (2001), Die ökonomische Bewertung von Umweltprojekten. Zur Kritik an einer umfassenden Umweltbewertung mit Hilfe der Jontingenten Evaluierungsmethode, Wiesbaden (Springer), 2001

Schneider, Jens-Peter (2013), Energieumweltrecht: Erneuerbare Energien, Kraft-Wärme-Kopplung, Energieeinsparung, in: Schneider/Theobald, Hrsg. (2013), Recht der Energiewirtschaft. Praxishandbuch, München (Beck) 4. Aufl., § 21.

Schumacher, Ingmar (2010), Ecolabeling, Consumer⊂ Preferences and Taxation, Ecological Economics, Bd. 69, S. 2202–2212.

Schwarze, Reimund (1998), Prävention von Umweltschäden durch Umwelthaftung? Eine theoretische und empirische Analyse des Umwelthaftungsgesetzes, Jahrbuch für Wirtschaftswissenschaften, Bd. 49, S. 198–219.

Schwarze, Reimund (2004), Ökonomische Wirkungen des Umwelthaftungsrechts, Berlin (Deutsches Institut für Wirtschaftsforschung, DIW-Wochenbericht des DIW Berlin 49/04).

Slaughter, Anne-Marie/Tulumello, Andrew S./Wood, Stephan (1998), International law and international relations theory: A new generation of interdisciplinary scholarsip, American Journal of International Law, Bd. 92, S. 367–397.

SRU (1974), Umweltgutachten 1974, Stuttgart (Manz).

Stern, Nicholas (1997), The Economics of Climate Change. The Stern Review, Cambridge (Cambridge University Press).

Sturm, Bodo/Mennel, Tim (2009), Energieeffizienz – eine neue Aufgabe staatlicher Regulierung?, Zeitschrift für Wirtschaftspolitik, Bd. 58, S. 3–35.

Sykes, Alan O. (2007), International Law, in: Polinsky/Shavell, eds. (2007), Handbook of Law and Economics, vol. 1, Amsterdam et al. (North Holland), Kap. 11, S. 757–826.

Thalmann, Philippe (2012), Global Environmental Taxes, in: Milne/Andersen, eds. (2012), Handbook of Reesearch on Environmental Taxation, Cheltenham, UK/Northampton, MA, USA (Edward Elgar), S. 456–476.

Tietenberg, Thomas H. (2006), Emissions Trading: principles and practice, Washington DC (Resources for the Future), 2. Aufl.

Tinbergen, Jan (1952), On the Theory of Economic Policy, Amsterdam (North-Holland).

Umweltbundesamt (2007), Ökonomische Bewertung von Umweltschäden. Methodenkonvention zur Schätzung externer Umweltkosten, Dessau.

Voigt, Stefan (2009), Institutionenökonomik, Paderborn (Fink), 2. Aufl.

Vollebergh, Herman (2012), The Role of Environmental Taxes in Spurring Technological Change, in: Milne/Andersen, eds. (2012), Handbook of Research on Environmental Taxation, Cheltenham, UK/Northampton, MA, USA (Edward Elgar), S. 360–376.

Von Ditfurth, Hoimar (1993), Die Einbeziehung subjektiv-öffentlicher Berechtigungen, insbesondere sozialversicherungsrechtlicher Positionen, in den Schutz der Eigentumsgarantie, Frankfurt a. M. (Lang).

Woerdman, Edwin/Couwenberg, Oscar/Nentjes, Andries (2009), Energy Prices and Emissions Trading: windfall profits from grandfathering?, European Journal of Law and Economics, Bd. 28, S. 185–202.

The manufacturer's authorised representative in the EU is Springer
Nature Customer Service Centre GmbH, Europaplatz 3, 69115 Heidelberg,
Germany. If you have any concerns regarding our products, please
contact ProductSafety@springernature.com

Printed and bound by CPI Group (UK) Ltd, Croydon, CR0 4YY
27/04/2026
02097635-0009